"985 工程"中央民族大学哲学宗教学文库（甲种）第十二册

全球化与交往实践

贺金瑞 著

人民出版社

责任编辑:段海宝
版式设计:汪 莹

图书在版编目(CIP)数据

全球化与交往实践/贺金瑞 著.－北京:人民出版社,2013.9
ISBN 978－7－01－012413－1

Ⅰ.①全… Ⅱ.①贺… Ⅲ.①马克思主义哲学-实践论-研究
Ⅳ.①B023

中国版本图书馆 CIP 数据核字(2013)第 181684 号

全球化与交往实践

QUANQIUHUA YU JIAOWANG SHIJIAN

贺金瑞 著

人民出版社 出版发行
(100706 北京市东城区隆福寺街 99 号)

北京新魏印刷厂印刷 新华书店经销

2013 年 9 月第 1 版 2013 年 9 月北京第 1 次印刷
开本:710 毫米×1000 毫米 1/16 印张:26
字数:310 千字 印数:0,001—2,000 册

ISBN 978－7－01－012413－1 定价:59.00 元

邮购地址 100706 北京市东城区隆福寺街 99 号
人民东方图书销售中心 电话 (010)65250042 65289539

总　序

　　"中央民族大学'985 工程'哲学宗教学文库"（甲种 12 册），是本校哲学与宗教学学院 11 位教学科研人员的一点儿奉献。任教于我校哈萨克语系的耿世民先生，因在西域宗教研究方面的卓越贡献，其文集也一并收入本文库。中央民族大学哲学与宗教学学院不是很大，目前只有 20 位专职教师；这个院（系）成立的时间也不长，1986 年独立建系，2008 年更名为学院。但在吕大吉、牟钟鉴、佟德富等前辈的组建和带领下，经过二十多年的砥砺磋磨，如今已经成长为中央民族大学一个充满生机活力的教学科研团队。他们秉承"进德修业"的古训，广泛吸收国内外各高校新生力量，逐渐形成了生活上随缘任运、学术上追求卓越的优良学风。此次集中出版的这批研究成果，有 7 种是初版，5 种是再版。有些是前辈大家早年出版的重要作品，比如牟钟鉴先生的《〈吕氏春秋〉与〈淮南子〉思想研究》、班班多杰先生的《藏传佛教思想史纲》、赵士林先生的《心学与美学》等，出版多年，图书市场上早已难觅踪影；有些是前辈多年研究的重要成果，比如著名的世界突厥语专家耿世民先生的《西域宗教研究》，虽然是一个文集，但主题十分集中，学术价值极高。其他8种，大多是在他们博士论文的基础上进一步修改而成的，既有对传统哲学问题的深入研究，也有对当代重大问题的深刻思考。现在汇编、出版这套文库的目的，主要是借此积累学术成果，表达对我们所生活的这个时代、这个家园"感恩的心"。

我们这个群体，不自觉地遇上了一个伟大的时代！近现代的中国，置身于"数千年未有之大变局"中，表现为"剧烈的社会转型"。进入21世纪以来，随着全球化、信息化的进一步加快，文明冲突与文明对话联袂上演；随着改革开放的深入推进，难以回避的各种深层次矛盾日益凸显。当前，如何完整、准确地表述"中华民族共有精神家园"？如何完整、准确地理解中国特色社会主义的核心价值观？在"中国特色"与"普世价值"的纠结中，能不能找到真正的"中国价值观"的标签，在推进社会保障与婚姻立法、家庭伦理建设的过程中，面对家庭本位与个体本位的艰难抉择，社会改革的"顶层设计"究竟应该何去何从？剧烈的社会变革，无疑是激发思想原创的最直接动力。广泛而深刻变革的社会舞台，为理论工作者提供了可以充分施展身手的广阔天地。生活在这样时代的哲学社会科学理论工作者，无疑是幸运的！理论工作者未必能够完全承担起"修身、齐家、治国、平天下"的社会实践，但本着求真、务实的态度，积极推进哲学社会科学的"大发展、大繁荣"，本来就是理论工作者义不容辞的光荣使命。

我们这个群体，非常幸运地生活在一个温馨的大家庭里！中华民族是一个伟大的民族，之所以说她"伟大"，除了勤劳勇敢、自尊自信之外，开放、包容，更能彰显出她的美德。"五十六个民族，五十六枝花"，共同构成了一个温馨和谐的多民族共存共荣的大家庭。中央民族大学得天独厚，是国内极少的56个民族聚集最为齐全的单位之一。在这里，无论是节日饮食，还是宗教信仰，都呈现出"多元通和"的良好氛围。民族、宗教方面的研究，也一直是这个国家级民族教育机构、"985工程"院校教书育人、科学研究的核心任务，它也始终扮演着民族、宗教等方面国家级智库的重要职能。费孝通先生所说的"中华民族多元一体格局"的历史与现实，构成了中央民族大学哲学、宗教学研究的基本对象；费孝通先生提出的"各美其美，美人之美，美美与共，天下大同"的文化自觉，也奠定了新时期中央民族大学哲学、宗教学研究的基本方向。新校训"美美与共，知行合一"，准确、深刻地概括出了中央民族大学独特的精神风貌和办学理念。

实际上，中央民族大学高度关注民族、宗教、哲学问题的"文脉"，完全可以向前溯源到中央民族大学的前身——延安民族学院，乃至蒙藏学校教学和研究的重点。诞生于1913年的蒙藏学堂（不久即更名为蒙藏学校），初办时只有中学班，后来又增设专科。增设了专科以后，说明蒙藏学校就具有了大学的性质。在历史上，蒙藏学校不仅培养了一批民族革命干部，而且也造就了一部分了解民族宗教问题的知识精英。乌兰夫、奎璧、多松年、朱实夫、佛鼎等，都出自蒙藏学校。1941年，由于边区建设的需要，中国共产党在陕北公学民族部的基础上，成立了独立的延安民族学院，当时担任教学和研究任务的人员有孔飞、克力更、牙含章、马寅、高鲁峰（董英）、关起义（刘元复）、海明等人。当时出版的《回回民族问题》等，都是极有代表性的研究民族宗教问题的力作。在蒙藏学校和延安民族学院的基础上，1951年新中国中央人民政府正式批准成立了中央民族学院，中国民族宗教问题的研究，才开始进入到了一个新的历史时期。

我们深知，学术需要创新，而学术创新的不断累积，才能使学

术变得更加厚重，更加具有历史的穿透力！"中央民族大学'985
工程'哲学宗教学文库"（甲种 12 册）的出版，既体现着我们每
个研究个体"进德修业"的具体内容，也寄托着我们这个学术团
队对中央民族大学"晖光日增"的美好愿望。希望这套文库的出
版，能够对新时期中国的新文化建设发挥一点儿积极的作用。

刘成有

2012 年 11 月于中央民族大学

目　录

　　1961 年，"global"（全球）一词被收入韦氏辞典，次年收入牛津英语辞典。英语中的"globalization"，意即"全球化"或"全球性"，它是由形容词"global"（全球的、全世界的）派生而来的。俄罗斯著名全球问题专家阿·恩·丘马科夫考证认为，在词源学上"全球性"这一术语源自拉丁语"地球"。与"全球化"词意不同却又相关的词还有两个：一个是"globalism，它的意思是"全球主义"、"全球政策"；另一个是"incorporate"，意思是一体化，比如欧洲经济一体化，包括从自由贸易区、关税同盟、共同市场一直到完全走向政治、经济机制上的统一。我们今天看到的全球化并没有包含机制上的统一，这是全球化与一体化最大的区别。

　　在西方学术界，在全球尺度上对发展空间进行定位研究并不是一个新现象。但是，"全球化"一词被普遍使用，并在世界范围内形成一种复杂而有影响，甚至时髦的理论景观，却是 20 世纪 90 年代初的事情。全球化词语的流行表达了人类进入全球大变革时代某种时代精神的内容，因为全球化不是今日才有的现象，早在 150 年前马克思不仅深刻地预言它是一个必然的历史过程，而且在新世界观所提供的理论方法中反对把全球化看作一个单一过程，认为那样就会忽视在世界范围内不同领域出现的不同形式，就会把人们所进行的不间断的包含着经济社会文化变迁的内容看作是一个单纯的经济或文化过程。现今，召开的国际讨论会越来越多，围绕全球化进行的学术争论也越来越强烈。因为全球化是全球大变革时代的产物，它已经变成许多社会以不同形式塑造社会生活的动力。

目前国际货币基金组织为全球化下了"最好"的定义："全球化是指跨国商品与服务交易及国际资本流动规模和形式的增加，以及技术的广泛迅速传播使世界各国经济的相互依赖性增强。"① 这种全球化概念有单纯经济全球化实践的意味，而综合现实物质技术条件和文化发展对全球化做复杂多样结构联结描述的定义则补充了一些认识上的不足。在这方面，英国当代著名社会学家安瑟尼·吉登斯认为全球化"包含着空间想象"，是一种"远距离作用"，这种作用来自于跨国生产和体现为现代性和传统分界的符号媒介性经验。美国新马克思主义者阿里夫·德里克认为生产过程的全球化、无中心化、分散化和经济活动中心不断转移，构成了当今世界生产和交换的重大特征。美国匹兹堡大学教授 R. 罗伯逊在 1992 年出版的《全球化》一书中认为："需要对世界在成为单一场所过程中出现的、在分析上相互分离而实际相互联系的经济、政治和文化逻辑进行系统解释"。在这些全球化经验描述性的看法中，包含了这个变动不居世界的许多重要角色：民族国家、跨国公司、区域集团，以及亚国家群体运动、移民社区、村落和家庭这类关系密切的群体，包含了人员流动、科技流动和金融流动。这些涉及今日全球

---

① 国际货币基金组织编：《世界经济展望》，中国金融出版社 1997 年版，第 45 页。

经济生产与消费关系持续的因素或方面，包含着这些主客体关系在不确定的互动结构中的生成和发展，以及存在于各种制度框架和历史中的背景因素，从而全球化是一个由物质的、精神的诸多实践因素共同作用的实践体系，存在着相互交织、错综复杂的全球空间动力关系，涵括着世界各国在经济、技术、文化以及国际政治多层面的变革过程。

全球化是一种社会实践，"全球化为千百万人开辟了出乎意料的新的生活机遇。这首先适用于那些已成为经济发达世界一部分的从前的所谓发展中国家"，对于参与全球化的实践者来说，"以前从来没有这么多的选择机会"。① 在我国，对全球化所涵括的社会实践发展的新内容及其现实概念内涵，这些为人们理解当代社会生活变革不可缺少，尤其是标志着新的历史转折点的实践特征，作出系统理论研究的还不多。研究全球化必须触及全球化全方位的动因及其形成过程和现实的矛盾焦点，其实质是研究作为一种历史实践过程及其实践方式的全球化。现在国内对全球化的理论研究多于实践研究，这种研究主要是主观价值判断，没有把全球化作为客观历史实践进程。根据这种研究不能指导我国参与全球化实践。中国的全球化研究需要开拓马克思主义全球化理论研究的新境界和新视野，需要深入系统地分析全球化是怎样一种历史实践进程，揭示现实的全球化实践形态和形式。我们应对当代人类实践作新发展、新水平的概括，从中找到参与全球化实践进程的切入点，而不能总停留在价值理论的分析判断上。

首先，当今时代的全球化有着深刻的历史实践动因。全球化始

---

① ［德］乌·贝克、哈贝马斯等：《全球化与政治》，中央编译出版社 2000 年版，第 207 页。

于世界市场的形成,对此,马克思对世界市场形成作出了同时代人最深刻的分析。在前资本主义社会,也就是小农自然经济状态下,"小农人数众多,他们的生活条件相同,但是彼此间并没有发生多种多样的关系。他们的生产方式不是使他们互相交往,而是使他们互相隔离"。"每一个农户差不多都是自给自足的,都是直接生产自己的大部分消费品,因而他们取得生活资料多半是靠与自然交换,而不是靠与社会交往"。① 在近代西欧自然经济形态向商品经济形态的历史大过渡中,西欧封建制度的最初瓦解主要来自人类跨地区、跨民族、跨国家的世界性商业交往,"由于地理上的发现而在商业上发生的并迅速促进商人资本发展的大革命,是促使封建生产方式向资本主义生产方式过渡的一个主要因素"②。马克思细致地考察了世界市场形成的过程:从地理大发现算起,国际贸易逐渐从西欧、环地中海区域扩展到非洲、亚洲、南北美洲和大洋洲广大地域;从时间上考察,到19世纪末世界市场最终形成。马克思最后指出:"因为地球是圆的,所以随着加利福尼亚和澳大利亚的殖民化,随着中国和日本的门户开放,这个过程看来已经完成了。"③由于世界市场的形成,原来的区域性、小空间的民族的交往转变成世界历史和世界普遍交往,以生产和交换为核心的世界市场使世界普遍交往逐步全球化。马克思和恩格斯指出:不断扩大产品销路的需要,驱使资产阶级奔走于全球各地,它到处落户,到处创业,到处建立联系,资产阶级由于开拓了世界市场,使一切国家的生产和消费都成为世界性的了。物质生产是如此,精神生产也是如此,各民族的精神产品成了公共财产,民族的片面性和局限性日益成为不

---

① 《马克思恩格斯文集》第2卷,人民出版社2009年版,第566页。
② 《马克思恩格斯文集》第7卷,人民出版社2009年版,第371页。
③ 《马克思恩格斯文集》第10卷,人民出版社2009年版,第166页。

可能。资产阶级由于生产工具的迅速改进，由于交通的极其便利，由于商品价格的低廉，把一切民族甚至最野蛮的民族卷入到世界交往的大潮和文明中来。资产阶级"首次开创了世界历史，因为它使每个文明国家以及这些国家中的每一个人的需要的满足都依赖于整个世界，因为它消灭了各国以往自然形成的闭关自守的状态"①。

其次，全球化进程中民族国家的内部与外部交往形成的相互交错的民族性与世界性相互作用的矛盾动力结构，是全球化实践的现实动因。促使全球化进程发生根本性改变的力量是第二次世界大战以后大批新建的民族独立国家，至 20 世纪 60 年代，形成了新兴的非西方力量的全球性的民族国家体系，整个全球体系的性质也发生了根本性变化。先是出现了冲破资本主义—统全球体系的社会主义阵营，从全球性现代化进程角度来看，它实际上是相对落后的国家试图以有别于西方资本主义的模式实现现代化的尝试，是在世界历史上首次形成的一种与西方资本相抗衡的世界性力量。还有一大批加紧实现现代化的新兴民族国家，第二次世界大战后，由于殖民体系的瓦解，许多亚洲、非洲、拉丁美洲国家在政治上取得了独立。但是，经济的独立问题远没有解决，新兴民族国家在资金、技术、生产、流通、运输等许多方面仍然要依靠国际资金和资本。新兴民族国家被卷入全球工业分工体系之中，进行国际化专业生产以及服务于跨国公司全球经营需要的某些生产环节的专业化生产。这样，民族国家由于内部经济和现代化发展的需要与外部世界交往，形成了相互交错、相互作用的全球化进程的矛盾动力结构。一方面，民族国家坚持让自身生产力与交往形式具有不同的性质、结构和运行机制；另一方面，随着交往的普遍化、世界市场的开拓以及世界历

---

① 《马克思恩格斯文集》第 1 卷，人民出版社 2009 年版，第 566 页。

史的形成，各民族的生产力与交往形式的矛盾运动便越出其狭隘地域，在世界背景下进行全面的相互影响、相互渗透的整体运动。这证实了马克思已经指出的："各民族之间的相互关系取决于每一个民族的生产力、分工和内部交往的发展程度，……然而不仅一个民族与其他民族的关系，而且这个民族本身的整个内部结构也取决于自己的生产以及内部和外部的交往的发展程度。"① "同样，大工业发达的国家也影响着那些或多或少是非工业性质的国家，因为那些国家由于世界交往而被卷入普遍竞争的斗争中。"② 因此，统一和分异的全球化社会实践结构的形成，既存在着地区性与民族性的特点，也无一不渗透着世界性与现代性的因素；世界上许多民族参与世界历史运动，一个民族的活动已经现实地成了世界历史运动的内容，因而民族参与世界交往的不断扩展也以世界性经济、政治和文化格局表现出来，世界呈现出多极化发展趋势。这种多极化发展趋势，实际上是人类社会在统一中有分异，在分异中有统一的相互转变，并且是世界历史向大变革时代发展的一个重要的转折。

再次，全球化进程内涵着全球现代化的目标和历史内容。在第一次世界大战以前，全球化的实质是资本主义或西方的扩张进程，全球现代化过程不可避免地带有西方资本主义的烙印、弊端，迄今西方国家和西方资本对全球现代化进程操纵控制的力度仍不可小视，然而在这个过程中现代性因素也由欧美西方世界传导给其他民族国家和地区。现代化这一范畴更大程度地反映了在全球化进程中民族、国家内部社会的发展变化，随着这些变化，多种力量、多种主体参与到全球现代化进程中，多方面因素对全球化的驱动作用日

① 《马克思恩格斯文集》第 1 卷，人民出版社 2009 年版，第 520 页。
② 《马克思恩格斯文集》第 1 卷，人民出版社 2009 年版，第 567 页。

益明显，非资本、非西方因素和力量在全球化进程中不断壮大，全球化进程日益同资本主义全球扩张疏离了。在多种主体参与全球化的同时，除西方资本之外的多方面的技术因素对全球化的形成作用也十分明显，如交通、通讯技术的进步。20 世纪后半叶以来，以信息化、网络化、市场化与生产知识化为标志的现代中介客体，构成了现代人类交往实践活动的新特点、新形态。当代的信息技术、传感技术和通讯技术已经把地球上各个地区、各个角落的人们紧密地联系在一起，不同国家、民族的人们之间通过建立信息化、网络化的体系进行全球性生产和交换，使当代人类社会实践成为一个有机的系统。作为整体的世界生存、活动和发展，受到了在同一个市场内不同主体竞争发展格局的影响。同时，多元主体也必须共同面对人类自身产生的全球问题。

世界历史时代的民族国家发展和加紧实现现代化，但人类开始自己现代化历史的最早形式是通过资本主义生产方式来实现的，它一旦启动，便按照固有的客观逻辑进行。一方面，现代化内在的向全球扩张的趋势，创造出世界历史全球化的新阶段、新形态。另一方面，它中止民族国家原有的历史连续性，并因此而产生了新的历史条件下的全球范围的民族和国家利益的冲突，多种形式的新旧生产方式的冲突。这种矛盾冲突的解决方式有几种表现：一是可能加速走向矛盾的激化状态，成为像波黑、中东地区那样的世界矛盾的焦点；二是有可能进行矛盾的自我转化，如马克思所指出，"一切历史冲突都根源于生产力和交往形式之间的矛盾。此外，不一定非要等到这种矛盾在某一国家发展到极端尖锐的地步"①，像中国等一大批发展中国家采取自我变革的发展方式；三是矛盾的解决取决

① 《马克思恩格斯文集》第 1 卷，人民出版社 2009 年版，第 567 页。

于内外交往的发展，即把生产关系归结为生产力的高度，并把生产力与生产关系的矛盾运动由民族和国家扩大到整个世界，成为世界普遍交往实践中的"国际分工"、"国际生产力"和"国际竞争"的普遍形式。

最后，全球化是一个多种力量齐头并进和相互促进的过程，并越来越表现为一个多维度、多层面的矛盾历史进程。具体地说：当代人类全球化既存在着生产、经济、科技等方面交往发展的国际化、世界化、全球一体化趋势，又表现为一种政治、文化交往多样化，政治多极化的主体交往实践发展的过程；它既有发展中国家利用全球化实现自身现代化发展的一面，也内涵着西方制度因素和框架作用便利于西方少数发达国家实现战略利益调整的一面；它既有生产力的全球性质和市场的逻辑公平一面，也有主体发展不平等产生实际发展不平衡的一面；它既随着共同体意识和全球观念的逐渐形成有利于对全球问题的认识和解决，也随着跨国机制化、地区集团化容易产生权力冲突、地区冲突等问题。总之，这是一个具有客观矛盾的历史实践进程，是一个介入的主体越多交往实践的空间越大和不平等的交换越减少的过程。在看到这些矛盾存在的必然性的同时，不能不看到解决这些矛盾实践的可能性。在分析这些矛盾产生的历史原因时，不能忽视主体的单向性始终是制约全球化历史发展片面性的原因。全球化从来不是一个无主体的不含主观能动性的自然过程，不了解全球化进程中存在着的各种主体就不可能真正理解全球化的矛盾，不理解当今全球化真实地存在着多种主体、多种力量交往实践的发展趋势，也不可能看到制约这些矛盾解决的可能，而不理解上述各个方面及其关系，就不可能理解和把握当今全球化实践发展的规律。

马克思和恩格斯在《1844 年经济学哲学手稿》、《关于费尔巴哈的提纲》、《德意志意识形态》等著作中着眼于物质实践对于世界历史关系的揭示，批评费尔巴哈没有看到"他周围的感性世界决不是某种开天辟地以来就直接存在的、始终如一的东西，而是工业和社会状况的产物，是历史的产物，是世世代代活动的结果，其中每一代都立足于前一代所奠定的基础上，继续发展前一代的工业和交往，并随着需要的改变而改变他们的社会制度"①。在他们看来，通过人类的实践活动，通过工业和交往活动，这种连续不断的感性劳动和创造才是整个现存感性世界的非常深刻的基础。由此马克思和恩格斯阐明了他们创立的唯物史观与唯心史观的根本区别："它不是在每个时代中寻找某种范畴，而是始终站在现实历史的基础上，不是从观念出发来解释实践，而是从物质实践出发来解释各种观念形态。"② 沿着马克思主义思想理解全球化，那么全球化进程就是人类实践活动的产物，现在的全球化不是坚实的结晶体，而是人类物质交往实践活动的场所，是民族国家参与下的交往全球化实践进程。民族国家参与交往全球化进程是由来已久的事实，而且日益是全球化实践发展的必然趋势。在市场经济全球普及的条件下，市场的法则是使用价值和价值，哪个国家不出场，全球市场经济就同它无缘，它也不成其为交往全球化的实践主体。一旦交往全球化实践主体大都缺失或不出场，则是全球化实践自身的破裂，全球化实践就不能正常发展，就会出现一系列全球性的人类发展危机。所以，我们时代的全球化是多极主体共同指向的物质交往实践进程，入场运作是一种历史趋势。多极化是不言自明的历史趋势，从整个社会历史发展来看，从未出现过抽象的、同质化的"人类

① 《马克思恩格斯文集》第 1 卷，人民出版社 2009 年版，第 528 页。
② 《马克思恩格斯文集》第 1 卷，人民出版社 2009 年版，第 544 页。

社会",因而也就不存在由抽象的、虚幻的"人类社会"衍生出的资本主义全球一体化。现实的发展业已说明,多极主体、多种力量已经成为一系列全球化事件和过程的动力之源。发展中国家通过自主参与交往全球化实践活动创造出全球化实践的主体性,通过共同的实践和交往形成全球化的视界,全球化是在各种动机和力量交织成的"合力"中发展的,正是在相互交织的无数个平行四边形活动的力量中存在着交往全球化实践历史活动的总规律。全球化除了与西方资本主义的发展有着直接关系外,又与发展中国家力量的发展和非资本因素的作用有着极其重要的因果关系。

交往实践活动的现实发展告诉我们,交往实践活动中形成的主体间不是单纯的消极受动关系,它是多极主体活动参与并影响的过程,是对技术变革和技术进步的充分利用,是民族现代化过程中设立的世界历史坐标。中国作为发展中国家,应当依靠物质交往与精神交往的主体实践运作,用中国人的话说,即"对外开放,对内搞活",在实现了现代化的全球空间中设计现代化的发展道路,思考在全球化的背景中如何建设有中国特色社会主义现代化,使发展定位作宏观视野的转换。中国当代马克思主义——邓小平理论,告诉我们"发展是硬道理"、"中国的发展离不开世界"①。江泽民同志在九届人大三次会议上参加上海代表团审议时提出中国实施"引进来、走出去"的发展战略,是我国参与交往全球化实践挑战的新模式。中国改革开放三十多年引进大量外资和接纳几乎所有的跨国公司,这些已经把中国的现代化带进全球化实践发展中定位的事实,极大地推动了中国参与全球化实践的进程。我们要以"全球化与交往实践"观念看待和把握全球化进程。

---

① 《邓小平文选》第三卷,人民出版社 1993 年版,第 78 页。

不言而喻，这种全球化实践研究，主要有两个理论向度：一是对全球化的实践结构要素、实践形态的研究；二是基于交往全球化实践的主体形态、主体间关系研究以及制约全球化的文化政治交往研究。理论旨归是全球学或全球交往实践观。在现代西方，英国的历史哲学家巴勒克拉夫和美国的历史学家斯塔夫里阿诺斯系统地提出研究"全球历史观"。他们认为以往的历史观"主要从西欧观点来解释事件已经不够了，我们必须尝试采用更加广阔的世界观"，应当"跳出欧洲，跳出西方，将视线投射到所有的地区与所有的时代"。斯塔夫里阿诺斯认为："只有运用全球性观点，才能了解各民族在各时代中相互影响的程度，以及这种相互影响对决定人类历史进程所起的重大作用。"我们认为，1500 年以前各文明相互影响的历史运动就已构成世界历史的主题，而 1500 年以后的历史更是如此了。我们不能在全球化进程和全球视野中构造全球分裂的实践模式，逆历史潮流而动，违背发展规律，从而与至关重要的"过程"失之交臂。交往全球化实践是多种力量、多种因素构成的实践形态，并没有某种预先给定秩序的含义，也不可能存在预定的程序。交往全球化实践的多种因素、多种力量将始终起着主动、积极的作用，因此交往实践活动实现的价值也历来是双向的：一方面是创造的主体，另一方面是受益的主体，创造与受益是相关的，躲避与受害是同义的，在全球化大潮席卷而来的时候，已经没有观潮的岸边。交往全球化实践决定着我们这个时代正在发生的变革，决定着我们必须积极地面对挑战、冲击和影响。交往全球化实践具有开放性、历史性和趋向未来的特征，它永远不会停留为既存和现存的东西，而是不断扬弃给定性和现存性，不断指向未来。

交往实践全球化是实践唯物主义的世界观，它以马克思主义交往实践观为核心，在解析当今世界客观存在的全球化历史趋势的基础上，作为一个实践的系统理论工具，指导人们的交往全球化实践；同时它又是一种建构，促使世界各地的人们以彼此的差别为前提发生主体间的交往实践，在文化、经济、政治、技术和环境等生活的各个方面越来越多地相互联系，而这种联系就是交往实践调节在不同主体之间分配及其规范的形成过程，因而建构交往实践全球化的合理形态就显得十分紧迫。

第 一 章

全球化：物质的、精神的
因素共同作用的实践体系

在第一次世界大战以前，全球化的实质是资本主义或西方的扩张进程，全球现代化过程不可避免地带有西方资本主义的烙印、弊端，然而在这个过程中现代性因素也由欧美西方世界传导给其他民族国家和地区。随着多种力量、多种主体参与到全球现代化进程中，面向发展中国家的发展哲学经历了从"依附"理论到"新发展观"再到"全球学转向"的转变，实现了发展中国家全球发展视界的转换。当今世界的全球化理论则既有以后现代、现代性为背景的理论分析与建构，又包含着对全球化实践结构的解剖和认识，由于发达国家与发展中国家发展的不平衡，他们所关心的内容和问题也不可能处在同一个历史框架和活动水平，因此需要舍弃一些无益于发展中国家参与交往全球化实践的现代性内容。而把全球化实践的因素集中起来看，全球化实践结构要素的理论就成为我们关注的理论焦点，它也是我们在全球化背景中思考建设有中国特色社会主义的理论前提。

第一节　全球化视域的实践体系理论

经济全球化并不是从现在开始的，事实上民族国家被动地参与经济全球化进程已经旷日持久，只是因为来势迅猛的新一轮全球化才使人们受到了震撼。德里克指出："这些新的实践从东亚入手，已经把第三世界的定位带入了生产过程，因而搅乱了早先的世界地图。"① 安瑟尼·吉登斯写道："现代性所带来的社会活动的全球化在某些程度上是一个真正的世界范围关系的发展过程，例如介入全球性的民族国家或国际劳动分工的那些关系。"② 德国《社会主义杂志》编辑阿吉姆·比朔夫指出："资本概念本身就包含着开拓世界市场的发展趋势，但是这种趋势并不能取消金融资本和货币资本的民族属性，例如，没有各种具有相应平衡空间和调节空间的民族资本的实际存在，现代金融衍生物的流通过程就会令人无法理解。"他还说："不存在一种无所不包，无所不能的资本。"③ 意思是，资本是可以跨国界或无国界流动的，但掌握和调控资本的力量是有国籍的、民族的，或者说是有人格属性的。民族国家不仅早就开始面对不可逆转的经济全球化趋势，而且作为民族国家必须面对的现实，在过去已经作出了许多研究，提出了一些理论方案，其

---

① 德里克：《全球性的形成与激进政见》，转引自王宁、薛晓源主编：《全球化与后殖民批评》，中央编译出版社 1998 年版，第 14—15 页。

② 转引自王宁、薛晓源主编：《全球化与后殖民批评》，中央编译出版社 1998 年版，第 23 页。

③ 转引自俞可平、黄卫平主编：《全球化时代的资本主义》，中央编译出版社 1998 年版，第 35 页。

中，许多关心民族国家的第三世界学者、发达国家的左派学者提出的理论方案，不乏真知灼见，因而对民族国家曾经产生过重大影响，有些影响至今。经济全球化本来就包含着经济、社会、文化变迁的过程，包含着世界多极化的发展趋势，对现代世界的多学科、多角度的研究也早已存在。这些都应该是民族国家面对新一轮经济全球化可资借鉴的理论经验。

一、在全球化进程中摆脱"依附"理论

在 20 世纪 60 年代，一批发展中国家的经济学家洞察到经济全球化现象，他们研究了在资本主义全球经济空间关系中发展中国家所处的地位，提出了要求摆脱"依附"，进行新的全球发展定位研究的社会发展理论。这是从全球空间关系研究中提出的理论，具有完整的思想概念体系，对发展中国家乃至世界影响都很大。

劳尔·普雷维什是阿根廷经济学家，发展主义理论创始人。他最早提出，资本全球化使发展中国家成为"中心—外围"体系论的一部分。普雷维什认为，当今世界分为两大体系，即由发达国家组成的中心体系和发展中国家组成的外围体系。中心国家是技术创新者、工业制成品生产者和经济利益获得者，而外围国家则是技术模仿者、原材料提供者和中心的附庸。两者的贸易关系是，中心向外围出口工业制成品，外围向中心出口初级产品。由于中心国家制造业的技术水平和生产率高，制造业产品的价格低，需求收入弹性小，双方贸易的结果是经济剩余流向中心国家，外围处于受剥削的附庸地位，难以实现真正的经济发展。除了普雷维什的"中心—边缘"理论观点，还有安德烈·冈德·弗兰克的"欠发达的发展"概念和埃及人萨米尔·阿明提出的"依附论"，最后是巴西学者费尔南多·恩里克·卡尔多左进一步用辩证法研究了世界的结构和历史。1963年，安德烈·冈德·弗兰克提出了"欠发达的发展"概念，指出欠发达现象是以资本主义世界范围的兴起和扩张为开端的，"欠发达的发展"是这一进程的结果，并用"中心—卫星"表示同处资本主义体系中的两个部分。萨米尔·阿明在此基础上指出，世界资本积累通过全球分工发生，在分工中，世界资本主义体系各个阶层的关系的本质特征是不等价交换。费尔南多·恩里克·卡尔多左进一步用辩证法研究了世界的结构和历史，认为处在边缘区的不发达国家在两个层次上依附于处在中心区的发达国家，即受外部力量（包括外部发达资本主义国家的跨国公司、外国技术和外国金融体系）的支配和内部力量（与外国势力相联系的当地阶级和集团）的支配。

"依附论"在解释发达与不发达国家状况，以及造成的原因时都是很有说服力的。特别是，这批发展中国家的学者并没有得出消极悲观的结论，而是相反，提出了发展中国家应当摆脱依附的实践课题。萨米尔·阿明认为，边缘国家有可能摆脱资本主义世界体系，建立自己的社会组织并形成自己的发展模式。这种呼声直到20世纪90年代全球化理论讨论中依然能够听到。如萨米尔·阿明说："根据定义，新的全球化损害着民族国家管理经济的效率。然而，它并没有取消民族国家的存在。所以，在我看来，它产生了在资本主义下不可克服的新矛盾。之所以这样，原因在于资本主义不仅仅是一种经济体系，资本主义经济没有了社会和政治维度（指的是国家）是不可想象的。一直到最近时期，资本主义的扩张都是以两种空间的契合为基础，一种是决定积累再生产的空间，另一种是对资本主义进行政治和社会管理的空间，即中心国家塑造国际体系结构的空间。然而，我们现在已经进入一个新时代，其标志是，资本主义经济管理的全球化空间与其政治和社会管理的民族空间的分裂。"① 在这里我们看到，阿明仍然坚持不发达国家的自我发展设计，强调发达国家离不开不发达国家，全球化进程中不可缺少不发达国家的作用。

普雷维什等人用"中心—外围"形象表达的"依附"理论被用来解释主体型经济与依附型经济的矛盾、世界格局的多极化与单极化的矛盾、全球主义与东方主义的矛盾以及经济、政治、文化方面的矛盾，在对世界上存在的两极分化现象进行理论分析上具有方法论意义，在这方面其理论的解释力甚至可以说永远都存在。但是，当它被这些发展中国家在 20 世纪五六十年代当作应对经济全球化实践的理论基础时，则被实践证明是极端片面的，给以它为指导思想的发展中国家带来了巨大的灾难。这一理论不仅视中心外围利益完全对立，而且完全忽视了中心地区不断更新的技术进步的影响。这些发展中国家当初割断同中心国家的经济联系，实行内向型的经济发展战略，并坚持"集体自力更生"原则，以"南南合作"和发展中国家之间的区域经济一体化来同由发达国家组成的中心体系相对抗，结果无一成功。本是为了发展发展中国家的经济创造了"南南合作"模式，然而"南南合作"模式经济的意义远没有政治的意义那么大，发展中国家的区域经济一体化并没有创造经济效益。根据国际货币基金组织的统计，1990 年，主要发展中国家区域性经济集团内部贸易额的比重一般都小于 15%，因为发展中国家普遍收入水平低，国内市场狭小，相互间难以吸纳其他国家的商品。

几十年后，我们今天站在世界各国经济发展的角度，更进一步

① ［埃及］萨米尔·阿明：《五十年足矣》，转引自王列、杨雪冬编译：《全球化与世界》，中央编译出版社 1998 年版，第 242 页。

反思"依附论"的时候，就看到了其理论和方法上的缺陷。这主要是：（1）"依附论"研究个别国家的发展问题，虽然对拉美国家的不发达现状进行了深入的合乎实际的考察，但主要以拉美的殖民化历史为理论的参考系，地区狭隘性比较明显，对于广大发展中国家来说，从中受到的启发还是不充分、不客观、不全面的。（2）方法论是简单的、静态的，存在着单纯经济主义思考的片面性。在揭示了经济发展的结构性和共时性的影响和制约的同时，却没有对经济结构的历时性、阶段性差异保持足够的重视，没有思考如何利用国际分工和交换体系，打破这种共时性、结构性的制约，争取在相互交往中实现向发展中国家发展的动态转换。（3）通过民族单位来构想社会发展，而发展却十分紧密地朝向欧美发达社会，把它作为不发达社会摆脱落后必须效法的准则。比较的视野不开阔，没有参照不同社会的发展中国家的发展。总之，通过简单透视全球化背景中出现的"依附理论"，把它作为全球化发展在发展中国家的一种理论表现，结合这些发展中国家的发展实践，可以为我们在全球化背景上思考全球化问题提供理论帮助。

二、研究全球结构表征的世界体系理论

世界体系理论是在全球化这一术语得到流行以前，最有代表性、最有影响的研究全球结构表征的全球化理论，它把空间当作一个中心论据引入对发展的分析中。法国年鉴学派创始人费尔南·布罗代尔和美国现代"新左派"、新马克思主义者伊曼纽尔·沃勒斯坦是这一理论的研究学者，他们两人共同揭示了从16世纪以来形成的作为全球结构之表征的资本主义世界体系，并推动了全球化理论研究。

沃勒斯坦认为，人类历史包含着各个不同的部落、种族、民族和民族国家的历史，但这些历史不是孤立发展的，而是相互联系着发展和演变的，总是形成一定的"世界性体系"。16世纪以前，"世界性体系"主要表现为一些"世界性帝国"，如罗马帝国、中华帝国等。这些"世界性帝国"有一个单一的政治中心，但没有与之相应的"世界性经济"。到了16世纪，随着资本主义生产方式的发展，开始以西北欧为中心，形成"世界性经济体系"。资本主义从一开始就不是在单个国家孤立出现的，而是作为一个世界性的体系出现的，它由中心区、半边缘区和边缘区这三个组成部分联结成一个整体结构，但它不同于"世界性帝国"之处，在于它有一个自成一体的经济网络，而没有一个统一的政治中心。同时，沃勒斯坦把资本主义提供的现代世界结构理解为一种生产模式。中心区、边缘区和半边缘区三个区域承担着不同的经济角色，三种不同的经济角色是由不同的"劳动分工"决定的。"分工"决定了不同国家或地区要分别承担中心区、半边缘区和边缘区这样一些不同的经济角色。沃勒斯坦坚持认为，根据个别民族的内部发展是无法理解资本主义的，只能根据超越民族的一系列偶然因素——历史的、生态的、地理的因素，并且赋予它们以形式的空间关系才可以理解。沃勒斯坦认为现代资本主义最早可以追溯到1450年左右，那时开始形成一个以西北欧地区为核心，以地中海沿岸欧洲为半边缘，以东欧和美洲为边缘的世界经济体，在16、17世纪，它的中心区处于西北欧，边缘区虽已扩展至美洲等地，但亚洲和俄国都还处在其边界之外，半边缘区也主要在欧洲，因此还只是"欧洲的世界经济体"。产业革命后，主要在1815—1917年这个时期，它逐渐扩展覆盖了全球。到19世纪以后，中心区逐渐由西欧扩大到北美，彻底形成了全球化的资本主义行为体系。沃勒斯坦指出，虽然不同国家和地区的位置在不断发生变化，但中心—半边缘—边缘这样的一个结构却始终存在，它是作为全球结构之表征的世界体系而存在和发展的。他主张不应当把国家当作通过贸易、投资流动和劳动力交换的自我证明的单位，而要将这些单位看作是彼此有所关联的由不同因素、关系不断重组的世界体系，"社会体系及构成这一体系的所有建制，包括现代世界的主权国家，是包罗广泛的各种社会集团在相互交往，共同谋划，尤其是彼此冲突中的场所"①。这个体系从来不是静止的，而是处于无休止的变动之中。它的边界范围由小到大。在扩张过程中，各经济角色及其地域分布也发生变化，有的边缘区可能上升为半边缘区，某些半边缘区可能上升为中心区，还有些会发生逆向的变化。某一中心国家实际上只是在很短的时刻内可以同时在生产、销售和金融方面优于所有其他中心强国，这种暂时的顶点就是我们所称的霸权②。同样，优势的丧失似乎也是同样的顺序，称霸是短暂的，16 世纪的霸权国是荷兰，17、18 世纪被英国取而代之。19 世纪以后，随着中心区逐渐由西欧扩大到北美，英国霸权地位逐渐失落，到 20 世纪中叶，美国成为霸权国，此后它也逐渐衰落。这个世界体系在发展过程中由资本主义世界经济体系统治世界，各区域内部和它们相互之间都充满着复杂的阶级斗争和政治斗争。这个体系还总是经历着由扩张引起的供过于求的"过剩"危机，出现一次次的周期性震荡。但这个体系本身具有自我调节机制，这使它能在 500 年之久的历程中度过一次次的危机，不断巩固和发展。

世界体系分析把空间当作一个中心论据引入对发展的分析中，对不同社会之间的关系也不认为是最终的决定关系，也就是说，先

---

① ［美］伊曼纽尔·沃勒斯坦：《现代世界体系》第 1 卷，高等教育出版社 1998 年版，第 8 页。
② 参见［美］伊曼纽尔·沃勒斯坦：《现代世界体系》，高等教育出版社 1998 年版。

进和落后、发达和发展中社会之间的关系，在他看来是空间中同时存在的关系。在分析空间关系时，世界体系分析坚持把"中心"与"边缘"的关系当作最重要的关系，因为这二者分别指其经济结构中显示出经济社会复杂性并有着相对自主特色的资本中心地带，以及那些经济、社会政治和文化都依赖中心的地区。也就是说，世界体系注重研究世界整体的发展规律，注意这些单位之间的关系，但中心—边缘关系不是资本主义发展的前提，而是其后果；发达和不发达并不说明相互间的独立状态，也仅仅是资本主义关系的后果，这也就是说，它并不把世界整体发展中各个国家的地位与命运看成是注定的与不可更改的。世界体系论以欧洲的原生形态的现代化发展为原形与起点，把研究的重点放在早年资本主义的发源地，并由此向前追溯世界几百年的发展历史，通过对现代资本主义世界体系 500 年的发生、发展历史的研究，力求客观地揭示出它产生、发展和走向终结的"自然"过程。坚持客观性是它的一个突出表现。世界体系论又是动态的、复杂的，它的理论模型是坚持整体决定论，即整体的发展决定部分的、具体的发展过程。

　　沃勒斯坦的世界体系论是认识资本主义全球化的重要理论，对于解释全球化发展也具有相当的灵活性与普遍性。但世界体系论基本上是抽象的理论，在实践上它毫无生命力。这主要是由于，世界体系理论坚持整体结构和外部联系对每个国家的重要影响，强调了横向的结构关系，强调了整体结构对组成部分的规定性。但部分不是被动地被决定，落后的边缘也不是完全受制于核心。沃勒斯坦的分析是建立在跨国的、全球的劳动分工基础之上的，但他认为只能在经济中心地区逐渐地发展起民族国家的工业体系和经济体系。事实上这些体系是建立在经济与政治紧密协作的基础之上的，并且发展外贸关系具有一种侧翼保护的意义。新兴民族国家这种发展国民经济的方式在 20 世纪 50 年代和 60 年代便达到了顶峰。当时新兴民族国家为争取一种经济与社会持续发展的方式选择自动化程度相对较低、拥有大量就业人员的工业化生产，并把不断提高工资收入和一种比较平均的收入分配结合起来，这种生产机构在新兴民族国家的范围内发挥了很好的作用。看来是沃勒斯坦认识上存在着一定的偏颇性，如他明确认为在核心国家占主导地位的世界体系中，边缘地区的人民是没有太大作为的。在认识方法上也存在同样的问题，如他说："采用主权国家或国家社会这个模糊的概念，作为分析单位的想法。我断定以上两者都不是社会系统，而人们仅能谈论诸社会系统中的社会变迁。在这一框架中唯一的社会系统是世界体系。"① 还有沃勒斯坦的理论关注的并不是每个国家的发展问题，在这方面它的解释能力更是有限。

沃勒斯坦对资本主义世界体系中的政治进程的研究富有新意。对现代化话语的主要挑战来自世界体系分析，但这种分析对现代化虽然提出了疑问，却并不能代替对每个国家要求实现现代化的发展研究。

三、全球现代化与全球发展理论

第二次世界大战之后，旧的殖民体系瓦解，亚非一系列新兴民族国家建立起来。如何认识这些国家的特征从而采取措施推进其社会经济进程成为一个现实问题。在此背景下，美国在 20 世纪 60 年代兴起了现代化发展研究的热潮。但美国的现代化理论从西方国家现代化的历史抽象出统一的发展模式，认为所有非西方国家也会沿着同一条道路实现现代化，不同国家之间的差别只是时间的早晚问

---

① ［美］伊曼纽尔·沃勒斯坦：《现代世界体系》第 1 卷，高等教育出版社 1998 年版，第 6 页。

题，落后的第三世界国家必定会排队跃过现代化的"龙门"，变为先进国家。这种理论的一个最典型代表就是罗斯托的经济增长五阶段理论，这是一种非历史的单线进化论，反映了19世纪以来西方流行的自由主义思潮。到20世纪60年代末，随着世界经济扩张期的结束，第三世界国家经济形势恶化，与发达国家之间的经济差距也在加大，曾经给人以希望的现代化理论被现实挫败了。但是，现代化发展理论却是发展中国家如何实现社会、经济、文化现代化发展的研究理论，在广大发展中国家面对艰巨的现代化的社会发展问题时，现代化的发展哲学实现了从"依附论"到"新发展观"再到"全球学转向"的变化，经历了三个转变，广大发展中国家面对经济全球化浪潮不再固步自封逐步跨入世界发展的行列。因此，发展主体迅速呈全球化和多元化趋势。发展哲学发生的"全球学转向"，使全球化理论成为继现代化理论之后研究社会发展理论的中心视界。

法国社会学家弗朗索瓦·佩鲁提出"新发展观"，认为发展是"整体的"、"综合的"和"内生的"。"整体的"是指"具有不同规模和结构的各种实体，如一个国家、一个国家集团或整个世界"。"内生的"是指"一个国家的内部力量和资源及其合理的开发与利用"。"综合的"是指"各种单位和因素聚集在一起，形成一个单一整体。因此，综合的发展可以指一定数量的地域一体化"。[①] 从20世纪60年代起，伴随着西方殖民统治结束和发达国家"增长极"向不发达国家转移，广大发展中国家转向从本土实际出发探索发展的道路，由发展的外部模仿转向发展主体自身内容

---

① 以上引文参见［法］佛朗索瓦·佩鲁：《新发展观》，华夏出版社1987年版，第2页。

的探索。现代化作为发展的主题和本质，一些新兴国家加入发展主体的行列，这些新兴工业化国家和地区在世界性发展的挑战和全球化竞争压力下迅速走向世界发展；而同时期西方社会在经历了战后短期繁荣之后，相继陷入经济衰退、社会机体僵化、活力锐减的境地，全球竞争迫使发达国家竭力摆脱经济发展的低迷状态而重新加入全球竞争行列。

全球化作为全球经济竞争的产物恰恰和现代化发展同步，全球化和资本主义现代化同步发展已经有了一段漫长的历史，现代化与全球化进程是交织在一起的。在世界各国进行现代化建设的过程中，现代化是世界性的概念。尽管对现代化含义的理解还存在着分歧，但人们普遍在下述观点上达成了共识。即：从静态上看，现代化是指世界范围内国民经济、社会生活诸方面在现时代所达到的先进水平；从动态上看，现代化则是指落后国家力争达到现代世界先进水平的运动。从经济领域看，现代化包括科学技术、社会生产力、产业结构等方面的现代化。因此，各个国家或民族在实现现代化目标的过程中，自然离不开世界文明发展的大道。但是，它们在世界经济体系中处于不同的地位，具有不同的社会制度、民族特点，从而决定了它们在向现代化迈进过程中的起点不同，道路、模式的选择也不同。对于发展中国家来说，正确认识本国在当今世界经济体系中的地位尤为重要，既不能把经济全球化简单地当作现代化来加以肯定，也不能把经济全球化与西化等同起来。西方的现代化模式既不是现代化的唯一模式，也远非完美无缺的模式和适用于所有地域、民族的现代化模式。我们一方面承认历史进化存在某种一般趋势与规则，同时要看到这种一般趋势与规则并非以机械划一的形式表现的，它在不同地区、不同民族的实现过程是不同的。归纳概括之，全球化与现代化的关系是：一方面，体现时代潮流的全球化与现代化是基本重合的，它们的历史起点也是大致同时的：16世纪资本主义的兴起既是"全球化"的序幕，也是"现代化"的先声，这是二者的联系；另一方面，要看到全球化与现代化也有区别：一般说来，现代化是全球化的目的，全球化只是现代化的手段。现代化是相对于传统社会而言的，全球化则是相对于多元时代而言的。因此，全球化主要是一个历史的范畴，代表着人类社会的某一阶段。

第二节　全球化的物质的、精神的实践因素

全球化是西方近年人文社会科学、经济学研究的重要内容，形成了颇为引人注目的全球化理论研究热潮。西方全球化理论研究争论的焦点，可以说是全球化发展的进程问题，对此各种理论研究看法不一，但基本上可以看到全球化理论研究形成的两个共同指向：一是全球化发展内容的研究，从中可以看到许多全球化理论研究都包含着对全球化实践结构要素的分析；二是基于全球问题（环境、人权等）而逐步形成的全球共同价值和多元文化政治结构实践研究。应该说，这些全球化理论研究均有助于我们了解全球化发展的客观方面、主观方面，以及主客观相互作用的实践层次和结构的具体内容。

按照历史唯物主义的分析方法，从全球化实践结构要素的角度与层面分析全球化进程，全球化实际上包括主体要素、客体要素以及结构性联结要素三个层次的内容：一是实践的物质性客体因素，如资本、产品、通信以及生产力和科学技术就代表了一种纯粹的物

质力量；二是实践的主体因素，如跨国公司、发达国家、民族国家、国际组织、非政府组织，体现了在实践主体物质力量驱动下所形成的全球化社会发展关系以及在一定的物质环境与社会关系中主体的主观意志的特定指向；三是在此基础上形成的主客观因素的关联性实践结构，如生产力动力论、科学技术动力论、制度动力论这些反映多因素实践活动的理论，反映形成的社会关系，资源配置方式等制度性实践内容，后者也是客观实在的，但具有更强的社会特性。但是，我们理解全球化实践的关键就在于，这几方面的实践因素不能截然分开，既要看到特定的社会历史现象背后的直接驱动力，也要找到其根本的、物质的动力源，这样我们才能认识和把握历史发展的完整内容与真正本质。因此，需要循着这种思路和方法来阐释西方全球化的客观理论研究发展，特别是对全球化实践动力机制、发展机制来自于三种"物"的层面的交互作用的理解和认识。

一、全球化的主体因素

西方全球化理论研究者普遍认为，今天当人们谈论全球化的时候，一般来说，指的不是那个老的在空间范围内比较僵化、比较稳定的劳动分工体系。相反，这里指的恰恰是一个生气勃勃的、由那些经济行为主体在全球范围内的活动所操纵和控制的世界经济，因为它的出现使那个旧体系瓦解。并且指出，现时代世界经济体系的基础并没有发生变化，而是经济行为主体的活动性、灵活性在飞跃增长，因而全球化实践成为经济体系发展推动的力量。比如说，这次全球化由于从全球性行为主体的角度提出了国家的价格—效益关系问题，即产生了选择基地的问题，产生了选择基地的跨国公司，跨国公司企业的实践特征是不再依赖工业化时期的现代大型工业结构，也不主要依赖于现代化生产因素和速度的传统组合，而是取决于跨国公司将世界的资源、人员和各种知识因素的流动组合。除此之外，新的全球化的主体还有：发达国家、民族国家、区域集团、国家行为体与非政府组织行为体，它们构成了被社会学家分析为以各种利益的组织力量为基础的权力、领土和民族意识动员交织在一体的实践主体。

（一）发达国家

西方全球化理论研究的著名学者，美国杜克大学教授阿里夫·德里克，从马克思主义方法论角度分析全球化现象，认为马克思主义理论比现代化理论更能解释资本主义，因为马克思对资本主义社会的分析是建立在一些对立的社会关系基础之上，而这些关系为人们的分析引入了一种社会空间的概念。如列宁因为认识到国家与地区之间发展的不平衡性，不仅把握了帝国主义发展的全部空间性，并且阐明了发达与不发达国家之间剥削的关系。因此，在他看来全球化是资本主义发达国家主导的资本主义空间关系的变化和发展，是跨国资本主义在全球的实现。在具体动因上，他提出发达国家为了继续发展需要大量的能源、资源、市场，发达国家到不发达国家、地区去投资办厂，发达国家向不发达国家转让生产技术环节。德里克的分析揭示了资本主义发达国家作为全球化实践主体及其行为的基本特征和重要内容，对人们深入认识现代资本主义具有深刻的意义。

英国社会学家斯克莱尔在他的《全球体系社会学》一书中，强调要注意对发达国家跨国公司在建构全球关系中的主体价值行为进行研究，他认为，随着国际资本地位的扩展，会伴随"跨国资本家阶级"的出现，由于这一阶级服务于资本主义的国际资本，并且能够为资本的全球运作提供便利，因而强化了国际资本的意识形态化，以及"包括对第一与第三世界之间关系的重新塑造"。发达国家还有一些学者强调全球意识，全球意识在广义上包括生态环境意识和求同存异意识。长期以来，人类以地球的主人翁自居，将人类的进步理解为物质财富无止境的增长，结果导致了环境污染，能源危机等全球问题。全球化为人类带来了从世界范围内思考人与自然的关系的意识，即全人类与整个大自然平衡、和谐相处的意识，以及从人类文化具有共同性基础出发看待国际社会存在共同利益增长的趋势，主张超越社会制度和意识形态分歧的求同存异意识。还有新自由主义经济学强调发达国家应从全球的角度配置资源，推行市场一体化。从传播学角度提出的是发达国家拥有资讯和文化渗透的能力，伴随着经济交往的必然是发达国家与不发达国家意识的趋同，带动各国相互依存度提高，出现"地球村"发展趋势。

（二）跨国公司

跨国公司是各种全球化理论都反映的一个全球化发展的推动力量。现代意义上的跨国公司的出现是在第二次世界大战后，美国率先出现了为世界市场设计产品，同时以 8 个国家为生产基地，将销售瞄准世界的跨国公司。20 世纪 60 年代，美国政府为跨国公司提供宽松的政策环境，跨国公司充分利用各国不同的资源和市场优势，凭借其雄厚的财力进行大量的投资，并带动了欧洲、日本、韩国、拉美等地区和国家一大批跨国公司的涌现。

根据联合国跨国公司中心统计，世界上现有 3.7 万家跨国母公司，比 1970 年的七千多家增长了四倍多，并拥有约 20 万家海外子公司，分布在一百六十多个国家和地区。1995 年，全球跨国公司对外直接投资达 3250 亿美元，比 1994 年增长 46%（不包括购买股票和债券的金额），其中仅美国的跨国公司对外直接投资达 970 亿美元，约占 30%。目前，跨国公司年生产总值占整个资本主义世界生产总值的50%，控制着50%的国际贸易额、90%以上的海外直接投资、80%以上的新技术、新工艺、专有权和70%的国际技术转让。跨国公司海外销售额逐步扩大，从1990年的5.5万亿美元增至1997年的9.5万亿美元。跨国公司控制着世界私人企业资产的1/3，其中美国居世界首位，英国和日本居第二和第三。① 值得指出的是发展中国家的跨国公司也已经走向世界，以积极的姿态参与世界经济全球化的大趋势。据统计，发展中国家的跨国公司在境外的资本额占全球跨国公司的投资额从1980—1984年间的5%上升到1990—1994年间的10%。1995年联合国贸发大会首次排出了发展中国家的50家最大的跨国公司。

跨国公司对全球化的影响可以概括为以下几个方面：

（1）跨国公司"以世界为工厂，以各国为车间"，极大地增加了国与国经济之间的相互融合和依存。现代跨国公司是集生产贸易、投资、金融、技术开发及转移服务于一体的经营实体，其发展是到世界最有优势、能最好实现公司整体发展战略的地区，通过在本土实现社会化大生产、大流通的高度发展。它使各国和地区之间的经济相互依赖程度加深，促使资本投资、生产、交换和产品销售日趋全球化，据联合国统计，目前约1/3的世界贸易为跨国公司内部贸易，跨国公司大大推动了全球化进程。

（2）跨国公司随着信息化技术的迅速发展，建立了全球生产和交换体制。跨国公司将其传统的海外各分点相互独立的组织方式打破，通过网络集中安排研究与开发、中间产品的筹供和资本的运作，形成了生产专业化和全球一体化生产体系。有人将其称为

---

① 参见胡元梓、薛晓源主编：《全球化与中国》，中央编译出版社1998年版，第157页。

"灵活的生产体制"（the regime of flexible production）或"灵活的积累体制"（the regime of flexible accumulation）。

（3）跨国公司推动世界经济日趋地区化和国际化，起到全球化的纽带和桥梁作用。跨国公司为了获取利益走向世界各地，依靠本土化战略是其基本的行为。跨国公司并不"从属于"一个特定国家，其总部可以设在任何国家的领土之上，并以此向外扩张。它将资本与驻在国置于互惠的关系之中，资本成了"世界范围的组织"者，它能够将资本与非资本成分、国际的、现代的与民族的、地方的成分统一起来，创造出保证资本再生产的条件，这个条件就是保证与地方互惠经济、技术、管理科学和劳务利益。

（4）跨国公司不断通过企业的合并、兼并促进了世界经济全球化进程。20世纪90年代以来，跨国公司在全球范围内掀起了"并购潮"。据1997年《世界投资报告》的数据显示，1996年全球企业兼并的交易额达2750亿美元，较上年增加了16%。1997年上半年全世界跨国公司企业兼并的交易额就达6920亿美元，这次"并购潮"波及的地域是空前的，但跨国公司最终可能会变得臃肿不堪以至于难以有效管理。

跨国公司推动了贸易自由化、区域经济一体化、金融自由化，在这些方面跨国公司不仅越来越呈现出生产国际化、网络化和经营多元化、交易内部化、决策全球化的特点，而且分别从不同角度体现和促进着全球化的进程。

（三）民族国家

如果把经济与国家之间的关系作为研究的中心，那么，人们就可以认识到两次经济全球化所产生的效果截然相反。沃勒斯坦证明在已形成的"现代世界体系"的那一段历史阶段中，民族国家产生了，全球劳动分工意义上的经济全球化是使民族国家诞生的一个重要原因。今天，从现代民族国家的形成开始便与民族国家国民经济的发展紧密联系，民族国家是在与跨地区的市场建设、铁路建设、大众传媒建立，以及在民族国家范围内标准化教育事业发展联系在一起的。现代民族国家在互相介入和互相决定的层次上运作，而这完全是一个历史过程并由于全球化最终完成。现代化的西方经济学在 1929 年以前，很少有人相信，政府应该或能够管理经济，更不用说政府应该或能够控制衰退和萧条。大多数经济学家都相信，市场经济是"自我调节的"，有一只看不见的手在那里。大萧条以后产生了约翰·梅纳德·凯恩斯（1883—1946 年），他断言，目前国民经济已从世界经济隔离开来了。今天的经济学家，无论是弗里德曼货币学派的支持者还是供应经济学政策提倡者或是其他后凯恩斯主义拥护者，不管在其他方面与凯恩斯有多大的不同却都追随凯恩斯的这两个信条：民族国家及其政府是国民经济的主人和世界经济气候的控制者。

正是在第二次世界大战后民族国家数量急剧增加的条件，以及民族国家调控世界经济行为的存在，才有了今天的全球化市场经济的建立和发展，民族国家首先是作为追求自我发展民族经济的全球化动力因素。所不同的变化是，长期以来，民族国家的权力一直是经济、政治和社会的基础，而现在的全球化进程中却出现某种新东西，使全球化的主要活动和事务能够超出这一权力的影响范围。

（四）区域集团

这次全球化进程中出现了区域性的市场平衡和区域集团化主体。区域集团化的区域不仅是指地理位置毗邻、人文传统相近和历史上交往密切的国家所构成的自然地区，更重要的是指在全球化进程中，民族国家要通过与其他国家和地区建立或加强伙伴关系来适应新环境，为此而组成的地区性经济、政治抑或两者性质兼有的地区同盟、经济同盟和政治同盟（又称为战略联盟）。这些代表某些地区或为经济利益而结成的集团，以一个整体参与全球化可以称为集团主体。

据统计，至1996年年中，全球已有101个区域经济集团，其中60%以上建立于20世纪90年代。在区域集团化趋势蓬勃发展的同时，各区域集团相互间的开放、合作，乃至融合的趋势也不断加强。经济学家诺贝尔奖金获得者瑟罗认为，它们利用这种联合，"作为进入一个导向真正全球化经济的发展过程的跳板"[1]。

在这些区域经济集团和组织中，规模最大、实力最强、影响最深的是正在形成中的欧洲、北美和亚太三大区域集团。除了这三大区域集团化组织外，还出现许多区域经济合作组织，如东南亚国家联盟、环印度洋经济区、西非经济共同体、南美体共同市场等。区域集团化的特征在于内部实行统一的、自由的优惠政策，对外则采取一致的不自由和不优惠的经济政策，从而推动了内部成员国之间的贸易和生产要素的自由流动，增强整体的竞争实力。如欧盟所实现的统一市场，其成员国间的关税与非关税壁垒就远远低于关贸总协定乌拉圭回合最后所达成的关税水平。东南亚国家联盟也在计划把关税和非关税壁垒降低为零，显而易见，区域集团化最大的益处便在于其内部关税壁垒的降低而使其成员国之间通过贸易大获利益。比如，拉美南锥共同体成员国内部贸易额1993年比1985年翻了三番，达80亿美元。

全球化从20世纪90年代加速以来，世界经济区域集团化发展有了一些新的特点：第一，发展速度加快。不仅发达国家强强联合

---

[1] 转引自张世鹏、殷叙彝编译：《全球化的资本主义》，中央编译出版社1998年版，第96页。

加快集团化发展，而且遍布全球的亚非拉第三世界国家的区域经济合作组织发展也极为迅速。第二，南北联合，共同发展。北美自由贸易区的建立，标志着南北方国家联合组建区域经济集团，以求共同发展，共同繁荣。近年来亚太经合组织的发展，更显示了南北经济合作的广阔前景，说明社会制度不同，文化差异及经济发展水平差异，并不阻碍发展经济合作组织，而是可以采取不同的集团化模式，可以采取较低的一体化模式或多样化的国家和地区之间松散的组织模式，这样有利于优势互补，共同发展。第三，跨更大区域合作。近年来，世界经济集团化和三大区域集团发展出现了明显的跨区域合作势头。1995 年 9 月在新加坡举行了"东亚和欧洲经济首脑会议"，1996 年 3 月在泰国曼谷举行了"首届亚欧国家首脑会议"，其目的是要在亚洲和欧洲之间建立迄今未有的对话场所。此外，欧洲和北美之间既有北大西洋公约组织，又在近年来谋划建立大西洋自由贸易区，而北美和亚太之间已有亚太经济合作组织。这些广泛的对话渠道和交错参与的合作区域，可以增进相互了解和理解，推动相互进入对方市场，从而对促进三大区域之间和次区域之间的跨区域经济合作产生重大影响。

（五）非政府组织

非政府组织（NGO），在全球化进程中被叫做世界非政府组织行为体，它还被认为是全球各国政府的"第三部门"或者"全球公民社会组织"。非政府组织是非营利性机构，它们既不是政府的一部分，也不是企业的一部分，而是民间的社会组织或国际公民社会组织。它们通常致力于单一事业，费用全靠捐助，捐助部门常常是一些基金会。像大赦国际组织的预算比联合国人权观察组织的预算还多。在许许多多的环境保护非政府组织中，像"世界自然保护基金会"接受的捐助额都相当庞大。

非政府组织近年发展很快，是全球治理中真正的第三支力量，他们广泛参与全球问题的讨论和具体行动，如保护生态环境、协调南北关系、实施战争救援与维和行动，以及反对国际恐怖主义、艾滋病等。据最新出版的《国际组织年鉴》统计，现有的 48350 个国际组织中，非政府的国际公民社会组织占 95% 以上，至少有 4.6 万个。世界非政府组织发展很快，比如，1972 年，参加联合国环境大会的非政府组织还不到 300 个，到 1992 年注册参加联合国环境大会的非政府组织多达 1400 个，同时参加非政府组织论坛的非政府组织高达 1.8 万个。1968 年在德黑兰召开国际人权大会时，只有 53 个非政府组织获得了观察员身份、4 个非政府组织参加了大会预备会议，而在 1993 年的维也纳国际人权大会上，248 个非政府组织取得了观察员身份，593 个非政府组织参加了大会。1975 年，只有 6000 人参加了墨西哥世界妇女大会的非政府论坛，114 个非政府组织参加了正式会议；而到 1995 年，30 万人参加了北京世界妇女大会的非政府组织论坛，3000 个非政府组织参加了正式会议。

非政府组织在全球化进程中的许多领域已发展成为一支举足轻重的力量，进入了世界经济政治的主流社会。这些组织对全球治理发挥着重要影响，它发挥全球治理作用主要是通过与国家组织体结成相互依存关系行为体，其主要行为表现是：（1）随着全球化进程，它们已经成为一个各种关键进程的参与者，它们当中争取单一权益的组织，在集中关注海洋、劳工、妇女权利或者卫生等方面的问题。（2）非政府组织积极参与全球化，发表他们所代表的社会阶层的意见和主张。在这方面，联合国和世界银行召开会议进行重大问题决策时经常向这些非政府组织通报正在辩论的问题，并且常常在一些领域听取它们的意见，争取它们的帮助，在一些问题上不取得非政府组织同意就不可能实行，其反对力量很大。（3）非政府组织行为的双重性质。非政府组织既能起建设性的作用，也能起破坏性的作用。赞成他们的认为非政府组织认识到了全球经济是渗透社会生活的力量，他们希望建立一个新的全球环境，取代那些在它们看来已经过时的国家规范，推进全球经济实现国际经济法律规范化发展。批评者认为他们不是经过选举产生的机构，他们不对选民承担义务，只对经济上的支持者承担义务。像 WTO 在西雅图准备开启新一轮谈判会议时，主要受到来自非政府组织体的抗议使会议未能达到预期的目标。

二、全球化的客体因素

（一）资本

贸易自由化和投资自由化是推动全球化进程的两只轮子，其变化的速度反映了经济全球化进程的快慢。根据世界贸易组织的一份报告，1994 年世界商品贸易额达到了 4.09 万亿美元，首次突破了 4 万亿美元并达到了前 20 年的最高水平，同年的服务贸易额达到 1.08 万亿美元；1995 年，世界贸易总额比 1994 年增长了 8%，超过了 6 万亿美元，其中商品贸易额达 4.875 万亿美元，服务贸易额达 1.23 万亿美元；1996 年，世界商品贸易额远远高出 5 万亿美元。1989 年至 1996 年间，世界贸易总额年均增长率为 6.2%，几乎是世界国内生产总值年均增长率 3.2%的 2 倍。另据有关的研究机构预测，如果照此趋势发展下去，到 2005 年世界贸易额将达到 11.4 万亿美元，占世界国内生产总值的 28%，差不多是 1998 年的世界贸易额 6.5 万亿美元（占世界国内生产总值的 24.3%）的 2 倍，而 20 前，世界贸易占世界国内生产总值的比重只有 9.3%。据联合国贸发会议公布的 1998 年投资报告，1997 年全球对外直接投资流入额达 4 千亿美元，比 1990 年增加了 1 倍，比 1980 年增加了 6 倍，对外直接投资为全球贸易的发展提供了强大的动力。以我国为例，1978 年与 1997 年相比，进出口总额由 206.4 亿美元增至 3250.6 亿美元，增长了 14.7 倍，其中出口额达 1827 亿美元，增长了 17.7 倍，年平均增长率为 16.7%，相当于世界贸易年均增幅的 3 倍。① 在加速全球化进程资本投入方面则有国际货币基金组织：世界银行、世界贸易组织以及私人资本市场。

批评资本无国界流动经济全球化现象的人认为，出现资本全球化是由于"资本有完全流动性的要求假设，资本为寻求更高的回报率，在全球市场中流动，不受国家疆界限制"②，"这个全球市场不是任何人之手设计，而是上亿的人在投资中寻求最高报酬、千万基金经理人寻求更大笔的投资人寻求更高的利润时，逐步演变出来的一种制度"③。还有人认为这个全球性的资本市场正是"晚期资本主义"政治、经济、文化统治的基础，它扩大了马克思所批判的"拜物教"，使经济这种人与自然的物质交换积累的内在冲动，决定了资本主义制度自始至终是一种扩张性的制度，是一种"全球性的制度"（global system），它无论是在哪里，一旦有了根基，就会难以抑制地伸展和蔓延。

（二）产品

过去的世界经济涉及的主要是贸易，而今天的全球化涉及的则是从生产、贸易到提供各种服务等无所不及，而且前提条件也完全不同。大规模的工业生产及其产品成为一种能够由这个世界越来越多的地方实践的、常规的能力。国际间的生产专业化和劳动分工由

---

① 参见李越：《经济全球化企业如何应付》，中国社会出版社 1998 年版，第 8 页。
② ［美］洛威尔·布赖恩、黛安娜·法雷尔：《无疆界市场》，上海人民出版社 1999 年版，第 5 页。
③ ［美］洛威尔·布赖恩、黛安娜·法雷尔：《无疆界市场》，上海人民出版社 1999 年版，第 12 页。

第二次世界大战前，主要限于原料生产和成品生产之间的初级的垂直分工，到现在包括现代化的高、精、尖工业产品的生产过程往往涉及不同国家、不同大洲和地区。微电子技术和生物工程技术可以被迁移到几乎任何一个地方，原材料工业、汽车制造、飞机制造、产品设计工业可以到处设厂安家。像菲亚特、福特、丰田等汽车公司把它最新式的小汽车同时在多个国家的流水线上制造。伴随着自动化、计算机运用和和电信领域等技术极其迅速的进步与普遍，市场上已涌现出全新的生产形式和产品流通概念。第二次世界大战后，日本利用廉价却卓越的制造业生产世界级汽车、高效摩托、微型电子设备，生产钢铁、造船、电力等主要重工业产品，开始引领全球化生产贸易的风骚。美国在进入 20 世纪 90 年代以后，抓住三个新兴经济领域的产品开发，开始引导美国的私营厂商进入跨国经营领域。这三个领域是：（1）计算机（包括硬件、软件和网络设备）；（2）电信（包括有线和无线，两者都采用计算机技术）；（3）生物技术（包括制药和环保产业）。新的国际间的劳动分工发展到了具有科技含量的横向的高级分工，生产过程的国际化极大地推动了生产过程各个方面、环节、阶段之间的统一性、有机性、系统性，从而把各个地区、国家、民族联系、组织成为一个生产的整体。

产品广泛进入世界贸易领域，得力于 1995 年 1 月 1 日世界贸易组织（WTO）取代了关税和贸易总协定（GATT），世界贸易组织肩负起了推动全球贸易自由化的历史使命。具体地说，世界贸易组织将在全世界范围内监督执行乌拉圭回合最后文件关于推进全球贸易自由化的以下重要规定：

（1）所有缔约方的非关税壁垒将在 10 年内取消，其中，纺织品进口配额将在 2005 年前分三步取消；

（2）工业品关税削减40%，关税加权平均水平由6.4%降到3.9%，关税产品涉及的贸易额达1.2万亿美元。就工业品的关税税目约束比例而言，发达国家由乌拉圭回合前的78%上升到97%，发展中国家则由21%上升到65%；

（3）在农产品贸易方面，发达国家在2001年前将农产品关税降低36%，将农产品补贴削减36%，带补贴的农产品的出口量削减21%，农业生产性补贴削减20%。发展中国家在2005年前将农产品进口关税削减24%，减少农业生产补贴13.3%。

（三）通讯

从信息通讯角度主张信息通讯网络全球化观点的大有人在，持这种观点的人认为，全球化主要表现为生活在地球上的人类可以不受自然地理因素的限制进行信息的自由交流，所谓全球化就是人类利用现代化的交通工具冲破自然空间和时间的阻隔而在全球范围内进行的自由交往活动，或者说是人类利用先进的通信技术，克服自然地理因素的限制进行信息的自由传递。马歇尔·麦克卢汉在1960年出版的《传播研究》一书中提出的"全球村"（global village）思想已经包含这种认识，近几年来，随着电脑国际互联网的出现，这种认识更加具有代表性。

全球化还包括交通工具的发展在全球化中的作用。现代科学技术革命推动了交通运输的迅速发展，使运输成本大幅度降低，为人类社会商品和人员交往提供便利，人类获得了在全球范围内进行各种活动的条件和手段。从莱特兄弟1903年最先驾驶动力飞机飞行了230米，到这百年之中，现代化的大型喷气式客机、轮船、火车、汽车等把地球上的各个部分、各个角落越来越紧密地联系在一起，现在跨洋飞行不到一天时间。从20世纪90年代以来，跨国劳务输出已经使1亿人定居国外。电讯通讯网在全球范围的建立，使现在进行跨洋国际电话从美国到欧洲每分钟 1 美分，成本到了可以忽略不计的程度。

这些科技革命、信息产业革命的成果，迅速发展，快得使人们在形容一件事物的增长时说："像 Internet 那样快"。由卫星广播电视、国际互联网络、有线广播、移动电话和现行电话网络连接在一起形成的全新的电子空间，打破常规时间、空间的界限，超越了语言、国界、种族的束缚，使信息、知识、财富更快速、便利地传递。万里大洋、高山峻岭再也阻挡不住人们的交往，与整个世界很少联系的"世外桃源"在地球上越来越少，世界各个部分日益被联系、组织为一个整体。

三、全球空间实践关系

全球化背后的主要实践推动力是什么？围绕这个问题，形成了两大派别。一派主张单因论（如技术或经济），包括沃勒斯坦、罗西瑙、吉尔平等，他们各自强调某一特殊动因的首要性。另一派主张多因论，以吉登斯、罗怕逊为代表，强调全球化是一个复杂的、非连续的和偶然的过程。我国的全球化研究学者中也是多因素的实践综合动力论者居多。其代表性观点有以下三种：

（一）生产力动力论

我国有的研究全球化的学者认为，全球化所具有的深刻历史内涵就在于它是现代化的工业生产力的全球化过程，是世界的各个部分由农业文明迈向工业文明的过程，是以西方国家为先导，随后又传播到世界其他国家和地区的全球现代化过程，是国际关系深刻变化的过程。在这个全球现代化过程中，美国人和欧洲人曾经在其中起过主要作用，但它的产生毕竟是由于采用现代科学、技术、医学、运输以及电子通讯工具的结果；现在哪里采用这一切，哪里便出现这种过程。以历史的、唯物的与辩证的观点为指导，我们既要正视全球化与资本全球扩张的内在联系，更应看到全球化进程所蕴涵的生产力发展与社会进化的根本内容及其意义，而不可因全球化具有西方资本主义主导的外貌和性质无视或否认它所内涵的历史进步意义。因此，如果从生产力的发展和社会进化的角度来把握全球化所蕴涵的历史内容，那么全球化的影响首先表现为它对被卷入国家内部的社会发展进程的影响，也就是说，全球化与各国的现代化之间存在着紧密的联系。①

我国还有的学者指出，全球化的矛盾是生产力的全球性质和社会制度的非全球性质的矛盾。生产力的全球性质意味着这种生产力是在全球范围的生产过程中得到实现的，生产的产品是以全球范围的消费者为对象的，这就需要一种能够在全球范围内保证这种生产力得以实现又能够把满足全球范围消费者的需要作为直接生产目的的生产关系和上层建筑，需要一种本身也具有全球性质的社会制度。然而，今天这种具有全球性质的生产力却存在于垄断资本所有制为基础的社会制度之中，存在于垄断资本的企业和跨国公司之中。垄断资本把这种生产力作为追求剩余价值和超额利润的工具，而垄断资本总是对地球上的资源、能源采取掠夺式的使用方针，总是不愿意和不发达国家建立平等、互利的经济关系，总是使它和不发达国家的矛盾具有对抗性质，不断地扩大发达国家和不发达国家之间的差距、鸿沟、裂缝、不平衡状态，从而不断地破坏着这种全球生产力赖以存在和发展的资源条件、环境条件和社会条件。过去人们总是认为垄断资本主义生产关系阻碍生产力的发展就意味着生产力不再有任何发展了；现在看来，这只是垄断资本主义生产关系阻碍生产力发展的一种情况，但不是唯一的情况。今天，我们看到

---

① 参见罗天虹：《全球化是西方话吗？》，《教学与研究》2000年第4期。

的情况是垄断资本主义生产关系中的生产力还在发展，但这种发展却是一种造成资源、能源、环境不断破坏和浪费，不发达地区愈发贫穷落后等全球性问题的发展，因此这种只顾剩余价值和超额利润的畸形发展模式包含着、潜伏着将来有朝一日从根本上破坏生产力发展的危机因素。因此，生产力的全球性质和资本主义、帝国主义制度之间的矛盾是当代全球系统中存在的根本矛盾。

（二）科技动力论

今天对于实现经济价值的中心意义，不再是以生产，而是以应用科学和对科学知识的综合掌握为标准，我国学者提出科技是全球化的根本动力论的理论观点。由于第二次世界大战后，科学技术获得了迅速发展，在一系列工业发达国家出现了科学技术革命，使信息论、控制论、系统论、分子生物学、高分子化学、核物理学等一系列新兴学科诞生和发展，形成核能技术、电子技术、航天技术、生物技术、信息技术等一系列现代技术的发展和应用；科学技术应用到生产领域的周期日益缩短，速度日益加快，见效日益迅速，使工业发达国家的原有工业相继得到了技术改造，发展出分子合成工业、原子能工业、电子工业、宇航工业、激光工业等一系列新兴工业。随着工业生产的机械化、自动化程度不断提高，现代科学技术在农业、畜牧业中的应用，推动了农业、畜牧业的机械化、专业化和现代化。因此，整个工业发达国家的劳动生产率极大提高，生产力的社会化程度有了进一步发展，走上了国际化、全球化的发展阶段。这里出现了科学—技术—生产的新的科技发展体制，科学技术转化为直接生产力的过程越来越短、速度越来越快，科学技术成为生产力发展的首要因素。

同时，科学研究出现了国标化、全球化的发展趋势。现代高、精、尖产品的研究，宇宙、海洋开发工程研究，火箭、卫星、核聚变反应堆的技术研究，都需要巨额的研究经费。当年美国"PC—3"型飞机的研制和设计费用不超过30万美元，而现在波音747型飞机的研制和设计费用则达7.5亿美元，现在试制一种新型汽车发动机要花费3亿美元。这样巨额的研究经费常常超过了大公司、大财团甚至一般中等国家的财力。同时，这类科研项目在技术、人员、市场等方面也常常涉及相当广泛的地区和国家。因此，这类耗资巨大的大型科研项目越来越走向国家间的共同研制、合作生产、协力开发、合资经营的国际分工合作的道路。美国提出的"星球大战"计划，预计要花费4000亿至1.2万亿美元，因此积极要求西方工业发达国家参加这项计划。西欧国家提出的"尤里卡计划"目的要在高技术领域赶上美国、日本，赶上现代新技术革命的前进步伐，据初步估计，实现这一计划在近10年内就耗资数十亿美元，因此这一计划将由欧盟的18个国家联合进行。

科学技术的作用，使得一些国家大批吸收科学家、工程师和计算机系统操作员到他们那里工作，形成了科技人员的大规模流动。最近20年形成了沿波士顿128号环行公路建立的一批世界著名的技术研发中心，以及较小一些中心出现在欧洲、独联体国家和以色列，甚至印度的班加罗尔地区。以IT业为背景的高科技人才争夺引起科技人员全球化流动，据报道，在美国硅谷20万名工程技术人员中，有6万名是中国人，在硅谷的2000家企业中，有40%的企业是印度人领导的。印度每年培养的7.5万名信息技术专门人才多数是为美国培养的，而中国最著名的两所大学——清华和北大涉及高科技专业的毕业生有82%和76%去了美国。①

国外坚持科技动力论观点的人也很多，像美国著名的国际政治

---

① 参见冯昭奎：《中国如何打赢全球人才争夺战》，《瞭望》2000年第32期。

学家马丁·罗西瑙，他在 1990 年出版的《世界政治学中的动乱》中指出，喷气飞机、计算机、地球卫星以及许多其他发明和技术巨大地缩短了地理的和社会的距离，比以往更迅捷和安全地跨越空间和时间传输着人员、商品和观念，并深刻地改变了人类事物发生的规模。"一句话，正是技术促进了地区、民族和国际共同性的相互依赖。这种相互依赖性是空前的。"他把技术及其改造能力看作全球化的第一推动力，认为技术进步对全球的紧密联系具有重要意义。还有委内瑞拉哲学家瓦列尼拉，芬兰哲学家尼尼卢奥托、利弗金等，他们注重自然进化的规律性和技术进步不可逆的内在动力，认为人类的现在与未来都取决于科技的进步。

（三）制度动力论

制度转变现在有了一个新的名称：全球化。由于"全球化"这个词表达内容的不确定性，使得有关制度转变相互对立的观点在极为冲突的意义上进行着讨论，围绕全球化问题兴起了一场离题的争论。关于全球性的治理发生在多重文化的价值对话中，全球性并没有解决价值冲突的问题，而是在人们以前只关心技术问题的地方引起一场关于价值本身的争论，价值在全球化时代也是一种独立的文化原料。但只要不是把全球化等同于制度的解体或价值的趋同，人们就能够看到全球化发展进程中不同政治制度对于全球化的框架作用及其驱动作用。

沃勒斯坦把资本主义视为全球化的首要动力。他指出，历史资本主义的逻辑最终必然达到全球范围，它从 16 世纪在欧洲诞生到今天已经真正达到全球范围。吉登斯的全球化理论是其现代性理论的一部分。他提出全球化过程 4 个分离的但又是相互交错的侧面：资本主义、国际体系、军事主义、工业主义。每个侧面都是全球化的一种动力，而且是由不同的制度力量和因素维持的。他认为全球化不能理解为西方制度在全世界的蔓延和其他文化的消亡①，而是一个复杂的，非连续的和偶然的过程，这个过程是由一系列不同的而又相互交错的逻辑推动，是一个不均衡的发展过程。

当前，全球化理论中比较敏感的是国家主权问题。尽管学者们对此都抱谨慎态度，大多表示全球化不排斥国家主权，然而全球化所表现出的跨国界、跨地区的力量，不可避免地使传统的主权国家间的关系准则受到挑战。而且，由于全球化将不同社会制度、不同意识形态的国家统统纳入集体安全和经济合作的同一框架中，从文化的角度看，又有一个文化的同一性与多元性问题。日本著名国际问题专家平野健一郎认为"国际文化"或"地球文化"正在逐渐产生，"人们的文化正趋向世界统一化的方向。但是，涵化理论的结论是：各种文化之间的接触越频繁，则越多样化"②。

资本主义源自 17 世纪中叶，社会主义产生于 19 世纪的欧洲，社会主义的出现是作为对资本主义不公平现象的抗议。两者的含义主要来源于相互间的作用，它们之间的相互对抗确定和丰富了各自的定义。但是 20 世纪，资本主义制度吸取了社会主义的许多目标作为手段，而"社会主义"制度也意识到要实现自己崇高的目标必须采纳许多"资本主义"的方法。20 世纪末，社会主义者对平等主义的结果如平权行动以及社会成员的收入、健康和住房权利的保障等各方面的关心已经成为被工业世界都接受的原则，资本市场上的所有权分散以及保护生态环境的必要性已经扭转并削弱了产权的力量及其合法地位。

---

① 参见安东尼·吉登斯：《社会的构成》，李康、李猛译，三联书店 1998 年版。
② ［日］平野健一郎：《国际文化理论》，《国外社会科学》1997 年第 2 期。

第二章

马克思主义全球化哲学视界

　　今天，国内外研究全球化问题的学者，都公认马克思和恩格斯是全球化理论研究的先驱。150年前，当资本主义用机器大生产、商品交换和分工国际化使世界普遍联系，使原本分裂的各个民族和国家的"民族历史"转变为"世界历史"之时，马克思、恩格斯就指出了世界历史内涵着更大范围的全球化发展的历史趋势。在马克思主义创始人那里，对于人类历史的考察，总是同对历史活动的实践主体的考察联系在一起的。我们知道，马克思、恩格斯在其新世界观——世界历史理论的奠基之作《德意志意识形态》和《共产党宣言》中，把历史活动的主体与交往历史活动形态的演变和更替联系起来，指出世界历史时代产生着世界普遍交往，是交往活动、交往形式、交往关系不断发展的历史，人类物质交往实践必然是世界范围的扩展，全球化不过是物质交往实践宏观拓展形态，从而交往实践成为马克思主义认识和理解全球化实践形态本质的核心范畴。作为全球化理论源头的"世界历史"理论，是对人类社会发展道路的深刻预见和把握，是用世界历史眼光看待世情、国情的理论工具和科学方法。"世界历史"的现实形成路径内含着生产力发展、交往发展、资本的国际性扩张等三种历史逻辑。全球化在当代造成的最大影响之一是为我们提供了一种建设有中国特色社会主义的全球背景，一种发展世界生产力的全球视野，其本质是超越任何制度、民族、地域的限制的"世界历史"之路，体现了马克思主义哲学所具有的"世界历史规定性"和所依据的"经验事实"的全球性。

第一节　世界历史内涵着全球化发展趋势

150 年前，当资本主义用机器大生产、商品交换和分工的世界化、国际化使世界普遍联系，使原本分裂的各个民族和国家的"民族历史"转变为"世界历史"之时，马克思、恩格斯批判地继承了近代各种西方资产阶级思想，如维柯的世界历史哲学、伏尔泰的启蒙思想、赫尔德的民族主义、圣西门和傅立叶的空想社会主义、费尔巴哈的人本主义、康德和黑格尔的古典哲学等思想，尤其是黑格尔的世界理论思想，成为马克思、恩格斯"世界历史"理论的主要思想来源。在黑格尔的世界历史理论中，"历史并不是杂乱无章的偶然性堆积，在它的演进中存在着某种内在的规律性和必然性。冲破狭窄的地域范围，由民族的历史汇成世界的历史，就是其中的规律之一。"[1] 可见黑格尔认识到了由"民族历史"发展到"世界历史"的规律性及历史的民族性和世界性之间的辩证关系。并且，理性和热情"交织成为世界历史的经纬线"[2]。理性是世界

---

[1]　［德］黑格尔：《历史哲学》，上海书店 1999 年版，第 75 页。
[2]　［德］黑格尔：《历史哲学》，上海书店 1999 年版，第 24 页。

历史的主宰，世界历史无非是世界精神的发展过程，世界精神的本质是自由，这种自由不是人的现实解放，而是一种自由意识，因此世界历史实质是精神哲学隶属的自由意识的进展过程，其内在驱动力就是以自由精神为核心的理性，人的活动也不过是理性实现自身目的的工具而已。尽管黑格尔的世界历史理论以其缜密的辩证思维、高度概括的理性特征对资产阶级理性主义世界历史理论做了全面总结，但它无疑是一种本末倒置的世界精神决定世界历史的唯心主义观点。马克思以唯物主义的坚定立场批判了黑格尔用"世界精神"所臆造的世界历史："历史向世界历史的转变，不是'自我意识'、世界精神或者某个形而上学幽灵的某种纯粹的抽象行动，而是完全物质的、可以通过经验证明的行动，每一个过着实际生活的、需要吃、喝、穿的个人都可以证明这种行动。"① 马克思、恩格斯在观察和分析的基础上，指出了世界历史时代产生着世界普遍交往，内涵着更大范围的全球化发展的历史趋势，形成了唯物史观的基本理论，为人类的彻底解放指明了道路。马克思研究世界历史是在创立唯物史观过程中，而对这一理论研究贯穿于自己一生，从其早期的《1844 年经济学哲学手稿》、《德意志意识形态》和《共产党宣言》，到中期的《资本论》，再到晚年的《历史学笔记》、《人类学笔记》及其东方社会理论，我们看到马克思通过对世界历史理论研究极大地丰富了对现代世界历史发展的规律性认识。这一理论具有宏大的历史视野和现实密切的逻辑联系性，成为把握人类社会发展的重要尺度和方法论原则，是对人类历史的总结、资本主义现实的批判和人类社会发展趋势的展望，具体来说包含以下基本理论内容。

---

① 《马克思恩格斯文集》第 1 卷，人民出版社 2009 年版，第 541 页。

一、民族历史成为世界历史

1945年，马克思、恩格斯在《德意志意识形态》中细致地考察了"世界历史"的形成，整部著作比较多地使用了"世界历史性的"、"世界历史意义的"、"普遍的"与"民族的"、"地方性的"、"地域性的"等相对应的概念，把人类的历史划分为两个层次，一个是民族的、地方性的历史，另一个是世界性的普遍交往的历史。在第一个层次上，人类历史的早期，只存在地域性的社会，因而也只存在地域性的历史。地域性的社会，即各自孤立的、主要依赖自然而生存的社会。但现实中相邻的群体存在着差异，这种差异最终从自然形成的分工逐渐发展到社会分工，分工使地域性社会向世界性社会方向发展。分工使不同个体、种族和共同体的交往普遍，使社会联系加强。交往实现着社会联系和突破地域的限制。在第二个层次上马克思指出："世界史不是过去一直存在的；作为世界史的历史是结果。"① 作为其标志是"交往具有世界性质"，人类之间"各个相互影响的活动范围在这个发展进程中越是扩大，各民族的原始封闭状态由于日益完善的生产方式、交往以及因交往而自然形成的不同民族之间的分工消灭得越是彻底，历史也就越是成为世界历史"②。而这个转变不是由神或人的意识决定的，而是物质事实决定的，是一种客观历史规律和趋势，其中生产力、分工和交往的普遍发展是历史向世界历史转变的根本原因，并且这三者是作为一个整体而不是单独的动力因素起作用的，各个动力因素之间存在着紧密的正相关性。马克思、恩格斯对此这样分析，"只有随着生产力的这种普遍发展，人们的普遍交往才能建立起来；普遍交

---

① 《马克思恩格斯文集》第8卷，人民出版社2009年版，第34页。
② 《马克思恩格斯文集》第1卷，人民出版社2009年版，第540页。

往，一方面，可以产生一切民族中同时都存在着'没有财产的'群众这一现象（普遍竞争），使每一民族都依赖于其他民族的变革；最后，地域性的个人为世界历史性的、经验上普遍的个人所代替。不这样，（1）共产主义就只能作为某种地域性的东西而存在；（2）交往的力量本身就不可能发展成为一种普遍的因而是不堪忍受的力量：它们会依然处于地方的、笼罩着迷信气氛的'状态'"①。至于分工，马克思指出："一个民族的生产力发展的水平，最明显地表现于该民族分工的发展程度。"② 并认为分工源于需要的增长、生产的发展和人口的增多及自然形成。在马克思看来，生产力和分工的发展使得交往成为必要和可能，人类社会由各种各样的人与人之间的相互交往组成，而世界历史也是由不同的民族和国家之间的相互交往为纽带而形成。可见，马克思对世界历史的考察，是基于现实和物质的前提，而不是黑格尔所言"自由精神"的发展，从而奠定了世界历史理论的唯物主义基石，并把建立在生产力普遍发展和分工之上的交往看作是世界历史理论的一个基本范畴。

这种转变是通过世界市场的形成和兴起而实现的。马克思在《资本论》中经过深入研究，指出这是由于地理上的发现、商人资本的革命、世界市场的突然扩大、流通商品种类的增多、欧洲各国对亚洲的争夺，等等，"所有这一切对打破生产的封建束缚起了重大的作用。但现代生产方式，在它的最初时期，即工场手工业时期，只是在它的各种条件在中世纪内已经形成的地方，才得到了发展。例如，我们可以拿荷兰同葡萄牙进行比较。另外，如果说在

① 《马克思恩格斯文集》第1卷，人民出版社2009年版，第538页。
② 《马克思恩格斯文集》第1卷，人民出版社2009年版，第520页。

16 世纪，部分地说直到 17 世纪，商业的突然扩大和新世界市场的形成，对旧生产方式的衰落和资本主义生产方式的勃兴，产生过压倒一切的影响"①。作为世界市场扩大这一过程起点的是地理大发现，马克思对地理大发现给予了高度评价："随着美洲和通往东印度的航线的发现，交往扩大了，工场手工业和整个生产运动有了巨大的发展。从那里输入的新产品，特别是进入流通的大量金银完全改变了阶级之间的相互关系，并且沉重地打击了封建土地所有制和劳动者；冒险者的远征，殖民地的开拓，首先是当时市场已经可能扩大为而且日益扩大为世界市场。"② 可见地理大发现对于世界历史的形成作用可谓是"一石四鸟"：一是极大地拓展和呈现了世界地理的新面貌，通过新大陆的发现和新航路的开辟得出地球是圆形的结论，从而第一次在真正意义上完成了世界地图的全貌，为世界历史的开创奠定了空间地域和自然条件；二是极大地促进了世界各国和人民之间的交往，使交往从世界局部区域拓展到整个世界范围提供了重要的地理条件；三是有力地推动了世界市场的形成和资本主义生产力的发展，为资本的扩张和世界生产力的形成提供了难得的机遇；四是加速了两大对立阶级——地主阶级和资产阶级的新旧更替。新航路的开辟使地主阶级和资产阶级的命运和处境发生了根本的变化，资产阶级成为了代表先进生产力的新兴阶级，充当了封建地主阶级的掘墓人。与此同时，伴随着新航路开辟而来的，不是友好和文明，而是血腥殖民掠夺和基于资本原始积累的海外贸易，及殖民地国家和人民"血和泪"的历史和控诉。罪恶的奴隶贸易给殖民地国家和人民带来巨大灾难的同时，也极大地促进了大工业

---

① 《马克思恩格斯文集》第 7 卷，人民出版社 2009 年版，第 371 页。
② 《马克思恩格斯文集》第 1 卷，人民出版社 2009 年版，第 562 页。

的发展，马克思写道："没有奴隶制就没有棉花；没有棉花就没有现代工业。奴隶制使殖民地具有价值，殖民地产生了世界贸易，世界贸易是大工业的条件。"① 这里马克思肯定了奴隶制和殖民地的客观历史作用。自从发现了新航路，欧洲的冒险家和新兴资产阶级就使用武力征服和商业贸易两种手段，使国际贸易逐渐从西欧，从环地中海区域逐渐扩展到非洲、亚洲、南北美洲和大洋洲这样一个全球范围。到19世纪末，世界市场最终形成了。马克思指出："因为地球是圆的，所以随着加利福尼亚和澳大利亚的殖民地化，随着中国和日本的门户开放，这个过程看来已完成了。"② 随着世界市场的形成，经济逐步全球化。马克思和恩格斯认为：地理大发现"给新兴的资产阶级开辟了新的活动场所"；而"受到日益扩大的、归根结底表现为世界市场的力量的支配，这种情况在迄今为止的历史中当然也是经验事实。但是，另一种情况也具有同样的经验根据，这就是：随着现存社会制度被共产主义革命所推翻（下面还要谈到这一点）以及与这一革命具有同等意义的私有制的消灭，这种对德国理论家们来说是如此神秘的力量也将被消灭；同时，每一个单个人的解放的程度是与历史完全转变为世界历史的程度一致的。至于个人在精神上的现实丰富性完全取决于他的现实关系的丰富性，根据上面的叙述，这已经很清楚了。只有这样，单个人才能摆脱种种民族局限和地域局限而同整个世界的生产（也同精神的生产）发生实际联系，才能获得利用全球的这种全面的生产（人们的创造）的能力"。③ 马克思在这里想告诉我们，地理大发现极大地拓宽了世界市场，不仅单个人可以突破民族和地域局限同整个

---

① 《马克思恩格斯文集》第1卷，人民出版社2009年版，第604页。
② 《马克思恩格斯文集》第10卷，人民出版社2009年版，第166页。
③ 《马克思恩格斯文集》第1卷，人民出版社2009年版，第541页。

世界发生联系和交往，而且历史也逐步转变为世界历史。比较大工业之前的工场手工业时期，当时各国自然形成的闭关自守状态曾一度对本国的生产和贸易形成了保护圈，并通过各国的关税政策强化了这种贸易保护，以防止他国的竞争对本国的经济带来威胁。马克思如此分析这种贸易保护："在国内市场上实行保护关税，在殖民地市场上实行垄断，而在国外市场上则尽量实行差别关税。本国生产的原料（英国的羊毛和亚麻，法国的丝）的加工受到鼓励，国内出产的原料（英国的羊毛）禁止输出，进口原料的［加工］仍受到歧视或压制（如棉花在英国）。"① 而此时日益普遍化的竞争对这种颇具保护色彩的闭关锁国政策形成了巨大冲击，"竞争很快就迫使每一个不愿丧失自己的历史作用的国家为保护自己的工场手工业而采取新的关税措施（旧的关税已无力抵制大工业了），并随即在保护关税之下兴办大工业。"② "大工业仍使竞争普遍化了（竞争是实际的贸易自由；保护关税在竞争中只是治标的办法，是贸易自由范围内的防卫手段）。"③ 由此可见，工场手工业时期所形成的闭关自守状态及各国所设立的多重贸易壁垒和关卡，随着世界生产力和大工业的普遍形成及竞争的白日化，已经越来越不能保护各国的国内生产，反而日益阻碍了贸易和资本的世界性流通。因此，必须打破这种地域和民族国家的局限，开拓世界市场。

由此可见，世界市场的形成兴起了世界历史普遍交往的新时代，形成了"全面的生产"、"全面的依存关系"和"世界历史性的共同活动形式"，任何一个民族、国家或个人面对的都是以全球为单位的，由其他民族、国家或个人组成的整体，世界市场也因此

---

① 《马克思恩格斯文集》第 1 卷，人民出版社 2009 年版，第 564 页。
② 《马克思恩格斯文集》第 1 卷，人民出版社 2009 年版，第 566 页。
③ 《马克思恩格斯文集》第 1 卷，人民出版社 2009 年版，第 566 页。

充分凸显了资本全球扩张的本性，不断扩大生产和商品销售的范围，从国内走向国外，构成了世界历史存在的必要前提。马克思在《德意志意识形态》中以嘲讽的语调和深刻的对比描述了世界市场的形成："如果在英国发明了一种机器，它夺走了印度和中国的无数劳动者的饭碗，并引起这些国家的整个生存形式的改变，那么，这个发明便成为一个世界历史性的事实；同样，砂糖和咖啡是这样来表明自己在19世纪具有的世界历史意义的：拿破仑的大陆体系所引起的这两种产品的匮乏推动了德国人起来反抗拿破仑，从而就成为光荣的1813年解放战争的现实基础。"① 事实确凿地证明，世界市场的形成和世界交往的普遍性标志着各民族的历史开始转化为世界历史。

马克思还指出，资本主义"首次开创了世界历史"，"单是大工业建立了世界市场这一点，就把全球各国人民，尤其是各文明国家的人民，彼此紧紧地联系起来，以致每一国家的人民都受到另一国家发生的事情的影响。"② 可见资本主义大工业的发展不仅创造了丰富的物质财富，打破了封建社会小农经济自给自足的地域和民族局限，而且使世界历史在理论上获得了全球性的遍及生产力和生产关系诸方面的经验证明，把世界各国、各民族和人民置身于全球化和世界历史的宽广场景中，通过交往实践，彼此交换着物质和精神文明的成果，推动着人类社会不断向前发展。由上述分析可知，世界历史和世界性交往的形成始于资本主义生产方式，且具有同一性。历史只有发展到资本主义时期，才开始成为世界的历史，世界也由分散的局部地域式的点式图景逐渐连接为一个统一的整体世

---

① 《马克思恩格斯文集》第1卷，人民出版社2009年版，第541页。
② 《马克思恩格斯文集》第1卷，人民出版社2009年版，第687页。

界。显然世界历史的形成过程是随着社会生产方式的进步和交往的日益普遍化而逐渐完成的。从人类历史的发展实现了从地域性向世界性的转变以来，人类社会的面貌发生了带根本性的改变。

在从生产力到生产关系的普遍发展、从民族和国家到世界的普遍交往期间，人也由"一个个的马铃薯"式的原子个体变为"社会化的人类"中联系紧密的社会人，即"也就是与世界历史直接相联系的各个人的存在"。① 且"全部历史是为了使'人'成为感性意识的对象和使'人作为人'的需要成为需要而作准备的历史（发展的历史）"②。这里马克思还赋予了世界历史以人的发展和解放的内涵，把人的发展看作历史发展的核心和本质。同时，马克思还高度肯定了劳动实践在人的"世界历史性"形成过程中的决定性作用，"整个所谓世界历史不外是人通过人的劳动而诞生的过程，是自然界对人来说的生成过程，所以关于他通过自身而诞生、关于他的形成过程，他有直观的、无可辩驳的证明"③。一言以蔽之，马克思提出的"历史向世界历史的转变"④ 的著名命题，立足于现实的从事实践活动的个人需要和个人解放，深刻揭示了从资本主义生产方式开始，各民族和国家已进入全面相互渗透、相互影响、相互牵制、相互制约的世界交往阶段，而使整个世界呈现出"全球化"和"一体化"的历史，从而有力地克服了狭隘地域性和民族性的局限，以一种全新的发展理念和哲学思维来思考人类社会的发展规律和必然趋势，在世界历史的宏大视野中探讨人类社会诸多矛盾的解决思路。

---

① 《马克思恩格斯文集》第 1 卷，人民出版社 2009 年版，第 539 页。
② 《马克思恩格斯文集》第 1 卷，人民出版社 2009 年版，第 194 页。
③ 《马克思恩格斯文集》第 1 卷，人民出版社 2009 年版，第 196 页。
④ 《马克思恩格斯文集》第 1 卷，人民出版社 2009 年版，第 541 页。

　　由上述分析可知，马克思"历史向世界历史转变"理论的提出，正是基于这样的思路而形成的，我们可以总结为：第一，世界历史形成的根源和物质基础在于生产力的发展以及由此引起的分工和交往的发展，是生产方式的内在矛盾运动的结果；第二，世界历史形成的内在驱动力是资本的扩张本性和大工业的成长；第三，世界历史的形成过程是从地域性的"民族历史"发展到各民族互相依赖、互相影响、彼此依存的"世界历史"，普遍交往是其直接实现形式；第四，世界历史的经济特征和世界普遍交往是其主要表现，但本质指向人的全面发展和解放，普遍交往构成了历史向世界历史转变的必要条件；第五，世界历史的归宿是共产主义社会；第六，世界历史的当代表现是全球化和一体化；第七，历史向世界历史转变是一个客观的、不以人的意志为转移的自然历史过程。

　　毋庸置疑，马克思"世界历史"的命题和理论范式，其实质是对"现代性"和"全球化"问题的深刻反映和分析，是当今全球化思想的理论源头。虽然马克思所处的时代还只是资本主义社会的上升时期，资本主义社会的各种矛盾和危机还未得以充分暴露，还未能看到"现代性"所带来的一系列问题及其后果，但他却以高瞻远瞩的理论洞察力预见到了这一点，把"现代性"和"全球化"思想蕴涵在"世界历史"图景之中，开创了人类社会的交往普遍化时代，并暗示着世界性秩序的重建，及每个民族、每个国家、每个人生活世界的巨大改变和因交往联系的世界依赖性和不可分割性而由此带来的深刻变化。

　　不言而喻，在马克思的"世界历史"理论中隐含着这样一个结论：随着世界历史的形成，世界性交往成为世界公共话语和合法性命题，它具有客观性、必然性、历史逻辑性等特点，是社会进步的重要表征，是提高人类文明整体发展水平的内在传承机制，是促成人的解放和社会全面进步的基本前提。深入分析，可以发现马克思这样理解交往这个基本范畴：一是作为人的一种普遍存在状态，交往是人的本质——社会关系的总和的重要表现，不与他人发生交往关系的孤立的单个"鲁滨逊式"的个人是不存在的，即使是身处孤岛的鲁滨逊，其生产工具和生产技术、生活技能都是从社会和他人中得来的。因此从本质上来说，交往体现了人与人之间错综复杂的关系。二是作为以生产力为基础并且与生产力的发展紧密联系在一起的交往而言，物质交往对其他交往形式具有决定作用，是其他交往的基础，"而生产本身又是以个人彼此之间的交往［Verkehr］为前提的。这种交往的形式又是由生产决定的"①。三是作为"历史向世界历史转变"的一个重要前提、根本原因和内在动力，世界交往呈现出如下螺旋上升的发展过程：氏族和民族内部的交往（内部）——民族和国家之间的交往（外部）——世界交往（突破地域和民族国家的局限）。

二、全球经济联系与资产阶级的历史"使命"

仔细分析不难发现，马克思、恩格斯把历史向世界历史转变的全过程分为两个步骤：第一步是历史向资本主义世界历史转变，这一步呈现的是"资本主义时代开创世界历史"；第二步是资本主义世界历史向共产主义世界历史转变，这一步呈现的是"共产主义社会是世界历史的必然趋势"。显而易见，世界历史的开创是人类征服自然改造自身的一次伟大胜利，资产阶级是世界历史的开创先锋，而资产阶级何以能担当此重任呢？这要从分析资本下手，马克思、恩格斯把资本的本性扩张看作是探讨世界历史理论的根源所在，他们在《共产党宣言》中形象地描述了资产阶级通过资本的

---

① 《马克思恩格斯文集》第 1 卷，人民出版社 2009 年版，第 520 页。

扩张把全球经济紧密联系起来的事实："资产阶级，由于开拓了世界市场，使一切国家的生产和消费都成为世界性的了。使反动派大为惋惜的是，资产阶级挖掉了工业脚下的民族基础。古老的民族工业被消灭了，并且每天都还在被消灭。它们被新的工业排挤掉了，新的工业的建立已经成为一切文明民族的生命攸关的问题；这些工业所加工的，已经不是本地的原料，而是来自极其遥远的地区的原料；它们的产品不仅供本国消费，而且同时供世界各地消费。旧的、靠本国产品来满足的需要，被新的、要靠极其遥远的国家和地带的产品来满足的需要所代替了。过去那种地方的和民族的自给自足和闭关自守状态，被各民族的各方面的互相往来和各方面的互相依赖所代替了。物质的生产是如此，精神的生产也是如此。各民族的精神产品成了公共的财产。民族的片面性和局限性日益成为不可能，于是由许多种民族的和地方的文学形成了一种世界的文学。"①这就是说，第一次工业革命的完成和世界市场的开拓极大地促进了资本主义生产方式的国际化趋势，表现在资本主义生产日益超越一国的局限而具有世界普遍意义，它越来越利用和依赖其他国家廉价的原材料和劳动力及亟待开发的市场，而不仅仅局限于本国，从而使生产力的要素及其作用过程发生了质的变革。生产力质的变革必然导致生产关系的根本变化，随着18—19世纪第一次工业革命在世界主要资本主义国家的完成和世界市场的同时形成，也从此确立了资本主义生产关系在世界历史上的统治地位。这也导致了各个国家之间依赖关系的逐渐增强和本国闭关自守局面的瓦解，把狭小的国内市场不断拉进日益统一的世界市场。

在这里"资本"成了历史向世界历史转变的根本动力，马克

---

① 《马克思恩格斯文集》第2卷，人民出版社2009年版，第35页。

思对资本给予了这样的客观评价："由此产生了资本的伟大的文明作用；它创造了这样一个社会阶段，与这个社会阶段相比，一切以前的社会阶段都只表现为人类的地方性发展和对自然的崇拜。只有在资本主义制度下自然界才真正是人的对象，真正是有用物；它不再被认为是自为的力量；而对自然界的独立规律的理论认识本身不过表现为狡猾，其目的是使自然界（不管是作为消费品，还是作为生产资料）服从于人的需要。资本按照自己的这种趋势，既要克服把自然神化的现象，克服流传下来的、在一定界限内闭关自守地满足于现有需要和重复旧生活方式的状况，又要克服民族界限和民族偏见。资本破坏这一切并使之不断革命化，摧毁一切阻碍发展生产力、扩大需要、使生产多样化、利用和交换自然力量和精神力量的限制。"[1] 此外马克思还认为，资本的两面性构成了资本生产总过程的基本矛盾，资本一方面具有无限发展生产力并开创资本主义世界历史的强大动力，另一方面资本生产的目的是谋求最大限度的资本价值增值，因而"手段——社会生产力的无条件的发展——不断地和现有资本的增殖这个有限的目的发生冲突"[2]，最终造成了资本主义生产无法克服的基本矛盾，即生产力的盲目扩大和资本价值增值之间的矛盾。矛盾的进一步激化，则会导致经济危机的周期性爆发。

在马克思看来，资本的本性就在于贪得无厌。马克思在《资本论》中引用了《评论家季刊》的一段精辟的话来揭露其贪婪的本性："资本逃避动乱和纷争，它的本性是胆怯的。这是真的，但还不是全部真理。资本害怕没有利润或利润太少，就像自然界害怕

---

① 《马克思恩格斯文集》第 8 卷，人民出版社 2009 年版，第 90 页。
② 《马克思恩格斯文集》第 7 卷，人民出版社 2009 年版，第 279 页。

真空一样。一旦有适当的利润，资本就胆大起来。如果有 10% 的利润，它就保证到处被使用；有 20% 的利润，它就活跃起来；有 50% 的利润，它就铤而走险；为了 100% 的利润，它就敢践踏一切人间法律；有 300% 的利润，它就敢犯任何罪行，甚至冒绞首的危险；如果动乱和纷争能带来利润，它就会鼓励动乱和纷争。"① 而且，资本追逐利润的动机是如此血腥和赤裸裸，以至于"每一个资本从头到脚，都充满血与肉的肮脏的东西"，是用"血和火的文字载入人类编年史的"②。可见，资本对历史向世界历史转变的"双刃剑"作用显而易见：肯定作用——其贪婪扩张的本性和一味追求利润的动机决定了它必然要突破一国和几国的地域界限，寻求和开创世界市场，推动民族历史向世界历史发展；否定和扬弃作用——其盲目性和唯利是图决定了它不能担当世界历史必然趋势的强大棋手，最终会被世界历史所扬弃。资本膨胀的需要，驱使资产阶级奔走于全球各地，他们到处落户，到处开发，到处建立联系，使资本主义形成了世界体系，发展成为一种"中心—外围"的结构，而这种圆心式的辐射结构恰恰内涵着世界历史在各个民族国家中的不平衡发展状况，处于"中心"结构的早期和发达资本主义国家成了生产力进步和世界历史发展的范式标准，掌握着世界历史"火车头"的主动权；与此相反，处于"外网"结构的落后殖民地国家失去了发展的先机，受制于"中心"发达资本主义国家，使发展在内困和外患的处境下变得更加艰难和缺乏正义。恩格斯这样描述英国这个曾经的"世界中心"："英国是农业世界的伟大的工业中心，是工业太阳，日益增多的生产谷物和棉花的卫星都围绕着

---

① 《资本论》第 1 卷，人民出版社 2004 年版，第 871 页。
② 《马克思恩格斯文集》第 5 卷，人民出版社 2009 年版，第 822 页。

它运转。"① 而这种"中心—外网"结构的直接后果则是利益掠夺的全球化和普遍交往的不对等化。

正是基于以上分析,马克思以其深邃的眼光和独到的对现实的解释力作出如下结论:资本主义大工业"首次开创了世界历史",因为"它消灭了各国以往自然形成的闭关自守的状态"。② 马克思在《资本论》中指出资本主义所造成的世界联系,既是资本主义生产方式的基础,又是这种生产方式的结果。他说:"但是,只有对外贸易,只有市场发展为世界市场,才使货币发展为世界货币,抽象劳动发展为社会劳动。抽象财富、价值、货币、从而抽象劳动的发展程度怎样,要看具体劳动发展为包括世界市场的各种不同劳动方式的总体的程度怎样。资本主义生产建立在价值上,或者说,建立在包含在产品中的作为社会劳动的劳动的发展上。但是,这一点只有在对外贸易和世界市场的基础上〔才有可能〕。因此,对外贸易和世界市场既是资本主义生产的前提,又是它的结果。"③ 并说:"对外贸易的扩大,虽然在资本主义生产方式的幼年时期是这种生产方式的基础,但在资本主义生产方式的发展中,由于这种生产方式的内在必然性,由于这种生产方式要求不断扩大市场,它成为这种生产方式本身的产物。"④ 马克思认为历史转变为世界历史的主要特征是资本主义世界经济体系的形成,而资本主义世界经济体系的形成是由世界经济交往促成的,但归根到底是由资本主义生产方式决定的。

对于资产阶级在开创世界历史中的作用,马克思认为它肩负着

---

① 《马克思恩格斯文集》第 1 卷,人民出版社 2009 年版,第 372 页。
② 《马克思恩格斯文集》第 1 卷,人民出版社 2009 年版,第 566 页。
③ 《马克思恩格斯全集》第 26 卷,人民出版社 1974 年版,第 278 页。
④ 《马克思恩格斯文集》第 7 卷,人民出版社 2009 年版,第 264 页。

特殊的使命，其立场是辩证分析的方法论。这种以辩证唯物主义视角看待问题的全面、联系、发展的观点有如下表述，马克思在《不列颠在印度统治的未来结果》中指出："资产阶级历史时期负有为新世界创造物质基础的使命：一方面要造成以全人类互相依赖为基础的普遍交往，以及进行这种交往的工具；另一方面要发展人的生产力，把物质生产变成对自然力的科学支配。资产阶级的工业和商业正为新世界创造这些物质条件，正像地质变革创造了地球表层一样。只有在伟大的社会革命支配了资产阶级时代的成果，支配了世界市场和现代生产力，并且使这一切都服从于最先进的民族的共同监督的时候，人类的进步才会不再像可怕的异教神怪那样，只有用被杀害者的头颅做酒杯才能喝下甜美的酒浆。"① 在他看来，这是资产阶级社会革命支配的时代创造出来的成果，资产阶级正是在执行这种使命中开创了世界历史，成为能够支配世界市场和现代生产力的主体阶级和力量，并且使这一切都服从于发达民族的共同监督的时候，才能实现人类的进步。也就是说，资产阶级在历史向世界历史的开创过程中起了重要的主导作用，充当了历史不自觉的工具和里程式标杆。

对客观事实的如实把握是马克思、恩格斯一贯的风格，他们在《共产党宣言》中认为："资产阶级在历史上曾经起过非常革命的作用。"② 这可从生产关系、生产力、世界交往和社会进步四个层面加以论述：

第一，资产阶级通过爆发荷、英、法、德、俄、美等国家的资产阶级革命，推翻了更加落后且阻碍生产力发展的封建专制制度，

---

① 《马克思恩格斯文集》第 2 卷，人民出版社 2009 年版，第 691 页。
② 《马克思恩格斯文集》第 2 卷，人民出版社 2009 年版，第 33 页。

确立了适应当时先进生产力的新型资本主义生产关系，虽然"把一切封建的、宗法的和田园诗般的关系都破坏了"①，但它极大解放和促进了生产力的发展，无疑对当时世界历史的进程起了极其重要的主导作用；第二，资产阶级创造了无与伦比的惊人的生产力和科学技术及社会财富，为历史向世界历史的转变奠定了坚实的物质基础。马克思对此有过一段经典阐释："资产阶级在它的不到一百年的阶级统治中所创造的生产力，比过去一切世代创造的全部生产力还要多，还要大。自然力的征服，机器的采用，化学在工业和农业中的应用，轮船的行驶，铁路的通行，电报的使用，整个整个大陆的开垦，河川的通航，仿佛用法术从地下呼唤出来的大量人口——过去哪一个世纪料想到在社会劳动里蕴藏有这样的生产力呢？"② 第三，资产阶级开创了世界交往的新时代。随着地理大发现和生产力的巨大进步、科技的飞速发展及交通工具的变革，资产阶级已经越来越不满足于国内市场了，它将目光投向了遥远的亚非美新大陆，"资产阶级，由于开拓了世界市场，使一切国家的生产和消费都成为世界性的了"③，"民族的片面性和局限性日益成为不可能"④，因此世界范围内的生产和贸易往来及各国和人民之间的交往已成为事实，为从民族历史到世界历史的形成提供了重要前提。第四，资产阶级推动了文明的进步和社会的发展。"它第一个证明了，人的活动能够取得什么样的成就"⑤，资产阶级工业革命对人类的生产和生活带来了深刻、巨大的变革，人们生活在一个不断制造惊喜和奇迹的社会，它创造了完全不同于埃及金字塔、罗马

① 《马克思恩格斯文集》第 2 卷，人民出版社 2009 年版，第 33 页。
② 《马克思恩格斯文集》第 2 卷，人民出版社 2009 年版，第 36 页。
③ 《马克思恩格斯文集》第 2 卷，人民出版社 2009 年版，第 35 页。
④ 《马克思恩格斯文集》第 2 卷，人民出版社 2009 年版，第 35 页。
⑤ 《马克思恩格斯文集》第 2 卷，人民出版社 2009 年版，第 34 页。

水道和哥特式教堂的奇迹，完成了完全不同于民族大迁移和十字军东征的远征，表明了资本主义上升时期的社会进步性和对人类文明的贡献。

尽管资产阶级的历史革命作用不可否认，但马恩对资产阶级的历史局限性和阶级狭隘性也毫不掩盖，对其"公开的、无耻的、直接的、露骨的剥削"① 进行了无情的批判，表现在：一是无法克服的狭隘阶级性。资产阶级本身就是为其阶级利益服务的，谋求和维护最大限度的经济利益是其使命，而这绝不关乎全人类的解放和谋求全人类的利益，因此资产阶级的编年史是用"血与火"的历史写成的也就不足为怪了；二是不可超越的历史局限性。经历了上升时期的辉煌之后，资本主义生产关系这件衣裳与生产力的伟岸身躯相比，显得很不适宜了，停滞不前了，变小了，即资本主义生产关系成了生产力发展的桎梏，这时"资产阶级用来推翻封建制度的武器，现在却对准资产阶级自己了"②。资本主义社会的基本矛盾即生产社会化和生产资料资本家私人占有之间的矛盾，在资本主义生产关系下不仅得不到根本解决，反而使这种矛盾"强化"、"刚化"，并表现为周期性的经济危机和社会矛盾的不断扩大。剩余价值的无限获取和不合理分配造成了社会的贫富两极分化和社会不平等，资产阶级竭力维护自身的剥削和统治地位却备感力不从心。三逃脱不了被世界历史扬弃的最终命运。资产阶级的生产关系、交换关系和所有制关系，这些仿佛曾经用法术创造了如此辉煌和盛极一时的资本主义现代文明，如今却像一个巫师那样不能再控制自己用符咒制造出来的魔鬼了。现代生产力越向前发展，资本主

① 《马克思恩格斯文集》第3卷，人民出版社2009年版，第363页。
② 《马克思恩格斯文集》第2卷，人民出版社2009年版，第37页。

义生产关系就越难以适应并日益成为生产力发展的障碍。晚期资本主义社会，矛盾和危机丛生，且无法根治。"资产阶级不仅锻造了置自身于死地的武器；它还产生了将要运用这种武器的人——现代的工人，即无产者。"① 因此生产力的继续前进势必要打碎旧的生产关系，无产阶级成为了资产阶级的掘墓人，必定要取代资产阶级而成为世界历史的真正主体。马克思在 1847 年《关于保护关税主义、自由贸易和工人阶级的演说》中，还论述了自由贸易、世界普遍交往与无产阶级解放的关系，指出："我们赞成自由贸易，因为在实行自由贸易以后，政治经济学的全部规律及其最惊人的矛盾将在更大的范围内，在更大的区域里，在全世界的土地上发生作用；因为所有这些矛盾一旦拧在一起，互相冲突起来，就会引起一场斗争，而这场斗争的结局将是无产阶级的解放。"可以断定，与生产力和普遍交往的发展相适应的世界历史的发展规律表明，资产阶级的灭亡和无产阶级的胜利同样都是不可避免的，资产阶级逃脱不了被世界历史扬弃的最终命运，既要开创世界历史，又不可能完成世界历史的必然趋势，终究要被新的共产主义世界历史时代所取代。

三、世界生产力形成与共产主义物质前提

马克思主义创始人认为，共产主义的实现"是以生产力的普遍发展和与此相联系的世界交往为前提的"②。共产主义的实现就是建立在以生产力和世界交往这两个"普遍发展"的物质基础上的。多年来在对共产主义物质基础的理解上存在着一种偏差，人们往往只注意生产力发展这一方面，而忘记了世界交往普遍发展这一

---

① 《马克思恩格斯文集》第 2 卷，人民出版社 2009 年版，第 38 页。
② 《马克思恩格斯文集》第 1 卷，人民出版社 2009 年版，第 539 页。

面。实际上，马克思主义创始人所讲的共产主义的前提包括相互联系的两个方面，而且对后一方面的强调不亚于前一方面。

马克思之所以对交往如此看重，是因为在历史唯物主义的视野里，交往具有特殊的意义。首先从交往的内涵规定来看，马克思更多的是从交往的狭义层面即交往是在主体之间而不是主客体之间来理解交往的。一般来说，交往在哲学上的意义表现为三方面：第一，就人的生存和发展而言，交往是现实中的人的社会关系的纽带和中介，是人的本质属性的社会反映。马克思对人的本质的分析可谓入木三分，"人的本质不是单个人所固有的抽象物，在其现实性上，它是一切社会关系的总和"①，因此孤立地不与他人和社会发生交往的人是不存在的，唯有在社会交往中，人才能得以生存和发展，才能真正理解和把握人的本质。第二，就人类社会的进步而言，交往是生产力发展和生产关系前进的助推器。生产力和生产关系的矛盾构成了人类社会的基本矛盾，在生产关系对生产力由适应——不适应——新的适应的交替变化中，交往起了重要的推手作用，它反映了以物质交往为基础的全部经济、政治、思想文化交往的总和，它以人类社会人际关系媒介和桥梁的特有功能有力地表征着生产力的现实状况和生产关系的本质属性。话语权的强弱、地位的高低、人身自由的多少、财产的贫富等无不显示在交往过程之中，并由此推动着人类社会的发展和进步。因此从一定意义上说，人类社会的交往史实质是生产力和生产关系的发展史，是人类社会的进步史。第三，就世界历史发展而言，交往是历史转变为世界历史的内驱力。在从民族历史转变为世界历史的进程中，交往无论是在深度还是广度上都得到很大进展，由内而外，由物质交往到精

①《马克思恩格斯文集》第 1 卷，人民出版社 2009 年版，第 505 页。

神、文化、政治制度等诸多方面的交往，由民族和国家至整个世界，交往使整个世界图景发生了巨大的变化。随着生产力和分工的发展、世界贸易和世界市场的出现，交往的世界联系日益增强，世界越来越成为"地球村"，在一国发生的事情也会很快波及全世界，譬如经济危机、政治革命或变革、文化辐射等。交往已越来越世界性、全球性，超越甚至抹杀民族和国家的界限，不容置疑，这些巨大变化都是以交往为媒介和手段展开的。

他们指出："无产阶级只有在世界历史意义上才能存在，就像它的事业——共产主义一般只有作为世界历史性的存在才有可能实现一样。"因为"交往的任何扩大都会消灭地域性的共产主义。共产主义只有作为占统治地位的各民族'一下子'同时发生的行动，在经验上才是可能的，而这是以生产力的普遍发展和与此相联系的世界交往为前提的"。① "建立共产主义实质上具有经济的性质，这就是为这种联合创造各种物质条件，把现存的条件变成联合的条件。"② 依马克思、恩格斯之见，共产主义社会绝不是某一个国家内部的社会发展形态，而应是全人类统一的社会发展形态；而且共产主义社会是把整个社会当作一个经济主体来考虑的，其所需要的物质前提是资本主义世界时代提供的。在资本主义世界历史时代，生产力的发展带来了竞争和普遍的交往，而竞争和普遍的交往也促进了生产力更快的发展，从而为共产主义世界历史的形成打下了坚实的物质基础。"某一个地域创造出来的生产力，特别是发明，在往后的发展中是否会失传，完全取决于交往扩展的情况。当交往只限于毗邻地区的时候，每一种发明在每一个地域都必须单独进行；

---

① 《马克思恩格斯文集》第 1 卷，人民出版社 2009 年版，第 538 页。
② 《马克思恩格斯文集》第 1 卷，人民出版社 2009 年版，第 574 页。

一些纯粹偶然的事件，例如蛮族的入侵，甚至是通常的战争，都足以使一个具有发达生产力和有高度需求的国家陷入一切都必须从头开始的境地。在历史发展的最初阶段，每天都在重新发明，而且每个地域都是独立进行的。发达的生产力，即使在通商相当广泛的情况下，也难免遭到彻底的毁灭。关于这一点，腓尼基人的例子就可以说明。由于这个民族被排挤于商业之外，由于他们被亚历山大征服以及继之而来的衰落，他们的大部分发明都长期失传了。再如中世纪的玻璃绘画术也有同样的遭遇。只有当交往成为世界交往并且以大工业为基础的时候，只有当一切民族都卷入竞争斗争的时候，保持已创造出来的生产力才有了保障。"[1] 显而易见，交往促进和巩固了世界生产力的发展，保护了以人类文明为代表的世界生产力的成果，最终加速了历史转变为世界历史的进程。由此，资本主义时代开创了世界历史，也开辟了世界交往的新局面，从此以后，各民族和国家之间的联系和交往更加紧密和频繁，落后民族国家得以效仿和学习先进民族国家的经验，从而极大地缩短了发展过程和追赶时间。

在马克思关于人类社会发展五形态演进理论中，对交往给予生产力的新旧更替作用给予了高度重视，"这些不同的条件，起初是自主活动的条件，后来却变成了自主活动的桎梏，这些条件在整个历史发展过程中构成各种交往形式的相互联系的序列，各种交往形式的联系就在于：已成为桎梏的旧交往形式被适应于比较发达的生产力，因而也适应于进步的个人自主活动方式的新交往形式所代替；新的交往形式又会成为桎梏"[2]。可以看出，交往对生产力起

---

[1] 《马克思恩格斯文集》第 1 卷，人民出版社 2009 年版，第 559 页。
[2] 《马克思恩格斯文集》第 1 卷，人民出版社 2009 年版，第 575 页。

着能动的反作用，是生产力不断进步的历史性标志，交往本身的新旧交替既反映了生产力的不断进步，又最终由生产力所决定。随着世界交往在广度和深度上地不断渗透和加强，整体上世界历史呈现出加速发展的态势，并为共产主义社会的实现奠定了物质前提条件。

在 1847 年的《共产主义原理》一文中，恩格斯对这一思想进行了进一步的阐述。他指出，机器大工业的发展和世界统一市场的建立引起了两个结果：一是把世界各国人民紧密地联系在一起，各国间的事变是相互影响的；二是使所有文明国家的社会发展水平大致相同，资产阶级和无产阶级成为社会上两个基本阶级。"单是大工业建立了世界市场这一点，就把全球各国人民，尤其是各文明国家的人民，彼此紧紧地联系起来，以致每一国家的人民都受到另一国家发生的事情的影响。此外，大工业使所有文明国家的社会发展大致相同，以致在所有这些国家，资产阶级和无产阶级都成了社会上两个起决定作用的阶级，它们之间的斗争成了当前的主要斗争。因此，共产主义革命将不是仅仅一个国家的革命，而是将在一切文明国家里，至少在英国、美国、法国、德国同时发生的革命，在这些国家的每一个国家中，共产主义革命发展得较快或较慢，要看这个国家是否有较发达的工业，较多的财富和比较大量的生产力。"①由此看来，马克思和恩格斯明确地把两个"普遍发展"作为共产主义的前提，即生产力的普遍发展和与此相联系的世界的普遍交往，两者相辅相成，缺一不可，这与列宁所讲的"世界历史是个整体，而各个民族是它的器官"② 是一致的。马克思对生产力和世

---

① 《马克思恩格斯文集》第 1 卷，人民出版社 2009 年版，第 687 页。
② 《列宁全集》第 55 卷，人民出版社 1990 年版，第 273 页。

界交往都得到了普遍发展的共产主义社会如此预测："一般说来，大工业到处造成了社会各阶级间相同的关系，从而消灭了各民族的特殊性。最后，当每一民族的资产阶级还保持着它的特殊的民族利益的时候，大工业却创造了这样一个阶级，这个阶级在所有的民族中都具有同样的利益，在它那里民族独特性已经消灭，这是一个真正同整个旧世界脱离而同时又与之对立的阶级。"① 可见，工业革命引发了社会阶级结构的巨大变革，它促使世界历史由理论变为现实成为可能，它使整个社会日益分裂为资产阶级和无产阶级两大对立的阶级。而无产阶级正是未来共产主义世界历史时代的主体。马克思在论述无产阶级的特点和地位时指出："无产者只有废除自己的现存的占有方式，从而废除全部现存的占有方式，才能取得社会生产力。无产者没有什么自己的东西必须加以保护，他们必须摧毁至今保护和保障私有财产的一切。"② 无产阶级的地位和特点决定了他们历史性地成为资产阶级的掘墓人和共产主义的开创先锋，这也决定了他们所设想的共产主义的实现不是一个民族国家范围内的事情，即不是地域性的，而是各民族国家的共同行动，是世界性的生产力发展的共同结果。世界历史从资本主义时代向共产主义时代的发展，绝不是自然而然形成的，它必须通过无产阶级的自觉斗争才能实现。

我们还应注意到，马克思和恩格斯已经指出尚不为人们注意的一个重要命题：资本主义下的社会关系（包括经济关系）在扩张成为全球社会关系，建立、发展和膨胀了世界市场，不断地改变世界历史面貌的同时，它也造就了各民族相互依赖的民族国家间关系

---

① 《马克思恩格斯文集》第 1 卷，人民出版社 2009 年版，第 567 页。
② 《马克思恩格斯文集》第 2 卷，人民出版社 2009 年版，第 42 页。

体系。换句话说，他们所讲的"所有民族的全面、普遍相互依赖"意味着世界是国际化的但还不是一体化的。马克思认为随着生产力的发展，这种基于"生产力的普遍发展和与此相联系的世界交往"，"其中每一民族同其他民族的变革都有依存关系"。① 正是由于普遍交往的发展，使资本的联合具有国际性质，造成了在一切民族中都存在着没有财产的无产阶级群众的事实，任何一个国家内发生无产阶级革命都会面临联合镇压的命运，只有共同行动才有可能成功。列宁后来提出的"一国胜利论"同马克思的这个"共同胜利论"其实有着异曲同工之妙，列宁是依据客观革命形势作出的实践决策，列宁还认为，这可以看作是历史发展顺序的变化，是一种特殊规律，而这个特殊规律不仅丝毫没有改变一般规律，反而是以一般规律为前提的。

列宁深入分析了历史发展的这种特殊规律和"一国胜利论"，在《论欧洲联邦口号》中指出："经济和政治发展的不平衡是资本主义的绝对规律。由此就应得出结论：社会主义可能首先在少数甚至在单独一个资本主义国家内获得胜利。"② 在他看来，尽管社会主义在一国或几国首先取得胜利还只是可能性，但它是现实的可能性，并且联系俄国的历史和现实情况深入分析了这种现实的可能性。他指出："他们甚至没有想到，例如，俄国是个介于文明国家和初次被这场战争最终卷入文明之列的整个东方各国即欧洲以外各国之间的国家，所以俄国能够表现出而且势必表现出某些特殊性，这些特殊性当然符合世界发展的总的路线，但却使俄国革命有别于以前西欧各国的革命，而且这些特殊性到了东方国家又会产生某些

---

① 《马克思恩格斯文集》第 1 卷，人民出版社 2009 年版，第 538 页。
② 《列宁专题文集　论社会主义》，人民出版社 2009 年版，第 4 页。

局部的新东西。"①

列宁把马克思主义理论创造性地运用于俄国革命，发展了马克思、恩格斯关于社会主义革命胜利的理论，论述了社会主义"一国胜利论"和对有俄国特色的社会主义道路的探索。他指出，由于帝国主义固有的经济和政治发展的不平衡性及其内部体系的不严密性，加之竞争激烈，导致冲突和危机不断，后起帝国主义国家企图谋求与自己实力相当的国际地位，重新瓜分世界范围，因此战争的爆发不可避免，实力较弱的国家便有可能成为帝国主义链条中的薄弱环节；而社会主义就有可能对这些薄弱环节的断裂处产生影响，从量变开始，继而发展到阶段性质变，最后形成根本性的质变，意味着社会主义革命最终战胜帝国主义取得胜利。沙皇俄国作为世界帝国主义体系中的一个薄弱环节，资本主义经济和政治的发展远远落后于欧洲主要资本主义国家，国内矛盾和危机重重，加之第一次世界大战对它的影响和打击，人民怨声载道，迫切要求国家和社会发生根本性的变革。在这种情形之下，列宁主张由无产阶级发动革命夺取国家政权，变帝国主义战争为国内战争，在俄国首先取得社会主义革命的胜利。同时，列宁还不忘澄清一个事实："有人在这里说，不向资产阶级学习也能够实现社会主义，我认为，这是中非洲居民的心理。我们不能设想，除了建立在庞大的资本主义文化所获得的一切经验教训的基础上的社会主义，还有别的什么社会主义。"② 并且，"社会主义能否实现，就取决于我们把苏维埃政权和苏维埃管理组织同资本主义最新的进步的东西结合得好坏。"③列宁在这里明确肯定了社会主义世界历史时代的形成必须吸取和借

①　《列宁专题文集　论社会主义》，人民出版社 2009 年版，第 358 页。
②　《列宁全集》第 34 卷，人民出版社 1985 年版，第 252 页。
③　《列宁专题文集　论社会主义》，人民出版社 2009 年版，第 98 页。

鉴资本主义的物质前提和社会文明的进步成果，尤其是在落后民族国家向世界历史转变的过程中。而这一点不仅没有违背马克思、恩格斯的原意，反而体现了人类社会发展的一般规律及其特殊形式之间的关系，人类社会发展的一般规律预示着世界历史发展的基本趋势，在这一过程中也会出现某些特殊形式，历史由民族历史向世界历史转变的过程是受生产力因素支配的共性和个性、民族性和世界性、统一性和多样性、渐进性和跨越性的统一。

马克思本人对于落后国家在世界历史进程中的发展顺序也一直没有停止思索，晚年提出了落后民族国家可以跨越资本主义"卡夫丁峡谷"的设想。他认为，在资本主义世界历史形成后，在国际生产方式的民族性和世界性相互作用规律支配下，某些落后国家在一定程度上可以跨越西方资本主义国家社会发展的具体历程，因为："一切历史冲突都根源于生产力和交往形式之间的矛盾。此外，不一定非要等到这种矛盾在某一国家发展到极端尖锐的地步，才导致这个国家内发生冲突。由广泛的国际交往所引起的同工业比较发达的国家的竞争，就足以使工业比较不发达的国家内产生类似的矛盾。"① 因此马克思得出这样一个基本结论：在世界历史形成以后，在国际生产方式的矛盾作用下，跨越将成为一种普遍现象。而作为帝国主义链条最薄弱环节的俄国，在利用资本主义世界历史时代所创造的物质基础的前提下，完全可以从农村公社跨越资本主义直接过渡到社会主义社会。社会形态跨越发展有各种形式，实现跨越最主要的原因是借助国际交往及国际条件下生产力发展的成果，马克思对于美国跨越了奴隶制而直接发展资本主义的历史如此叙述："相反，有些国家，例如北美的发展是在已经发达的历史时

---

① 《马克思恩格斯文集》第 1 卷，人民出版社 2009 年版，第 567 页。

代起步的，在那里这种发展异常迅速。在这些国家中，除了移居到那里去的个人而外没有任何其他的自发形成的前提，而这些个人之所以移居那里，是因为他们的需要与老的国家的交往形式不相适应。可见，这些国家在开始发展的时候就拥有老的国家的最进步的个人，因而也就拥有与这些个人相适应的、在老的国家里还没有能够实行的最发达的交往形式。这符合于一切殖民地的情况，只要它们不仅仅是一些军用场所或交易场所。"① 可见，任何人类社会发展形态的跨级跳跃，无不是生产力和交往发展的使然，没有生产力的发展基础和交往的需求，要想实现跨越，是根本不可能的事情。

同时，单个人的解放程度与历史转变为世界历史的程度是一致的，从本质上说，世界历史发展的实质和核心就是人的发展，马克思为此深刻指出："五官感觉的形成是迄今为止全部世界历史的产物。"② 还说："正是人，现实的、活生生的人在创造这一切，拥有这一切并且进行战斗。并不是'历史'把人当做手段来达到自己——仿佛历史是一个独具魅力的人——的目的。历史不过是追求着自己目的的人的活动而已。"③ 可见，从事社会实践活动的现实的人构成了历史的主体，历史就是为了满足人的需要和追求人的全面解放的人类活动的组合。概括世界历史理论的基本问题，主要表现为人与世界历史的整体发展问题，其中贯穿着两条主线：一是世界历史的整体发展和民族历史的局部发展及其相互关系；二是个人的发展和解放。这表明马克思把世界历史看作是人的尺度和物的尺度的有机统一。

而且，马克思、恩格斯还基于人的发展和解放把共产主义和世

① 《马克思恩格斯文集》第1卷，人民出版社2009年版，第576页。
② 《马克思恩格斯文集》第1卷，人民出版社2009年版，第295页。
③ 《马克思恩格斯文集》第1卷，人民出版社2009年版，第295页。

界历史联系起来，他这样解释："共产主义是作为否定的否定的肯定，因此它是人的解放和复原的一个现实的、对下一段历史发展说来是必然的环节。"① 马克思和恩格斯认为，在"世界历史"状态下，社会是高度发达的社会，人更是"世界历史性的"人，是真正普遍的人，他们充分展示并发展了自己的个性和能力，成为独立自由的个体，控制着自己的创造物并使之真正为自己服务，彻底摆脱了异化状态，获得了解放。在共产主义社会，人是全面的自由的人，具有丰富的个性，不仅掌握了先进的生产技术，而且更不乏高度的思想道德觉悟。马克思、恩格斯探讨了在世界历史进程中，人类文明进步及智力发展与地理环境的相关性；分析了人类语言发展与生产力进步的互动关系；对于生存本能、性本能等在历史进化中的重要作用也都给予了极大的重视。显然，他们努力探讨处于发展中的人的总体性特征，从人类生命的各个角度分析人的解放与世界历史进程的一致关系。

在马克思、恩格斯看来，人的解放的本质含义是指人摆脱自然和社会关系的双重奴役和压迫，获得自由和全面发展。人和动物的根本区别在于劳动，人在劳动过程中"表现为双重关系：一方面是自然关系，另一方面是社会关系"②。在人与自然的关系方面，人的解放表现在随着生产力和科技水平的不断提高，人能够了解、认识甚至利用自然规律为人类服务。在这个动态过程中，人类对大自然的过度开发和无序掠夺使得人与自然的关系一度变得紧张，但随着人类保护生态环境的意识不断觉醒，人类在对自然的改造和利用中趋于理性，逐渐走向人与自然和谐发展的良性轨道。在人与社

---

① 《马克思恩格斯文集》第 1 卷，人民出版社 2009 年版，第 197 页。
② 《马克思恩格斯文集》第 1 卷，人民出版社 2009 年版，第 532 页。

会的关系方面，现实的人的发展与解放程度，其实是由社会关系决定的，因为人是一切社会关系的总和，社会关系实际上决定着一个人能发展到什么程度。"个人的解放，只有到了外部世界对个人才能的实际解放所起的推动作用为个人本身所驾驭的时候，才不再是理想、职责等等。"① 这就是说，个人只有在全方位的社会生活中与他人进行交往和联系，形成现实的社会关系，才能逐渐摆脱自身、地域和民族的狭隘性，获得个性的自由和发展。人的本质不是抽象的，是通过个性表现出来的，个性实质上是个体活动于其中的整个社会关系的总和。

为了分析人的本质，马克思在《德意志意识形态》中把人的解放过程看作是从"偶然的个人"向"有个性的个人"发展的过程。"偶然的个人"指人尚处于被奴役被压迫阶段，无法把握和支配社会关系和社会交往，个性得不到解放和自由发展，"因为他们的生活条件对他们来说是偶然的"②；"有个性的个人"指人在社会关系和社会交往中处于自主地位，能自由发展个性，是有自主性、能够掌握自身命运的个人。马克思写道："有个性的个人与偶然的个人之间的差别，不是概念上的差别，而是历史事实。"③ 人的自由和解放实质是从"偶然的个人"到"有个性的个人"的发展过程，"有个性的个人"只有在共产主义社会才能实现。

在《德意志意识形态》中，马克思和恩格斯指出："共产主义对我们来说不是应当确立的状况，不是现实应当与之相适应的理想。我们所称为共产主义的是那种消灭现存状况的现实的运动。这个运动的条件是由现有的前提产生的。此外，许许多多人仅仅依靠

---

① 《马克思恩格斯全集》第 3 卷，人民出版社 1972 年版，第 330 页。
② 《马克思恩格斯文集》第 1 卷，人民出版社 2009 年版，第 572 页。
③ 《马克思恩格斯文集》第 1 卷，人民出版社 2009 年版，第 574 页。

自己劳动为生——大量劳动力与资本隔绝或甚至连有限地满足自己需要的可能性都被剥夺——，从而由于竞争，他们不再是暂时失去作为有保障的生活来源的工作，他们陷于绝境，这种状况是以世界市场的存在为前提的。因此，无产阶级只有在世界历史意义上才能存在，就像共产主义——它的事业——只有作为'世界历史性的'存在才有可能实现一样。而各个人的世界历史性的存在，也都是与世界历史直接相联系的各个人的存在。"① 同时，"每一个单个人的解放的程度是与历史完全转变为世界历史的程度一致的"。"各个人的全面的依存关系、他们的这种自然形成的世界历史性的共同活动的最初形式，由于这种共产主义革命而转化为对下述力量的控制和自觉的驾驭。"② 接着，马克思认为，实现个人解放的根本途径在于"随着现存社会制度被共产主义革命所推翻（下面还要谈到这一点）以及与这一革命具有同等意义的私有制的消灭"③。显而易见，他对世界历史命运的关注始终是和个人的解放和全面发展结合起来考虑的，历史向世界历史转变的过程，无疑也是世界历史性个人的生成过程。

归纳马克思关于人的自由和解放的观点，主要有：第一，人的自由和解放的物质基础是生产力和交往的普遍发展。在马克思看来，"'解放'是一种历史活动，不是思想活动，'解放'是由历史的关系，是由工业状况、商业状况、农业状况、交往状况促成的[……]"④。只有生产力和交往发展到世界历史性的程度，才能使全球性的生产和消费与人的生存需要发生联系，才能把人从"狭

---

① 《马克思恩格斯文集》第3卷，人民出版社2009年版，第539页。
② 《马克思恩格斯文集》第1卷，人民出版社2009年版，第541页。
③ 《马克思恩格斯文集》第1卷，人民出版社2009年版，第541页。
④ 《马克思恩格斯文集》第1卷，人民出版社2009年版，第527页。

隘的地域性个人"中彻底解放出来，使"地域性的个人为世界历史性的、经验上普遍的个人所代替"。① 而且，"只有这样，单个人才能摆脱种种民族局限和地域局限而同整个世界的生产（也同精神的生产）发生实际联系，才能获得利用全球的这种全面的生产（人们的创造）的能力"②。

第二，人的自由和解放的社会形态条件是共产主义社会。在历史向世界历史转变的过程中，人们面临着日趋复杂的社会关系，而这些日趋复杂的社会关系既有可能成为人的解放和全面发展的物质力量，也有可能成为支配人、奴役人的新的社会力量。这种力量最终起何种作用，归根到底要看人是否有能力驾驭和支配它。马克思认为，单独的个人对此无能为力，只有依靠共产主义革命，把"偶然性的个人"变为"世界历史性的个人"，才能最终实现。他反复强调共产主义只能作为世界历史性的存在才能最终实现，因为共产主义不是某一民族、某一阶级的解放或作为某种地域性的东西存在，而是全人类的解放。马克思言下之意是说：在资本主义世界历史时代，由于资本主义私有制生产关系的弊端和物质主义时代科技的两面作用，人们受异己力量支配，不可能获得真正的自由和解放；只有在共产主义社会条件下，人成为"世界历史性的个人"，即"有个性的人"，才能消灭这种异己力量，实现真正的解放。马克思对共产主义社会有过一段论述："共产主义和所有过去的运动不同的地方在于：它推翻一切旧的生产关系和交往关系的基础，并且第一次自觉地把一切自发形成的前提看作是前人的创造，消除这些前提的自发性，使这些前提受联合起来的个人的支配。"③

---

① 《马克思恩格斯文集》第 1 卷，人民出版社 2009 年版，第 538 页。
② 《马克思恩格斯文集》第 1 卷，人民出版社 2009 年版，第 541 页。
③ 《马克思恩格斯文集》第 1 卷，人民出版社 2009 年版，第 574 页。

第三，人的自由和解放的主体力量是无产阶级。资产阶级开创资本主义世界历史的同时，也造就了其掘墓人——无产阶级，马克思对无产阶级的世界历史性使命给予了高度关注："过去的一切运动都是少数人的，或者为少数人谋利益的运动。无产阶级的运动是绝大多数人的，为绝大多数人谋利益的独立的运动。"[1] 唯有为大多数人谋利益的无产阶级才能够成为摧毁私有制度的强大力量和进行共产主义革命的领导阶级。

第四，人的自由和解放的本质是人的个性得到充分发展。马克思把人的解放和全面发展的过程描述为从"偶然性的个人"发展到"有个性的个人"，并认为"有个性的个人"只能出现在共产主义社会。马克思还把人的解放和全面发展的演进过程划分为三个历史阶段：人的依赖关系（狭隘的地域性的个人）——物的依赖关系（偶然性的个人）——全面自由的发展（有个性的个人），分别对应着三种社会形态：前资本主义社会——资本主义社会——共产主义社会。在人的依赖关系和物的依赖关系阶段，人不能得到自由全面的发展，个性亦得不到解放。资本主义时代虽然开创了世界历史，个人此时无论是物质条件、精神状态、生活状况都得到了很大程度的提升，但其实并没有获得真正的解放和自由，因为"他们的个性是由非常明确的阶级关系决定和规定的"[2]，要屈从和服务于外在的物的力量，并走向异己的对立面，人也从自身的目的变成了异己的手段。而在共产主义社会这个"自由人的联合体"中，"这种联合把个人的自由发展和运动的条件置于他们的控制之下"[3]，"在真正的共同体的条件下，各人在自己的联合中并通过这

---

[1] 《马克思恩格斯文集》第 2 卷，人民出版社 2009 年版，第 42 页。
[2] 《马克思恩格斯文集》第 1 卷，人民出版社 2009 年版，第 571 页。
[3] 《马克思恩格斯文集》第 1 卷，人民出版社 2009 年版，第 573 页。

种联合获得自己的自由"①，摆脱了外在力量的支配和奴役，可以真实按照自己的意愿、实际需要和爱好兴趣来发展自我，从而获得了真正的自由和解放。马克思站在世界历史的高度，以对人类命运的深切关怀和天才预测如此写道："只是从这时起，人们才完全自觉地自己创造自己的历史；只是从这时起，由人们使之起作用的社会原因才大部分并且越来越多地达到他们所预期的结果。这是人类从必然王国进入自由王国的飞跃。"② 从这段话可以真切感受到马克思对于人类实现共产主义理想社会和人类获得真正意义上的彻底解放的殷切期望。

四、各民族融入世界历史的不同道路

各民族融入世界历史的道路不都是沿着一条直线且经过"五形态"由低到高的阶段演进的，不是总因循欧洲的发展道路，而是呈现出千姿百态的多样性，甚至是跳跃式的跨越发展。对此，马克思早有考虑："极为相似的事变发生在不同的历史环境中就引起了完全不同的结果。"③ 也就是说，民族历史首先表现为个性多元化的发展态势，这是民族历史向世界历史发展的常态，如果否认这一点只强调世界历史发展的共性而抹杀了民族历史发展的个性，是完全行不通的，对此马克思解释道："他一定要把我关于西欧资本主义起源的历史概述彻底变成一般发展道路的历史哲学理论，一切民族，不管它们所处的历史环境如何，都注定要走这条道路，——以便最后都达到在保证社会劳动生产力极高度发展的同时又保证每个生产者个人最全面的发展的这样一种经济形态。但是我要请他原

---

① 《马克思恩格斯文集》第 1 卷，人民出版社 2009 年版，第 571 页。
② 《马克思恩格斯文集》第 3 卷，人民出版社 2009 年版，第 564 页。
③ 《马克思恩格斯文集》第 3 卷，人民出版社 2009 年版，第 466 页。

谅。（他这样做，会给我过多的荣誉，同时也会给我过多的侮辱。）"① 为此，在 19 世纪 50 年代，马克思把东方社会纳入到自己的理论研究视野，在唯物史观的基础上形成了世界历史发展的民族性和世界性相互作用的辩证观点。马克思认为，各民族国家内部的民族性是指，生产力与交往形式的矛盾运动在不同民族或国家内具有不同的性质、结构和运行机制；各民族国家之间矛盾运动的世界性是指，随着交往的普遍化、世界市场的开拓以及世界历史的形成，各民族的生产力与交往形式的矛盾运动便越出其狭隘地域，在世界背景下进行全面的相互影响、相互渗透的整体运动。世界历史发展的民族性和世界性的相互作用构成了世界历史最鲜明的一个基本特征，世界性是民族性的发展趋势和整体依据，民族性是世界性的前提和"经验性存在"。在马克思看来，正确看待民族性和世界性的关系是各个民族国家顺利发展的重要保证，各国应选择适合本国的发展道路，以此来有效发展生产力，促进个人的解放和全面发展，最终汇入世界历史的洪流之中。

马克思研究世界历史发现，只有在民族国家间的交往背景下才能全面理解生产力与生产关系的矛盾运动，需要把各民族之间的普遍联系和这种联系不断采取的新的形式作为向世界历史转变的基本内容来看待。但是，人类开始自己现代化历史的最早形式是通过资本主义生产方式来实现的，它一旦启动，便按照固有的客观逻辑进行，并日益展现出世界历史发展的不平衡性，先进的资本主义国家率先开创了资本主义世界历史，紧跟着落后民族国家被迫"不自觉"地卷入其中。在这个世界历史的整体系统中，各个民族国家之间互相依存、互相作用，牵一发而动全局；同时，各个民族国家

---

① 《马克思恩格斯文集》第 3 卷，人民出版社 2009 年版，第 466 页。

由于本国国情、自身历史文化传统、外在条件影响等共同因素作用下，在发展道路、发展途径、发展内容和方式方面显现出多样性和复杂性，由此体现了民族历史向世界历史发展过程中整体与部分、系统与要素之间的复杂关系。在资本主义国际生产方式的有机系统中，生产的世界化与各个民族国家生产方式的本土化之间构成了一对基本矛盾，这个基本矛盾在世界历史的宽广视域中运行，必然会突破民族和国家的狭隘地域局限，导致如下深刻变化：其一，随着世界生产力和世界分工的出现，生产力的流变有了世界历史的参照物，先进资本主义国家得以保存和发展原有的生产力水平，落后民族国家得以借鉴和效仿先进生产力，不必从头开始，就能快速实现生产力的飞跃发展。其二，在世界历史的框架中，各个民族国家的发展受到诸多合力影响，这远比在前资本主义社会的单纯民族历史时代多了许多可能性和复杂性，从而出现多元化和独特性的不同发展道路。

现代化内在的向全球扩张的趋势，创造出世界历史的新阶段、新形态，它中止民族国家原有的历史连续性，并因此而产生新的历史条件下的全球范围的民族和国家利益的冲突，多种形式的新旧生产方式的冲突，进而，在世界历史的新的条件下，民族国家能否独立自主地发展现代化，构成马克思晚年思考世界历史理论的另一中心点。学术界有一种观点认为，马克思晚年走向人类学的一个重要理论动机，就是为了彻底解决东方社会独立发展的可能性及其未来命运问题。马克思晚年有关农村土地所有制关系研究，即"人类学笔记"与世界历史理论具有内在的统一性。由以往侧重对作为"结果"的世界历史的研究，进一步扩展到对作为"过程"的世界历史的研究，在进一步对东方社会"农村公社"的研究中丰富和发展了关于世界历史发展前景的原理。"农村公社"指产生于原始公社氏族制度瓦解过程中的以土地公有为特征的社会经济组织形式，马克思希望通过对农村公社的研究，探讨其在现代历史条件下的境遇和命运，从而进一步把握民族国家向世界历史发展进程中可能经历的形态多样化和某些"跨越"阶段的合法性。农村公社是一种具有很强生命力的经济组织形式，在人类进入阶级社会后，仍存在于某些国家或地区的不同社会形态内，形式和内容都相当复杂和多变，它们在国内既可以同时和封建经济和资本主义经济并存，受这些经济的迫害，同时也可以和国外帝国主义殖民经济同在，逃脱不了受掠夺和践踏的处境。

马克思根据对俄国农村公社的研究，在 19 世纪七八十年代提出了俄国农村公社可以跨越资本主义"卡夫丁峡谷"的理论，这也被称为"东方社会理论"。他是在收到俄国著名女革命家查苏利奇提出的请求信而深入研究俄国问题的，信上说道"假若你能说明你对我国农村公社可能的命运的看法和对世界各国由于历史的必然性都应经过资本主义生产各阶段的理论的看法，给我们的帮助会是多么大。"① 之后马克思在深入研究俄国农村公社的基础上，形成了对它的新看法，其观点集中在给查苏利奇的复信及其三个草稿中。马克思指出："毋庸讳言，俄国公社所属的古代类型，包含着一种内在的二重性，这种二重性在一定的历史条件下会导致公社的灭亡。"② 这里马克思所指的二重性是指公有制成分和私有制成分并存，并高屋建瓴地预见："'农业公社'的构成形式只能有两种选择：或者是它所包含的私有制因素战胜集体因素，或者是后者战胜前者。先验地说，两种结局都是可能的，但是，对于其中任何一

---

① 《马克思恩格斯全集》第 19 卷，人民出版社 1963 年版，第 637 页。
② 《马克思恩格斯全集》第 25 卷，人民出版社 2001 年版，第 473 页。

种，显然都必须有完全不同的历史环境。一切都取决于它所处的历史环境。"① 依据理论研究和实践考察，马克思给查苏利奇的回复是："我得出了这样一个结论：如果俄国继续走它在 1861 年所开始走的道路，那它将会失去当时历史所能提供给一个民族的最好的机会，而遭受资本主义制度所带来的一切灾难性的波折。"②

马克思针对 19 世纪 60—80 年代俄国社会的客观发展情况，本来设想俄国、印度等东方国家可以在土地公社所有制的基础上实现直接跨越，但现在这种土地公有制被资本主义中断了，那么如何使当地人民前进，而不是使他们后退呢？马克思在设想俄国的"跨越"式发展根据时，十分重视资本主义世界历史条件的作用，认为俄国虽然置身于资本主义生产方式的国际背景之下，但并没有像印度那样成为英国的殖民地和"猎获物"，因为俄国可以吸取资本主义发展的一切成就来发展自身，从而避免资本主义制度所带来的一切极端不幸的灾难。他对于俄国的问题有着如下精辟分析："俄国公社不仅和资本主义生产是同时存在的东西，而且经历了这种社会制度尚未受触动的时期而幸存下来；相反，在俄国公社面前，不论是在西欧，还是在美国，这种社会制度现在都处于同科学、同人民群众以至同它自己所产生的生产力本身相对抗的境地。总之，在俄国公社面前，资本主义制度正经历着危机，这种危机只能随着资本主义的消灭，随着现代社会回复到'古代'类型的公有制而告终。"③ 并且，"由于各种独特情况的结合，至今还在全国范围内存在着的农村公社能够逐渐摆脱其原始特征，并直接作为集体生产的因素在全国范围内发展起来。正因为它和资本主义生产是同时存在

---

① 《马克思恩格斯文集》第 3 卷，人民出版社 2009 年版，第 574 页。
② 《马克思恩格斯文集》第 3 卷，人民出版社 2009 年版，第 464 页。
③ 《马克思恩格斯文集》第 3 卷，人民出版社 2009 年版，第 572 页。

的东西，所以它能够不经受资本主义生产的可怕的波折而占有它的一切积极的成果。俄国不是脱离现代世界孤立生存的；同时，它也不像东印度那样，是外国征服者的猎获物"①。俄国发展道路的特殊性给马克思对人类社会发展道路的研究提供了很好的个案，马克思对俄国革命的前景的推测是谨慎和务实的，当时俄国资本主义的危机使俄国农村公社面临着选择公有制发展道路的机遇，而这种机遇是通过借助世界生产力发展的先进成果和实现社会主义革命来完成的。

马克思指出："如果俄国是脱离世界而孤立存在的，如果它要靠自己的力量取得西欧通过长期的一系列进化（从原始公社的存在到它的目前状态）才取得的那些经济成就，那么，公社注定会随着俄国社会的逐步发展而灭亡这一点，至少在我看来，是毫无疑问的。可是，俄国公社的情况同西方原始公社的情况完全不同。俄国是在全国广大范围内把公社所有制保存下来的欧洲惟一的国家，但同时又生存在现代的历史环境中，同较高的文化同时存在，和资本主义生产所统治的世界市场联系在一起。俄国吸取这种生产方式的积极成果，就有可能发展并改造它的农村公社的古代形式，而不必加以破坏。"② 马克思指出了与控制着世界市场的西方生产同时存在的农业公社只有吸收资本主义制度所取得的一切肯定成果，才可以跨越资本主义的"卡夫丁峡谷"，推动历史前进，否则俄国农业公社必然会被资本主义现代化的历史车轮所碾碎。

马克思认为农业公社既可能由于内部发展起来的资本主义因素而解体，也可能在受外部侵略的条件下被消灭，他以印度农业公社

---

① 《马克思恩格斯文集》第 3 卷，人民出版社 2009 年版，第 571 页。
② 《马克思恩格斯全集》第 25 卷，人民出版社 2001 年版，第 472 页。

为例具体地剖析了资本主义对东方社会的入侵，说明了它作为
"历史的不自觉的工具"，所具体承担的"双重的使命"：一个是破
坏性的使命，即消灭旧的亚洲式的社会；另一个是建设性的使命，
即在亚洲为西方式的社会奠定物质基础。马克思立足于历史辩证
法，揭示了这二者之间相辅相成的辩证关系，说明了资本主义国家
在东方落后国家只有以"破坏性使命"为前提条件，才有可能开
始"建设性的使命"；反之，只有完成"建设性的使命"，才能最
终真正完成"破坏性的使命"。他说，资本主义"不久就被印度化
了——野蛮的征服者，按照一条永恒的历史规律，本身被他们所征
服的臣民的较高文明所征服。不列颠人是第一批文明程度高于印度
因而不受印度文明影响的征服者。他们破坏了本地的公社，摧毁了
本地的工业，夷平了本地社会中伟大和崇高的一切，从而毁灭了印
度的文明。他们在印度进行统治的历史，除破坏以外很难说还有别
的什么内容。他们的重建工作在这大堆大堆的废墟里使人很难看得
出来。尽管如此，这种工作还是开始了。"① 这里发生的变化，就
是在先进的生产力、发达的科学技术和廉价的商品的冲击下，消除
着东方落后国家的仇外心理，瓦解了它的自给自足的自然经济和国
家土地所有制，在客观上促进了资本主义一定程度的发展。

　　马克思通过对东方社会两种不同形式的社会发展研究，认为这
些东方国家的社会发展必须具有两个条件：（1）在"和控制着世
界市场的西方生产同时存在"的世界上，现存的农业公社只有吸
收资本主义的一切肯定成果，才能避免资本主义的灾难性波折，走
出一条独特的发展道路来。即在经济条件上，俄国必须利用西方近
代发达资本主义国家世界市场的成果，来发展国内商品市场。农村

———————————

① 《马克思恩格斯文集》第 2 卷，人民出版社 2009 年版，第 686 页。

公社和资本主义生产处于同时代，相对于欧洲发达的资本主义生产而言，俄国农村公社仍处于前资本主义的自然经济和小商品经济，以手工劳动和农业社会生产力为主，欠缺工业化的发达生产力。因此，必须借助世界交往和世界市场，打破农村公社自身的落后和交往联系的封闭孤立，利用近代西方发达的市场体制成就，与世界市场接轨，建立现代商业运作体系。马克思写道，俄国公社"能够不通过资本主义制度的卡夫丁峡谷，而占有资本主义制度所创造的一切积极的成果。它能够以应用机器的大农业来逐步代替小地块耕作，而俄国土地的天然地势又非常适于这种大农业。因此，它能够成为现代社会所趋向的那种经济制度的直接出发点，不必自杀就可以获得新的生命"①。如果能这样，俄国公社就具有"强大生产力的源泉"，有可能成为未来共产主义新社会的"直接出发点"。(2)"假如俄国革命将成为西方无产阶级革命的信号而双方互相补充的话，那么现今的俄国土地公有制便能成为共产主义发展的起点。"② 意思是说，俄国产生一场与西方无产阶级革命互相补充的社会革命，把俄国农业公社引导到正常的状态下，并吸收资本主义现代化成就于农业公社之中，则将产生一条不同于西方资本主义现代化的新道路。后来列宁在苏维埃制度和西方资本主义制度并存的情况下，多次讲到要继承、学习和借鉴资本主义条件下发展起来的优秀文明成果，他把社会主义和共产主义看作是俄国先进的社会制度与西方发达技术的有机结合。

归纳起来，马克思认为俄国跨越"卡夫丁峡谷"需要具备国内外两个政治条件，即国内是爆发俄国革命，国外是得到世界无产

---

① 《马克思恩格斯文集》第 3 卷，人民出版社 2009 年版，•第 580 页。
② 《马克思恩格斯文集》第 2 卷，人民出版社 2009 年版，第 8 页。

阶级革命的支援，并且这两种革命互为信号、互相呼应。马克思从世界历史的高度来看待俄国革命的历史意义，明确指出俄国公社要想实现跨越，必须建立一种全新的社会形态的革命颠覆力量，革命主体不仅仅包括农民，还必须紧密团结世界无产阶级，这也体现了东西方革命的互补性。因此马克思提出了"要挽救俄国公社，就必须有俄国革命"。针对世界范围内资本主义固有矛盾的无法解决和经济危机的周期爆发，马克思又意味深长地指出："'农村公社'的这种发展是符合我们时代历史发展的方向的，对这一点的最好证明，是资本主义生产在它最发达的欧美各国中所遭到的致命危机，而这种危机将随着资本主义的消灭，随着现代社会回复到古代类型的高级形式，回复到集体生产和集体占有而告终。"[1] 同时马克思、恩格斯还特别强调："这不仅适用于俄国，而且适用于处在资本主义以前的阶段的一切国家。但比较起来，这在俄国将最容易做到。"[2] 马克思在这里，以俄国为例向我们阐明了世界历史是一个有着本质统一性和形式多样性的社会历史发展过程，在这个世界历史发展过程中，生产关系有自然演进，有跨越，有特例，但仍需适应生产力发展的一般规律，更需借助世界生产力发展的优秀成果来获得自身跳跃式发展所需的足够的社会条件和发展潜力。

　　总结上述分析可知，马克思晚年对世界历史的研究主要集中在世界历史发展的普遍性和各个民族国家发展道路的特殊性上：他立足于世界历史的整体发展，从普遍交往的世界市场出发，考察东、西方发展道路的特殊性和差异性，提出东方国家可以基于世界市场和世界交往的便利条件，汲取西方资本主义文明的肯定成果，从而

---

① 《马克思恩格斯文集》第 3 卷，人民出版社 2009 年版，第 579 页。
② 《马克思恩格斯文集》第 4 卷，人民出版社 2009 年版，第 459 页。

跨越资本主义"卡夫丁峡谷",直接进入社会主义社会,从根本上揭示了各个民族国家发展道路的特殊性和发展趋势的普遍性的统一关系。这是对人类社会一般发展规律的新思路和新发展。可以看出,对于规律的认识,马克思从不认为规律是抽象的,而认为它是特殊、个别的、丰富性的、普遍的,因为"这些抽象本身离开了现实的历史没有任何价值。它们只能对整理历史资料提供某些方便,指出历史资料的各个层次的顺序。但是这些抽象与哲学不同,它们绝不提供可以适用于各个历史时代的药方或公式。"①

第二节 交往实践观:全球化时代的哲学

在马克思主义看来,一部人类历史就是研究物质生产和人们相互交往的历史,因此就要研究生产和交往的具体形式以及这些方式和形式的变迁。马克思从来不把历史单纯理解为生产等工具性行为的发展,而是认为"始终必须把人类的历史同工业和交换的历史联系起来研究和探讨",并且指出:"一定的生产方式或一定的工业阶段始终是与一定的共同活动方式或一定的社会阶段联系着的,而这种共同活动方式本身就是生产力。"② 在马克思看来,交往实践是生产方式的原生态范型,生产力是主体交往实践活动的能力。交往实践是生产力得以保存、积累和发展的前提,是促使世界普遍联系、历史成为世界历史的主要机制。马克思是从人们结成的社会

---

① 《马克思恩格斯文集》第 1 卷,人民出版社 2009 年版,第 526 页。
② 《马克思恩格斯文集》第 1 卷,人民出版社 2009 年版,第 532 页。

实践关系中探索生产力发展的，他把交往活动作为人类社会发展的基础，认为要把历史同它的活动主体及其不断扩大的交往实践关系联系起来，因为"全部社会生活在本质是实践的"①，而社会实践是结成一定社会关系的人们通过结成交往实践关系而进行的共同的、历史的活动，历史发展表现为交往活动形态的演变，也正是交往活动历史演绎，才有了全球化——人类交往实践历史发展的宏观拓展的新阶段、新形态。

一、交往实践：概念界定

在马克思、恩格斯那里，"交往"（verkehr）是建构历史唯物论的基础性、总体性范畴，是分析和把握人类社会历史本质和人类主体的基本理论尺度，是历史转变到"世界历史"，也是认识和理解人类进入交往全球化实践形态的实践特征和本质的核心概念。我们知道，马克思、恩格斯在其新世界观奠基之作《德意志意识形态》中，就从世界普遍交往的角度系统论述了"物质交往"，以及由"物质交往"决定的"精神交往"两者在人类历史上的作用。马克思和恩格斯认为"物质交往"表现在现实生活的语言中，"精神交往"表现在政治、法律、道德、宗教、形而上学等的语言中，后来在研究资本主义经济关系过程中，马克思的物质交往理论得到了进一步深化和发展。马克思、恩格斯分析道："思想、观念、意识的生产最初是直接与人们的物质活动，与人们的物质交往，与现实生活的语言交织在一起的。人们的想象、思维、精神交往在这里还是人们物质行动的直接产物。表现在某一民族的政治、法律、道德、宗教、形而上学等的语言中的精神生产也是这样。人们是自己的观念、思想等等的生产者，但这里所说的人们是现实的、从事活

---

① 《马克思恩格斯文集》第 1 卷，人民出版社 2009 年版，第 501 页。

动的人们，他们受自己的生产力和与之相适应的交往的一定发展——直到交往的最遥远的形态——所制约。"① 在马克思、恩格斯看来，交往实践是一个整体系统，涵盖了从物质交往到精神交往、语言交往及其遥远的形式在内。其中，物质交往是基础，是制约和派生其他一切交往活动的基础。

马克思在到了晚年对人类学的研究中又留下了世界普遍交往的珍贵思想。马克思晚年创作的《历史学笔记》和"国家与文明起源笔记"是其世界历史理论的重要组成部分，是一部前资本主义发展史，阐述了国内统一市场如何扩展为世界市场、交往如何成为普遍联系的世界性交往，从交往的视角研究了世界历史的发展和国际关系体系的形成。在马克思晚年笔记中，始终关注交往的纵深发展轨迹，认为世界历史是各民族、各国家通过世界性的交往，打破彼此孤立隔绝的状态而进入相互依存的历史；资本主义生产方式开创了世界历史，为获取利润、销售商品而开拓世界市场，随着资本在全球范围内流动，各民族、地区和国家在经济上的联系日益紧密，彼此的依赖性得到加强，原来狭隘的地域界限和闭关自守的状态被打破，世界性交往成为历史的必然，单个分散的"民族历史"发展成为整体联系的"世界历史"。

关于交往，马克思在《1844年经济学哲学手稿》中从人与自然的交往、人与人的交往这两方面来谈，谈到"它把整个自然界——首先作为人的直接的生活资料，其次作为人的生命活动的对象（材料）和工具——变成人的无机的身体。自然界，就它自身不是人的身体而言，是人的无机的身体。人靠自然界生活。这就是说，自然界是人为了不致死亡而必须与之处于持续不断的交互作用

---

① 《马克思恩格斯文集》第1卷，人民出版社2009年版，第524页。

过程的、人的身体。所谓人的肉体生活和精神生活同自然界相联系，不外是说自然界同自身相联系，因为人是自然界的一部分。"①谈到"人与人的交往"时，马克思写道："社会性质是整个运动的普遍性质；正像社会本身生产作为人的人一样，社会也是由人生产的。活动和享受，无论就其内容或就其存在方式来说，都是社会的活动和社会的享受。自然界的人的本质只有对社会的人来说才是存在的；因为只有在社会中，自然界对人来说才是人与人联系的纽带，才是他为别人的存在和别人为他的存在，只有在社会中，自然界才是人自己的合乎人性的存在的基础，才是人的现实的生活要素。只有在社会中，人的自然的存在对他来说才是人的合乎人性的存在，并且自然界对他来说才成为人。因此，社会是人同自然界的完成了的本质的统一，是自然界的真正复活，是人的实现了的自然主义和自然界的实现了的人道主义。"② 可见，自然性是人存在的基本前提，离开了人与自然的交往，人就无法生存，但社会性才是人的本质属性，人只有在社会交往中才能把握自我、认识世界。交往正是在这两个层面上得以拓展和延续。

在马克思、恩格斯的著作中，更多的是反复提到的"同别人的实际交往"、"互相交往"、"个人彼此之间的交往"、"内部和外部的交往"、"普遍交往"、"世界交往"、"各国在彼此交往中"、"广泛的国际交往"，等等。在《德意志意识形态》这部著作中，共有七十多处使用了交往、交往形式、交往方式、交往手段、交往关系、交往状况这类概念，但在马克思、恩格斯的著作中只有两处，其中一处是一条注释和另一处是在一封信中具体涉及"交往"

① 《马克思恩格斯文集》第 1 卷，人民出版社 2009 年版，第 161 页。
② 《马克思恩格斯文集》第 1 卷，人民出版社 2009 年版，第 187 页。

定义。在《马克思恩格斯选集》1995 年版第 1 卷关于"交往"的注释中指出："交往（Verkehr）这个术语在《德意志意识形态》中含义很广。它包括单个人、社会团体以及国家之间的物质交往和精神交往。"马克思和恩格斯在这部著作中指出物质交往，而首先是人们在生产过程中的交往，这是任何其他交往的基础。另一处是马克思在 1846 年 12 月 28 日《致帕·瓦·安年柯夫的一封信》中，关于自己所使用的法文"commerce"（交往）这个术语问题时指出："为了不致丧失已经取得的成果，为了不致失掉我们的成果，人们在他们的交往〔commerce〕方式不再适合于既得的生产力时，就不得不改变他们继承下来的一切社会形式。——我在这里使commerce 一词是就它的最广泛的意义而言，就像在德文中使用的Verkehr 一词一样。例如：各种特权、行会和公会的制度、中世纪的全部规则，曾是唯有适应既得的生产力和产生这些制度的先前存在的社会状况的社会关系，在行会制度及各种规则的保护下积累了资本，发展了海上贸易，建立了殖民地，而人们如果想把这些成果赖以成熟起来的那些形式保存下去，他们就会失去这一切果实。"

从词语的原意来看，德文"Verkehr"原意指交通、交换、货币流通和通信等，英文"commerce"指商业、贸易，尤其指大规模的商品买卖。现代"交往"概念，它的一般理论前提来自现代通讯理论和传播学，这里的"交往"（communication）概念是指实物、信息或意义的传递和共享，它包括两方面的基本内容：首先是指实物、信息或意义的异地传输、移动或转达；其次，是指资源、信息或意义的分享或共享，"communication"这个词本身就是从拉丁文"communis"（分享）一词派生出来的。近代法兰克福学派的哈贝马斯是西方马克思主义者，也是研究现代交往哲学问题的著名专家，他所著的《交往与社会进化》中所说的"交往"（conmmnication）就是与现代意义的"交往"一般理论概念相同的。哈贝马斯所理解的交往行为，是基于生活世界的背景视野，涉及交往主体的客观、主观、社会这三重世界，以语言为媒介，通过公平的对话协商并在其中确立有效真实的社会规范，以达到人与人之间的互相理解，进而形成共识。在哈贝马斯看来，真实性、公正性、真诚性是交往有效性的三大要求，交往行为比其他行为更具合理性。

马克思、恩格斯在考察和研究交往范畴时，往往把它与生产力、生产方式、社会关系、社会历史的发展、社会形态的演进等联系在一起，并探讨了交往与交往形式、交往方式、交往关系等概念的内在联系和统一性。他们还特别重视对"交往形式"的研究，并将其与以下概念一同使用和阐述：生产方式、历史观、市民社会、社会交往方式、生存条件，等等。同时，还着重分析了生产力与交往形式的关系及其矛盾运动、社会矛盾冲突的根源、交往形式本身的生产和发展程度及其表现形式，等等。马克思、恩格斯通过研究认为，"交往形式"有着自身丰富的内涵和独特的理论范畴，既不等同于"生产关系"，也不是"生产关系"的雏形，在历史唯物史观中有着至关重要的地位和作用。他们把"交往形式"看作是与"生产力"并行的一个唯物史理论范畴并和生产力一起构成了现实社会的基础，并进而提出，"人创造环境，同样，环境也创造人。每个个人和每一代所遇到的现成的东西：生产力、资金和社会交往形式的总和，是哲学家们想象为'实体'和'人的本质'的东西的现实基础。"① 可以这样说，马克思、恩格斯的设想是把交往和生产力同等看作是唯物史观的两个基础范畴。他们在《德意志意识形态》等著作中使用"交往"、"交往方式"、"交往形

---

① 《马克思恩格斯文集》第 1 卷，人民出版社 2009 年版，第 545 页。

式"等概念，首先是指人们在生产过程中结成的社会关系，生产以个人彼此之间的交往为前提，而交往的形式又由生产所决定。"生产力与交往形式的关系就是交往形式与个人的行动或活动的关系"①，个人的这种行动或活动，包括经济活动、政治活动、精神文化活动等个人活动，"它决定一切其他的活动，如精神活动、政治活动、宗教活动等"②。人们的社会生活主要分为两个方面，一方面是人与自然的关系，另一方面是人与人的关系。生产力体现了人与自然的关系，人们以一定方式结合起来共同劳作是生产，在生产中人与人之间合作并相互交换其活动即是交往，因此交往形式体现了人们之间的社会关系。生产力和交往形式的矛盾是社会矛盾冲突的根源。如马克思所说："最初在生产中发生的交换"，即"由共同需要，共同目的所决定的活动的交换"③。通过分析得知，交往这一范畴，在马克思看来，是包含了人与自然和人与人的"社会的物质变换"活动及其关系的统一，是交往主体在一定社会历史条件下满足人们的物质生产和生活中的物质及精神等需要而进行的相互联系和交互活动，是一定历史和现实的社会规定性。

从马克思使用"交往"范畴所指示的含义来看，引申到现代交往就是在一定历史条件下现实的个人、阶级、社会集团、国家之间在物质、精神上互相往来、互相作用、彼此联系的活动及其关系的统一。在众多的交往活动中，又以物质交往为最基本的交往活动，它决定着精神交往及其他一切交往活动和交往形式。马克思、恩格斯在《德意志意识形态》中阐述生产力和交往形式的关系时有这么一段话："在后来时代（与在先前时代相反）被看作是偶然

① 《马克思恩格斯文集》第 1 卷，人民出版社 2009 年版，第 575 页。
② 《马克思恩格斯文集》第 1 卷，人民出版社 2009 年版，第 575 页。
③ 《马克思恩格斯文集》第 8 卷，人民出版社 2009 年版，第 66 页。

的东西，也就是在先前时代传给后来时代的各种因素中被看作是偶然的东西，是曾经与生产力发展的一定水平相适应的交往形式。生产力与交往形式的关系就是交往形式与个人的行动或活动的关系。（这种活动的基本形式当然是物质活动，一切其他的活动，如精神活动、政治活动、宗教活动等都取决于它。当然，物质生活的这样或那样的形式，每次都取决于已经发达的需求，而这些需求的产生，也像它们的满足一样，本身是一个历史过程。"① 这里，马克思、恩格斯对生产力和交往的关系做了很清楚的解释和交代。

在各种各样的交往理论中，只有马克思把交往与生产实践紧密地联系在一起，突出二者的相互规定性并以此阐述物质交往决定精神交往和其他一切交往活动、交往形式，强调后者归根到底是前者的产物。马克思正是以此为出发点建构了他的历史唯物论。据此，通过马克思对交往范畴的基本理解和构想，可以得知马克思主义何以仍然是当今世界上最有影响力的社会思潮和始终是最具活力的思想体系，答案就在于马克思主义实事求是和开拓创新地挖掘和运用了唯物史观。

二、交往实践：历史形式

在马克思主义创始人那里，总是把对于人类历史的考察同历史活动实践主体的考察联系起来，同历史上的交往历史活动形态的演变和更替联系起来，通过对历史实践主体及其交往历史形态演变和更替的考察，揭示了资本主义交往历史形态是通向共产主义和实现人的自由自觉交往的必经历史阶段和历史形式。"社会形态"对于揭开人类社会历史之谜意义重大，它表明人类社会的历史依次更替的发展形式，马克思这样分析："各个人借以进行生产的社会关

---

① 《马克思恩格斯文集》第 1 卷，人民出版社 2009 年版，第 575 页。

系，即社会生产关系，是随着物质生产资料、生产力的变化和发展而变化和改变的。生产关系总合起来就构成所谓社会关系，构成所谓社会，并且是构成一个处于一定历史发展阶段上的社会，具有鲜明的特征的社会。古典古代社会、封建社会和资产阶级社会都是这样的生产关系的总和，而其中每一个生产关系的总和同时又标志着人类历史发展中的一个特殊阶段。"① 马克思在这里指出，社会形态就是处于一定历史发展阶段上的社会，具有鲜明的特征，标志着人类历史发展中的一个特殊阶段，一般来说，它是一定社会的经济基础和上层建筑的整体结构的总和。在马克思的经典著作中，对"历史的形态"有过多种划分，如划分为"原生类型"、"次生类型"、"再次生类型"等，最著名的当属"五形态说"和"三形态说"。马克思在 1859 年的《政治经济学批判序言》把"经济的社会形态演进的几个时代"归纳为亚细亚的、古代的、封建的和现代资产阶级的生产方式等四形态，后继研究者根据马克思的原意在此基础上进一步引申为"五形态说"，即人类社会的历史由低到高依次更替为原始社会、奴隶社会、封建社会、资本主义社会、社会主义和共产主义社会。"五形态说"是从总体上论述了人类社会发展一般趋势，但不能理解为一成不变的必经阶段和固定的发展模式。

此外，马克思以作为世界历史主体的人的发展和交往历史形态为主线，还提出了著名的"三形态论"。马克思在《资本论》写作时期，对交往历史形态的演变和更替做了大量研究，马克思认为：可以从历史进程中划分出三种实践主体发展的历史形态。这三种实践主体形态作为不同的交往形式与社会发展的一定形态相对应，马

① 《马克思恩格斯文集》第 1 卷，人民出版社 2009 年版，第 724 页。

克思在《1857—1858 年经济学手稿》中是这样划分的：（1）以人依赖关系或个人之间的统治和服从关系为基础的交往（起初完全是自然发生的），在这种社会形态下，人的生产能力只是在狭窄的范围内和孤立的地点上发展着；（2）建立在交换基础上的一切劳动产品、能力和活动的私人交换，马克思把这一形态概括为"以物的依赖性为基础的人的独立性"，在这种形态下，才形成普遍的社会物质交换、全面的关系、多方面的需求以及全面的能力的体系；（3）自觉联合起来的个人之间的自由交换，马克思把这一形态概括为"建立在个人全面发展和他们共同的社会的生产能力成为从属于他们的社会财富这一基础上的自由个性"①。

　　马克思认为这三种交往形式依次更替，分别同古代原始文明时期和农业文明时期以自然经济为主的自然交往和传统交往、商品经济和工业文明时期的现代交往、产品经济和共产主义世界历史时期的自由自觉交往相对应。交往作为人类活动的一个重要方面和作为人的本质"一切社会关系的总和"的一个重要体现，与生产实践密不可分、如影随形，共同推动了人类社会的进步和世界历史的形成。为此马克思、恩格斯在《德意志意识形态》中指出："而生产本身又是以个人彼此之间的交往［Verkehr］为前提的。这种交往的形式又是由生产决定的。"② 可见，生产是交往的动力和来源，而交往是社会生产方式得以在更大范围内实施和推广的桥梁和中介。交往对于人类个体发展和人类社会整体发展的双重意义是显而易见的，从某种意义上说，交往是人的基本生存方式，世界历史就是一部生产力和生产关系的交往发展史，人类社会本质上是以交往

① 《马克思恩格斯文集》第 8 卷，人民出版社 2009 年版，第 52 页。
② 《马克思恩格斯文集》第 1 卷，人民出版社 2009 年版，第 520 页。

为特征的社会。

（一）人的依赖关系的交往

一般来说，能够反映人类特征的活动是人类社会化的组织劳动，是人类特有的生活和生产的方式，这是人类与动物截然不同的地方。但是，在人类的早期，"人的生产能力只是在狭小的范围内和孤立的地点上发展着"①，人类被大自然封闭在一块块相互隔绝的土地，因此，以自然发生的自然经济条件下的个人只是狭隘的地域性的存在，这同他们历史的局限性和片面性的存在相适应。这种人对自然界的狭隘关系制约着人们之间的社会关系，人类的交往只限于在共同体的内部，个体在很大程度上从属于一个较大的共同体。在公社内部各成员之间是一种平等的协作关系，其交往是由共同体需要和由共同目的所决定的活动的交换，这种共同目的就是维持共同体本身和共同体成员的存在所需要的使用价值的生产。生活资料的生产仅仅是为了消费。劳动产品的分配，就像劳动本身一样，是社会加以组织的。因此，这种活动本身不必以活动的物化产品的交换为媒介。在这种交往关系中，共同体表现为主体，个人从属于共同体，个人对共同体的服从是一种外在的"脐带"式的本能依附，个人的交往活动局限于单一共同体的狭小范围内。在生产力水平极其落后和生活条件极其恶劣的条件下，人们出于生存需要而产生的相互依赖关系和局限于氏族、部落共同体内的以血缘和亲属为基础的人与人的交往，虽不是人的自觉理性选择和人的真正解放所赋予的内在品性，但却质朴和平等，没有私有观念，没有压迫和剥削，马克思、恩格斯这样解释："那正是因为他还没有造成自己丰富的关系，并且还没有使这种关系作为独立于他自身之外的社

---

① 《马克思恩格斯文集》第 8 卷，人民出版社 2009 年版，第 52 页。

会权力和社会关系同他自己相对立。"① 这表明，人的自觉自由的作为"类"的本质在这一"人类的童年"时期并未得到真正表达，人还不能正确认识自然及其规律。人与人、人与自然之间的交往和互动极其狭隘，它只是出于生存本能的需要，表现出一种蒙昧时期的生物性和自然性特征。

由此得出一个初步结论，人类最早时期相互交往的根本原因在于"为了在发展过程中脱离动物状态，实现自然界中的最伟大的进步，还需要一种因素：以群的联合力量和集体行动来弥补个体自卫能力的不足"②。值得一提的是，语言的进化和使用是原始人类交往史上的里程碑，它产生于基于社会实践之上的人类生存和发展的迫切需要，它成为了交往的媒介、工具和载体，使人类社会进入到了以理解和沟通为特征的交往时代，正如马克思、恩格斯所言："语言是一种实践的、既为别人存在因而也为我自身而存在的、现实的意识。语言也和意识一样，只是由于需要，由于和他人交往的迫切需要才产生的。"③ 语言本质上是人们彼此之间的一种交往活动，是一种既为别人存在，并仅仅因此也为我存在的实践活动。

马克思把古代社会分为蒙昧期、野蛮期和文明期三阶段，这是沿袭了摩尔根以智力发展为依据的原始社会的分类法。恩格斯在《家庭、私有制和国家的起源》中概括了这三个阶段的特征："蒙昧时代是以获取现成的天然产物为主的时期；人工产品主要是用做获取天然产物的辅助工具。野蛮时代是学会畜牧和农耕的时期，是学会靠人的活动来增加天然产物生产的方法的时期。文

---

① 《马克思恩格斯文集》第 8 卷，人民出版社 2009 年版，第 56 页。
② 《马克思恩格斯文集》第 4 卷，人民出版社 2009 年版，第 45 页。
③ 《马克思恩格斯文集》第 1 卷，人民出版社 2009 年版，第 533 页。

明时代是学会对天然产物进一步加工的时期，是真正的工业和艺术的时期。"① 随着社会生产力、人的社会实践水平和智力发明的不断提升，交往的内容、形式、效率、层次、范围也随之提高。蒙昧时代基于血缘和亲属为基础的处于家庭、氏族、部落的狭小地域空间内的血亲、自发交往，逐渐扩大到野蛮时代和文明时代基于地域关系为主的体现特定人身奴役和依附关系的社会化交往。而历史进入商业民族、航海民族、生产民族、游牧民族等的区分，这可以看作古代共同体之间的既是自然分工又是社会分工的开始。交往在人类社会的蒙昧和野蛮时期更多的是以分工的不同形式加以表现的，有什么样的分工就有什么样的交往形式，分工不同交往形式也不同，分工实质上就是一种交往形式。马克思、恩格斯认为生产力、分工和交换发展是私有制产生的根本原因，分工重新分配了生产和消费关系，使财富和社会资源得以重新配置，因而形成了私有制这种新的生产关系，可以这样认为："分工和私有制是相等的表达方式，对同一件事情，一个是就活动而言，另一个是就活动的产品而言。"② 这种分化起初是由经营商业的民族出现在半开化或未开化的民族中间推动的，马克思说："如果商业民族的商人一再地出现在生产民族之间，从而，这种民族之间的贸易继续不断地发展起来，剩余产品的生产也相应地继续下去，使剩余产品不再是偶然的、间或出现的剩余产品，产品交换也就不再是偶然的、个别的交换。"③ 在这一历史过程中，尽管已经发生数次较大的社会分工，细数起来，主要有三次社会大分工：第一次是游牧民族从其他民族中独立分离出来，从而产生了专门的畜牧业和畜产品交换活动；第

---

① 《马克思恩格斯文集》第 4 卷，人民出版社 2009 年版，第 38 页。
② 《马克思恩格斯文集》第 1 卷，人民出版社 2009 年版，第 536 页。
③ 《马克思恩格斯全集》第 46 卷上，人民出版社 1979 年版，第 210—211 页。

二次是手工业从农业中独立分离出来，继而产生了专门的手工业从业队伍；第三次是商人从其他行业中分离出来，独立成为一个专门从事商业活动而不参与生产的社会阶层。但总的说来，分工尚不发达，社会生产的主体仍然是家庭和公社。因此在这一交往形式中，维系关系的纽带主要是以血缘关系为基础的宗法制度和封建等级制。而此后"潜在于家庭中的奴隶制，是随着人口和需求的增长，随着战争和交易这种外部交往的扩大而逐渐发展起来的"[①]。"战争本身还是一种通常的交往形式"[②]，是交往主体之间的激烈对抗和冲突，其实质是交往矛盾不可调和的产物。

处于野蛮时代的奴隶制，打破了蒙昧时期原始的自由和平等的交往关系，把人类社会带入到野蛮和残酷的奴役和依附关系之中，人们之间的关系从直接自然形式向获得直接的社会性质——统治和服从关系、人身依附关系发展。诚如马克思所说："虽然个人之间的关系表现为较明显的人的关系，但他们只是作为具有某种规定性的个人而互相发生关系，如作为封建主和臣仆、地主和农奴等等，或作为种姓成员等等，或属于某个等级等等。"[③] 在这个阶段是人的依赖性交往的发展，摆脱人的依赖性的真正意义上的商品交换还只是附带着进行。同时还应看到，交往和生产力的发展是野蛮时期私有制出现并成为社会关系根基的重要推手。以人的依赖关系为主的交往时期，对应的是自给自足的自然经济，人必须依赖"靠天吃饭"的自然经济和以此为基础结成的人群共同体才能生存和交往，由此形成了与一定阶段社会生产力水平相适应的原始公有制、奴隶制和封建制生产关系，也形成了人对这种特定阶段生产关系的依赖，对以血缘关系和等级制为基础的地域

---

① 《马克思恩格斯文集》第 1 卷，人民出版社 2009 年版，第 521 页。
② 《马克思恩格斯文集》第 1 卷，人民出版社 2009 年版，第 577 页。
③ 《马克思恩格斯文集》第 8 卷，人民出版社 2009 年版，第 57 页。

性关系的依赖，马克思因此把处于自然经济条件下的人贴切地形容为"狭隘人群的附属物"和"狭隘地域的个人"。

人类文明时期的主体农耕经济和晚期商业经济的发展和确立，促使交往基础发生了根本改变，地缘关系取代了血缘关系，交往的内容、地域范围、形式不断扩大，交往日益社会化、规范化和制度化。随着地缘的扩大和私有制、阶级、国家的最终形成，交往主体也随之拓展为种族、民族、国家乃至文明共同体。作为社会化交往的制度化产物——国家的形成对规范社会交往的正常稳定的秩序和结构起着至关重要的作用，同时一系列法律制度和社会制度的建立进一步为交往的社会化规范做好了制度保障。人类社会宛如一个设计精良又极其复杂的有机系统，从蒙昧到野蛮、从野蛮到文明，不断地在交往中协调、整合、进化，展现出交往实践的强大生命力和影响能力。与此同时，交往的发展形式也延伸和拓展到贸易、战争、宗教、迁徙、科技、文化交流等多方面。

由此可见，以人的依赖关系为主的交往时期是人类社会发展的第一大阶段，它同古代原始文明和农业文明时期的自然交往和传统交往相对应，包括"五形态说"中"狭隘的地域性个人"存在的前资本主义社会——原始社会、奴隶社会和封建社会三种社会历史形态。此时生产力水平低下，以自然经济为主，分工和商品交换尚不发达，交往仅限于狭隘的民族和国家地域范围内。马克思对此阶段的交往特征如此描述："交换手段拥有的社会力量越小，交换手段同直接的劳动产品的性质之间以及同交换者的直接需要之间的联系越是密切，把个人互相联结起来的共同体的力量就必定越大——家长制的关系，古代共同体，封建制度和行会制度。"[1] 同时也应

---

① 《马克思恩格斯文集》第 8 卷，人民出版社 2009 年版，第 51 页。

看到，随着交往主体增加了民族国家之后，交往活动也真正开始了民族国家间的大历史时代。

（二）物的依赖性的交往

商品交换从内外部造成一种越来越强大的动力，使本地生产本身具有一种以流通、以设定交换价值为目的的趋势，并导致本地生产组织和生产方式的变革，最终使作为商品的产品交换，进而交换价值本身，取代原始共同性，成为人们之间活动交换的媒介。相继出现在人类历史上的是以物的依赖性为特征的商品交换阶段，它实现了由自然的依赖性变为社会的依赖性。具体来说，物的依赖性社会是指商品交换关系普遍化的社会，涵盖了以商品经济为主要经济形态的整个人类历史时期，一般来说是指资本主义社会。在资本主义市场经济体系下，"它使人和人之间除了赤裸裸的利害关系，除了冷酷无情的'现金交易'，就再也没有任何别的联系了"①。这表明市场经济以金钱关系代替了原来的自然经济联系，把人对人的依赖变成了人对物的依赖，人们是市场经济的主体，却只能通过物物交换才能建立起他们之间的社会关系，而区别人对物的依赖关系的关键在于财富占有的多少。比较人的依赖性和物的依赖性这两个交往阶段可以发现：在古代社会和前资本主义时期，各民族、国家和地域的交往是相对封闭的、孤立的、隔绝的；而到了资本主义时代，因为生产力的普遍发展和交往的普遍联系，开创了资本主义世界历史，由此世界历史和世界性交往便成为一种经验性的事实存在，地域性的个人为普遍性的个人所代替，狭隘的地域性交往也发展到世界性交往。

这种缓慢的相互影响最重要的是使生产力逐渐得到提高。商业

---

① 《马克思恩格斯文集》第 2 卷，人民出版社 2009 年版，第 34 页。

的繁荣引发商业阶层的出现，城市自治使城市化步伐加快，技术方面的革新导致了劳动生产率的提高，马克思指出："分工的进一步扩大是生产和交往的分离，是商人这一特殊阶级的形成。这种分离在随历史保存下来的城市（其中有住有犹太人的城市）里被继承下来，并很快就在新兴的城市中出现了。"① 新的生产关系也通过产品交换显露出旧制度再也容纳不下的力量。旧世界以血缘关系为基础的宗法制度和等级制度成为最后的顽固堡垒，生产关系在经历着生产力获得发展和商品经济繁荣的冲击之后，共同体之间扩大了交往，特别是共同体之间的产品交换，在这种变革中发挥了决定性的作用。在马克思看来，生产力与交往关系的联结是在以生产技术交往结构与利益交往结构的对应关系中形成并展开矛盾的，这是生产和交往历史发展的真正动因。当交往实践中生产技术、交往结构不断发展时，便要求利益交往结构与之同构，并发生相互支持、相互依存、相互强化的关系。作为与生产技术交往结构同源、同构地产生的利益交往结构，是前者发展的条件和保障。二者都是动态地演化的，而生产技术交往结构则相对易变。因而常常是生产技术交往结构充当历史创新的优势机制，而利益交往结构则成为历史发展的杠杆，于是"社会革命便到来了"。社会革命通过变革利益结构达到制度创新，进而与变化着的技术结构同质态发展，其结果，生产方式、生产关系便呈现历史变化，从一个形态向另一个形态转换。

国家的出现是利益交往结构的一个有力证明，马克思立足于历史唯物主义的基本观点，如此分析国家的形成："国家的看来是至高无上的独立的存在本身，不过是表面的，所有各种形式的国家都

———————————

① 《马克思恩格斯文集》第 1 卷，人民出版社 2009 年版，第 559 页。

是社会身上的赘瘤；正如它只是在社会发展的一定阶段上才出现一样，一当社会达到迄今尚未达到的阶段，它也会消失。先是个性摆脱最初并不是专制的桎梏（如傻瓜梅恩所理解的），而是群体即原始共同体的给人带来满足和乐趣的纽带——从而是个性的片面发展。但是只要我们分析这种个性的内容即它的利益，它的真正性质就会显露出来。那时我们就会发现，这些利益又是一定的社会集团共同特有的利益，即阶级利益等等，所以这种个性本身就是阶级的个性等等，而它们最终全都以经济条件为基础。这种条件是国家赖以建立的基础，是它的前提。"① 可见，国家的产生是历史的必然，其实质是统治和剥削阶级维护自身利益的工具。统治阶级为了把社会矛盾控制在一定的秩序范围内，建立国家政权，把自身的阶级利益上升为国家层面的普遍利益，以此来规范个人和社会的交往和活动。因此国家产生的根源在于社会生产方式和交往方式发展的必然结果。国家权力对社会交往中个人行为的改变和约束作用也显而易见，"在个人利益变为阶级利益而获得独立存在的这个过程中，个人的行为不可避免地受到物化、异化，同时又表现为不依赖于个人的、通过交往而形成的力量，从而个人的行为转化为社会关系，转化为某些力量，决定着和管制着个人"②。

当社会发展到资本主义社会形态，以交换价值作为媒介的社会生产出现了。交换价值作为交换的媒介，起初只是作为解决交换价值和使用价值的矛盾，以及造成这种矛盾的私人劳动和社会劳动的矛盾的手段而出现。"一切产品和活动转化为交换价值，既要以生产中人的（历史的）一切固定的依赖关系的解体为前提，又要以

---

① 《马克思恩格斯全集》第 45 卷，人民出版社 1985 年版，第 646 页。
② 《马克思恩格斯全集》第 3 卷，人民出版社 1965 年版。

生产者互相间的全面的依赖为前提。每个人的生产，依赖于其他一切人的生产；同样，他的产品转化为他本人的生活资料，也要依赖于其他一切人的消费。"① 可见，交换价值体现着商品货币关系，并随着生产力和社会分工的发展渗透到生产和社会生活的全部领域。"交换价值作为整个生产制度的客观基础这一前提，从一开始就已经包含着对个人的强制，个人的直接产品不是为个人自己的产品，只有在社会过程中它才成为这样的产品，因而必须采取这种一般的并且诚然是外部的形式；个人只有作为交换价值的生产者才能存在，而这种情况就已经包含着对个人的自然存在的完全否定；因而个人完全是由社会所决定的。"② 这说明，以交换价值为媒介的交往所形成的共同体，是一种全面交往的物化、异化的社会。"毫不相干的个人之间的互相的和全面的依赖，构成他们的社会联系。这种社会联系表现在交换价值上，因为对于每个个人来说，只有通过交换价值，他自己的活动或产品才成为他的活动或产品；他必须生产一般产品——交换价值，或本身孤立化的，个体化的交换价值，即货币。另一方面，每个个人行使支配别人的活动或支配社会财富的权力，就在于他是交换价值的或货币的所有者。他在衣袋里装着自己的社会权力和自己同社会的联系。"③ "活动的社会性质，正如产品的社会形式和个人对生产的参与，在这里表现为对于个人是异己的东西，物的东西；不是表现为个人的相互关系，而是表现为他们从属于这样一些关系，这些关系是不以个人为转移而存在的，并且是由毫不相干的个人互相的利害冲突而产生的。活动和产品的普遍交换已成为每一单个人的生存条件，这种普遍交换，他们

① 《马克思恩格斯文集》第8卷，人民出版社 2009 年版，第 50 页。
② 《马克思恩格斯全集》第 30 卷，人民出版社 1995 年版，第 203 页。
③ 《马克思恩格斯文集》第 8 卷，人民出版社 2009 年版，第 51 页。

的相互联系，表现为对他们本身来说是异己的、独立的东西，表现为一种物。在交换价值上，人的社会关系转化为物的社会关系；人的能力转化为物的能力。"① 个人由有个性的个人转变为偶然的个人，"每个个人以物的形式占有社会权力"②，使人与自然的依赖关系变成依赖于社会关系。

资本主义世界历史的开辟和世界市场的形成，使更多的人被迫纳入到资本主义世界体系，前资本主义时期人对人的依赖关系逐步转变为人对物的依赖关系，人们"这种生产才在产生出个人同自己和同别人相异化的普遍性的同时，也产生出个人关系和个人能力的普遍性和全面性"③。表面上，人的发展具有形式化独立和个性化自由，但实际上人的发展受制于物的规定和制约，人的独立和自由受到物的关系尤其是商品货币关系的束缚。"社会从私有财产等等解放出来、从奴役制解放出来，是通过工人解放这种政治形式来表现的，这并不是因为这里涉及的仅仅是工人的解放，而是因为工人的解放还包含普遍的人的解放；其所以如此，是因为整个的人类奴役制就包含在工人对生产的关系中，而一切奴役关系只不过是这种关系的变形和后果罢了。"④ 这句话表明，私有制和异化劳动是工人阶级受奴役的根源，它必然导致交往异化、独立于人们之外的支配和统治人们的异己力量的出现以及主体解放意识的觉醒。

这时一个活动和产品的普遍交换已成为每一单个人的生存条件的过程。在这种共同体中，一方面，私人利益所完全隔离和高度发达的社会分工促使人日益个体化；另一方面，交换本身又可以使互

---

① 《马克思恩格斯文集》第 8 卷，人民出版社 2009 年版，第 51 页。
② 《马克思恩格斯文集》第 8 卷，人民出版社 2009 年版，第 52 页。
③ 《马克思恩格斯文集》第 8 卷，人民出版社 2009 年版，第 56 页。
④ 《马克思恩格斯文集》第 1 卷，人民出版社 2009 年版，第 167 页。

不相干的人发生联系。马克思指出："因此，这里显露出两个事实。第一，生产力表现为一种完全不依赖于各个人并与他们分离的东西，表现为与各个人同时存在的特殊世界，其原因是，各个人——他们的力量就是生产力——是分散的和彼此对立的，而另一方面，这些力量只有在这些个人的交往和相互联系中才是真正的力量。因此，一方面是生产力的总和，生产力好像具有一种物的形式，并且对个人本身来说它们已经不再是个人的力量，而是私有制的力量，因此，生产力只有在个人是私有者的情况下才是个人的力量。在以前任何一个时期，生产力都没有采取过这种对于作为个人的个人的交往无关紧要的形式，因为他们的交往本身还是受限制的。另一方面是同这些生产力相对立的大多数个人，这些生产力是和他们分离的，因此这些个人丧失了一切现实的生活内容，成了抽象的个人，然而正因为这样，他们才有可能作为个人彼此发生联系。"① 马克思在这里详细论述的是资本主义的生产关系已使个体与社会矛盾尖锐化，它已经表现为自由与交往、个性与共性、私人生活与公共生活全面的矛盾对立，这里是全面的物的依赖性的交往，是在物的背后掩盖的社会矛盾尖锐化的交往，是人类历史交往异化的阶段。"随着人类愈益控制自然，个人却似乎愈益成为别人的奴隶或自身的卑劣行为的奴隶。甚至科学的纯洁光辉仿佛也只能在愚昧无知的黑暗背景上闪耀。我们的一切发明和进步，似乎结果是使物质力量成为有智慧的生命，而人的生命则化为愚钝的物质力量。"② 马克思的这句话对全面异化的资本主义世界历史表现出了极大的忧虑，也预示着交往异化将成为自我扬弃的历史性阶段，并

---

① 《马克思恩格斯文集》第 1 卷，人民出版社 2009 年版，第 580 页。
② 《马克思恩格斯文集》第 2 卷，人民出版社 2009 年版，第 580 页。

将最终被共产主义时代自由自觉的交往所取代。

（三）自由自觉的交往

在人类社会局限于地域中存在和发展的历史时期中，世界各地的不同民族也曾有过许许多多的发明创造。但是，由于这些发明创造都是在各个地方单独进行的，因而就难免在遇到某些偶然事件时遭到毁灭。一种发明创造遭到毁灭以后，很可能又会重新发明出来。反复出现的重新发明虽然证明了人类的智慧，但却表明人类创造的生产力由于受到地域的隔绝而不能成为全人类的历史财富，人类创造的生产力难以在历史中积累起来，这是历史发展缓慢的一个深刻的原因。马克思、恩格斯认为"只有在交往具有世界性质，并以大工业为基础的时候，只有在"一切民族都卷入竞争斗争的时候，保持已创造出来的生产力才有了保障"。①"交往具有世界性质"，也就是由地域性的历史向世界性的历史的转变。这种转变是通过近代资本主义大工业的兴起而实现的，因此资本主义历史成了世界历史的开端。

在马克思、恩格斯生活的时代，地域性的历史向世界性的历史转变的趋势已经表现出来，即成了经验性的存在。对人类历史的这发展一趋势，马克思、恩格斯给予了极大的关注并对其做了深入细致的研究。由于私人交换以一种不可遏止的趋向超越国界，产生出世界贸易，私人的独立性产生出世界普遍交往和世界市场的普遍依赖性，各民族卷入世界普遍交往，民族的历史向世界历史转变，狭隘地域性的个人开始为"世界历史性的个人"所取代，作为这个过程的积极结果，则是"生产力——财富一般——从趋势和可能性来看的普遍发展成了基础，同样，交往的普遍性，从而世界市场

① 《马克思恩格斯文集》第1卷，人民出版社2009年版，第560页。

成了基础。这种基础是个人全面发展的可能性，而个人从这个基础出发的实际发展是对这一发展的限制的不断扬弃，这种限制被意识到是限制，而不是被当做神圣的界限。"① 这样以来，一切界限都表现为必须克服的限制。超越民族的界限、创造世界市场的趋势，即向全世界推广以资本为基础的生产或与资本相适应的生产方式的趋势，是资本的规定所固有的。马克思指出："一种与机器生产中心相适应的新的国际分工产生了，它使地球的一部分转变为主要从事农业的生产地区，以服务于另一部分主要从事工业的生产地区。"②

社会历史第三种交往形式同共产主义的实现密切联系在一起，可以实现人和人类社会更高发展的统一。这种交往形式以共同占有和共同控制生产资料的基础上所实现的共同性为媒介，而这种共同性又是以物质和精神条件的高度发展以及生产和交换的高度发展为前提的。在这里，个人不是从属于自然发生的共同体，而是"作为自觉的共同体成员使共同体从属于自己"，成为自主活动的主体。这个阶段生产力高度发达，产品极大丰富，人完全摆脱了对人、对物的依赖性而进入自觉自由的全面发展阶段，第一次真正成为了自己的主人，实现了人的解放和自由全面发展，从必然王国进入到自由王国。马克思对共产主义社会自觉自由的交往形式有过这样的阐述："当共产主义的手工业者联合起来的时候，他们首先把学说、宣传等等视为目的。但是同时，他们也因此而产生一种新的需要，即交往的需要，而作为手段出现的东西则成了目的。当法国社会主义工人联合起来的时候，人们就可以看出，这一实践运动取

① 《马克思恩格斯文集》第 8 卷，人民出版社 2009 年版，第 171 页。
② 《马克思恩格斯文集》第 5 卷，人民出版社 2009 年版，第 519 页。

得了何等光辉的成果。吸烟、饮酒、吃饭等等在那里已经不再是联合的手段，交往、联合以及仍然以交往为目的的叙谈，对他们来说是充分的；人与人之间的兄弟情谊在他们那里不是空话，而是真情，并且他们那由于劳动而变得坚实的形象向我们放射出人类崇高精神之光。"①

这种交往形式继承了以往全部交往形式的成果，是前两大形态的辩证综合，即否定之否定。在这一形态下，由于交往的结构真正成为人们自由自主自觉活动的结构，因而是"建立在个人全面发展和他们共同的、社会的生产能力成为从属于他们的社会财富这一基础上的自由个性"②，是交往的本性和目的本身，正如马克思所说："只有在这个阶段上，自主活动才同物质生活一致起来，而这又是同各个人向完全的个人的发展以及一切自发性的消除相适应的。同样，劳动向自主活动的转化，同过去受制约的交往向个人本身的交往的转化，也是相互适应的。"③ 在这个阶段上，克服了个体和社会的尖锐对立，人们实现了对社会关系的自由占有，成为交往的真正主体，交往真正成为人类的自由自觉的活动。在这里我们可以看到，这种自由自觉的交往将会成为一种社会形态，也就是共产主义社会，这是马克思依据人类交往关系的发展而提出来的。换言之，人类交往关系的发展和变化必然推动社会形态的更新，作为对资本主义之前一切交往形态的否定，必然是一个建立在实现了人与人平等交往关系基础上的崭新的社会形态的产生，是一个彻底摆脱了人的异化状态和真正实现人的解放和全面发展的"自由王国"。在这个"自由人的联合体"社会，在高度物质文明基础之

---

① 《马克思恩格斯文集》第 1 卷，人民出版社 2009 年版，第 232 页。
② 《马克思恩格斯文集》第 8 卷，人民出版社 2009 年版，第 52 页。
③ 《马克思恩格斯文集》第 1 卷，人民出版社 2009 年版，第 582 页。

上，交往成为了人们自身发展的第一需要，人们从"偶然的个人"发展到"有个性的个人"，建立起了人与自然、人与人普遍联系的、和谐发展的自由全面的交往。于是，马克思、恩格斯通过"共产主义——交往形式本身的生产"的命题，深入探讨了共产主义进程的一般历史规定。

首先，现实的资本主义生产方式和交往形式之间的矛盾不免要爆发为革命，无产阶级必然联合起来，从而交往是否定资本主义制度的前提条件。马克思、恩格斯认为，生产力和交往形式的矛盾是决定人类社会发展的基本矛盾，"按照我们的观点，一切历史冲突都根源于生产力和交往形式之间的矛盾。"① 因此正确认识这两者的矛盾和相互作用至关重要。资本主义生产关系虽然使人类的交往关系和活动都空前扩大了，产生了不同的交往方式，但同时也产生了单个人的特殊活动和社会的一般活动、私人活动和社会活动、人的个性和共同性的矛盾，并最终使这种交往关系凌驾于个体之上，成了一种与个体相对立的"某种异己的，在他们之外的权力"，所以"生产力和交往形式之间的这种矛盾每一次都不免要爆发为革命，同时也采取各种附带形式——表现为冲突的总和，表现为各个阶级之间的冲突，表现为意识的矛盾、思想斗争、政治斗争等等"。马克思指出：这是"个人力量（关系）由于分工而转化为物的力量这一现象"造成的。② 马克思还补充说道："现代资产阶级本身是一个长期发展过程的产物，是生产方式和交换方式的一系列变革的产物。"③ 由此可见马克思对资产阶级历史命运的分析，是

---

① 《马克思恩格斯文集》第 1 卷，人民出版社 2009 年版，第 567 页。
② 以上引文参见《马克思恩格斯文集》第 1 卷，人民出版社 2009 年版，第 570 页。
③ 《马克思恩格斯文集》第 2 卷，人民出版社 2009 年版，第 33 页。

建立在对生产方式和交换方式相互之间作用和矛盾的基础之上的。
正是在这里，马克思提出了要消灭个人自发形成的分工和私有制，
"从前各个人联合而成的虚假的共同体，总是相对于各个人而独立
的；由于这种共同体是一个阶级反对另一个阶级的联合，因此对于
被统治的阶级来说，它不仅是完全虚幻的共同体，而且是新的桎
梏。在真正的共同体的条件下，各个人在自己的联合中并通过这种
联合获得自己的自由"[①]。因此，马克思、恩格斯在《共产党宣言》
里写下："全世界无产者联合起来！"号召无产阶级结成阶级的共
同体推翻资产阶级统治，埋葬资本主义制度，实现共产主义。

其次，创造出交往活动对象化的新形式来促进生产力的发展，
推动共同体之间的交往进而推进生存方式的变革始终是交往活动的
重要历史内容。交往不仅为解决生产的个体提供在历史活动中必要
的组织和统一，而且为参与共同活动并继续延续共同活动创造基
础。人类历史上出现的共同体，它们在历史上的序列是按照部落、
民族，阶级、集团、民族国家、世界性、全球性的跨国集团，通过
各个历史阶段人类交往活动的特定形式逐级整合不断分层进化，人
类交往活动的范围和界限，就是生活和社会实践的范围和界限。所
以马克思说："这种生产方式不应当只从它是个人肉体存在的再生
产这方面加以考察。更确切地说，它是这些个人的一定的活动方
式，是他们表现自己生命的一定方式、他们的一定的生活方式。"[②]
其主要标志是交往共同体越来越多，交往关系不断扩大。正是这里
蕴涵着在交往关系扩大基础上产生交往活动共同体扩大和交往关系
多样化、多元化和多极化的历史趋势。人类创造的交往活动方式是

---

① 《马克思恩格斯文集》第 1 卷，人民出版社 2009 年版，第 571 页。
② 《马克思恩格斯文集》第 1 卷，人民出版社 2009 年版，第 520 页。

以分工为基础的生产条件中存在，要使社会生产与再生产的无限过程得以顺利进行而不致中断，必须保持流通、交换和消费诸环节的畅通。如果没有产品交换，生产出来的产品的价值就无法实现，社会生产与再生产的过程就不会顺利进行。由此看出，人类的生产和交换是一种建立交往关系的活动，它们的相互作用、相互制约形成了社会生产力。"国民经济学以交换和贸易的形式来探讨人们的社会联系或他们的积极实现着的人的本质，探讨他们在类生活中、在真正的人的生活中的相互补充。"① 马克思把交换当作交往异化的表现形式，认为交往异化源于商品交换，它使人与物之间关系发生颠倒，使人与人的关系发生异化。马克思还认为："对分工和交换的考察具有极为重要的意义，因为分工和交换是人的活动和本质力量——作为类的活动和本质力量——的明显外化的表现。"② 马克思主义经典著作家关于交往活动和交往关系不断扩大的理论，成为透视以此为核心的全球化历史前提和现实基础的理论条件。

再次，各民族的发展取决于每一时代的内部和外部交往的发展，它是衡量生产力发展的重要视角。马克思、恩格斯认为："各民族之间的相互关系取决于每一个民族的生产力、分工和内部交往的发展程度。"这里的逻辑层次十分清楚：任何一个民族，首先是它自身的"生产力、分工和内部交往的发展程度"决定着它能以怎样的角色和地位参与到"各民族之间的相互关系"的网络之中，"然而不仅一个民族与其他民族的关系，而且这个民族本身的整个内部结构都取决于自己的生产及其内部和外部的交往的发展程度。一个民族的生产力发展的水平，最明显地表现在该民族分工的发展

---

① 《1844年经济学哲学手稿》，人民出版社2000年版，第171页。
② 《马克思恩格斯文集》第1卷，人民出版社2009年版，第241页。

程度上"。一个民族的交往形式是与生产力的发展相辅相成的，如果不相适应，"各种交往形式的联系就在于：已成为桎梏的旧交往形式被适应于比较发达的生产力，因而也适应于进步的个人自主活动方式的新交往形式所代替；新的交往形式又会成为桎梏，然后又为另一种交往形式所代替。由于这些条件在历史发展的每一阶段都是与同一时期的生产力的发展相适应的，所以它们的历史同时也是发展着的、由每一个新的一代承受下来的生产力的历史，从而也是个人本身力量发展的历史"。①

　　由此可见，生产力与交往形式之间存在着辩证关系，马克思说："生产力与交往形式的关系就是交往形式与个人的行动或活动的关系。"② 一方面，生产力的提高为交往形式发展、交往关系扩大提供了物质基础，是推动社会发展和交往形式新旧更替的根本原因和动力；另一方面，交往形式为生产力的发展创造了条件，是生产力发展不可或缺的重要方面，"生产本身是以个人之间的交往为前提的"。交往早期的作用是满足人们与他人沟通和协商的基本生存和生活需要，生产力的不断发展也拓展了交往的深度和广度，交往方式的提升反作用于生产力，迫使生产力创新生产工具、改善生产条件、开拓生产领域、变革生产技术等，从而促进了生产力的进一步发展和变革。

　　如果资本主义形成的生产力使得交往形式、交往关系不适应生产力的发展，或者变成生产力发展的桎梏，变革资本主义交往关系就是生产力发展的历史必然。反之，如果资本主义生产力仍然在发展，交往形式、交往关系就依然具有生命力。对于以实现共产主义

---

① 以上引文参见《马克思恩格斯文集》第 1 卷，人民出版社 2009 年版，第575 页。

② 《马克思恩格斯文集》第 1 卷，人民出版社 2009 年版，第 575 页。

为使命的无产阶级来说，利用资产阶级发展生产力和交往形式应该是题中应有之义。如马克思指出："建立共产主义实质上具有经济的性质，这就是为这种联合创造各种物质条件，把现存的条件变成联合的条件。"①

三、交往实践观：全球化哲学

马克思、恩格斯对全部历史发展和人类本质进行深刻揭示的一个哲学理论构想就是交往实践观，交往实践观是基于交往的社会发展总视角对社会实践及其社会生活变化反身来把握的实践观念或世界观，它是指多极交往主体通过改造相互关联的中介客体而结成的交往主体之间关系的物质活动。马克思主义认为，交往实践是人类把握世界的一种基本方式，是全部人与社会关系的基础，是人类哲学思维和方法论的立足点，理应成为马克思主义哲学当代视角的重要基础。在马克思主义"世界历史"视野中，交往问题和生产力发展问题是社会发展的经纬线，是两个平行的共生性课题，长期以来对两者的割裂和对交往问题的忽视导致了社会发展理论和实践的交往维度缺失。在交往的哲学范畴层面，马克思、恩格斯的理解是，交往是人类生产和生活不可或缺的基础性环节，是社会发展的基本动力和社会发展辩证法的根源，是具有基础性地位的重要哲学范畴。从本质上来说，交往是人们在物质生产和精神生产等实践活动中形成的一种非对象性活动的反映，是主体与主体之间关系的动态体现。实践范畴作为唯物史观的总范畴，是主体对客体的能动改造和支配活动，是人类特有的对象性的物质活动，体现了主体和客体之间的关系。人的实践活动是在人与人的交往中实现的，是通过交往才得以完成的。"生产本身是以个人彼此之间的交往［verkehr］

---

① 《马克思恩格斯文集》第 1 卷，人民出版社 2009 年版，第 574 页。

为前提的，这种交往的形式又是由生产决定的。"① 由此可见，交往是和生产一起并列在实践总范畴之中的重要范畴，具有相对独立的内涵和地位作用。

马克思、恩格斯立足于世界历史的高度，对"交往"和"交往实践"范畴内容的整体把握和深刻理解，不仅在世界观和方法论层面有着重要意义，而且在当代哲学视界——空间的全球化和时间的现代化主题中，仍然以其天才的预测和深邃的理论洞察力立足于哲学界，成为最具活力的思想体系、最具现实批判性的理论武器和最有效的问题解决方案。在马克思、恩格斯看来，交往实践观具有以下特点：客观实在性——是客观存在的，不以人的意志为转移；社会交往性——体现人与人之间的社会关系；动态性——是人们社会关系在空间上横向扩展的活跃化、动态化反映；能动性——能动地反映生产力水平和社会发展状况并对社会发展起着不可或缺的反作用；历史性——与一定阶段的历史发展相适应；反身性——交往的结果达到人的自我开化过程。

在"历史向世界历史发展"的哲学命题中，交往实践观还具有至关重要的现实意义：其一，是世界文明得以普遍联系和发展的重要前提；其二，是生产力得以传播、保存、积累和发展的基本条件；其三，是社会发展和历史前进的根本动力；其四，是社会历史发展的基本内容；其五，是全球化问题的理论缘起之一。在21世纪的当今社会，全球化成为了一个绕不开的世界性话题，如何应对全球化这个世界性的理论和实践话语，建构马克思主义交往实践观的当代形态，将成为我们发展马克思主义哲学的时代性课题。正如美国学者卡西迪所言："'全球化'是20世纪末每一个人都在谈论

---

① 《马克思恩格斯文集》第1卷，人民出版社2009年版，第520页。

的时髦语词，但 150 年前马克思就预见到它的许多后果。"① 在交往实践观看来，全球化的发展和变化状况从一个侧面反映着人类实践发展的水平和性质，构成理解我们这个时代社会生活的重要内容，因而成为指导发展中国家参与全球化实践进程的世界观、价值观，同时也是世界普遍交往时代的实践精神。

全球化交往实践是马克思主义哲学的应有之义，是马克思、恩格斯对资本主义全球性问题的基本分析和判断，是马克思主义批判反思资本主义社会和展望世界历史未来发展的哲学视域，在当今全球化语境中仍有着强大的理论生命力。对于资本主义社会和未来历史的发展，马克思、恩格斯早在一百多年前就深刻预见："资产阶级使农村屈服于城市的统治。它创立了巨大的城市，使城市人口比农村人口大大增加起来，因而使很大一部分居民脱离了农村生活的愚昧状态。正像它使农村从属于城市一样，它使未开化和半开化的国家从属于文明的国家，使农民的民族从属于资产阶级的民族，使东方从属于西方。"② 这三个"从属于"的判断对于认识和理解当今全球化带来的一系列问题仍有着重要的理论启示。

总体来说，全球化交往实践是关涉以下三方面交往关系的哲学思考。

第一，人与自然的交往关系。人类社会历史的不断前行始终伴随着与自然的抗争和对自然的思考，人到底是征服自然的主人还是与自然和谐共处的朋友，这个问题的答案早已被历史的逻辑所昭示。在历史的逻辑看来，人在过度开发、肆意掠夺自然资源和泛滥排放废弃物的同时，遭遇到了自然对人类的警示和报复，随之出现

---

① ［美］约翰·卡西迪：《马克思的回归》，中央编译出版社 1998 年版，第 4 页。
② 《马克思恩格斯文集》第 2 卷，人民出版社 2009 年版，第 36 页。

了日益严重的全球性生态危机。人与自然交往关系的极度不平衡和恶性发展，实则是人与人交往关系的扭曲和异化的深层反映——为追求自身最大化利益而不惜损害他人和子孙后代的利益，其严重后果不仅使当代人所处的自然环境和自身生产生活遭受巨大负面影响和面临不断加剧的危险，而且还使后代承受未来生存资源缺乏和自然环境恶劣的巨大代价。

第二，人与人的社会交往关系。人在本质属性上是一切社会关系的总和，这是马克思对人的本质最根本的概括。人与人的社会关系复杂而多变，涉及政治、经济、文化、教育、科技等各领域，这其中，生产关系是最主要的社会关系，它决定着其他方面的社会关系。全球化作为一个开放的社会空间有机系统，交往实践打破了民族、国家和地域的界限，使发生在一国的事情迅速传播、影响、波及世界每一个角落，产生共振现象。全球化交往实践加速了个人、民族、国家的历史发展进程，通过传递一定物质、信息、情感和能量，使交往主体在世界历史图景中寻找适合自身发展的"时间——空间——主客体关系——主体间关系"的四维定位坐标，促进社会合理合法化发展。马克思曾说过："各个人——他们的力量就是生产力——是分散的和彼此对立的，而另一方面，这些力量只有在这些个人的交往和相互联系中才是真正的力量。"① 马克思在《德意志意识形态》中还有一段经典解释，人们"不是作为纯粹的我，而是作为处在生产力和需要的一定发展阶段上的个人而发生交往的，同时由于这种交往又决定着生产和需要，所以正是个人相互间的这种私人的个人的关系、他们作为个人的相互关系，创立了——而且每天都在重新创立着——现存的关系。显然，由此可以

――――――――――

① 《马克思恩格斯文集》第 1 卷，人民出版社 2009 年版，第 580 页。

得出结论：一个人的发展取决于和他直接或间接进行交往的其他一切人的发展。"由此引申和推广到，"然而不仅一个民族与其他民族的关系，而且这个民族本身的整个内部结构也取决于自己的生产以及自己内部和外部的交往的发展程度"。① 而事实上，全球化语境中人与人之间的社会关系的发展令人担忧，西方中心主义强势话语，发展中国家的边缘化发展，民主、公平正义的缺失，局域性冲突和战争，全球政治、经济、文化的不平衡发展，席卷全球的经济危机，恐怖事件升级，等等，无不使全球面临着日益严峻而又亟待解决的社会危机。

第三，人与自身的交往关系。人如何看待自身及其发展已成为一个重要的哲学命题，康德的"人是目的"、卢卡奇的物化理论、马克思的异化理论、法兰克福学派的后现代理论等无不深刻揭示了人与自身的发展关系。马克思这样来分析人的异化："人同自己的劳动产品、自己的生命活动、自己的类本质相异化的直接结果就是人同人相异化。当人同自身相对立的时候，他也同他人相对立……总之，人的类本质同人相异化这一命题，说的是一个人同他人相异化，以及他们中的每个人都同人的本质相异化。人的异化，一般地说，人对自身的任何关系，只有通过人对他人的关系才得到实现和表现。因此，在异化劳动的条件下，每个人都按照他自己作为工人所具有的那种尺度和关系来观察他人。"人的异化直接导致了交往中的异化。人的异化问题折射到当代社会，则表现为广泛和普遍的社会问题：信仰危机、道德失范、心态失衡、个性扭曲，等等。在马克思主义看来，只有到了共产主义社会，人的个性才能得到充分发挥，才能获得真正的解放和全面发展。

---

① 《马克思恩格斯文集》第 1 卷，人民出版社 2009 年版，第 520 页。

当今世界科技日新月异、知识经济初见端倪，我们生活于一个社会实践在更广泛的全球范围内延伸的时代，各种主体通过在全球范围内的生产和交换活动，不仅使生产和交换跨国界、跨地域流动，而且使各种经济利益实现于广泛的经济合作交往过程中。通过深入观察我们了解到，当今世界社会实践呈现为流动性的生产体制、信息化的连接方式和网络化的运作形态、形式，这些已经极大地变革和扩展了人类传统实践的形式和内容，而全球化交往实践构成了反映我们这个时代的重大实践特征。从参与全球化实践进程的主体及其实现的比较利益来看，新兴工业化国家在最近 20 年实现经济的巨大发展，无不是在主动参与全球化实践中，使自己的民族经济在世界经济中占有越来越大的比重，取得比较利益的结果。现在，广大发展中国家大都已经加入了 WTO，由过去的有限范围和有限领域内的开放和经济交往，转变为全方位的开放和经济交往；由以往以自己的政策主导下的开放和经济交往，转变为法律框架下可预见的开放和经济交往；由单方面为主的自我开放，转变为与世界贸易组织成员之间的相互开放。广大发展中国家在建立和健全符合国际规则的涉外法律体系、转变经济发展方式的基础上，学会按照国际惯例或通行规则做好管理民族经济工作。

作为反映当今世界深刻变化的核心视点是交往实践观，它能够使我们深入观察现代世界实践的规模、尺度以及实践的主体的多级性和普遍相互交往实践的特征；可以使我们认识到在全球范围内发生广泛的国际经济交换、流动性物质生产乃是实践形式发生了变化；可以使我们自觉地思考包括物质交往和精神交往在内的交往实践，自觉地把物质交往作为交往全球化实践的基础。总之，交往实践观能够帮助我们反身看待和思考当代社会实践的新形态、新形式。

借助于交往实践观，我们应当反身自觉思考自己的实践方式。

第一，应当彻底摒弃纵向的、单一封闭的经济实践关系和传统封闭的实践观。我们传统经济实践观，是适应高度集中的计划经济体制，实践的主体没有自主横向交往的权力，因而也不存在横向交往关系，企业经营者和生产者的主体性受到严重压抑，并且受到纵向的条块分割。这种体制不适应生产实践日益社会化、国际化的发展趋势。在全球化进程中，没有自主横向交往即没有真正的市场。长期封闭的自我实践，全部经济实践完全是计划安排，实践主体仅仅是国家作为主体，或者说主体是中央政府，它在国家范围内与自己的基层和企业之间实施纵向的计划与执行的实践关系。因此，不同地区、不同企业、不同经济成分的各种主体间缺少经济交往实践关系，没有竞争机制，特别是国际间经贸合作被国家代理，各自则弃置一旁。主体缺失、交往实践关系缺失是这一经济实践的基本特征。单一经济主体的计划经济体制体现的是传统实践观，与此根本不同的是，市场经济体制以其全新的交往实践立足于全球化社会。市场经济体制是各多极企业主体通过公平竞争和相互合作的经济交往关系来实现市场资源合理配置的经济运行方式。市场经济体制在经济全球化格局中具有如下优势：（1）基于利益主体多元化基础之上的多极经济交往主体。在多极经济主体交往框架中，产权清晰、权责相当、自主决策、自负盈亏，一切按照市场法则运行。（2）公平竞争的交往主体市场法则。市场经济规律作为最基础的市场法则，以优胜劣汰和公平的游戏规则主导着市场竞争，规范和制约着交往主体无序、失范、混乱的市场行为。（3）普遍联系的世界市场和全球化的经济交往联系。信息化、全球化、网络化突破了地域和国别局限，把经济交往和贸易往来带入世界范围，这就要求各经济交往主体不仅要按市场经济规律办事，而且还要按国际通行的市场经济规律办事，如 WTO 规则。在交往实践中，任何主体一旦进入市场就介入了这一多向的交往关系，参与竞争并受其制约。在逐渐形成的市场中，由地方性到国际性，从封闭到开放，任何主体（企业、集团、国家）越来越多地取交往实践向度。21世纪，我国要完成从计划经济向市场经济的彻底转变，在实践观上，则需要从传统实践观向交往实践观彻底转变。建立健全与交往实践观相适应的社会主义市场经济体制，仍是我国现当代经济交往关系的重大实践课题，也是经济全球化时代我国经济健康、持续发展的必由之路。

第二，推动由封闭社会向开放社会的转变。批判理性主义代表波普尔在《开放社会及其敌人》一书中曾经指责社会主义是"集权化"的"封闭社会"。① 这未免过于武断。中国的全方位开放，是建设有中国特色社会主义现代化题中应有之义，并取得了举世瞩目的巨大成就。开放论的核心观念，是交往实践观。开放社会的基础是多极主体观，封闭社会是单一主体性在场的社会。开放不但是主体向实践对象物的敞开，而且是通过实践对象物向另一极主体的敞开，在开放中才有生产和交换之必要。在开放中，主体指向他者，向他者敞开；在交往中，主体与另一极主体相遇。只有建立广泛的主体交往实践关系，才可能在开放的地平线中共同在场实践，不同的交往共同体在不同的范围内才能形成实践关系、提供实践活动的条件。如对内开放形成统一完善的市场，形成各自核算的经济主体，为实现各自的经济利益而展开竞争。对外开放则介入国际经济体系，在国际经济空间发展生产力，吸收先进科学技术、管理经验，在世界范围内实现国家和整个民族的经济利益，而不是自我的经济利益。因此，开放向度的全面性、开放层次的完整性、开放方

---

① 参见卡尔·瑞莱格·波普：《开放社会及其敌人》，山西高校联合出版社1992年版，第23页。

式的稳定性，以及开放前的主体结构、现结构和未来结构等，都可以通过交往实践产生。开放的实现机制就是交往实践的功能，在开放中交往实践，在交往实践中发展开放型经济，一个国家和民族只有吸取世界科学技术之长，博采各国发展的精华，才能彻底摆脱封闭型经济的制约。而主动开放实质是保持主体选择的自主性，中国已经具备了开放发展外向型经济的条件了。从封闭到开放，这同样是交往实践观的转向。

第三，交往实践观开阔了对当今全球问题的思考。今天我们生活的世界，一方面，面临越来越多的全球性问题：资源枯竭、环境污染、战争威胁、核能扩散、南北冲突、东西制衡、人口暴涨、科技革命、文明冲突、政治危机，以及工业文明的世界构架正在坍塌，等等，把人类带入了一个为了全球共同利益必须相互合作的时代；另一方面，后工业文明、信息社会正悄然降临，一个全球化信息时代正在冲破时空阻隔实现着广泛的科技、文化、经贸的对话与交流，交往实践成为社会发展在诸方面的重要内容。随着西方中心论和冷战体系日趋崩溃，国际社会向多极化方向发展，多极化发展与和平与发展成为世界的主题。今天人类应该以博大的胸怀，以对全人类和子孙后代负责的精神，切实思考全球问题，21世纪的人类争取作出无愧于人类的宏伟大业，把带给人类许多苦难的20世纪真正抛向历史，永远不续。

第四，交往实践观深化了对社会发展观的认识。在全球化交往实践背景中，如何更好地进行本国建设、加快社会发展并有力应对西方中心主义话语已成为广大发展中国家的共识。作为全球化理论缘起之一的"世界历史"理论，无疑是诠释全球化问题的最好的理论武器。在全球化与西方化的二难抉择面前，发展中国家的现代化之路挑战和机遇并存。中国在21世纪的最大机遇就是经济全球化，参与经济全球化进程符合中国的最大国家利益。在我国社会主义发展进程中，在以阶级斗争为纲、社会主义加快建成论等错误思想指导下，发展曾走向了歧途，遭受了挫折。纵观当代社会发展理论的研究成果，主要有：以罗斯托和亨廷顿为代表的现代化理论；南美学者提出的依附理论；沃尔斯坦提出的世界体系论，也称为全球化理论。分析以上理论可知，社会发展理论经历了两次较大转型，第一次是从单一的"经济增长"到社会的综合发展，此时人们开始意识到经济增长和社会发展是两个不同的概念，发展不仅仅指经济增长，更应有其他丰富的内涵，包括社会、政治、文化、科学，等等；第二次转型是从单一的"经济增长"到"以人的发展"为中心。"从最广泛的意义上来说，人的发展是人类的最终目标，与其他方面的发展或目标相比，它应占绝对优先地位。"① 毋庸置疑，"以人为本"是社会发展的根本目标和最终归宿。根本上说，一个国家的社会发展应是人、自然、社会三者的和谐有机统一。我国新时期可持续发展、科学发展观、和谐社会等发展观相继提出，务实且富有远见，是从根本上解决人与自然、人与人、人与自身这三大方面交往关系的发展观和发展哲学。具体来说，可持续发展是一种侧重解决人与自然交往关系的发展观；科学发展观是立足世界历史的高度来思考何为社会主义和如何建设社会主义的问题，着重解决人与人的社会关系问题；和谐社会发展观的提出则兼顾这三大交往关系，是一种更全面的发展理念和更高层次的交往实践观。有学者认为："一个地区、一个民族、一个国家在平等独立状态下需要几十年、几百年才能充分体现的矛盾，在交往过程中，便一下子

---

① ［意］奥·佩奇：《世界的未来——关于未来问题一百页》，中国对外翻译出版公司 1985 年版，第 125 页。

就暴露出来了，从而使人们产生了一种改良、改革或革命的欲望和需要，而不发达国家地区通过一系列的改良、改革或革命加速了社会发展的进程，跳跃地赶上或超过比较发达的地区或国家。"① 这段话说明，基于世界历史理论之上的交往实践观，可为后发展国家的社会实现科学发展提供机遇。后发展国家在全球化浪潮滚滚袭来时，应以全新的交往实践观理性看待本国的经济和社会发展，利用发达国家乃至全世界的发展文明成果，取其精华，去其糟粕，加速自身经济和社会的发展，这才是我们应有的态度。

150 年前，当资本主义用工业文明、商品交换和武力使世界普遍联系，使原本分裂的历史转变为"世界历史"之时，马克思、恩格斯就已经敏锐地观察到这一转变，指出交往是世界普遍联系，科技及生产力在世界范围内得以传播、保存和发展的基本条件，也是历史向"世界历史"转变、实现全球化的动力。如关于交往对生产力和人类文明的传承和发展起着重要的保障作用时，马克思、恩格斯这样写道："某一个地域创造出来的生产力，特别是发明，在往后的发展中是否会失传，完全取决于交往扩展的情况。"② 关于交往对人类物质文明和精神文明的传播作用，有学者这样阐述："一种生产技术在某个地方发明以后，未通过交往传播开来即使不失传，其历史作用也只能等于一，如能通过交往传到一百个地方，那么，其历史作用就等于一百了。这个简单但很实际的算术题说明生产力发展归根到底是历史发展的动力之基础，但交往却可以把这一基础扩大无数倍，是历史发展最有效的动力。"③ 交往到处都打

---

① 万光侠：《交往的哲学审视》，《山东师范大学学报》2000 年第 1 期。
② 《马克思恩格斯文集》第 1 卷，人民出版社 2009 年版，第 559 页。
③ 何玉屏：《交往与中西奴隶制文明的起源》，《湖南师范大学学报》1995 年第 5 期。

破封闭的民族和国家的壁垒，使世界联结为一个整体，造就市场、世界民族和先进的工业文明，这也是实现共产主义的基本条件和基本动力。"中世纪的市民靠乡间小道需要几百年才能达到的联合，现代的无产者利用铁路只要几年就可以达到了。"① 马克思晚年在《人类学笔记》和《历史学笔记》中，从世界普遍交往的高度来观察东西方社会发展进程，认为东方落后国家可以借助由世界性普遍交往所获得的资金、生产力、文化和经验，超越资本主义的"卡夫丁峡谷"。

今天，交往实践观的转向已成为跨世纪精神的主题。它不是从某一哲学家心中流淌进现代荒原的异在，不是先验的形而上学，不是逻辑的外化推演，而正是在全球各重大领域内的人类充分展现的总格局、新趋势。因此可以说，交往实践观，有希望成为当代世界哲学。

第三节　全球化实质：物质交往实践全球化

今天，国内外研究全球化问题的学者，几乎都认为马克思和恩格斯是全球化理论研究的先驱，他们在研究交往历史形式、交往关系范畴基础上把它运用于对资本主义生产方式典型形态的分析，指出世界历史时代是交往形式、交往关系不断发展的历史，人类物质交往实践发展必然是世界范围的扩展，新的全球化是物质交往实践宏观拓展的形态。全球化反映的是人类现代实践活动日趋复杂化、

---

① 《马克思恩格斯文集》第 2 卷，人民出版社 2009 年版，第 40 页。

多样化，实践涵盖着多维度、多层面的交往关系和交往结构（技术的、利益的）的系统过程，呈现的是共时态与历时态、广延性与层次性、微观与宏观不断转化生成的形态，通过物质交往实践的"解剖学"结构研究才能把握全球化实践形式、形态的奥秘和现实内容。

一、物质交往实践全球化体系

（一）物质交往宏观实践体系

全球化物质交往实践体系，其实就是当今世界总体的、宏观的物质生产和交换的世界经济发展图景，在全球化历史实践进程中它起先主要同个别国家的个别实践联系，后来扩大到几乎与所有的国家联系。马克思和恩格斯在《共产党宣言》中所说的那段经常被中外全球化研究学者引用的话，不仅是对历史实践具有理论的概括性，而且在今天仍然具有实践的现实性品格，这就是：为了不断扩大产品销路的需要，驱使资产阶级奔走于全球各地。它到处落户，到处创业，到处建立联系，资产阶级由于开拓了世界市场，使一切国家的生产和消费都成为世界性的了。物质生产是如此，精神生产也是如此，正是资产阶级的这种"革命作用"，使各民族的精神产品成了公共财产，民族的片面性和局限性日益成为不可能。资产阶级由于一切生产工具的迅速改进，由于交通的极其便利，由于商品价格的低廉，把一切民族甚至最野蛮的民族卷入到世界交往的大潮和文明中来。马克思在《资本论》中指出："但在资本主义生产方式的发展中，由于这种生产方式的内在必然性，由于这种生产方式要求不断扩大市场，它成为这种生产方式本身的产物。"① 这种资本主义全球化的生产和交换体系，是一种客观的物质力量和实践进

---

① 《马克思恩格斯文集》第 7 卷，人民出版社 2009 年版，第 264 页。

程。一般历史进程是资本主义继现代之后的经济社会的发展，是人类的社会历史过程。毋庸讳言，其中由于资本、新技术和新的管理形成的生产力推动的生产社会化、国际化到全球化扩展，这种新的生产方式在多大范围和程度上实现生产和交换，也便在多大程度和范围发生占有关系的深刻矛盾，乃至出现跨国资本家阶级。但它作为全球化的历史实践的动因深刻地揭示了以往全球化实践发展的图景，对现在仍然具有理论的解释概括性。

从新的全球化实践形态来看，主要是交往全球化实践的主体间通过资本、技术、信息网络、产品等客体的中介而进行的全球范围内的生产和交换活动，是相互联结成世界普遍交往实践关系的过程。作为世界普遍交往的主体，这里既包含着个体与个体、个体与群体之间的交往，同时也意指社会集团间、不同地域间、不同国家间、不同民族间、不同历史间的跨时空交往实践。20世纪后半叶以来，以信息化、网络化、市场时空距离化与生产知识化为标志的现代中介客体，构成了新的世界普遍交往实践的新特征、新形式。它们是与传统实践形态截然不同的交往全球化实践形态，其本质是全球化对各个交往实践主体的开放和各个实践主体对全球化的实践运作，以及中介化体系相对的主体性、实践性。在这里，交往实践主体发生了重要的变化，传统的资本家为跨国公司的集体股东所代替，资本在为股东谋取实践利益过程中成为生产要素和交换条件。由资本主义主要国家一统全球范围内实践的主体形式，发展到民族国家包括发达国家、新兴工业化国家和发展中国家共同主导的交往全球化实践体系。作为新的全球化实践是全球性、现代性与地方性、民族性之间的互动和交往，物质交往实践活动是其本质和基本形式，谋取比较利益是共同实践的目标。对于交往全球化实践空间来说，统一性无可奈何地破缺了，而多级主体则应运而生，差异性是主导交往全球化的历史趋势。多样性、多极化和多极主体关系是交往实践主体间性的基本内容，差异性矛盾和冲突仍然是交往全球化实践的基本指向问题，解决这些矛盾和冲突的实践仍然离不开物质交往实践。现代技术结构是新的全球化交往实践的重要媒介和强有力的物质交往手段，是世界上不同发展程度国家发展经济的先决条件。

（二）物质利益交换结构

物质交往实践的核心是物质利益的交换，物质利益交换也已经是一整个历史实践过程。马克思在《资本论》中指出："只有对外贸易，只有市场发展为世界市场，才使货币发展为世界货币，抽象劳动发展为社会劳动。抽象财富、价值、货币、从而抽象劳动的发展程度怎样，要看具体劳动发展为包括世界市场的各种不同劳动方式的总体的程度怎样。资本主义生产建立在价值上，或者说，建立在包含在产品中的作为社会劳动的劳动的发展上。但是，这一点只有在对外贸易和世界市场的基础上（才有可能）。因此，对外贸易和世界市场既是资本主义生产的前提，又是它的结果。"① 马克思这里所说的是现代世界经济交换结构体系的发展，产生了抽象一般的经济交换结构作为现实世界的基础。这里，经济交换价值成为中介普遍化交往的内容，与之前不同的是，在过去由资本家个人操纵造成了普遍的异化：物（商品、资本、价值）成为中心，而现在新的全球化实践操控的是交往实践主体序列（民族国家、区域集团、跨国公司），他们以自身的主体经济利益为中心，在统一的世界市场化经济实践中，有力地改变着过去支配权力之源来自于物的历史实践，代之以现在来自于主体、人本身。马克思指出："交换

① 《马克思恩格斯全集》第26卷第3册，人民出版社1974年版，第278页。

行为本身，中介作用，通过这种中介作用，主体才表现为交换者，相等的人，而他们的客体则表现为等价物，相等的东西。"① 等价物是一个主体对于其他主体的对象化，它同时证明主体"彼此作为价值相等的人"存在。在以主体为中心的经济交换空间，面对的不仅有交往主体序列，各个交往实践主体还要面对消费品市场和生产性商品市场。即使像发达国家、跨国公司这样的经济实践主体，同样需要面对不可忽视的"顾客"权力。日本索尼跨国公司创始人为了在资本主义的中心区域的经济交换空间内成功地推行国际化战略，认为必须先制定"全球的区域化"公式。当今世界的全球性跨国公司企业没有不实行"全球的区域化"或叫做"本土化战略"的就是一个明证。弗朗索瓦·佩鲁指出："我们看到，在任何社会中，个人之间竞争性的交往所以能持续进行，都是由于一种就构造它所使用的自愿和它所提供的服务而言属于集体性质的基础结构。而且，这种竞争性的交往，总是按照某些规则、在某个组织的框架内进行的。市场是靠流通和价格把假定是独立的经济单位和行为者联系起来的网络。"②

在微观的经济交换空间可以通过三个层次来操作：（1）把作为独立的经济单位和行为者通过流通的市场和价格之间联结在有形材料的转让网络中，即使在没有可以明确指出的交往关系的商品转让网络中，每一个主体都有其相对的位置和重要性。（2）这些网络的基础通常是由民族国家、区域集团，或跨国公司负担费用的物质通讯系统和智能通讯系统，是技术和权益主体的联结。（3）在人们之间以商品和服务、信息和符号为形式的交往和资源配置等各

---

① 《马克思恩格斯全集》第30卷，人民出版社1995年版，第196页。
② 佛朗索瓦·佩鲁：《新发展观》，华夏出版社1987年版，第2页。

种形式中，人力资源要有机会获得效力和能力。①

二、物质交往实践全球化活动

交往活动是全球化交往实践的基石，交往全球化实践是无数的交往实践活动的汇集体。交往活动又是交往关系、结构的发生点和生长点，是交往社会网络中的细胞，是通向交往全球化大门的入口或前阶。只有把握交往实践活动，才能登堂入室，理解"澄明"的交往全球化实践的奥秘。

交往全球化实践活动具有广延性和分层次性双重整合、分层进化的特点。在这里，交往活动是作为交往全球化实践结构的一个"构件"，是一个"小活动结构"到形成"大交往实践结构体系"的一个分层次连续动态的过程。所谓"小活动结构"是指一种空间相对较小而且时间也相对较短的交换活动结构，其活动基本逻辑是一种在交换主体方面的"互惠"（reciprocity）逻辑。"大交往实践结构体系"乃是一种含扩了多种"文化"模式的政治、经济、文化结构。这种体系的基本逻辑既包含共同的实践实现不同的经济利益过程，也产生着多极主体的多极化政治实践和文化多元化交流发展趋势。它的过程是推动民族经济向世界经济发展，和世界经济向民族经济发展的转移。世界经济是民族经济共同发展的条件，民族经济是世界经济发展的源泉，无主体的世界经济、没有经济利益目标只能是各国经济发展的平台，但世界经济作为一个实体是各种符号、规则的统一体，它非但不是不存在，而且是塑造民族经济的力量。像世界贸易组织规则的产生便是交往实践不断向规范化与合理化方向目标迈进的步骤和过程。人们从古代以来，就认识到社会分裂，关卡林立，税制不一，文字、货币、度量衡各异严重阻碍了

---

① 参见佛朗索瓦·佩鲁：《新发展观》，华夏出版社 1987 年版，第 12 页。

经济交流与社会发展。在现代市场规则条件下，世界经济依赖于民族经济的发展，民族经济依赖于世界经济规则体系的建立，民族经济与世界经济接轨只是特定时期、特定意义的政策操作，实际上任何经济都离不开这两种经济发展条件和经济因素的互动交往。当今世界，任何国家要发展民族经济都要走向国际市场，从而才能获得民族经济广阔的发展空间。

以往的理论在探索社会实践结构和功能相互联系的最终原因上，都建立了单向长链式因果关系的纵向结构分析模型。但是，在交往全球化实践进程中，因果关系呈现的是多因和多变量的互动状态，任何环节既为因又为果，既为直接又为间接，是一种交叉多元的交往实践关系，产生的是相互关联和缠绕的网状结构。从商品、文化的内部发展转换进入全球交换与互动交流，交往实践对于各极主体的意义不仅不尽一致，而且历时态交往实践还存在着肯定规范向度与批判否定向度，由此构成了多极化交往全球化实践关系。

三、物质交往实践全球化价值考量

具体说，评估把握交往全球化实践涉及三个领域：第一个领域是对交往实践形态进行详尽阐释，此一工作具有三项任务：（1）阐释何为全球化交往实践形态或者世界图景，指出交往实践在世界范围内的时间和空间上存在的形态。（2）阐释经济全球化交往实践历时性与共时性联结与转换结构，系统比较不同类型的经济全球化实践活动结构和形式。（3）阐释交往实践活动带来的交往关系的变化。

第二个领域是对交往实践决定的各个民族国家生产力发展的评估，此一工作具有三项任务：（1）全球化促进了资源配置的合理化。地球的资源分布很不均匀，唯有通过贸易互补，方能弥补这一现实不足。"资源"包括土地、劳动力、技术、信息甚至无形资产在内的全部生产要素。从现实情况看，发展中国家往往具有土地、劳动力等方面的优势，发达国家则占有技术与无形资产等方面的优势。但无论在发达国家之间或在发展中国家之间资源分布都是不平衡的。按照经济规律，将这些资源统筹配置才可以取得最大的经济效益。（2）世界范围内各个国家内部生产力发展评估，包括发展中国家生产力发展的评估，区域集团化国家生产力发展评估，发达国家生产力发展评估，表现为经济、社会和文化发展各个层面的指标体系。（3）各个国家外部经济交往相互依存生产力发展的评估：主要是国家与国家或地区与地区经济相互交往共同影响的评估，其主要指标体系是对外贸易。全球化的意义并不能完全通过全球化已经给人们带来的高产出的现实来加以确认。这是因为，全球化才刚刚开始，从本质上说，全球化开创了互惠互利的新时代，但现实的最大受益者还是少数几个发达国家。从莎士比亚到巴尔扎克，都对由商品经济与市场经济引发的罪恶口诛笔伐，在那时的人们看来，商品经济与市场经济简直乏善可陈。经过几百年的努力，市场经济已为大多数人所接受。现在发达国家分享利益的大头，有如当初资本家分享利益的大头一样。不同的是，现在的不公平比那时轻得多，现在是国家在分享利益。全球化臻于完善之后，不公平也就会自然消除。

第三个领域是对交往实践主体形态的界定和阐释，评估全球化的多极化趋向。此一工作涉及三个方面的具体任务：（1）阐释世界交往决定着不同民族能以怎样的角色和地位参与到"各民族之间的相互关系"的网络之中。（2）阐释在技术上需要解决多极化标准之确立的问题，从理论上阐明多极化既存在于国家又存在于经济区之间。（3）阐明文化、文明交往多样化、多元化存在和发展的事实和趋势。

显然，交往全球化实践体系的操作有赖于方法论视界的转换：由于全球化的历史和当前趋势表明，全球化是一个"非此不可"的过程，21世纪社会仍将存多种实体的实践样式，而全球化则是当代社会实践的基本质态。所以，需要超越传统实践观的狭隘眼界代之以交往实践观，为参与全球化趋势提供科学的实践模式，全球化历史时代交往实践是其核心、基础和动力，全球化必然是交往实践发展的结果。

第 三 章

物质交往全球化实践

20 世纪后半叶以来，在信息化、网络化交往技术结构中介体系的介入下，形成了以资本、产品和通讯在全球范围内的流动为表征的全球性生产和交换体系。这种全球性流动生产和交换体系是一种物质实践体系，这种流动性既对客体提出了中介性质、社会化性质要求，也对主体提出了跨国、跨地区的性质要求，它表明全球性物质交往实践能在更广阔的实践空间，在不同国家、地区、企业和人们更深层次地发生多维度、多层面的物质交往实践活动，相互之间的影响是密切的，使人类社会实践成为一个有机关联的系统。它构成了当今世界物质实践的新特点、新形态和实践的重大特征，从本质上说，全球化首先是指多极主体间通过不断改造或变革技术交往结构，在社会化、国际化产品客体的中介下而结成的世界范围内的物质交往实践活动，是物质交往实践全球化。物质交往实践全球化是人类进入世界历史普遍交往时代的社会实践形态。

第一节　物质交往全球化实践形态

物质交往全球化实践形态包括交往实践时空距离化形态，交往实践主体信息化存在形态，交往实践主体网络化存在形态，经济全球化的历时性与共时性实践形态。① 物质交往全球化实践形态反映着人类社会实践发展的水平和性质，揭示了现代世界实践是一个由许多子系统构成的庞大的互动系统。

一、实践时空距离化

人类从各个"孤立的点"走向民族共同体、走进世界历史，标志着人类实践活动的时空关系和范围发生了变化，交往全球化实践时空尺度达到了全球规模。这种由生产和交换决定的人们之间的物质时空联系，早在马克思、恩格斯生活的年代被他们称为，"（人们的世界历史性的而不是地域性的存在同时已经是经验的存在了）之所以是绝对必需的实际前提"②。随着人类世界普遍交往关系的不断扩大，交往全球化实践时空距离化是一种必然的历史趋势，是实践主体在更广阔和更深层次的实践物质关系拓展的产物。交往全球化实践主体的交往活动时空距离化，反映交往全球化活动是统一的物质实践形式和多维的物质时空存在。

人类从古希腊时期产生的时空观，是把时间空间看作是一切存在的永恒不变的绝对形式，不管是在物质的还是精神的领域，抑或

---

① 注：经济全球化实践形态参见第四章。
② 《马克思恩格斯文集》第 1 卷，人民出版社 2009 年版，第 538 页。

是对规律、关系的认识和理论领域，无一不是在时空间存在的形式，一种封闭的实体观念不断产生着把"类"、"共相"等看成世界的基础或宇宙的根基，离开了"一"的"多"被认为是虚假的，作为这种时空观的宇宙循环论、宇宙不变论、宇宙有限论、机械决定论和宿命论统治了人类数千年。现代科学证明，真正的客观实在的时空必然包含着随主体时空间的多重性、分立性和开放性。这种发现充分证实了马克思所说的历史时空是人类物质交往实践的产物的论断。马克思认为历史空间，也就是历史的关系与结构，社会关系、社会结构。从与人的活动来看，历史空间也就是"社会关系的总和"，即人作为空间点组成的人与人的关系总和。所谓历史时间，也就是与历史空间的不同变化形态、状态之间的关系，历史时间有过去、现在、未来三个向度，这三个向度也就是历史空间的不同形态、状态。历史空间是历史时间的本质，历史时间是历史空间的形式。在历史时间与历史空间的关系中，历史空间具有更根本的决定作用。对某一社会、民族来说，无历史时间却可以有历史空间，但没有历史空间却不可能有历史时间。马克思指出："历史不外是各个世代的依次交替"①，"劳动时间本身只是作为主体存在着，只是以活动的形式存在着"②。这个论断内含着"历史时间不外是历史空间的依次交替，历史也就是历史空间的变化"的含义。

因此，在马克思主义那里，时间、空间在本质上是主体性的相对时空，社会历史时空是相对主体性的实践时空；空间是时间的本质，社会历史空间是社会历史时间的本质；从"空间是时间的本质"将能够更深刻地理解全球化与交往实践的本质。交往全球化

---

① 《马克思恩格斯文集》第 1 卷，人民出版社 2009 年版，第 540 页。
② 《马克思恩格斯文集》第 8 卷，人民出版社 2009 年版，第 65 页。

实践的时空本质是交往活动及其主体性，实践主体的交往活动及其时空客观规定，具有社会历史性和随主体活动的相互转换性。在历史转变为世界历史的过程中，民族与民族之间的地理距离前所未有地扩大了，同时民族与民族之间随着生产和交换活动的交往的发展又前所未有地拉近了。所以，现代世界主体实践是普遍的多维空间和时间，是随着实践主体的存在，主体实践的范围反映了实践的深度和广度，随着主体交往实践活动的发展，必然使得世界时间缩短、空间变大。因而现代世界一切都在进化、发展、不断变化的过程之中，现代世界实践活动的时空间变化也成为评价社会实践进步的尺度。

20 世纪后半叶以来，以信息化、网络化、市场时空距离化与生产知识化为标志的现代中介客体，构成了新的全球化交往实践时空距离化的中介体系。在物质交往全球化实践时代，我们生活"在世界上"的经验也已经完全不同于以前时代。当代英国社会学家安瑟尼·吉登斯描述说：全球化涉及在场和不在场的相互交织，涉及"远处的"社会事件和社会关系与本地的语境的交错。我们是依据遥远的事物对本地环境的介入的缓慢变化的现存关系，来把握全球化的。因此，我们是在完全不同于以前时代的意义上而生活"在世界上"的。也就是说，地点的变化，遥远的事物侵入本地活动，这种中心化的媒介经验的联系，极大地改变了事实上的"世界"。尽管我们每个人都生活在本地生活之中，但现象世界多半是一个真正的全球的世界。无论你生活在世界的什么地方，所谓的本地生活很可能都是"全球的"生活。其实，吉登斯所指出的现代性状态不是别的，正是交往全球化实践的时空距离化形态。同样的经验也出现在 20 世纪出现的后现代哲学中，但后现代哲学却是感叹出现了一个无所适从的世界。在后现代哲学看来，现在的人类再也不是一个处于"无他者的世界",却又仿佛处于一个"无他者的世界";人类在某些方面变成了一个"我们",这个"我们"却面对着不存在的"他者"的世界。

如果说吉登斯对现代世界的物质交往主要是一种现代性的经验描述的话,那么,在20世纪探讨现代化的发展哲学和"世界体系论"等成果,则从理论层次上不断揭示出全球性物质交往实践的空间结构特征。在依附理论者看来,世界分为"核心—边缘"两部分,弗兰克以"宗主—卫星"结构来分析世界相互关联体系,更早则在恩格斯分析资本主义世界经济扩张时,也曾经以"太阳—卫星"结构率先表达过。而与发展理论关注的国家纵向历史发展时空结构不同,世界体系论者沃勒斯坦转向全球性相互依赖的空间关系中考察横向时空结构。沃勒斯坦认为,根据个别民族的内部发展是无法理解资本主义的,它只能根据超越民族并且赋予它们以空间形式的关系才可以理解。因而世界体系这一术语还不是指涉现在的整个世界(除了其最后的实现),而是指根据商品生产和交换方式通过贸易、投资流动和劳动力交换而彼此关联,"社会体系及构成这一体系的所有建制,包括现代世界的主权国家,是包罗广泛的各种社会集团在相互交往,共同谋划,尤其是彼此冲突中的场所"①。总之,从"宗主—卫星"结构到"核心—边缘"的依附理论再到世界体系论,发展哲学从全球的生产和交换的时空结构中界定发展的可能性,其探讨的共同对象是当今世界的整体的变化,在当代,从全球空间结构关系层面思考发展成为一个理论潮流。

物质交往全球化实践时空的内容,主要是生产和交换世界范围

---

① [美]伊曼努尔·沃勒斯坦:《现代世界体系》第1卷,高等教育出版社1998年版,第6页。

内的发展。在这方面西方马克思主义者、研究全球化的学者阿里夫·德里克揭示的是具有实证科学意味的事实。他指出，新的全球化在生产和交换中发生了四个方面的变化：（1）生产过程全球化。高新技术在前所未有地增加生产速度的同时也扩展了生产范围；技术使资本和生产前所未有地流动不定，从而使生产场所始终处于变动之中——资本为获取最大的利益，力图避开社会和政府对资本活动的干预。（2）无中心化。生产过程全球化的结果是无中心化。没有哪一个国家、哪一个集团成为整个世界的主宰和中心。（3）跨国公司取代了国家市场而成为经济活动的中心。经济活动的跨国化意味着市场的国际化，国家对这种市场的干预越来越间接。（4）生产的跨国化不仅是全球前所未有的统一的根源，也是全球前所未有的分散化的根源。因为跨国公司本身就是一个多中心的集合体，而开拓全球性的统一市场与整个生产和经营过程分散化相一致。

在 20 世纪人类最大的变化莫过于实践活动达到了经验性的全球规模。因此，在全球范围内，一个地区的发展能够对另一个地方的个人或社群的社会机会产生深远的影响。因此，相应产生了物质交往全球化实践时空的重大特征，也正是在这里产生着需要理解和诠释的全球化。全球化不仅意味着（经济的）国际化、集约化、跨国交融和网络化，它也在更大的程度上开辟了一种"三维的"社会空间图景，这种社会图景与人们熟悉的依据领土和文化传统理解的自我时空形象正在发生着变革。它包括这样两个构成因素：一是时间的全球化，这种"时间的全球化"最明显地表现于金融市场领域。在那里，现代信息和通讯技术以及复杂的计算机程序，帮助人们消除了不同资本市场的时间差，使货币和资本几乎能够"实时"流通。在跨国的生产网络方面，时间的全球化也正在形成。世界市场产品的使用周期正在大大缩短，而"时间竞争"决定着能否在全球化的市场上取得经济效益，相应的公认的生产过程目标是加速资本的流通速度，用于材料和机器的资本应当重新"自由地"用于新的投资。近 20 年来把握这种时间差的国家越来越多，不事生产却又在发展经济的奇怪现象屡见不鲜，创造经济神话的故事里包含了很多经济全球化利用现代时空间特性发展经济的内容，这需要我们深刻理解和认识。二是空间的全球化，它不是指民族国家制度同地理界限不相符合，而主要是指交往使不同社会制度的基本单位发生生产和交换的交叉时空间联系、相互依赖。仍然是在大多数的民族国家自成社会系统条件，但物质交往实践活动的范围超出了各自的边界，社会系统为了各自的需要能够在其他社会系统当中选择生产和交换地点而不受传统地理意义边界的限制，一种世界范围的生产和交换形成的交往实践空间。这种交往实践空间的形成有利于现代化的发展要素能够在领土的边界上汇聚，有利于科学技术的传播和扩散，有利于现代市场与金融制度结合发挥作用，有利于形成分散化与集中化相结合的生产和交换。如果社会生产能够在一个既分散，并且可以分解为无数的自我再生产系统而又同整个世界的生产联系在一起的更大社会生产和交换时空间，这种现代化、全球化的生产和交换体系就应当引起人们充分的注意了。

在空前变大的时空间开展活动的不仅有传统的和现代的各类跨国实践活动主体，同时还有大量的超民族国家的实践行动者，有各种超国家的组织、区域集团联盟、非政府组织以及经济全球化的生产实践者。所有这些实践者既不是传统意义上"非政治的"，但它们的实践在某种新意义上又是"政治的"，因为所有民族国家都大力参与了全球化实践进程中某种机制的建造：从调控经济方式、与国际经济接轨、国际法的援引和解释、世界贸易组织机制的形成到生活方式、劳动方式等都进行了调整或变革。物质交往全球化实践是没有世界国家和世界政府参与的社会实践，是所有民族国家在自己国家政策范围的引导内，参与到世界经济的行动过程中的实践，从根本上说应当被视为"非高度政治化的"实践过程，全球化的世界政治用"后政治"的称谓比用传统的称谓更合适，更容易理解。以往国家间极端对立政治关系时期的政治实践，导致的世界政治化或政治世界化问题加剧了矛盾冲突，人们从世界经济文化政治相互依赖中解决产生的问题，在现在已经成为趋势。它主要集中于解决由于相互依赖的不平衡性，发达国家、新兴工业国家和发展中国家之间产生的各种不可调和又需要调和的利益矛盾，集中于解决使我们日益清晰地看到世界舞台的局限性、风险的共同性和集体命运的相关性中产生的种种问题。虽然全球化政治实践刚刚开始，人们所期待的新的政治实践和依旧存在着的老问题可以说一样多，但有一点是肯定的：新的政治实践一定要有民族国家积极的参与，不能游离在外放弃全球政治责任。相反，我们需要从把握当今世界的时空规定性中，看到交往主体距离化实践对于包括政治实践在内的交往实践存在的必然性和历史趋势。

二、实践传递信息化

信息革命为人类开辟了一个崭新的因特网的空间。因特网（internet）词汇的词根即是"交互式"，所以又叫"互联网"，即交往互动的意思。现代世界普遍交往源于信息化的技术交往结构，它是指利用信息通讯技术跨越时空、自然地理因素的阻隔形成的信息交往关系和信息传递。信息通讯技术的介入在替代了原有技术的同时使交往关系改变，信息化的技术交往结构决定了交往主体的形成及相互关系，把人类带入了交往全球化实践的数字化信息时代。技术结构就是个人电脑、互联网络、信息高速公路，以及数字通讯等各种现代化通讯手段，是这些中介客体、中介手段把人类交往迅速扩及全球，从而使人类通过客体的中介而结成物质交往关系和物质交往活动。

现代世界随着电脑等通讯技术的应用和普及，以及信息高速公路的开通突破了以往人与人交往的屏障，在因特网和其他网络中已形成了一个与物理空间不同的信息交流空间——"电脑空间"（CybersPPCC）。世界自 20 世纪 80 年代便由工业社会向信息社会转变，而 90 年代，美国麻省理工学院教授尼葛洛庞蒂更进一步指出：现在人类又生存在一个数字化空间，已经进入"数字化信息空间"与"后信息时代"（post information age）。"数字化信息空间"和"后信息时代"两个新概念更具吸引力，更富挑战性。尼葛洛庞蒂区分了信息化时代与数字化时代，信息化时代是把"这些计算机都联为一体"，而数字化时代不仅把计算机联为一体，而且又"把所有一切——文字、数字、图表、声音、图像——统统数字化"。以至"到 80 年代未，几乎已没有什么东西未被我们程序化、数字化，未存储到芯片、磁盘和其他媒体上了……"。① 这些在实现"同其他人发生联系"基础上，又进一步实现了"真正的个人化"联系，即不仅可以跨越任何交往空间的屏障，而且可以实现突破任何时间限制的交往。

传递信息化是建立在技术实现基础上的人类交往行为活动的延伸。微电子技术革命使人们从传统媒介系统转型为微电子信息化系统，人们由此进入了一个崭新的数字化、信息化交往空间，它也极大地改变了人类社会的时间和空间。吉登斯认为，口头文化和文字文化是传统和现代的一个分野，而现代世界变化的典型是电子媒介，它"伴随着人类感官经验在时间上和空间上远距离的影响的介

---

① 胡冰、范海燕：《网络为主》，海南出版社 1997 年版。

入"①，它超越时间和空间实现"远距离作用"，一方面打破特定地区的本土文化的限制，使之融入一个巨大的全球性交互性网络之中，这就在不同程度上改变了本土的生活及其方式；另一方面，"远距离作用"中出现的一个新的文化现象是信息脱离了产生它的特定社会——文化语境，直接进入其他不同的文化语境。原先它与特定的文化背景和社会生活有着密切的关系。但是，当一种文化产品通过媒介进行全球流动和传播时，它不仅脱离了原初的语境，还转而成为一种"浮动的符号"。这种"浮动的符号"，成为一种时间和空间的多维化和网络化的成因，也成为一种打破传统或去传统的经验因素。

正是因为现代人类实践传递信息化、数字化的交往形式的出现，它已经大幅度、高质量地提升了主体交往实践活动水平。它从提供远程银行业务、电视会议、点播电影、医疗诊断，在全球范围内实现知识的共享，到借助于高保真、同步化的卫星通讯，使全球居民可以同视、同听、同享，还可以通过本地的商业、教育或其他信息网络，进行电子商务、文化交流和科技合作，等等。信息化、数字化技术交往结构的介入才因此实现了"地球变小，世界变大"，使世界各国的经济、社会和文化生活被越来越紧密地联系在一起，并且极大地改变了人类交往的时效、价值、内容和意义，所以它带来的是一个真正的世界范围交往全球化实践的发展。

在这里，交往全球化实践主体信息化存在功能，概括地说：

一是促进知识的扩散，驱动在共同体范围内实现科技进步和创新。这里涉及的事实既是科技传播的问题，又是这种科技传播无论在历史上还是现代都首先是在科技共同体内部传播扩散的规律性问

---

① ［英］安东尼·吉登斯：《现代性与自我认同》，三联书店1998年版。

题。首先，任何科学技术对于生产实践形成推动力量，都是建立在经验、信息和知识的积累的基础上的。古往今来，多少科学技术发现和发明都需要了解已有的成果，查阅大量的资料，掌握有益的信息，科学技术发现和发明往往需要吸收和借鉴别人的成果。马克思在论述科学是总的历史进程的产物时指出，科学劳动既要知道前人做了什么，又要知道同行在做什么，实际上就是在讲信息情报的重要性。所以，关于科学劳动，马克思指出，"它部分地以今人的协作为条件，部分地又以对前人劳动的利用为条件"①，"前人劳动"的成果记载在文献资料中，"今人的协作"包括科学交流、技术协作等内容。其次，主体信息化是科技传播、科学技术发展的一种内在机理，也是科技成果外化的形式。历史上牛顿之所以能在科学史上作出划时代贡献并进而推动科技革命、工业革命，继承了前人的科技成果是重要原因。牛顿运动三定律就是综合的成就，其中第一、第二定律是伽利略关于物体水平运动与垂直运动理论的扩展，第三定律是开普勒天体运动三定律的延伸。牛顿关于地球具有扁椭圆形状的发现，也是由于受到了法国天文学家李希对摆钟在赤道附近变慢原因的解释得到启发而提出来的。所以牛顿说他所发现的要比笛卡儿和培根远大一点的话，那时因为他是站在巨人的肩膀上的缘故。再次，科技传播和扩散是社会系统与周围环境进行物质、能量、信息交换的过程。在这里不仅仅是物理的、化学的、生物的过程，同时也是一种社会的过程。人们使用物质的、技术的、认识的工具，通过社会实践和认识活动同周围环境进行物质、能量、信息的交换。在这种交换过程中，物质、能量、信息的交换状况和使这种交换得以实现的方式、手段是互为前提、互相依存的。因此，各

---

① 《马克思恩格斯文集》第 7 卷，人民出版社 2009 年版，第 119 页。

地区的社会系统在发展过程中必然要发生彼此之间的交流、交往和影响，每个社会系统都要学习、吸收他人的生产生活经验、科学技术知识、文化价值观念、社会组织管理方式，各个社会系统之间存在着彼此渗透、融合的发展趋势。特别是当某些地区、民族的社会系统获得了某种新兴的生产力、先进的科学技术、具有进步意义的价值观念和社会制度的时候，就会对其他地区、民族的社会系统产生巨大的影响。这种影响或者被落后地区、民族的社会系统主动地学习、采纳、接受，或者由先进地区、民族的社会系统强加给落后地区和民族的社会系统。不论哪种形式都会中断落后地区、民族社会系统发展的原有进程并且使其走上新的特殊发展道路。我国历史上，当与其他地区、民族、国家处于正常交往的开放时期，社会发展就比较迅速，相反，当因客观和主观的原因不能与其他社会系统进行正常交往而处于与世隔绝的封闭时期，社会的发展就缓慢、停滞。现代人类科技知识信息化传播的水平和能力是远远超过古代的，科技知识信息化带来的科学技术的发现和发明更是古代望尘莫及。美国科学家戴安娜·克兰在《无形学院——知识在科学共同体的扩散》一书中指出："如果人们认为研究领域正在枯竭并为新论题所取代，那么强调重点就转向变革的外部原因。一个交叉融合的过程发生了，在此过程中，思想从处于快速成长时期的领域产生，而在另一个领域得到应用。"[1] 任何国家、民族处于与外界封闭隔绝的状态，这个国家、民族的发展就会停滞，甚至倒退。一个社会系统如果能及时地从外界获得发展所必需的信息、物质、能量、科学、资金、人才，才能及时地认识自身在社会环境中的地

----

[1]　［美］戴安娜·克兰：《无形学院——知识在科学共同体的扩散》，华夏出版社1988年版，第97页。

位，才能利用他人之长补己之短。

二是实践主体传递信息化能够快速地促进科技成果转化，推动经济发展。对实践主体传递的信息化、知识化在近代作出早期发现判断的是弗兰西斯·培根，他对科学信息化作用做了最初陈述："知识就是力量。"培根认为人类的智力通过科学知识的信息化作用可以和工业结合，他说："科学的真正合法的目标，就只是给人类提供新的发现和力量"，而且，"只有把新概念成功地运用于实际，才是正确性的最终象征"。① 培根发现科学知识信息化之于社会实践的作用是被贝尔纳最早加以肯定的。他说："培根被认为，而且是很正当地被认为是给科学以新方向，并且是再一次确定地把科学连接到物质工业进步的第一伟人。"② 马克思明确指出科学是生产力，强调科学是"生产过程的独立因素"，这里所说的"独立因素"是区别于生产力中"三要素"，作为独立因素它可以"附着"和"渗透"在"三要素"中。这显示了马克思明确指出的科学技术是生产力的思想，是对生产实践中的信息化因素的科学表达。所以，马克思强调"如果说大工业把巨大的自然力和自然科学并入生产过程，必然大大提高劳动生产率，这一点是一目了然的"③。而且，科学是"财富的最可靠的形式，既是财富的产物，又是财富的生产者"，并说："科学这种既是观念的财富同时又是实际的财富的发展，只不过是人的生产力的发展即财富的发展所表现的一个方面，一种形式。"④ 马克思还对历史上科学技术信息化的传播的作用途径和过程做了深入的总结，指出："对科学、技术

① 北京大学哲学系外国哲学史教研室编译：《十六—十八世纪西欧各国哲学》，三联书店 1958 年版。
② ［英］贝尔纳：《历史上的科学》，科学出版社 1959 年版。
③ 《马克思恩格斯文集》第 5 卷，人民出版社 2009 年版，第 444 页。
④ 《马克思恩格斯文集》第 8 卷，人民出版社 2009 年版，第 170 页。

的实际需要，不是人们头脑里固有的；这种需求归根到底是生产的发展和交往的扩大（殖民体系的建立、世界市场的形成等）的结果。技术发明会导致需求超过供给；民族间交往的扩大而引起的竞争又会产生对新的技术发明的需求。"

三是实践主体传递信息化能够推进国际交流与合作和人类文明发展。人类只有一个地球，科学技术是无国界的，科技成果在世界范围内广泛传播。近代以来，世界科技中心先后出现了从意大利——英国——法国——德国——美国四次较大规模的空间转移，相应地出现的是三次科技革命推动下的工业革命，两者具有对应关系。在现代社会，科学技术迅猛发展，知识更新速度加快，主体信息化传播手段越来越发达，因而使得科技全球化的趋势日益明显。在这种情况下，世界各国科技发展不平衡，世界上大部分科学发现和技术发明以及创新成果是在西方国家取得的，科技全球化是缩小各国知识差距，解决信息不平衡问题的主要途径，在我国加紧实践主体信息化过程，才能发挥后发优势，尽快缩小与发达国家的发展差距，实现人类的共同繁荣进步。

当人类实现了全球范围内信息接收与处理的共时化时，空间便不再总是与时间单位成比例。海德格尔创造的新词"世内"（intra-worldly）贴切地表述了当今世界"村庄"的一面，强调整个世界的人物和事件的相互联系，以及世界作为一个实体的完整的统一。地球村落化和信息接收与处理共时化，使得当代全球范围内各个领域、民族和国家之间政治、经济、科技和文化的互动以及信息、商品、资金、人员的流动越来越频繁，速度越来越快，从而使当代人类社会呈现出一种社会过程加速化、社会实践全球化的趋势。

三、实践结构网络化

网络是由成千上万个彼此相互作用、相互影响的网络节点组成的系统。作为交往全球化实践的网络化存在形态，它所指的是交往的社会广泛联结、相互缠绕的结构。它是由交往实践的主体与主体通过相互联系的节点构成的交错或平行的交往大系统，它实现着交往全球化实践的高速流动和互动联系。在这里，网络社会与现实社会的关系是：网络社会是人类对象化活动的产物，是主体交往实践的对象化，是从现实社会生活中分化出来的。网络在这里是一种客观化的中介体系，是现实社会因交往关系形成的交往活动空间，它与电子空间一起构成了人们生存、生活的环境。

"网络"概念在经济学方面被表达为三个层次：（1）整体内部各组成部分之间的联结。各组成部分是有机的亚群体：各机构、行业、地区、企业，在价格和流通的特定网络中，在有形材料的转让网络中，或在其意义和价值与物质的基础结构没有可以明确指出的关系的商品转让网络中，每一个子群都有其相对的位置和重要性。这些网络的基础是通常须由社区负担费用的物质通讯系统和智能通讯系统。（2）在网络结构中，各不同部门之间直接或间接地作用和相互作用，不是别的，而是共在的网络结构。（3）在网络进化结构中，各种形式的人力资源都有机遇获得效力和能力。无论社会学还是经济学都在积极探索网络化实现的人类交往实践的新方式。

通过社会学最早建立的网络概念可以深入理解网络社会概念。在社会学中，社会网络概念的理论基础是现代社会交换理论。在近代社会学理论中，德国著名的社会学家齐美尔的社会互动理论对现代交换理论的形成有一定影响。齐美尔认为，社会是由人们之间不间断的互动关系网络所构成，由互动联结起来的网络社会普遍适用于所有社会。现代社会交换理论的主要理论家是乔治·霍曼斯、彼得·布劳两位美国社会学家。其中霍曼斯的交换理论的着眼点在于个人层次上，故可称为微观交换理论，布劳的理论侧重于探索从人际互动到支配社区与社会的复杂结构的交换过程，可称为微观—宏观交换理论。布劳在齐美尔关于人际互动具有互惠特征的基础上提出"内化规则"——"互惠规范"，布劳认为正是这种"内化规则"使人类承认应当有相互报偿的义务。

在信息化网络空间中，每一个交往者不是单纯的主体或客体，即信息的发送者和接受者，而是具有交互式主体际关系的交往者，主体在实施交往实践时，就同时将自己拴系在全球性交往网络之中，就已处在网络社会关系之中。这一创造的网络就是现代人类生存与发展的空间，是交往全球化实践的形态。西方研究全球化的学者曼努尔·卡斯泰尔斯认为，通过网络即它可以当作一种重组全球关系的范式①，也就是交往关系的扩展。因为，在网络中形成各种联合体和非联合体构建全球化实践方式和方法，把他们具有渗透性地连接在全球经济系统之中。甚至目前，跨国现象早已不声不响地进入每一个人的生活并已司空见惯，不仅跨国公司，而且地球上的许许多多的人都是某种意义上的全球行动者：通过使用电子邮件和因特网，自然而然地进行跨国交往。在这里，网络把人们连接转向全球的一个个交接点，虽然网络没有永久的疆界，但它能够将其交接点从一地向另一地的运动或者其内部结构转向。这里所说的"全球网络"，既非植根于区域和国家，也不能用它来解释。产生的文化全球化现象通常被人误解为同质化的现象，实际上正相反，它发生着完全相反的两个方面的文化过程和经验。一方面，它是一种独立的、世界的、价值的和经验的眼界，这种眼界靠信息技术得到表达，其中"充满"了以工业文化的方式流通的的生活图景，

---

① 参见王宁、薛晓源主编：《全球化与后殖民批评》，中央编译出版社1998年版，第19页。

这种新的技术—符号的全球性与连同的表现为绝对直接性的经验统一，无法靠"生活领域"、"阶级"、"亚文化"和类似的局限于领土单位的常用概念来把握和描述。它对人的生活和观念具有这样的影响：人们的生活和观念的转变具有流畅性、无限性（它最终涵盖全球），人们看到的"客观性"和"物质性"是通过在观察者的视界发生折射的，因而形成观点和期望的无限多样性。它把看似相互排斥的东西联系起来：自然和文化、主体和客体、语言和现实，甚至有时地域的生活只有借助于全球化现象才能得到理解和分析。但另一方面，"随着文化全球化的发展，世界一方面变得越来越相似，另一方面又变得差别越来越大。人类不会变得完全相同，但我们会越来越多地用这种方式来表现和沟通相互之间的区别，这种方式相互类似，其意义可以跨越边界得到普遍理解。新的文化全球化体系正在产生并扩大差别，而不是遏止差别，但这些差别是一种特殊的差别。它们的统治地位不涉及内容，而涉及形式。全球的各种结构都在形成差异，而不是再生产统一。换句话说，尽管不同的文化依然相互区别并发生变异，但它们是日益以一种极为统一的方式相互区别的"①。

网络文化中介着人们的日常生活经验和体验已经不是遥远的现象，而且日益成为人们生活中不可缺少的内容，各种文化的全球化流动是一个不争的事实，只想得到科技知识传播而不附加生活形式的体验，这个时代已经过去了。但是，忧虑文化的全球化流动必然带来文化同质化是毫无道理，也是没有根据的。许多人把文化的全球化流动视同麦当劳化，既视为世界媒体市场集中化过程中文化内

① 转引自王宁、薛晓源主编：《全球化与后殖民批评》，中央编译出版社 1998 年版，第 63 页。

容和信息的日益趋同。实际上，这个过程既发生着媒体市场集中化过程，同时发生着文化差异化过程，而且只要是一种外来文化就必然引起对本土文化的反身认同，阻止各种文化流动是不可能的，而且是没有实际意义的。当然，网络也提供了表明权力作用的方式，它允许任何人对包括权力的考虑和游戏规则的制定，但它的本性是阻碍纯粹的空间性。所以，西方研究全球化的学者罗兰·阿克斯特曼指出："我们进入一个多边的、权力分散的、非集中化的世界，进入一个以多个不同的权力中心为特征、横贯权力网络的世界。"①在这里，网络化的社会发展中民族国家仍然是作为强有力的、有控制力的交接点。因为，无论网络社会是怎样超国界的，正像脱离国家的电子网络不具有建立强有力秩序的能力一样，任何民族国家只要为了安全采取必要措施，并不难做到成为控制网络社会的空间秩序。

　　遍及全世界的网络像一根纽带，已经迅速地改变着人们头脑中生产和生活的地域性观念。人们生活在一个巨大的全球互动式实践环境中，它正在改变着以往的实践方式和传统的社会生活基础。在过去农业社会中，人们待在家里直接生产，直接消费，但社会化不充分，生产效率不高；工业化社会中人们都在工厂里兜着圈子为别人生产，再转着圈子卖出去，为了兜圈子，人们发明了火车、飞机等远距离运输工具；而网络社会的人们用网络直接生产和交换，使工业化时代的迂回经济向数字化的直接经济过渡。这既保持了社会化的优势，又恢复了直接性的长处。由于网络成为社会实践灵敏度极高的"神经中枢系统"，人们以其为平台进行市场交易实践，使

---

① 转引自王宁、薛晓源主编：《全球化与后殖民批评》，中央编译出版社1998年版，第20页。

电子商务飞速发展，将交易成本大幅度降低；以它为载体，可以跨国界全球性地使资源和生产要素高速流动，形成流动性的生产。所以，"网络经济"不仅仅是一个名词，它是以普遍消除资本的区域性为特征的，它使资本流动和不断重新组合，将资本从欧洲中心、北美中心组合到世界各地。这种以"流动空间"取代"地域空间"的方式，正是"网络经济"、"知识经济"的新特征，是金融全球化的新趋势。在这里，人们所经历过的网络的作用既是空前的又是无限的，发展形式和内容既是无法描绘、罗列、分类又是无法衡量的。随着"网络经济"、"知识经济"的独领风骚，交往全球化实践的新手段、新趋势必然层出不穷，人类改变实践方式创造性地发展，将彻底改变人们以往的生活。从网络化结构的文化和政治层面看，则是现代世界的多极主体应运而生，多元文化、文明将主导全球文化和政治的发展趋势。同时，同处于一个世界历史地平线上的多元主体，将通过交往建构全球性共在的交流对话结构。

第二节　物质交往全球化实践活动及其特点

马克思在《德意志意识形态》等著作中使用"交往"、"交往方式"等概念，首先是指人们在生产过程中结成的相互关系。他认为，交往和生产构成主体的实践活动结构，而交往实践结构可作为人类社会历史的基础。它作为人类社会的基础总是展开与生成着双重关系：一是人与自然的关系，其中内含着主体与客体的关联结构，表现为彼时彼地的人们结成一定关系对客观世界的改造，在人与自然的关系的基本方面主要表现为物质生产活动。二是人与人，人与社会群体、民族、阶级和国家为解决共同的任务相互关联着的主体—主体结构或主体间性，即表现为共同在世的主体之间的相互作用、相互交流、相互沟通和相互理解。所以，这是一种以主体的交往实践为主的活动中介对客体的改造以及对自身的改造的实践结构。马克思和恩格斯在《德意志意识形态》中指出："这样，生命的生产，无论是通过劳动而生产自己的生命，还是通过生育而生产他人的生命，就立即表现为双重关系：一方面是自然关系，另一方面是社会关系；社会关系的含义在这里是指许多个人的共同活动，不管这种共同活动是在什么条件下、用什么方式和为了什么目的而进行的。"[1]

需要指出，这两种结构并不是相互分立、彼此无涉的，而是一个社会实践结构不可分割的两个方面，不能设想对客体的改造没有人类的活动组织的参与，不发生个体与群体、群体与民族、国家和地区的社会的彼此关联、相互交往关系，人们不结成一定的交往实践关系，就不可能对任何客体对象进行改造；同时，也不能设想主体与主体的交往没有以客体为中介，不发生交换活动，不是指向对象世界的改造。交往活动结构就是由诸主体通过改造相互联系的中介客体展开的多重的、多层次的物质和精神交往关系。

一、交往实践主体及活动特点

以往研究实践的主体主要从主体改造客体角度规定，对主体本身研究和重视不够。全球化交往实践活动概念拓宽了研究实践主体的思路。从交往实践活动角度看，主体是承载着社会关系、社会联系的关系系统，是多层次、有结构、复合多样的关系主体。[2] 它不

---

[1] 《马克思恩格斯文集》第 1 卷，人民出版社 2009 年版，第 532 页。
[2] 关于交往实践主体形态参见第四章。

仅构成社会运动的主要承担者，成为不同时代人类社会实践的广度和深度"力所能及"的主体，而且这一关系主体调节和影响着每一个社会历史时期实践主体的形成。因为交往实现着人和外部世界的关系，实现着同代人之间的社会联系和不同代人们之间的历史联系。在这里，个体或集团加入交往活动成为交往实践的主体，它也是社会实践在不同个体或集团中分配的基本形式。个体与社会群体是一种矛盾关系，只有在人类的交往实践活动过程中才能调节解决这一矛盾关系。

构成交往主体的是人和外部世界的实践关系。一方面来自人们的生产实践，即实现着同代人之间的社会联系。马克思在《〈政治经济学批判〉导言》中批判了把生产、分配、交换和消费相互孤立处理的古典经济学家，他认为生产和消费是一体，一方提供另一方产生的条件，"生产直接是消费，消费直接是生产。每一方直接是它的对方。可是同时在两者之间存在着一种中介运动。生产中介着消费，它创造出消费的材料，没有生产，消费就没有对象。但是消费也中介着生产，因为正是消费替产品创造了主体，产品对这个主体才是产品。"① 另一方面，是由交往社会关系联结形成了人们的共同的社会主体，社会主体与人类共同体的国家是同义语。马克思指出，旧哲学的立脚点是市民社会或对单个人"类本质"的抽象直观；而新哲学则是社会化的人类或人类化的社会。因而"社会"是指由交往关系联结而形成的人类共同体国家，国家实现了不同代人们之间的历史联系，社会化的人类共同体国家是由交往关系联结而成的特定历史时代的主体形态。

历史上采取的战争、通婚、交换等形式，是社会交往的开始，

---

① 《马克思恩格斯文集》第 8 卷，人民出版社 2009 年版，第 15 页。

它们促进了共同体的内部意识，也促进了部落、氏族间交往关系的形成。在最初的交往基础上，积累着分化的力量——生产力及其剩余财富。利益开始成为人们交往关系的轴心和中介，在物物交换过程中主体间的交往逐渐产生了不同的利益轴心和异体共同体。这些共同体逐渐变为不同的生产民族：农业民族、商业民族、手工业民族和游牧民族。三次大分工造成异质主体的崛起，利益是私有制产生的原因，因此，建立共同体国家是历史的必然。

与一定生产方式相联结的共同体内部是内在相关关系。共同体内部的阶级分化，利益集团的整合，是个体间私有关系和交换关系普遍介入的结果，这些中介化和间接性的历程使主体被分裂为若干有个性差异的主体，社会分工造成私有者和被奴役者。处于交往关系中联结而成的共同体，包括阶级、民族、国家和集团，它们都不是自在的共同体。马克思在分析阶级时常用"联合"这一词，交往使人们联合，也因此有了联结而成的共同体。现代人类有不同层次的共同体：第一类是民族国家，包括发达国家、新兴工业化国家和发展中国家。第二类是相互交叉成为各种政治、军事、经济、文化、科学、生产的组织或共同体，如联合国、世界贸易组织、世界银行、国际货币基金组织以及非政府组织，它们是在不同国家、地区和群体中进行经济社会以及文化活动的行为主体。第三类是能够在不同国家之间、社会集团间、地域间、企业间、个人间交换其活动、能力及其成果的组织和个人，如跨国公司、企业和个人。这些行为主体是现代化、全球化发展的基础，是交往实践关系的主体。

从交往实践主体实践活动形式的规定方面来看，交往实践的主体既包含着个体与个体的交往，也包含着个体与群体和社会之间的交往，同时也意指社会集团间、不同地域间、不同国家间、不同民族间、不同历史间的跨时空交往，换言之，交往实践的主体是个体与个体之间，个体与群体、社会之间以及社会集团间、不同地域间、不同国家间交换其活动、能力及其成果的过程。在这里，主体的存在形式（或单位）既有个人也有一定的社会群体，如民族、阶级、国家以及各种政治、军事、经济、文化、科学、生产的组织或共同体。它们不仅是各个时代横向交往活动的主体，也是世代延续的人类主体。

交往全球化实践就是通过一系列中介环节联结若干主体的实践过程的现象，是使世界各国、各种经济成分的相互依赖性增强的过程。虽然新的全球化在社会的共同体国家以及经济体系等基础方面并没有发生变化，但经济行为主体的活动性、灵活性在飞跃增长。经济行为主体及其全球化行为主要有：第一，大的全球性行为主体根据国家的价格—效益关系问题，即出现了选择基地问题，它将资本与驻在国置于互惠的关系之中，资本成了"世界范围的组织者"。虽然跨国公司还有总部，总部所在的国家依然存在，但造成跨国公司全球化的并不是其民族属性（如果有的话），也不是母国，而最主要的是资本自身的逻辑与跨国运算，它能够将资本与非资本成分、国际的和民族的、地方的成分统一起来，创造出保证资本再生产的条件，这个条件的前提是保证与地方互惠利益。这是跨国公司一类经济主体的行为，它与我们熟悉的传统职能权责没有多少关系。第二，民族国家国民经济不断地被以各种利益的组织力量交织为基础的各种权力主体所影响或牵制，如小到企业大到区域集团。不同国家和民族之间，由于存在着地理环境、文化发展和生产力发展水平的差异，使各自在生产发展上呈现出相对独立的特征和水平的差异。随着社会交往的扩大，部落地域性的生产日益向世界性的生产转变，交往实践活动结构中，发展中民族国家作为交往实践的主体的规定性，主要看其在什么层次、什么意义上介入交往关系，由此决定它成为什么本性、什么形态的主体。同时，在生产和消费双重活动中成为共同的主体，"没有需要，就没有生产。而消费则把需要再生产出来"①。消费主体创造和引导着生产主体的出现，同样规定着生产主体的资质、形式。所以"消费生产出生产者的素质"，即指向着生产主体，规定着这一主体。因此，考察民族国家主体，就必须考察它的交往本性，分析它所介入的机制及其创造的交往实践关系，探讨它作为主体的资质能力和基本规定性，并且认识到其本质是交往实践的社会规定性。第三，民族国家国民经济是受到文化传统影响的，为了在全球范围内取得发展，他们必须以民族国家主体对外说话，利用这类条件并在对外关系中受到限制。民族国家主体具有自主性，是交往实践自主主体。它可以自主创造对象化过程，自主通过客体的中介而实现主体际交往过程，换句话说，是通过中介客体的联结而打入社会化普遍交往实践网络的过程。民族国家为生产提供必要的组织，而且为参与共同活动并继续延续共同活动创造基础。第四，发达国家到不发达国家投资、办厂推动不发达国家建立现代市场经济。发达国家继续发展需要大量的能源、资源、市场，到不发达国家、地区去投资办厂，在这个过程中，发达国家向不发达国家转让一定的技术。不发达国家在以分工为基础的生产劳动中，要使社会生产与再生产的无限过程得以顺利进行而不致中断，必须保持流通、交换和消费诸环节的畅通。如果没有产品交换，生产出来的产品的价值就无法实现，社会生产与再生产的过程就不会顺利进行。由此看出，人类的生产和交换是一种相互关系的活动，它们的相互作用、相互制约形成了社会生产力。全球化实践主体作为生产活动中不可或缺的重要方面，为生产

---

① 《马克思恩格斯文集》第 8 卷，人民出版社 2009 年版，第 15 页。

活动的发展和扩大提供了交往活动发展和扩大的前提，交往实践作用于物质生产并产生新的需要、开拓新的生产领域，以及在生产中促进科学的应用。

从微观上看，不同主体之间所进行的社会交换活动，成为生产的前提、不可分割的方面。其中既有以科技、文化交流活动为中介的知识、技术和文化交换活动，也有以产品为中介的经济交换活动。宏观上，交往作为交往实践形态，它可以在各个民族国家之间通过产品交换实现相互间经济贸易，实现民族国家在互相介入和互相决定的层次上运作，同时也为相互间的取长补短的技术交流、彼此借鉴提供了可能。在这种由生产和需要的水平所决定并随着生产力水平和主体需要层次的不断提高而改变的形式和内容，是与人类历史发展同步的。它构成了与世界同步的日常生活经验存在方式，并随着交往关系的扩大和不断调整，主体际间交往的范围、手段、环节等都将从狭隘、单一、简单趋向广泛、复杂和更高层次的方向。建立广泛的对话渠道和交错参与的合作区，可以增进相互了解和理解，推动相互进入对方市场，从而促进区域之间和次区域之间的跨区域经济合作。

随着民族国家交往共同体越来越多，交往关系不断扩大。这里蕴涵着在交往关系扩大的同时，将会产生交往活动共同体扩大和交往关系多样化、多元化和多极化的历史趋势。

二、交往实践客体及特点

交往实践观结构的差别不仅体现在主体，而且表现于客体。交往实践结构的客体是中介客体或社会客体，中介客体的存在形式随交往活动的多层次而多样化，从物质人工制品到精神、语言客体，呈现出一个庞大的然而是有序的客体世界。其基础首先是物质制品层，然后是精神—语言层。随着信息社会的到来，精神—语言媒介客体正随着全球交互网、多媒体及其他大众传播网络迅速蔓延。在这里，重要的是应仔细研究一个中介客体如何从原本较小共同体中的存在，转化为较大的，甚至全球化共同体中的存在物的。这一转化，是交往实践总体转换、链式延展的结果。中国的一系列人工制品乃至语言文化制品走向世界的历程，以及世界的人工制品进入中国，这是开放的结果，也正是共时态维度的中介客体双向变换的历程。

马克思在分析商品、货币、资本等一系列"客体"时，就曾对这些"社会客体"的基本特性做了科学的分析。例如，以某些古典经济学家眼光来看，这些客体是一些自在存在、自在运动的物，它们的价值增值，仿佛是它们的"自然物特性"即物理或化学属性所产生的，是一种天然的、与人无涉的存在。古典经济学重商学派认为，在永恒的社会交往中，客体就自行增值，而无须劳动的产出，这是一种精神价值的交往观。马克思则认为，社会客体的存在在表面上看来是物物交换的过程，实际上是"人际交往过程"，物物关系是主体间交往的中介。商品、货币、资本等增值化是在一个总交往过程中实现的，既离不开"主—客"劳动过程，更离不开生产、流通等价值实现过程即"主体间交往过程"。

客体是中介化的对象，作为中介化的对象它不同于"单纯的自然对象"，消费不仅完成着生产行为，消费产品而使产品成为产品——这正是使中介客体产生的条件，"而且也是使生产者成为生产者的最后行为"。① 作为中介客体它具有多极指向性而不仅向一极主体开放，而且向所有主体开放，呈现其意义的多极指向性。在多极指向中，客体成为流动性和中介性，并由交往而结构化。中介

---

① 《马克思恩格斯全集》第 46 卷上册，人民出版社 1979 年版，第 31 页。

客体对另一极主体的指向、开放是关键。在现代社会，人类占有客体的态度和方式发生根本性转换。生态文明要求人类主体要像朋友一样保护自然、优化生态环境，赋予自然客体以新的生活意义。中介客体观正是顺应这一时代要求而产生的。中介客体观的建立，促使人们尊重自然客体要像尊重他人利益一样。人与自然、与他人，共生共荣，共同发展。

当代中介客体的发展反映着当代实践的性质本质上是交往实践。在历史上，人类实践的中介客体已经经历了几次大的变革，而中介客体的每一次变革，都导致了实践活动的方式、规模和水平的飞跃性发展，导致了实践活动形式的本质变化。以手工工具为中介客体是人类实践最早的形式。在人类漫长的原始社会、奴隶社会和封建社会里，手工工具是唯一的主体改造或变革对象世界的中介客体。手工工具作为人的手、脚等自然肢体的延长，虽然出现了从木制到青铜和铁器工具的进展，不过其作用都是用来传导、放大和强化人的自然力的。但是，这种手工性质的中介客体，决定了古代人类实践活动方式的个体性和分散性。在中介客体发展的手工性阶段上，人类实践的规模还极为狭小，人类利用自然和改造社会的能力和水平也极为低下，整个社会生活尚处于一种封闭、落后的自然经济状态。

18世纪下半叶第一次工业革命爆发，作为其时代标志的是由手工性中介客体向机器性中介客体的转变，蒸汽机等机械性中介客体被广泛地使用到人类实践，它极大地提高了人类征服自然的能力，对近代人类的实践活动产生了深远的影响。社会化大生产发展起来，出现了现代工业和交通运输业，建立了城市和生产、交换、流通体系，人们之间的社会交往冲破了地域和民族的狭隘界限，打破了自然经济条件下人类分散生活、相互隔绝的封闭状态，出现了世界性的政治、经济和文化联系。19 世纪近代第二次工业革命，其主要成果是电力技术的广泛运用，人类原有的机械性中介客体被空前地放大和增强。由于电力技术等中介客体的广泛运用，出现了电灯、电报、电话和实现了远程输送能力，不同差价的产品开始进入更广阔的市场，在更广大的地域寻求比较成本优势。城市扩大服务功能加强，新型产业层出不穷。伴随着现代工业知识的教育的发展，培养所需人才成为时代潮流，在这里早先阶段的机器生产把劳动者同劳动本身直接联系在一起，而现在出现了劳动者同劳动相分离的趋势。

20 世纪后半叶以来，以现代信息化、网络化、市场化与生产知识化为标志的现代中介客体，反映了现代人类实践的深度和广度。在现代人类实践活动过程中，无论实践主体或者中介客体，还是实践活动的社会形式，都发生了空前的变化。当代的信息技术、传感技术和通讯技术已经把地球上各个地区、各个角落的人们紧密地联系在一起，不同国家、民族的人们之间通过建立信息化、网络化的全球生产交换体系，使当代人类社会真正成为一个有机的整体。作为整体的世界，其生存、活动和发展，受到了在同一个市场不同主体竞争发展格局的影响，多元化主体开始共同面对人类自身产生的各种问题。通过中介客体，多极主体之间的交往在频度、速度和深度上都达到了前所未有的水平。与此同时，现代社会知识的生产、积累、传播和运用，信息的采集、接受、筛选和利用，越来越占有重要的地位。现代社会中，实践主体的实践必须建立在对科学技术知识等深刻的理解和掌握基础上，在许多发达国家中知识型实践家的人数与日俱增，所以，人们常把现代生产中的许多部门称为"知识工业"、"以科学为基础的工业"或"信息产业"。这种工业有可能不再需要大量的能源，或者大量的材料，而主要是通过运用一定数量的信息和科学知识，就可以创造出大量的社会财富。这正如美国著名经济学家波得·德鲁克所说："知识生产力已成为生产力、竞争力和经济成就的关键因素。知识已成为最主要的工业，这个工业向经济提供生产需要的重要中心资源。"① 主体所掌握的知识、信息和市场运作经验以及建立的网络化生产交换体系，这些现代中介客体在现代实践中占有越来越重要的地位。正是在中介客体日趋知识化、信息化和网络化的条件下，现代人类实践最终实现了由经验型向科学型、知识型和信息型的转变。

第二次世界大战以来，国际间的生产专业化和劳动分工有了新的发展。在这之前，国际间的劳动分工主要限于原料生产和成品生产之间的初级分工，限于提供原料的殖民地、半殖民地国家和提供工业成品的工业化的宗主国之间的分工。第二次大战以后，随着科学技术在工业化的发达国家之间的传播，工业化的发达国家之间出现了不同的专业化发展趋势，不同国家形成了在不同专业领域中的技术和生产优势，各自着重发展在国际市场上具有较强竞争能力的特定外销机器设备或者某种机器的特定部件、零件的生产。特别是，这时候生产一些现代化的高、精、尖工业产品的生产过程内的分工往往涉及不同国家、不同大洲。这个零件可以在这个国家生产，那个零件可以在另一个国家生产，组装又在第三个国家进行，生产的产品和生产方式实现了全球化生产，产品变成跨洲、跨国的中介客体。值得注意的是，在国际间的劳动分工和产品的流动使得过去原料生产和成品生产之间的初级分工，不仅发展到了在全球之间进行生产的高级分工，而且生产过程的区域化、全球化把生产过

---

① ［美］奈斯比特：《大趋势——改变我们生活的十个新方向》，中国社会科学出版社 1984 年版，第 15 页。

程的各个方面、环节、阶段之间统一起来，又分散到世界各个地区和民族国家。这种通过居间联系、组织成为一个整体的就是中介客体的多级指向性和开放性。

进入 20 世纪 90 年代以来，依托新兴经济领域的高科技产品开始强有力地发挥交往全球化实践的中介作用，这主要是指计算机（包括硬件、软件和网络设备）和电信（包括有线和无线，两者都采用计算机技术），这些中介客体高速度地实现了跨国公司在全球范围内的跨国经营。

由此观之，交往实践所指称的客体不是一般的产品、生产环节，而是交往全球化实践的新形式，它具有社会性、中介性、对象性和多极主体指向的开放性等特征。

三、交往实践结构及特点

要理解全球化进程中社会发展的世界性、普遍性和交往性，就离不开对交往范畴和交往实践活动与生产实践活动关系的研究，离不开对交往实践结构特点的研究。交往实践结构具有如下特点：

第一，交往全球化实践结构是动态的、开放的，具有趋向未来的特征。人类的社会交往活动是一个逐步克服自然局限性的过程，当它把"由自然决定"的关系不断转化为"由社会决定"的关系时，这个动态的、历史的发展过程，就具有不可扼制的扩大发展趋势，具有拓展到交往全球化实践的趋势。当然，初期个体社会化与个体实践转化为群体实践过程时发展还有局限性，而当群体实践包括各民族、国家和地区交往实践时，其结构就具有复杂化、多样化、世界化的生成和发展的历史趋势。尤其是在当代，国际间的竞争与合作，使人类交往全球化实践结构更加社会化、交往化和世界化，各个共同体内部和共同体之间，从个体间到集团间，从区域性走向世界性发展，形成全球化的交往结构，构成经济的、科技的、文化的、政治的、军事的等交往关系的总体系。值得注意的是，交往全球化实践阶段是一个动态延展的活动过程，具有开放性、历史性和趋向未来的结构和特征，它永远不会停留为既存和现存的东西，而是不断指向未来。这就是通常所说的全球化是一个大潮，具有不可阻挡的发展趋势的含义。

第二，交往实践具有主体能动性。交往实践是客观的实践活动，它源于交往实践的物质交往活动。现代交往实践的各主体之间是连接在一起的，各不同主体之间是直接或间接的作用和相互作用，跨国公司母公司与遍及全球的子公司作为联结经营，既有相互提供服务、相互支撑的性质，又有一荣俱荣、一损俱损的连带背景关系，因此，各自根据自身的需要，自主地设定其意义，并且指向行为和对象，从而建立意义的主体性。同时又为了共同利益产生聚合相关性或者叫做内在支持的能动性意义结构，既对外一致，又对内约束，成为一种具有渗透性、规范性意义的共同体。这种情形在区域集团化中表现得也十分明显，如对内部集团实行一种统一的不对外的税制，对外则又实行一种统一不对内的税制，税制的差异反映了建立区域集团化的经济或战略意义。从精神文化交往层面来看，交往共同体的意义聚合、成员对规范价值观的认同和皈依，会产生出巨大的文化力和意义——追求的整合力，一种内在目标统摄力。跨国公司共同体就是这种具有意义规范结构的共同体，它支配着跨国公司上下内外在领悟和理解意义的同时，成为跨国公司主体交往全球化实践能动的发动者、轴心和主宰，由于意义变化具有一以贯之的中心，跨国公司也成为意义世界的象征。品牌和商标及其文化都成为推进跨国公司实行跨国战略经营的条件。

第三，交往实践具有稳定社会、整合共同体、生产新的社会产品和社会机能的功能。交往实践全球化构成现代世界生产的、分配的、交换的、消费关系的体系，成为构成生产共同体的桥梁和纽带。交往关系及其交往实践结构，自身就形成了新的交往实践系统质态，而不同于各要素的质的简单相加。正因为如此，各主体间交往关系整合为共同体的交往规范，使共同体社会的主导价值指向，使各主体一开始就介入其间，为社会序化规范结构所制约、所塑造。由于主体所处的交往关系的复合交叉点的不同而具有个性，呈现出交往关系中"主体际"的差异性；另一方面，由于共同体规范的制约，又呈现出交往合理性的共性，这个共性规范再来建塑交往实践共同体。因此，交往实践全球化自身绝不是交往活动的消极凝聚，不仅仅是对交往活动产品的消费关系（消费也是生产），而且是交往关系的扩大。无论是"主体—客体"的关系（如生产的技术组合和劳动协作），还是"主体—主体"关系，都具有稳定社会、整合共同体、生产新的社会产品和社会机能的功能。

第四，交往实践结构具有网络化的社会功能和发展趋势。交往活动及其交往关系作为交往实践的一个个建构的"构件"，它的生成和发展事实上推动了社会网络化过程。在这里交往实践结构既表现为"主体—客体"、"主体—主体"形式，还表现为以客体为中介的"主体—客体—主体"形式。交往实践呈现为一种由诸多主体以多种因素、多种形式相互作用展开的动态网络体，在复杂的交往实践动态结构中，中介客体包括市场、知识、信息、网络等一个个关键性联系中介，它们有效地制约着主体与主体、主体与客体特别是主体间的联系结合形式，从而决定着交往实践活动的方式、规模和水平。当这些交往活动、交往关系广泛存在于各个共同体内部和共同体之间时，交往关系的层次和类型也是多样化的：从物质交往层面来看，是社会广泛的分工协作、跨国组织生产、科学技术交流体制，随着交往活动的层次递升，交往关系的类型亦必然是多样化的，有些越来越并入国际化过程，成为交往实践关系的新类型。从精神文化层面来看，经济交往中延伸文化传播，科技教育文化交往中发展科学文化，从大众文化传播过程中了解世界消费文化潮流，这些一直扩散到日常生活交往领域。随着时代的变迁，这里既有文明互动和文化交往带来的正面因素，推动传统文化走向世界，增强世界普遍意识，又有文明和文化趋同的消极负面作用。这种发展和波及影响模式类似网络化的社会发展功能和发展趋势，具有一定社会文化的普及和穿透作用。

第 四 章

交往实践全球化：过程、矛盾和发展趋势

　　对于经济全球化现象的认识，不能离开人类历史进程的总规律。一部人类发展史，归根到底是物质资料生产和交换发展的历史，即物质实践交往发展的历史。而人类从事物质资料生产和交换的途径，是由简单到复杂、由低级到高级逐步演进和深化发展的。当生产和交换社会化的程度和水平处于低下状况的时候，由于社会的生产和交换被封闭在狭隘的地域范围里，因而不可能为人们认识历史的发展提供规律性的联系。随着生产和交换社会化程度和水平的日益提高，社会化的范围越来越大，以至于推向生产和交换的国际化、全球化的时候，才为人们突破狭隘的地域性限制，认识历史的走向，提供了具有广度和深度的规律性联系的根据。这种情形表明，生产和交换的国际化、全球化的程度和水平，从人类生产和交换形式发展的客观进程上表现了历史的进步和社会化程度的提高。正是在这里，我们的认识需要从生产和交换形式发展的社会化、国际化、全球化不断扩大的趋势中，认识经济全球化产生的必然性。

第一节　交往实践全球化：历史过程

经济全球化是一整个历史过程，其中包括科学技术革命，经济社会制度的变迁，但本质是资本主义世界贸易、世界经济的全球联系和发展。经济全球化作为一个历史过程来看，它包括三个趋向相同但形态不尽一致的阶段。这三个阶段前后相续具有各自的特点。

一、14、15 世纪：以地中海为中心

第一阶段，在 14 世纪产生的个体主义和普遍主义的人文环境下，以开放交流为背景，继而受"地理大发现"影响。不过，初期如马克思所指出："14 世纪和 15 世纪，殖民地尚未出现，对欧洲说来美洲还不存在，同亚洲的交往只有通过君士坦丁堡一个地方，贸易活动以地中海为中心，那时候分工的形式和表现，与 17 世纪西班牙人、葡萄牙人、荷兰人、英国人和法国人已在世界各处拥有殖民地时的分工完全不同。"① 这个阶段新兴资产阶级要求实现资本主义的海外贸易，谋求的是由于相互分离的远距离之间土地的价格差产生的贸易利益。从 16 世纪开始，欧洲逐渐发展起劳动分工体系。马克思指出："形成工场手工业的最必要的条件之一，就是由于美洲的发现和美洲贵金属的输入而形成的资本积累。""同时，绕道好望角这条航道同东印度通商后流通中商品量的增加，殖民地制度，以及海上贸易的发展等也促进了工场手工业的发展。"②

---

① 《马克思恩格斯文集》第 1 卷，人民出版社 2009 年版，第 618 页。
② 《马克思恩格斯文集》第 1 卷，人民出版社 2009 年版，第 625 页。

这时国际劳动分工不断在调整旧的国际劳动分工，建立新的国际劳动分工。沃勒斯坦指出，在 15 世纪末 16 世纪初，"像一个大帝国那样幅员辽阔……它有异于帝国、城邦和民族国家，因为它不是一个政治实体，而是一个经济实体"①。这个世界经济体系从 16 世纪的英国开始，是一个"从欧洲文明中心向欧洲文明边缘扩散技术的过程"。

二、20 世纪前半叶：形成统一市场

完成统一市场过程的第二阶段，从 18 世纪到 19 世纪中叶，再到 20 世纪前半叶，这一时期资本主义世界各国经济先后进入自由和垄断竞争发展时期，欧美一些国家先后完成了工业革命，国际分工从工业和农业之间的分工，向工业内部的垂直分工发展，从而极大地推动了国际贸易的发展。通过对美洲的殖民和经济开发，欧洲已蓄积起巨大的资源和力量，它已在利用全球的资源而非仅仅是亚欧大陆。以西欧为中心，一条条贸易和政治影响的路线向各方伸展，围绕整个世界——向西到南北美洲向南绕过非洲，向东到印度并绕过东南亚伸向中国，造成了改变欧洲社会和亚洲社会之间的力量对比。随着世界市场的形成，全球经济逐步联系在一起。"资产阶级，由于开拓了世界市场，使一切国家的生产和消费都成为世界性的了"②。

在 19 世纪中叶发明的蒸汽机和铁路技术的推动下，经济的相互交往明显扩大，地球上所有地域的经济大体连接在一起。作为第二次工业革命时代的象征物，连接大洋的苏伊士运河和巴拿马运河，几条重要的横跨非洲、西伯利亚和北美的洲际铁路、海底电缆

---

① ［美］伊曼纽尔·沃勒斯坦：《现代世界体系》第 1 卷，高等教育出版社 1998 年版，第 12 页。

② 《马克思恩格斯文集》第 2 卷，人民出版社 2009 年版，第 35 页。

网和布满各州的电报电话线网络都建成了，较之以前的自由贸易，它的渗透和分裂作用更大。亚洲、非洲、拉丁美洲和大洋洲都被纳入了资本主义世界经济体系。与此同时，全球化伴随着产业分工的巨大变化，适应各个地域的生产要素（天然资源、劳动力和资本）分布的生产分工，产业间的垂直贸易发展起来了，在世界体系中心的国家把生产的工业产品推向周围的依靠天然资源和农产品等分工生产初级产品的地域。马克思、恩格斯指出："各个相互影响的活动范围在这个发展进程中越是扩大，各民族的原始封闭状态由于日益完善的生产方式、交往以及因交往而自然形成的不同民族之间的分工消灭得越是彻底，历史也就越是成为世界历史。"①

三、现时代：世界范围相互交织、相互依存

造成第三阶段经济相互依存的更是技术和生产力的发展，它是以飞机和大容量的海底电缆、通讯卫星、电子计算机为中心的全球贸易。在这个阶段，国与国之间的经济联系在贸易方面由垂直分工发展到水平分工。这个阶段是从 20 世纪中叶开始，但 20 世纪最后 10 年的变化最具有代表性，现代世界经济成为一个以市场为纽带，以商品和生产要素流动为媒介，信息技术交往结构起支撑和媒介作用，将世界各国经济紧密连接在一起的相互依存的经济体系。世界各国经济相互交往、相互渗透程度日益加深，世界各国的商品、服务、资本、技术和人员的流动高速度大容量地跨越国界，在经济全球化带动下，实现了全球范围内生产、交换、分配和消费等一系列环节周而复始的国际经济大循环。世界各国被卷入世界市场体系之中，都不同程度地成为全球经济中的一个组成部分，都在以新水平为主的国际分工体系中占有一定位置，互相交织、相互融合，"你

---

① 《马克思恩格斯文集》第 1 卷，人民出版社 2009 年版，第 540 页。

中有我，我中有你"，密不可分。

马克思的世界历史理论早已经揭示了经济全球化是一个历史过程，并完全能够回答经济全球化带来的新变化。这就是：地域性的社会向构成统一的世界历史性社会转变，地域性的历史向世界历史转变必然从社会的空间区域结构的扩展中现实地表现出来。现代世界经济全球化既是历史向世界历史转变过程中发生的，又是转变为世界历史的表征，它伴随着人类交往实践发展的一整个历史过程。同时，统一的世界历史性社会存在，它既是民族性的、本土性的，又是世界性的、国际性的。统一和分殊的在现代世界社会的各个结构层次中明显地表现出来：无论是主体结构的各个层次还是多层面结构中的各个层次，既存在着地区性与民族性的特点和传统，也无一不渗透着世界性的因素。与此相对应，世界上的许多民族由于已经参与到世界历史运动之中，一个民族的活动已经现实地成了世界历史运动的内容，因而世界历史中必然要保持世界性、国际性的特点。人类交往的不断扩展也以世界性经济、政治和文化格局表现出来，世界呈现出多极化发展趋势。这种多极化发展趋势，实际上人类社会在统一中有分异，在分异中有统一的相互转变，这是世界历史在现代发展中的一个重要转折。这种转折预示着人类社会需要通过交往走向多极化共同发展的社会，走向未来真正的全人类统一的社会总体。

第二节　交往实践全球化发展方式、趋势

人类的生产和交换必须通过一定的社会形式去组织，去实现。

生产和交换社会化作为人类生产和组织形式发展的重要表征，它们在不同的时代和不同的生产力条件下，表现为不同的历史形式。生产和交换形式社会化、国际化、全球化，是指随着商品的生产普遍化、世界市场的开拓以及世界普遍交往的形成，各民族的生产和交换便越出其狭隘地域，发展到国与国之间、地区与地区之间生产过程更大范围的社会结合形式，并出现了一定程度的国际专业化分工趋势。

一、物质交换：国际化、全球化

马克思和恩格斯认为：地理大发现"给新兴的资产阶级开辟了新的活动场所"，而"受到日益扩大的、归根结底表现为世界市场的力量的支配，这种情况在迄今为止的历史中当然也是经验事实……同时，每一个单个人的解放的程度是与历史完全转变为世界历史的程度一致的。至于个人在精神上的现实丰富性完全取决于他的现实关系的丰富性，根据上面的叙述，这已经很清楚了。只有这样，单个人才能摆脱种种民族局限和地域局限而同整个世界的生产（也同精神的生产）发生实际联系，才能获得利用全球的这种全面的生产（人们的创造）的能力。"[1] 马克思这里指出，造成资本主义在全世界发展的是交换在各国家、地区间的不断发展，其中包括征服、地理上的发现、商人资本的革命，造成了世界市场的突然扩大、流通商品种类的增多以及欧洲各国对亚洲的争夺，等等，从而带动了资本主义生产和世界市场的不断扩大。我们可以看到这是一个历史过程。

这个过程开始发生是在近代西欧自然经济形态向商品经济形态的历史大过渡中。这个时期西欧社会经济发展采取的是商业、贸易

---

[1] 《马克思恩格斯文集》第 1 卷，人民出版社 2009 年版，第 541 页。

等形式的经济交往活动。早在 1708 年，张伯伦就在其《大英布告》中宣称："我们的商业是世界上最有意义的。"英国利用世界范围的商业交往，使自身资产阶级革命比法国早了一个多世纪，吕贝尔特在《工业化史》一书中曾说："英国精神面貌从来与教会政策无缘。这只能理解为这个岛国与外面世界不断往来的结果。世界各地都有其实实在在的利益，并在本国政府和议会的支持下得到了照顾，能从世界各地源源把货物用英国的船只运入，并重新出口。"这说明西欧封建制度的最初瓦解主要来自人类跨地区、跨民族、跨国家的世界性商业交往。马克思实际上最早指出了这一点，他说："由于地理上的发现而在商业上发生的并迅速促进商人资本发展的大革命，是促使封建生产方式向资本主义生产方式过渡的一个主要因素。"15 世纪末 16 世纪初的一系列地理新发现，世界市场的开拓，都是受人类发展商品经济、扩大同东方贸易往来的生产和产品交往驱使的结果。这时西欧资本主义生产方式正在这种生产和产品交往活动中形成和发展着，这个过程类似不断打破原有的区域性、小空间的交往，从民族交往走向世界交往的历程。在这里资本主义经济的早期形式——资本原始积累使得小生产者同他们的生产资料相分离，从而获得了个人交往的自主权和能动性，变封闭社会内部以宗法关系为枢纽的交往形式为一种新的生产方式——历史活动的经济交往活动，个体自主的交往为带动社会演化创新起到了一定的历史作用和意义。在这种交往活动中，原来的小生产者变成了雇佣工人，生产资料占有者变成了资本家，地租变成了工业资本、商业资本。而这些资本又通过充满着征服、压迫、劫掠和屠杀等暴力剥夺的交往形式，创造了资本主义生产方式发展的世界市场。

　　资本主义交换在全球发展过程始终与商业贸易发展密切联系，

这种发展到后来推动形成贸易与投资自由化。应当看到,贸易的自由化、多边化并非20世纪的新鲜事物,它是伴随着资本的诞生而产生的一种力量,如马克思所说"不存在不向外扩张的资本",资本的本性是"到处落户,到处开发,到处建立联系"①。我们可以看到,贸易自由化的发展也经历了一个历史过程,不同阶段具有不同特点。最初,以英国为代表的老牌资本主义大国为了保护其民族工业,采取贸易保护主义政策;后来,第一次工业革命完成,使英国的商品在世界市场上没有竞争对手。于是,英国放松了贸易保护主义,而此时以美国为代表的后起资本主义国家仍然采取贸易保护主义为主的政策,结果,英国在国际竞争中的地位日渐衰落。18世纪到19世纪中叶是资本主义自由竞争时期,这一时期欧美一些国家先后完成工业革命,生产力的发展出现了巨大的飞跃,从而极大地推动了国际贸易的发展。正是由于国际贸易的发展推进了贸易自由化的不断深入,贸易自由化和投资自由化使资本主义国家尝到了推动经济全球化的甜头,本世纪贸易自由化和投资自由化发展的速度充分显示了加速经济全球化的作用。同时,贸易和投资自由化伴随着金融自由化,金融自由化迅速成为经济全球化新的内驱力。从20世纪70年代以来,欧美发达国家放松了金融管制,各国金融自由化以及国际化的发展呈现出与经济全球化发展变化难以割裂的内在联系。20世纪50—60年代,世界上绝大多数国家严格限制国际资金的流动,但从70年代中期开始,美国首先放松了金融管制,主要是放宽或取消了对银行支付存款利率的限制,放宽对各类金融机构经营范围的限制,允许业务交叉,允许更多的新金融工具的使用和新金融市场的设立。这使得资金得以自由地流向能够提供最高

---

① 《马克思恩格斯文集》第2卷,人民出版社2009年版,第35页。

回报率的地方，而不必再受国界的限制，因而出现了流动性资金赚取更多的资金的金融全球化现象，美国和其他发达国家都曾经有过借钱实现经济全球化的经验。

二、物质生产：社会化、国际化、全球化

人类的生产必须通过一定的社会形式去组织、去实现。生产社会化作为人类生产和组织形式发展的重要表征，它在不同的时代和不同的生产力条件下，表现为不同的历史形式。生产形式社会化、国际化、全球化，是指随着商品的生产普遍化、世界市场的开拓以及世界普遍交往的形成，各民族的生产便越出其狭隘地域，发展到国与国之间、地区与地区之间生产过程更大范围的社会结合形式，并出现了一定程度的国际专业化分工趋势。

人类物质资料生产是沿着自身发展的方向在一定的社会形式中发展的。我们可以看到，生产社会化作为人类生产形式发展的重要表征，它在不同的时代和不同的生产力条件下，表现为不同的历史形式。生产形式社会化大体上按照从最初的分工产生简单合作的简单形式，发展到专业化的分工与合作，从单个企业内部的专业化分工与合作，发展到联合制企业的专业化分工与合作，从一个国家和地区内部的生产过程社会结合，发展到国与国之间、地区与地区之间生产过程的社会结合。自从工场手工业代替了手工作坊，由此开始了生产社会化的历史以来，生产的社会化不断发展到形成国际化、全球化一起，成为发展生产力的基本途径。

生产和交换的社会组织形式得到巨大发展是在 19 世纪下半叶，美国借鉴欧洲工业革命的历史经验，很快从单个的工厂向联合制的生产和交换组织形式推进，到以国际联营为特征的生产和交换组织形式，如辛迪加、卡特尔、托拉斯，等等。这类联合制的生产组织形式，把生产过程的社会结合从一个国家或地区的范围推向国际间

的联系之中，成为以国际化联系为特征的生产组织形式。可见，最早出现的这些国际联营的生产组织形式，构成了生产国际化的初始形态，也是在更大的空间里造成了生产过程社会结合的历史形式。

从联合制的生产和交换组织形式到现代世界跨国公司联合体的产生，标志着生产和交换社会化、国际化、全球化的历史形式的新的演进。在这个历史过程中，从18世纪70年代开始的欧洲工业革命，成为在新技术革命下生产发展的更进一步的推动力。在人类历史上第一次技术革命是以蒸汽机的广泛使用为主要标志的，并很快使人类步入"蒸汽时代"。"蒸汽时代"产生了规模更大的工厂化工业生产形式。第二次新技术革命是以电力的发明和使用为主要标志的。在这个"电力时代"，远距离输电，电报越出国界，海底电缆横跨大洋，无线电波飞鸿迅即普及全球。电力的运用使人类的生产先是可以跨地区远距离组织生产，后来可以跨世界组织生产，极大地促使了社会生产力和国际贸易的发展。20世纪中叶是以电子新技术革命为突破的现代化工业生产方式，它的不断发展和运用于自动化工业生产使当代人类的生产方式主要表现为高科技、高智能的生产。无论是生产的手段还是生产的空间，历史上任何时期的生产都无法与之相比拟。当代人类的生产已经是满足主体追求无限需要的生产，它是一种无限的物质空间生产，智能的交往胜过体能的生产。世界范围的各种社会在科学技术革命的冲击下，都经历或正在经历着人类生产的巨大转变。所以，科学技术是人类历史上生产最剧烈、最深远并且显然是无可避免的一次又一次社会变革的巨大推动力量，其结果是经济全球化的迅速到来。

到今天为止，表征国际化、全球化的程度和水平的典型形式要算跨国公司。20世纪初，跨国公司开始出现在一些主要资本主义国家。第二次世界大战以后，跨国公司突破了以往国际联营的局限，把生产和交换过程的社会结合全方位地推向更高的程度。在跨国公司的力量所到之处，采取就地调动原料、就地加工、就地生产和就地投向市场的形式，以国际间的经济一体化，造成了跨越国界、跨越地区、跨越海洋的生产过程。同时，跨国公司推进了在国际间日益发展的分工与合作，国际间的商品流通与交换，国际市场机制的发育，特别是跨国公司越来越呈现出生产和交换国际化、经营多元化、交易内部化和决策全球化的特点。这中间，跨国公司不仅在经济发达国家和地区大量出现，而且成为发展中国家推进生产和交换社会化程度的目标，发展中国家普遍积极吸纳跨国公司的投资、技术和管理，作为民族经济走向世界经济的桥梁。现在，跨国公司是推进生产和交换国际化的先锋，是生产和交换形式在全球范围拓展的一支重要力量。当代跨国公司是生产全球化名副其实的急先锋，是经济全球化的重要载体。跨国公司数量大幅度上涨是在20 世纪 70 年代初期，它在全球范围内所向披靡，带动了生产、资金、技术、劳务、商品在各国流动。进入 90 年代，进行全球兼并又一次掀起经济全球化浪潮，跨国公司抢占先机的组织发展方式使得世界经济的一半以上为他们所拥有，它的生产经营伸向全球一百九十多个国家和地区，渗透到世界各地，就连过去与世隔绝而人口只有 26 万的冰岛，也把美国摩托罗拉公司请进来合作，从前闭关自守的韩国赶快在本国边境地区开设自由贸易区，招引跨国公司前去投资。

与此同时，从近代资本主义产生开始的国际分工和国际经济交流空前扩大。在马克思主义看来，国际贸易和世界市场不过是国际分工的表现。从历史上看，殖民主义者采取的武力征服政策、各种超经济的强制手段以及自由贸易政策，曾迫使许多亚洲、非洲、拉丁美洲国家进行国际生产专业化。第二次世界大战后，由于殖民体系的瓦解，发展中国家在政治上取得了独立，但经济独立问题远没有解决，发展中国家在资金、技术、生产、流通、运输等多方面仍然要依靠国际资金和资本。发展中国家被卷入全球工业分工体系之中，主要从事简单加工工业、劳动密集型制成品的生产和出口，以及服务于跨国公司全球战略需要的某些生产环节和某些零部件的专业化生产。这使得一批原来贫穷落后的国家或地区开启了现代化转变的巨轮，进入了世界发达国家的行列中。在一定意义上，国际经济向全球化的演进方式就是随着国际分工、国际经济交流程度的变化而变化的。马克思主义唯物史观认为，这种力量的推动，把原本分散割裂的世界连成一个相互联系的统一大市场，这一大市场的形成又促进了各种不同文化的相互碰撞、吸纳和融合，最终形成一个同任何一个国家和民族初始状态完全不同的一个新的、全人类的全球统一大市场。这个历史过程完成之后，便形成了"全面的生产,""全面的依存关系"和"世界历史性的共同活动形式"，任何一个民族、国家或个人面对的都是以全球为单位的，由其他民族、国家或个人组成的整体。同时，任何一个国家、地区的经济要想脱离开世界经济发展的轨道，摆脱与别国和地区的经济联系都是不可能的。

总之，生产和交换形式在资本主义发展过程中的表现，正如马克思所指出的那样，既是资本主义的前提又是它的结果。这种情形表明，人类物质资料的生产和交换作为一定的社会形式，同时又表现为一定的历史形式，而这种生产和交换的社会形式本身表现为不断扩大的历史，这里同样如马克思所说的不存在不扩大的生产，也不存在不扩大的交换。如果把生产和交换不断扩大作为"生产一般"即舍去它的具体的历史意义，而在广阔的生产和交换作为人类的共同意义上去理解就具有了更深刻的含义。在这里我们说，就生产和交换形式的发展而言它与生产关系、上层建筑之间的关系是不能机械等同的，也就是说，国际化、全球化作为生产和交换社会化拓展的形式来说，它还有着自身发展的规律。换句话说，就是不可以把生产和交换的国际化、全球化形式直接与生产关系、上层建筑和社会制度混为一谈。例如，不能一谈到发达国家如美国、欧洲、日本等的国际化、全球化拓展，就笼统地说它打上了资本主义标记，也不能一谈到中国的国际化、全球化拓展，又说它打上了社会主义的标记。正如不能把市场经济一概说成是资本主义的，而把计划济一概说成是社会主义的一样，如果不是这样看问题，就不能认识和把握生产和交换形式自身发展的规律，就要重复过去那种简单化看问题的思想方法。而人类从事物质资料生产和交换的途径，就是一个由简单到复杂、由低级到高级逐步演进和深化发展的。这一点恩格斯在晚年关于历史唯物主义的若干信件中已经提出并做了回答，说："我们大家首先是把重点放在从基本经济事实中引出政治的、法的和其他意识形态的观念以及以这些观念为中介的行动，而且必须这样做。但是我们这样做的时候为了内容方面而忽略了形式方面，即这些观念等等是由什么样的方式和方法产生的。"[1] 又说："政治、法、哲学、宗教、文学、艺术等等的发展是以经济发展为基础的。但是，它们又都互相作用并对经济基础发生作用。这并不是说，只有经济状况才是原因，才是积极的，其余一切都不过是消极的结果，而是说，这是在归根到底不断为自己开辟道路的经济必然性的基础上的相互作用。"[2] 生产和交换形式的国际化、全球化是其生产和交换本身发展的规律，是随着世界各国的物质生产

---

[1]　《马克思恩格斯文集》第 10 卷，人民出版社 2009 年版，第 657 页。
[2]　《马克思恩格斯文集》第 10 卷，人民出版社 2009 年版，第 668 页。

和交换的发展而发展的，出现在国与国之间生产和交换的历史形式，作为一种生产和交换社会形式在当代跨国界发展具有无限的发展趋势，从而全球化是生产和交换在当代世界历史性发展空间里出现的崭新形态。确立生产和交换的国际化拓展形式不断扩大，是生产和交换社会化历史形式发展的观点，对于理解和把握人类生产和交换形式发展的一般进程，以及对于研究生产和交换的现代意义，对于探讨交往全球化的发展趋势，都提供了有说服力的理论视角。

第三节　全球化内在矛盾：经济国际化与经济民族化

早在 1985 年，美国经济学家泰奥多尔·莱维特就在《市场全球化》一书中首次使用了"经济全球化"这个词语并把它解释为商品、服务和技术在世界范围内的生产、消费和投资领域中的扩散。此后，经济全球化作为全球化领域最活跃、最基础、最客观的方面，使全球经济逐渐形成了一个有机的整体。在这个有机体中，生产力和国际分工达到了前所未有的高度，人类经济交往的全球性大大突破了国家和地域的局限，各个国家的经济相互依存、相互竞争，融为一体，共同发展，形成统一的世界市场。因此有这样一种说法："在 20 世纪 90 年代经济发展不再是少数几个国家的事情，它实际上已经成为全球性的事业。"① 德国学者哈贝马斯对经济全球化的理解是"世界经济体系的结构转变"，其经济全球化思想在《超越民族国家？——论经济全球化的后果问题》一文中主要表述

---

① 张鹏：《什么是全球化》，《欧洲》2002 年第 1 期。

为四个方面：一是随着国际贸易在全球地域上的拓展，民族国家之间在经济贸易方面的往来和联系空前加强；二是金融市场呈现出经济全球化的诸多新特点，尤其表现为外汇投机和金融衍生物投机所形成的"符合经济"；三是日益增多的对民族国家的直接投资归功于跨国公司及其协调合作的国际化形式；四是"门槛工业国家"的工业商品出口总量大增，其优先发展高新科技的战略思想提升了其国际竞争力，反过来也压制了其他经济合作组织国家的经济改造。哈贝马斯同时强调，经济全球化使得全世界人们成为风险共担的共同体，有着无法回避的集体命运。[1] 从本质上来说，经济全球化是指在市场法则的引导下，经济增长要素主要指资本要素、知识要素、技术要素和人力要素等在全球范围内出现的流动、配置、重组、扩张。从内容上说，经济全球化包括生产全球化、技术全球化、投资全球化、市场全球化、国际贸易全球化、金融全球化等方面。吉登斯对经济全球化的评价意味深长："经济全球化是真实的，这与过去的类似进程不同，不管它的批评者如何评价，它都越来越难以抗拒。"[2]

新的经济全球化阶段的发展进程是和各国家、各民族的发展相联系的，是以民族国家为主体的全球性的经济交往活动。也可以说是资本主义和社会主义、发达国家和不发达国家、西方民族和东方民族共同主导着这一时期的全球化进程。这样一来，经济全球化必然是一个矛盾的进程，矛盾方面是经济民族化与经济国际化在相互影响、相互渗透中存在着相互制约、相互冲突的趋势，这是经济全球化的矛盾实质。学者俞可平认为："全球化就是这样一个矛盾的

---

[1]　参见张鹏：《什么是全球化》，《欧洲》2002 年第 1 期。

[2]　安东尼·吉登斯：《第三条道路及其批评》，中共中央党校出版社 2002 年版，第 67 页。

统一体，是一个相反相成的过程，是一个悖论。但这是一个合理的悖论。其一，全球化的这种内在矛盾是一个客观事实，无论它看起来是多么匪夷所思，它都是合理的，用黑格尔的话来说就是'凡是存在的都是合理的'。其二，全球化的这种内在矛盾是必然的，在全球化的背景下，即使是开放化程度最高的国家，也不可能完全没有本民族的胎记，反之，最封闭的民族也不可能没有全球化的痕迹。其三，全球化的这种矛盾有利于人类社会的进步，社会本身就是多样性的统一，多元一体化也好，一元多体化也好，都应当是人类发展的真谛。既然全球化本身所内在地包含的矛盾、对立或悖论是合理的，那么它就不是人们在通常意义上所理解的矛盾或悖论，而是哲学上所说的二律背反，所以我们说全球化是一个二律背反。"① 经济民族化是指，生产和交换的国际化与民族化的矛盾运动在不同民族或国家内具有不同的性质、结构和运行机制。经济的国际化、全球化是指，资本主义生产方式的兴起开辟了世界交往的新时代，任何一个民族或国家的经济面对的都是以全球为单位的，由其他民族、国家组成的整体。

一、经济发展形式与经济发展主体的矛盾

经济发展形式的矛盾在经济全球化过程中是沿着两维向度展开的：一是生产和交换形式的国际化、全球化；二是这种生产和交换作为一种"国际性"的经济交换体系总是在不同地域、不同国家之间进行的。所以，民族化与国际化构成了经济全球化的内在矛盾，而且这一矛盾的解决和不断发展永远不会完结，每一方面都会对经济全球化产生双重影响。从国际化方面的全球化进程来看，这一矛盾一方面会大大推进世界经济的发展，在一定范围和一定程度

---

① 俞可平：《全球化是一个合理的悖论》，《人民日报》2000 年 4 月 27 日。

内扩展有利于民族国家生产力发展的生产和交换组织形式，促进全球资源的有效配置，也有利于充分利用国外资金、技术、资源和市场等外部条件，为一些民族国家创造发展的机会，为发展中国家实现跨越式发展提供了极好的机遇。日本和亚洲"四小龙"的崛起正是抓住了经济全球化的发展契机，才得以创造的经济奇迹。为此，有学者高呼："中国在 21 世纪的最大机遇就是经济全球化，参与经济全球化进程符合中国的最大国家利益。"[1] 还有学者认为："经济全球化是中国改革的第二次推动力。"[2] 但另一方面，国际全球化也会带来对民族国家政府调控经济空间的挤压，会对民族国家的对外开放造成一定的经济冲击和金融风险。对此，德国学者博克斯贝格和克里门塔在《全球化的十大谎言》中表达了他们对全球化的忧虑："事实上，现在的金融体系及其自由化仅使那些已经享有特权并且主宰世界经济的国家受益。代价却由发展中国家，特别是它们当中最穷的国家承担。"[3] 从民族化方面来看，经济全球化会促进民族国家经济的发展，会在民族国家之外开辟形成一定经济发展的空间，会给民族经济参与国际经济大循环创造一定条件，使二者更大程度上实现与国际经济惯例接轨，但同时当民族国家把民族经济纳入国际化经济时，由于经济、政治和文化的差异必然造成全球范围内利益分配的新的不平等，加大发达国家与发展中国家在经济上的差距，加重一部分民族与另一部分民族利益之间的对立。

　　在资本主义主导的全球化进程中，"资本流向全球，利润流向

---

① 吴剑平、吴群刚：《全球化与中国新的发展模式》，载俞可平主编：《全球化：西方化还是中国化》，社会科学文献出版社 2002 年版，第 114—130 页。

② 刘小军：《关于经济全球化对中国影响的再思考》，载俞可平主编：《全球化：西方化还是中国化》，社会科学文献出版社 2002 年版，第 105—113 页。

③ 格拉德·博克斯贝格、哈拉德·克里门塔：《全球化的十大谎言》，新华出版社 2000 年版，第 143 页。

西方"，其结果是发达国家和发展中国家的贫富差距日益增大。发达国家还不断利用他们制定的国际贸易规则产生的高关税来压制发展中国家的经济发展，这可以从不公平的关税贸易中得以一瞥。据前联合国秘书长安南所言，富国对发展中国家进口制成品征收的平均关税是他们对其他工业化国家进口的产品征收关税的 4 倍；前WTO 总干事穆尔也忿忿不平感叹道："说起来真叫人伤心：富裕国家向最贫穷国家的商品实施的平均关税事实上比他们向其他富裕国家征收的关税还要高。比如说，在美国和加拿大，这种关税甚至要高两倍。"① 在这里清楚地看到，富国愈富，穷国愈穷，以西方中心主义指导下的经济全球化的发展充满着强权与反强权的斗争，国际旧经济秩序的缺陷在于它是以损害发展中国家的利益为前提的。这正是经济全球化的悖论之处，经济全球化对世界经济和民族经济的影响是不同的，对此应该有辩证的、清醒的认识。在经济全球化这个整体发展中，只要存在着民族经济与世界经济的分野，存在着民族国家和发达国家的矛盾，经济民族化与国际化矛盾是在经济全球化进程中的矛盾就是客观存在的，是不以任何人的意志为转移的。这个矛盾始终存在，也将伴随着交往实践全球化的进程。美国学者罗伯特·塞缪尔逊在《全球化的利弊》中如此写道："全球化是一把双刃剑：它是加快经济增长速度、传播新技术和提高富国和穷国的生活水平的有效途径，但也是一个侵犯国家主权、侵蚀当地文化和传统、威胁经济和社会稳定的一个很大争议的过程。"②（对于这个矛盾的认识实际上是制约民族国家参与全球化进程的前提条

---

① 夏顺中：《经济全球化进程中南北两极分化成因浅谈》，《社会科学》2002 年第 9 期。
② 丰子义、杨学功：《马克思"世界历史"理论与全球化》，人民出版社 2002 年版，第 203 页。

件，如何认识经济全球化也就成为所需要一定的理论条件。）

首先，国际化不同于全球化，在国际化中民族国家依然是交往全球化的主体。国际化意味着人类社会关系相互交往程度的提高，社会、经济发展变化具有了不可摆脱的国际背景。民族化则意味着民族国家是国际关系的行为承担者，并在交往实践全球化中发挥主导性作用。世界经济的交换关系无论怎样发展，关系的主体性是抹杀不了的特性。前联合国秘书长加利认为："我们时代的一个重大而明确的要求，是重新思考主权问题——并非要削弱它的本质，它对国际关系与国际合作仍然至关重要，而是承认它或许可能采取不止一种形态和发挥不止一种功能。"① 在全球化进程中许多学者往往看到了问题的一个方面，认为全球化确实突破了国界线和民族国家与主权的藩篱，但这仅仅看到了全球化的经济功能，即在经济活动中从经济意义上使领土"非国家化"，而使经济主权"分散化"，而没有看到在交往实践全球化活动中在法理上又使它"民族化"、"国家化"，交往行为主体化。交往行为仍然集中在高度集中的国家与国家领土之间，这些集中点是各个民族国家，而且交往的组织合作能力与交往行为主体化形式之间始终存在着复杂的联系形式。

在经济全球化进程中，民族国家是社会组织的基本形式，它不仅是市场经济实践的主体，而且为世界市场的形成乃至于任何生产和交换市场秩序的形成提供了唯一现实的框架。随着全球化的推进和不断深入，民族国家越来越遭受到经济全球化的冲击和影响，其主体地位遭到质疑。但毋庸置疑，无论是现在还是将来，民族国家都将在经济全球化进程中发挥着不可替代的作用，都仍然是国际交往中的主要经济行为主体，扮演着经济规则的主要制定者，经济关

---

① ［埃及］布特罗斯·加利：《加强联合国》，［美］《外交》1992年第1期。

系的协调员和经济安全的保护者等角色。承上分析，不难得出这样一个结论：在全球化这个当代社会的基本事实和基本背景之下，不同民族国家的主权的确遭遇了不同程度的冲击、削弱和侵蚀，但主权并未过时，主权的基本价值也并未从根本上改变过，民族国家的历史使命远未结束。在经济全球化中必然伴随着文化交往，它意味着不可能抹杀经济交往中各民族的文化特性。文化民族性在经济全球化浪潮席卷而来时，却愈来愈发挥着其不可或缺的作用和价值，它业已成为民族国家之间冲突或合作的重要原因、民族国家综合国力的重要标志和抗衡文化霸权主义的重磅武器。文化民族性是一个民族和国家立足于世界之林的精神家园，不同的文化民族性构成了世界文化的多样性。"文化不仅是我们赖以生活的一切，在很大程度上，它还是我们为之生活的一切。感情、关系、记忆、亲情、地位、社群、情感满足、智力享乐、一种终极意义感，所有这些都比人权宪章或贸易协定离我们大多数人更近。"① 在政治领域，不论多边合作、集团政治、国际组织如何发展，民族国家都将作为国际社会平等交往的主体，民族国家依然是基本的政治单位，依然以维护本民族国家的利益为根本任务。当然，我们也要看到，全球化对政治的穿透力是显而易见的，"全球化概念指出了一个方向，而且只有一个方向：经济活动的空间在扩大；它超越了民族国家的边界，因此重要的是政治调控的空间也在扩大"②。同时，在经济全球化进程中，经济民族化始终是民族国家制定国家经济社会发展的基本依据。实际上，经济的民族化就是国际经济交往中的民族利益。在马克思主义看来，利益矛盾构成了社会的基本矛盾，上层建

① 特瑞·伊格尔顿：《文化的观念》，南京大学出版社2000年版，第151页。
② 拉尔夫·达伦多夫：《论全球化》，转引自乌·贝尔、哈贝马斯等：《全球化与政治》，中央编译出版社2000年版，第14页。

筑的根本任务是维护和调整一定阶级的利益关系。民族国家利益是处理国家之间关系的最高准则。世界经济越是国际化、全球化，经济中的民族利益就越突出。只有认识经济全球化进程中民族化与国际化的矛盾，才能抓住交往实践全球化的本质。

　　经济全球化的民族化进程中也包括对发达国家作用的客观认识，发达国家在经济全球化进程中并不总是国际化经济拓展的代表。因为发达国家拓展国际化同样是为了维护自己的民族经济，应当看到，民族利益始终是民族国家当然也包括发达国家的一切行为的根本价值诉求。值得一提的是，发达国家虽然是经济全球化进程的重要推动者和主要受益者，但他们同样也会在全球化进程中遭受损失，近年来欧共体成员国内部的经济危机就是一个很好的例子。在经济全球化进程中，经济的民族化与发达国家的国际化拓展，以及发达国家自身的民族利益决定经济民族化是两个不可混淆的概念。例如，发达国家在经济全球化进程中也并非不以民族国家身份出现，尤其是在民族利益问题上反映更明显。最近美国加利福尼亚大学圣迭哥分校的一份研究报告分析指出，跨国公司的全球化并没有改变其民族性本质，以计算机硬盘产业的全球化生产为例，虽然公司产品的组装、零部件的生产和雇佣的工人等经济活动已经全球化，但跨国公司的美国性却并没有本质上的改变，因为公司仍然在本国进行研究与开发（是跨国公司全球价值增值链的最核心部分），其支付的工资的主体也仍在国内，至于利润分配更加没有改变公司的民族国家性。[①] 像这一类跨国公司是有国家属性的。从根本上讲，经济全球化与社会制度是有关系的，资本主义从来不排除

---

① 参见庞中英：《全球性与民族性世界和平与发展面临挑战》，《当代世界与社会主义》1999 年第 3 期。

民族性，而是从一开始资本主义就利用民族和民族国家这样的东西开展全球扩张，正如研究资本主义历史的著名学者费尔南·布罗代尔所说，资本主义"需要强化的国家机构"，"在资本主义经济世界体系中，没有国家的帮助，就不可能建立垄断或某种类似垄断的东西……资本主义并不独立于国家"。① 直到现在，而且在可以预见的将来，不管全球化如何发展，我们不能说资本主义的民族性由于全球化而消失了，否则将因为学术上的幼稚性而犯严重的错误；相反，民族性由于全球化可能还会得到加强。

其次，交往全球化中的国际化与民族化两种趋势是在全球范围内交往关系的矛盾统一。没有交往全球化就没有国际化的趋势，也没有民族化的趋势，国际化趋势并不能消灭民族化趋势，它们之间是矛盾统一关系，存在着普遍性与特殊性（或单一化与多样化）、整合和破裂（或一体化与分裂化）、集中化与分散化、国际化与本土化、同质化与异质化、趋同化与趋异化等方面的统一。在国际化交往中有民族化的内容，而在民族化交往中则有国际化的形式，反之一样。经济全球化过程中，生产和交换的国际化与民族化的矛盾是一个辩证发展过程。国际化发展一方面是对民族性的否定，但另一方面又在加强民族性，往往后者更加突出。全球性与民族性同时并存，在一些方面，全球性确实弱化了民族性，这是许多论者都充分注意到的事实；但在另一些方面，全球性则加强了民族性，而且越是全球性加强，民族性也同时加强甚至更强。这是许多论者，特别是全球化的大力主张者没有注意到，甚至被忽略的。有学者对此精辟指出："表面上看起来，全球化与经济民族主义的同步推进是一种深刻的悖论，因为前者企图实现的是资源在全球范围内的合理

---

① 布罗代尔：《资本主义论丛》，中央编译出版社1997年版，第54页。

配置和建立增进各国福利的统一大市场；而后者的目光则局限于捍卫本民族国家的经济利益。但事实上，正是全球化的缺陷激活了经济民族主义，而经济民族主义的一些举措则在客观上推动了全球化。也就是说，在这里更深刻的悖论在于，经济民族主义试图依靠跨国公司实现对全球化的反动，却反而推动了全球化。这种纠缠不清的处境正是世纪之交国际经济格局的真实写照。"① 最近几年，从墨西哥到泰国，从韩国到马来西亚，从俄罗斯到巴西，一系列的严重金融危机反映出来的最本质问题不是别的，而是全球化过程中深刻的国际化与民族化矛盾。安瑟尼·吉登斯写道："现代性所带来的社会活动的全球化在某些程度上是一个真正的世界范围关系的发展过程，例如介入全球性的民族国家或国际劳动分工的那些关系……全球化必须被理解为一个辩证的现象，在这其中，处于一种远距离关系的某一端的事件常常在另一端导致与其相背或相反的事件……本地与全球的辩证性是基本的。"② 本地性就包括民族性，吉登斯深刻地指出在经济全球化进程中将始终伴随着民族化与国际化矛盾这一现实。从哲学意义上说："全球化发展进程本身衍生了与自身相对立的力量，构成了全球化悖论的反题，即分离化、区域化、民族化、部落化、本土化、零散化、主体离心化……全球化的反题是由它的正题激发出来的，在历史总体的发展中蕴涵着解构历史总体的趋向。一体化、同质化等在事实上反倒激发了对特殊性、地域性寻求。有的学者指出，惟其因为全球化，所以很明显地出现了西方主体性之外的所谓'他者'（the other）；也是因为全球化，

---

① 李永刚：《全球化进程中的经济民族主义》，《马克思主义与现实》1999 年第2 期。

② 转引自王宁、薛晓源主编：《全球化与后殖民批评》，中央编译出版社 1998 年版，第 23 页。

原来可能根本被忽略、遗忘、压迫或吞噬掉的东西被重新发现。这可以说是一种辩证法的存在。在西方现代性的扩张中是看不到他者的，而在全球化过程中却可以看到。有的学者甚至用'全球地方化'的提法来加以说明。全球化的正题和反题不是此消彼长的关系，而是共生共存，或者可以说是正比的关系，也就是说，一体化、同质性等越强，分离化、区域化等也越强。两种方向相反的运动同时出现、同时存在。迄今为止，还没有哪一种现象如全球化这样体现了悖论的性质。"①

再次，经济全球化进程中的民族化与国际化的矛盾，实质上是民族的经济利益的矛盾。民族国家自觉地把维护本民族的经济利益作为民族国家追求的经济目标，这历来如此。从利益角度出发，全球化本质是利益的全球争夺，国内有学者这样归纳："'全球化'不能掩盖和取消各种不同形式、不同表现、不同程度的'民族主义'。说的宽泛一些，就是'全球化'不是一片和谐；而是充满了归根到底是利益的差异、分歧、竞争、冲突。"② 在今天，经济全球化通过技术的介入和跨国公司、金融等全球化联系效应，固然使这个世界变得越来越小，但民族国家之间的界限并没有失去意义，世界仍然划分为大大小小近 200 个领土主权单位，民族国家的存在与作用仍是当今世界不争的事实。未来学家奈斯比特在《全球化的悖论》一书中的主要观点可以概括为，"世界经济越大，其小角色的戏越重"。刘康对此观点这样评论："意思是说全球经济一体化的过程日益加快，但其组成部分却不断趋于分离、变小。地方

---

① 黄皖毅：《马克思世界史观：文本、前沿与反思》，知识产权出版社 2008 年版，第 119 页。

② 资中筠主编：《冷眼向洋——百年风云启示录》下卷，生活·读书·新知三联书店 2000 年版，第 367 页。

化、区域化、自治化的呼声越来越高，区域性经济、政治、文化的作用越来越强。从社会系统结构来讲如此，从经济单元结构来讲亦同——越来越多的中小型、区域性公司正成为全球化经济体系中的主宰。"① 民族国家代表着经济全球化进程中维护民族利益的民族化力量，在事关民族国家生存和发展的民族经济在经济全球化中的地位和作用问题上，不可能是不顾自己的民族利益的。否则，民族国家就不成为民族意志的代表和体现者，民族国家维护民族国家利益是势所必然，忽略民族国家在经济全球化进程中的地位和作用的经济全球化概念肯定是不完整的。今天，民族国家在经济全球化进程中的某些职能发生了一定变化，例如经济全球化进程中出现了生产和交换分散化、跨国界行动以及区域化和一体化的趋势，这在一定程度上影响了民族国家作为主体的能力，但无论怎样变化都不会改变民族国家仍是经济全球化中维护民族利益主体的这一事实。民族与国家是密切的复合主体关系②，民族主义历来是表示对疆域共同体忠诚的价值体系，是民族主义建立国家最重要的立论基础。安东尼·史密斯这样说过："世界被划分为不同的民族，每个民族都有其自身的特征和命运；民族是一切政治权力的源泉，对民族的忠诚高于一切。"③ 史密斯意在说明民族主义历来都是一种对本民族及其利益效忠的理念和情感。国际政治学家汉斯·摩根索曾经说道："只要世界还是由国家组成的，国家利益仍然是各国交往的最后语言。"④ 任何对主权原则的侵犯，都会使民族主义应运而生。冷战后的世界

---

① 刘康：《全球化/民族化》，天津人民出版社 2002 年版，第 14 页。
② 关于民族国家是复合主体详见第四章。
③ 安东尼·史密斯：《全球化时代的民族与民族主义》，中央编译出版社 2002 年版，第 180—181 页。
④ 汉斯·摩根索：《国家间政治》，中央人民公安大学出版社 1990 年版，第 16 页。

并非各民族自由发展的伊甸园，还有强权和干涉，到处都有产生民族主义的沃土。所以，无论经济全球化怎样向国际化拓展，捍卫民族国家的经济利益始终是民族国家参与经济全球化实践的出发点，追求民族化的本国经济依然是民族国家的经济目标和理想。在这里，需要弄清楚国际化的加深并非自然而然地使各国经济利益趋同。不能混淆民族化与国际化之间的区别，经济全球化对世界经济依存性的强调并不表明一个被国际经济同化了的世界，结构本身就意味着构成它的关系之间存在着差异。

最后，在经济全球化的同时，经济国际化中也存在着经济民族化的潜流。德国《社会主义杂志》编辑阿吉姆·比朔夫指出："资本概念本身就包含着开拓世界市场的发展趋势，但是这种趋势并不能取消金融资本和货币资本的民族属性，例如，没有各种具有相应平衡空间和调节空间的民族资本的实际存在，现代金融衍生物的流通过程就会令人无法理解。""不存在一种无所不包，无所不能的资本。"[1] 这就是说，资本可以是跨国界或无国界流动的，但掌握和调控资本的力量是有国籍的、民族的，或者说是有人格属性的。不仅如此，跨国公司之所以要到世界各地配置资源，就是不让劳动自由流动，因为一旦劳动可以在世界范围自由流动，那么按照经济学的原则，劳动的价格将在世界范围内趋同均等，就不可能再有可供跨国公司追逐的廉价劳动力资源，从而势必降低其利润率，所以，虽然资本可以突破国家控制，劳动则很难跨国，资本可以宣称自己没有民族性，但劳动则带有强烈的民族性，自由市场资本主义的深刻悖论之一即是它不敢让劳动也全球自由化。相反，对劳动的

---

[1] 转引自俞可平、黄卫平主编：《全球化时代的资本主义》，中央编译出版社1998年版，第35页。

流动恰恰是限制的，这种现象说明，即使是跨国公司在经济全球化进程中也是民族化潜流的制造者。事实上，经济全球化进程中涌动着的民族化潜流的表现是多种多样的，例如，发达国家之间接连不断的贸易摩擦，像日美汽车战、半导体战，美欧之间的钢铁战，以及空间市场、服务市场、科技市场的争夺等，都说明即使发达国家之间在民族利益问题上谁也不会相让。还有发达国家的贸易保护主义抬头，以及各国之间的经济竞争和经济矛盾越来越以政治、种族矛盾形式表现出来，等等。

总之，经济全球化进程中经济的国际化与民族化是一对矛盾。当代世界是一个全球性与民族性共存的世界，谁也不能忽视全球性与民族性之间的互动和交往，在经济全球化实践中片面强调哪一方面都是极其危险的，推行自由放任的全球主义是注定要失败的。问题的关键是要在民族经济与国际经济的相互依存中发展，为了世界和平和发展，要协调和平衡全球性和民族性经济在经济全球化进程中的关系。对民族国家而言，最重要的是在经济全球化中要规避风险，但不逃避全球化经济环境，要维护民族国家主权和经济利益的最好办法是"通过相互依存达到独立"。值得欣慰的是，在西方话语主导的经济全球化之下，民族国家尤其是发展中国家之间达成了共识：经济全球化的结果是世界资源和世界市场的优化组合，不应是一方赢另一方输的"零和博弈"，而是双方都赢的"正和博弈"，民族国家都应从经济全球化中获得长远的比较利益。对国际社会而言，应该认真总结 20 世纪世界和平与发展问题上的历史教训，开展卓有成效的国际合作，尤其应该制定公平的国际经济新秩序，而不是始终维护西方发达国家的利益，把"西方话语"变为"世界话语"，以牺牲发展中国家的利益为西方发展的代价。这不仅不合理合法，更丧失了道义支撑。英国学者吉登斯针对全球化的弊病提出了"第三条道路"设想，他说："第三条道路政治的总目标，应当是帮助公民在我们这个时代的重大变革中找到自己的方向，这些变革是：全球化、个人生活的转变，以及我们与自然的关系。第三条道路应当对全球化采取一种积极的态度，但至关紧要的是，必须将其视作范围比全球市场还要宽得多的一种现象。"① 总体看来，"第三条道路"是一个以超越"左"与右为价值取向，以民主、自由、公正、责任和国际主义等为基本价值观的理论体系，是一条折中的包容性路线，对于国际社会深层思考民族国家如何在经济全球化的进程中平衡各自的利益以寻求更好的发展提供了可借鉴的思路。由此真正让全球踏上"第三条道路"，以协调全球性与民族性、市场与国家之间的矛盾，确保 21 世纪是一个新的和平与繁荣的世纪。

二、发展中国家作为物质交往实践主体参与全球化

全球化发展到当代，已经出现了世界性的经济格局，这是发展中国家参与经济全球化的基本依据，而在参与中才能争取最大的民族经济利益，这是摆在发展中国家面前十分现实的问题。然而，现在的世界经济格局，又是由若干个民族国家和跨国经济区构成的，发展水平高低不同，其间存在着利益的冲突。这样的状况在社会的政治结构和思想文化结构方面也大致如此。国内有学者说过："世界总体是和平的，但却是不和谐的。广大发展中国家的利益一直被'和平地'损害着，奉行霸权主义和强权政治的国家一直'和平地'侵害弱小国家的利益。"② 经济全球化浪潮中发展中国家面临着两难选择：如果一味顺从全球化趋势可能使民族经济在激烈的国

---

① 安东尼·吉登斯：《第三条道路——社会民主主义的复兴》，北京大学出版社、三联书店 2000 年版，第 67 页。
② 刘建飞：《解读中国外交政策宗旨》，《国际政治研究》2006 年第 1 期。

际竞争中被"化掉"；如果因经济全球化带来负面效应而关闭国门，远离全球化大潮，非但不可能，也极不明智。那么，面对来势凶猛的经济全球化发展中国家应当怎样作出参与的抉择呢？

（一）利用经济全球化加快实现现代化

经济全球化的深层动因是物质生产力发展水平所提供的可能与提出的要求。工业革命与科技革命所造就的技术进步和社会化大生产既要求一个广阔的世界范围的活动空间，同时也为资本家走向世界以实现社会化大生产的顺利运转及其实现利润目标提供了可能与便利。但从生产力这个终极意义上看，全球化所具有的深刻历史内涵就在于它是现代化的工业生产力的全球化过程，是世界各个部分由农业文明迈向工业文明的过程，是以西方国家为先导、随后又传播到世界其他国家和地区的全球现代化过程，是全球交往实践的新形态。在这个全球化现代化过程中，"美国人和欧洲人曾经在其中起过主要作用，但它的产生毕竟是由于采用现代科学、技术、医学、运输以及电子通讯工具等的结果；哪里采用这一切，哪里便出现这种过程"①。马克思也在这个意义上将资本主义经济全球化的历史发展视为"历史的不自觉的工具"，同时马克思还从历史发展的长远趋势着眼，在他的世界历史理论中提出东方社会利用资产阶级所实现的生产力是实现共产主义的桥梁。可见，中国要以马克思主义发展生产力的思想观点为指导，遵循邓小平加快实现社会主义现代化、争取为人类作出较大贡献的指示精神，既要看到经济全球化进程与资本全球扩张的历史联系，更应看到全球化进程所蕴涵的生产力发展与社会进步的根本内容及其意义，不可因历史上经济全

---

① ［美］帕尔默、［美］科尔顿：《近现代世界史》下册，商务印书馆1988年版，第1145页。

球化具有西方资本主义主导的特征和性质而无视或否认它推动生产力发展的历史进步意义。面对西方发达国家先占世界市场和主导全球化的优势，发展中国家在当前经济全球化的汹涌浪潮中可利用后发优势，避免发达资本主义国家所走的弯路和所犯的错误，立足交往全球化实践，吸收当今世界发展的一切成果，力求缩短现代化的进程，并凭借后发比较优势追赶资本主义国家。同时，发展中国家还可采取赶超和后发战略，以科技为龙头，以市场为导向，学习西方现代化国家市场经济的成功经验，吸取他们在资本主义上升时期对资源和环境造成破坏的教训，因势利导，抓住发展机遇，探索适合本国特色的发展道路，求得民族利益的最大化，真正获得与资本主义同时代发展的比较优势，立于世界民族之林。

如果从生产力的发展和社会进步的角度来把握全球化所蕴涵的历史内容，那么经济全球化的影响在当代首先表现为对世界各民族国家内部的经济社会发展进程的影响，即经济全球化与世界各国的现代化之间存在着紧密的联系。我们必须承认历史进步存在着某种一般趋势与规则，同时还要看到这种一般趋势与规则并非以机械划一的形式表现，它在不同地区、不同民族的实现过程是不同的。我们看到经济全球化进程中出现现代市场经济统一制度，具有促进生产力发展所需要的采取市场资源最优配置的一般意义，但市场机制的建立和实现仍然采取了不同模式，不同发达国家的市场经济模式具有显著差异即是明证。发展中国家经济体制、模式更是多样性和特殊性，由于历史传统与文化差异的存在，不仅各民族的现代化是一个复杂的历史过程，而且不同国家在接受现代化的方式和实现现代化的道路上也存在着巨大的差异。因此，我们完全不必要顾虑在参与经济全球化进程中由发达国家传导资本主义的因素，更不能似是而非地在全球化与现代化、资本主义与社会主义之间划等号或机械推理,因恐惧资本主义而无视经济全球化中蕴涵的现代化历史内容。如果这样我们就将对历史进程产生极大的误解,就会与正在发展的现代化进程失之交臂,就会丧失具有加速实现现代化,加快生产力发展的意义和过程。

(二)在经济全球化进程中坚持自我主导原则

发展中国家正在广泛参与国际社会和世界经济发展的构建,如果说在资本主义早期经济全球化中民族国家是受剥削的、被动的卷入的话,那么在当前新一轮经济全球化过程中发展中国家不仅不应当被动卷入,还应当积极主动成为经济全球化的重要力量。所谓发展中国家在经济全球化进程中受到进一步损害,这只是妄图主宰全球化的大国沙文主义者的想象,实际上并不像一些人宣称的那样,是什么"民族国家终结"、"主权终结",这只是在一定程度上的问题。我们看到,一方面,民族国家为了生存和发展而参加了普遍的国际合作,在许多关键的领域,甚至自愿交出不少主权。相应地,传统的民族文化和认同也因为全球化的冲击而发生了一些变化。然而,在现在和可预见的未来,民族国家仍然握有重大的基本权力,拥有支持其存在的社会基础,是全球经济、政治和安全中最重要的一类角色。人们往往误认为民族国家在当今世界是全球化纯粹消极被动的角色,其实民族国家已经觉醒,在被卷入一段经济全球化进程基础上,现在正成为经济全球化进程中主动积极的参加者,因为无论哪种类型的民族国家,今天都在迎接全球化的挑战。一些西方有识之士也已经看到这一点,他们指出"人们经常把全球化说成好像是一种自然力量,其实它不是。国家、公司和其他集团都在积极推动全球化的进程。"

对于全球化的各种评论,虽然千差万别,但有一点是共同和不可回避的——"全球化能够创造出许多解决办法和机会,如它会产生出问题那样"①。全球化作为一项"世界性工程",是生产力快速发展、世界市场不断扩大、交往自由化和各民族相互依存和融合的过程,也是民族国家参与世界经济、逐渐走向世界的过程,更是历史从"民族历史"走向"世界历史"的过程。当今世界是一个开放的世界,任何一个国家都不可能完全脱离世界经济而孤立地存在和发展,各个民族国家都会自觉不自觉地被卷入全球化这一过程,因此趋利避害、尽快融入全球化是发展中国家社会发展的必然选择,更是全球化对发展中国家提出的基本要求。发展中国家应该清醒地意识到,唯有以积极、务实、主动的态度经济全球化才是上策,同时还应研究怎样选择恰当的时机和方式。

对于如何正确认识经济全球化带来的挑战和机遇,有国内学者如此概括:"充分认识到实际上以发达国家为主导的全球化趋势的双重效应,即机遇与挑战并存:其一是机遇,全球化过程将为发展中国家引进资本、吸收现代技术、发展外贸、推动经济市场化,并逐渐进入全球市场提供历史契机,中国改革开放,建设社会主义市场经济正是主动抓住机遇的典范;其二是挑战,全球化过程也将使发展中国家的传统主权基础受到侵蚀,受到发达国家某种经济霸权的威胁,一定意义上可以说发展中国家的全球化过程是一个充满痛苦和血泪的过程,最近的东南亚危机正是其特定表现。"②

民族国家要在经济全球化进程中起主导作用,从理论认识上可以概括为这样几点:(1)从世界经济与民族国家经济关系看,民族国家是经济全球化进程的主要实体。民族国家不仅是国家与国家

① [美]托马斯·弗里德曼:《直面全球化》,国际文化出版公司2003年版,第367页。
② 黄卫平:《全球化与中国政治体制改革》,载俞可平:《全球化的悖论》,中央编译出版社1998年版,第50—51页。

之间经济交往选择的基地，而且是民族国家国民经济的组织者、经济发展的实施者和经济行为的责任者。世界经济是世界各国以民族经济的发展为出发点向国际化方向的延伸和发展，根本不存在能够离开民族国家国民经济的世界经济；发展世界各国经济同发展民族国家国民经济以及参与经济全球化应当是并行不悖的一个目标，经济全球化如果不能够推动和发展各个民族国家的经济，或者只是使得部分国家受益，发达国家获取最大利益，那么这种经济全球化是维持不了的，因为民族国家是回应经济全球化挑战，发展民族经济和维护民族经济利益的经济法人代表，任何经济行为都最终通过法人代表作出判断和裁决。世界经济与民族国家经济的关系决定了民族国家在经济全球化进程中的主要实体地位。（2）民族国家是参与经济交往全球化的交往互动主体。经济全球化是在国家与国家之间、地区与地区之间发生的交往互动关系，民族经济融入经济全球化过程中仍然具有民族经济属性，民族国家仍然是其各种经济利益的代表和组织，是经济全球化进程中权力交织体的基础；没有民族国家作为交往主体参与的经济全球化行动，交往实践关系就建立不起来，也不会形成互动的主体，那就只能是单极化主宰的经济全球化，民族国家退出经济全球化进程就是经济危机的发端，经济全球化必然难以维持。（3）民族经济受着本民族文化传统的影响和制约，表现为民族经济对民族文化的制约和民族文化对民族经济的制约，是一个双重的历史过程。这是在经济全球化进程中民族国家必备的特征，是他们交往实践主体行为的内在规定性，是一个优势。事实上也不存在单纯的经济交往，不存在单方面的经济全球化进程。因此，在交往实践全球化中世界各国人民必须共同参与、共同主导，多样化、多元化、多极化是其发展的历史趋势。（4）在全球化以往的历史阶段和过程中，出现了生产和交换的不平等、区域性的权力不平衡和市场现代化程度不平衡，归结为一点就是交往主体的不平等，这从反面告诉我们必须保证民族国家作为交往实践全球化的主体，才能发展世界经济和繁荣民族经济，才能消除世界经济中存在的南北矛盾及贫富不均和差距。

（三）以现代世界普遍交往为契机，进行广泛的民族国家合作

各民族国家主体在交往实践中，都是既有输出行为，又有接收行为，表现出交往意义的双向流动性。为了有效输出，民族国家实践主体需要按照世界市场经济基本制度和普遍规范进行调整，即将自身参与经济全球化实践的一系列要素按照一定程序进行体系和规则建设，亦即在一些方面与国际惯例接轨。要认识到参与交往全球化实践的民族国家既是各具个性的主体，同时又是交往共同体意义的实践主体，即具有共同实践关系的主体。同时，交往全球化实践能够产生对民族国家交往实践的共同意义，在现代追寻民族国家个体的意义与追寻共同实践意义都应当是重要的。例如，对全球问题解决的行动对于全人类具有共同的意义，在这方面，需要根据民族国家的实际相应承担全球生态环境保护行动义务，为世界创设共有的一个家园。

而对于文化、生活方式的反应却并不一定要一致，每个人、每个国家都应当有权对文化、生活方式作出或肯定或否定的意义评价，相应地，民族国家的政治活动也不能受其他民族国家（或其他类型的行动者如大银行、跨国公司）的战略决策限制，这就需要加强民族国家之间的合作，加强相互交往体系相互依赖性的建设。哈贝马斯提出以交往全球化为契机必须走"超越民族国家"的普遍交往发展道路。他说："经济全球化导致一种跨国性的、打破国内贸易与对外贸易界限的世界经济体系观念，而这种世界经济体系为民族国家的行动者规定了新的前景。随着国家的塑造力量转

让给跨越地域的、不受约束的市场，民族国家的政治活动余地便不再受其他民族国家（或其他类型的行动者如大银行、跨国公司）的战略决策限制，而是日益受到体系相互依赖性的限制。"①

事实上，发展中国家面对经济全球化有许多发展机会。现实已经证明，经济全球化既不能单靠市场，也不能按照民族国家发展经济的传统方式，因为单凭其中任何一方都无法实现资源的最优配置和经济的增长。市场经济本身具有无限扩大供给的功能，但市场经济解决不了扩大市场需求的问题。因此，需要民族国家在一定程度上通过扩大供给推动需求的扩大，民族国家的广泛合作具有抑制发达国家无视他们的作用。其次，地球的资源分布很不均匀，总的说是南贫北富。发展中国家往往具有土地、劳动力等方面的优势，而发达国家却占有技术与无形资产等方面的优势。即使在发达国家之间或发展中国家之间资源分布也是不平衡的。按照经济规律，将这些资源统筹配置才可以取得最大的经济效益。一个国家或地区的单项资源优势可以与其他国家或地区的优势有机结合起来，形成最佳组合，在这里民族国家以资源交换技术存在着讨价还价的有利条件，发达国家不缺乏生产能力，缺乏的是资源，民族国家联合起来像欧佩克石油输出组织掌握自己经济命脉的主动权。总之，在许多方面，民族国家积极合作都是有效应对经济全球化的实践策略。

"合作共赢观"是中国政府在新时期提出的旨在推动经济全球化朝着均衡、普惠、共赢方向发展的一种交往实践观，其理论基点为"共和双赢"。在以往不合理的国际经济旧秩序中，发达国家把本国经济的发展建立在对发展中国家的资源掠夺和市场侵占上，这是一种"零和竞赛"，即一方的"赢"意味着另一方的"输"，交

---

①　哈贝马斯：《超越民族国家》，《马克思主义与现实》1999 年第 5 期。

易的结果为"零"。"零和竞赛"说无视发展中国家的利益,加剧了富国和穷国的不平等差距,遭到了发展中国家的坚决反对。而"正和竞赛"假说则是一方的"赢"也意味着另一方的"赢",交易的结果为"双赢"。这是一种无论在理论上还是在实践中都更符合各国经济发展的观点,有助于建立合理公平的国际经济新秩序。"各国在追求发展的进程中应努力实现互利共赢,鼓励彼此开放而不是相互封闭,公平竞争而不是损人利己,优势互补而不是以邻为壑。"① "经济全球化应坚持以公正为基础,实现平衡有序发展,使各国特别是广大发展中国家普遍受益,而不是南北差距更加扩大。"② 总的来说,"合作共赢观"的基本观点是:第一,在合作目标上,主张各民族国家把追求国家利益置于"共和双赢"的国际视野考虑,实现各国共同繁荣、普遍发展;第二,在合作方式上,倡导国际交往中的南北对话、南南合作,建立新型合作伙伴关系;第三,在合作内容上,是全方位的合作且涉及多领域,既有多边合作也有双边合作,既有全球合作也有区域合作,既有南南合作也有南北对话,既有经济合作,也有政治、文化、安全等合作;第四,在合作意义上,唯有国际社会的广泛合作,才能使各国国家利益的实现得到实质性的维护,才能在经济全球化的进程中取得建设性和公平公正的成果。

(四)发展中国家勇敢地参与世界市场的竞争

经济全球化导致一种跨国性的、打破国内贸易与对外贸易界限的世界经济出现,西方研究全球化学者指出,跨国模式使"最强大的政治行动者也变得依赖于市场",这句话说到了在全球化进程

---

① 李肇星:《和平、发展、合作——新时期中国外交的旗帜》,《人民日报》2005年8月23日。
② 《中国的和平发展道路》白皮书,《人民日报》2005年12月23日。

中世界市场具有相对公平的一面，说明了在经济全球化进程中无论发达国家还是发展中国家作为国家政府指导经济活动的职能都要有些变化。我们首先要看到，以往都是发达国家主导的世界经济、跨国经济塑造着民族国家民族经济的发展，不管民族国家愿意不愿意，跨国经济都在操纵和制定"游戏规则"，正如马丁·舒曼在《全球化陷阱》一书中指出的那样："在经济政策、贸易政策、社会政策、金融政策和货币政策方面，最终是华盛顿的政治家及其顾问们在为全球一体化制定规则。"有些发展中国家过去采取依附式的发展方式，不情愿地做着世界经济发展的"外围"和科学技术创新、扩散的"接力棒"。实际上，许多发展中国家由原来不发达状况到进入新兴工业化国家行列，如以"亚洲四小龙"为代表的东南亚地区，说明发展中国家也能够创造条件发展跨国经济。既然发达国家能够实行跨越地域的市场经济，世界普遍交往也逐步架设了通往世界经济的桥梁，那么发展中国家跨上跨国经济这座"桥"就只是时间问题。发展中国家参与国际经济竞争要看到自身的有利条件，这就是：以往大国和超级大国作为全球化进程的塑造者，而如今它们同样受到全球化的压力，它们对市场框架条件的影响正在日益缩小，早期的全球化是资本主义造成的，然而，资本主义也同样造成自己始料不及的后果，这就是自己垄断、"通吃"的一统局面被打破了，自己长期以政策和财力扶植的像跨国公司之类经济实体，带着"家底"走出去赚自己的钱了。

发展中国家作为全球交往实践的行为主体要努力适应全球化的市场经济发展，随着经济交往全球化，市场规模必然扩大，竞争日趋激烈。约瑟夫·熊彼得早在20世纪30年代就论述道，在充分的价格竞争的条件下，只有通过企业的一流效益才能获得大规模的利润。如今这个使企业获得一流效益的战场已经从国内生产转移到生产和交换的国际经济之中了。发展经济学认为，发展中国家应当形成与发达国家不同的经济增长方式，按照经济成长阶段论者 W. W. 罗斯托所提出的经济成长六阶段，即"传统社会"，为"起飞"创造前提，"起飞"，向成熟挺进，高额群众消费和追求生活质量六阶段，形成各阶段增长演进的发展态势。在这个进程中，关键环节是吸纳新技术到经济之中，通过不断的技术进步和创新，在相互竞争中形成自身经济成长阶段的多态化和集约化。发展中国家只有走上现代经济发展的道路，跟上世界经济的成长步伐和发展趋势，使自己的经济具有跨国、跨地区经济的一些特点，才能使自身民族经济的发展具有更大程度的伸张性、演进性，并最终得到质的发展变化。

值得反思的是，发展中国家在应对经济全球化的态度上，表现出三种迥然不同的思维逻辑。第一种是乐观积极派。他们认为，作为时代最重要特征的全球化不仅是世界历史发展和人类社会进步的新阶段，也是一个不可抗拒和不可逆转的客观趋势，更是任何国家和民族都无法回避的客观事实，因此应把全球化看作是不可多得的历史机遇，理应顺应和欢迎，如有学者提出"经济全球化是中国改革的第二次推动力"的观点。① 第二种是悲观消极派。他们的观点是，全球化实质是发达资本主义国家的全球化，是向发达资本主义国家一边倒而对发展中国家极其不利的全球化，是以美国为首的西方发达国家对发展中国家推行"西化"和"分化"战略的新手段。其中，陷阱论和拒斥论是其典型代表。陷阱论认为全球化是一个充满迷幻色彩、具有极大欺骗性的陷阱和谎言，全球化的实质是

---

① 参见刘小军：《关于经济全球化对中国影响的再思考》，载俞可平主编：《全球化：西方化还是中国化》，社科文献出版社 2002 年版，第 105—113 页。

西方化，而西方化的实质就是美国化，对于发展中国家来说，全球化世界市场是由"富裕沙文主义者"开办和操纵的"资本赌场"，而由西方发达国家制定和主导的世界贸易规则无异于"浮士德契约"；拒斥论以西方主导的全球化对发展中国家极其不公平的对待而强烈反对和抗拒全球化，如国外有学者认为，全球化不过是帝国主义的另一名称。① 这是一种对全球化全盘否定的观点。第三种是客观权衡派。在这一派看来，全球化无疑是一把"双刃剑"，喜忧参半，利弊皆有，机遇和挑战并存，因此应该客观权衡全球化的利弊得失，冷静思考全球化的积极和消极后果，而不是一味简单地赞成或反对全球化。吉登斯对全球化给予了客观的理解："我们必须面对全球化，这一点反全球化运动者是对的，我们不能生活在一个失控的世界。"② 这种中立的观望态度尚在分析和思考之中，并不急于判断和下结论。

以上这三种态度无疑对发展中国家反思全球化带来的深刻影响及其应对策略提供了不同的思路和问题路径。经济全球化对发展中国家带来的深刻影响不外乎正面和负面两种：从正面影响来看，它开拓了世界经济交往的新时代，整合了世界统一大市场，极大促进了资本、技术、管理、劳动力等资源在全球范围内的全面流动和优化配置，加速了世界性产业结构的调整，推动了科技进步，为与发达资本主义国家处于同时代的发展中国家实现跨越式增长提供了难得的机遇；从负面影响来看，发展中国家面对西方主导的经济全球化，不得不承受发达国家不公平的待遇，付出更多的代价和蒙受更大的损失，得到的却是远不及发达国家的收益，同时还面临着经济

---

① 参见［英］查尔斯·洛克：《全球化是帝国主义的变种》，载王宁、薛晓源主编：《全球化与后殖民批评》，中央编译出版社 1998 年版。

② ［英］吉登斯：《全球化进程及其后果》，《中国时报》2002 年 4 月 17 日。

结构脆弱、自然资源被掠夺、人才大量外流、资金匮乏等经济不利后果。因此，发展中国家必须积极而又谨慎地制定应对经济全球化的发展策略，具体来说，可以这样考虑：第一，思想策略：面对现实，发展中国家应积极参与经济全球化，认识到参与比不参与好，主动参与比被动参与好，早参与比晚参与好；第二，制度策略：发展中国家应加快本国经济制度改革和建设，使之更符合市场经济规律和全球化经济规则，规避金融重大风险，走出一条有本国特色的经济发展道路；第三，对内策略：在积极应对全球化的前提下，适时保护民族产业，实现经济结构的转型和升级以及经济增长方式的转变，树立全球化发展战略，积极培育本国跨国公司；第四，对外策略：扩大开放，注重与各国经济往来和经济联系，充分吸收和借鉴其他国家的经济和社会发展成果，加强与他国的经济对话和合作，促进区域经济一体化和合作规范化；第五，科技和人才策略：立足全球化的广阔视野，高度重视并制定科技创新和科技竞争力提升的发展战略，建立人才培养和人才合理流动机制，增强经济发展后劲和潜力。

第 五 章

交往实践全球化：主体与主体际

交往实践全球化，作为它的核心的交往是多样化的、多维的空间活动。对于交往实践全球化空间形式来说，统一性无可奈何地破缺了，多极主体则应运而生，差异性是主导交往全球化的历史趋势。个体与群体和社会之间、社会集团之间、不同地域之间、不同国家之间、不同民族之间本来就是一种矛盾关系，是人类的交往实践活动调节和影响着这一矛盾关系。多极主体通过交往实践全球化在整个世界范围内调节不同主体间或集团的分配活动，与它相联系必然是多极化的主体形态。多极主体通过改造和变革中介客体相互联系，使彼此在一个多维度、多领域和多层面上发生世界普遍交往关系和活动过程，作为其参与者的多极主体，这里面既有民族国家、跨国公司、区域集团又有国际组织、企业，还有国家组织体与非国家组织体：第一类是具有实体性的政治组织行为体。它包括社会（市民社会）组织行为体，如非政府组织；政府间组织行为体，如联合国。第二类是实体性的经济组织行为体，如国际货币基金组织、世界银行、世界贸易组织、地区开发银行及私人资本市场。第三类是国际条约法网正在形成。这类非国家组织体大量涌现，与国家组织体形成错综复杂的相互联系、相互影响和相互制约关系的复合主体关系形态，它们是交往实践全球化主体的新形态。

解析和规定交往实践全球化的主体形态不仅需要理论抽象，而且需要经验的可证实性。多样性、多极化和多极主体关系是交往实践全球化主体间性的基本内容，也是揭示全球化历史发展多极化趋势的内在根据，分析和掌握交往实践全球化中的多极主体关系和主体形态是参与交往全球化活动的必要条件，也是深化对交往实践全球化结构的认识，以及为发展中国家提供审视自己和制定参与交往实践全球化有效政策的理论根据。

第一节　交往实践全球化的多极主体观

交往全球化实践的人类由交往关系而生成主体形态——民族、集团、跨国集团和国家，都不是它们各自单独、个别的属性简单的汇集或直观的抽象，也不是它们自在的共同点。作为处于交往关系中而形成的交往全球化实践的主体，成为横跨地域和不同社会之间的国家，国家间组织与非国家间组织以及跨国集团、社会集团。它们是交往实践全球化的跨时空交往实践的主体形态。它们之所以成为交往全球化实践横向交往活动的主体，是因为具有复杂的多重属性。这些主体在交往实践全球化进程中，有些是集各自政治、军事、经济、文化科学、生产的属性于一身，还有些是参与经济交往实践全球化却仅仅具有经济功能或某种特定功能。研究交往全球化实践的多极主体形态，主要在于研究全球范围内哪些方面出现形成了何种主体、要素之间构成的交往关系，以及在什么样的问题领域上存在着以什么样模式（形式）的相互交往关系和密切程度。不言而喻，这里探讨的是矛盾双方具体的同一关系，以及交往的矛盾双方在哪些方面存在着同一关系。

一、复合主体

所谓复合主体，有两个含义，其一是指主体属性的多样性，它既可以是公司和不同地域或国家的复合，也可以是自身不同属性的重叠，如民族与国家的复合；其二是跨地域、跨国界的民族国家形成集团的复合主体。它们有的是群体，有的是社会，如欧盟。复合主体本身也是主体间关系存在的形态。复合主体在当前交往实践全球化中虽然看似比较容易区分，但事实上由于其作用和身份的模糊，对它的认识也应该说是复杂的，复杂的原因就在于他们不是单一的主体。所以，认识其复合性及其来源就成为把握交往实践全球化复合主体的重要前提。全球化的复合主体主要有跨国公司、民族国家和集团化主体。

（一）跨国公司

在交往全球化进程中的复合主体首先是跨国公司，跨国公司从事国际性生产、销售和管理已经成为世界经济的重要载体，且发挥着日益重要的作用。在经济学的意义上，跨国公司是当今世界经济中集生产贸易、投资、金融、技术开发及转移，以及其他服务于一体的经营实体，是经济全球化的主要体现者。跨国公司之所以发展迅速，主要原因有：第一，世界经济日趋地区化和国际化，跨国公司起到纽带和桥梁作用；第二，社会化大生产的高度发展，使各国和地区之间的经济相互依赖程度日益加深，资本投资、生产方式和产品销售日趋全球化，这为跨国公司提供了广阔的发展前景；第三，科学技术的发展，尤其是全球网络的形成，为跨国公司的全球运作提供了充分的发展条件，使它成为全球化进程中最为活跃的因素。

跨国公司（transnational corporation）不同于多国公司（mul-ti-national corporation），关于这两种公司的区别，日裔美国著名学者三好将夫做过这样的解释："多国公司是一个公司，总部设于一个国家，以它为中心在多个国家经营。高级管理人员基本上由公司原在国的人组成，虽然公司日益独立经营，但最终必须忠于原在国。另一方面，真正的跨国公司可能不再与它的原在国密切联系，而是可以脱离原在国，具有机动性，可以在任何地方设立企业，剥削任何一个国家，包括它自己的国家，只要这对它自己的企业有利就行。"① 从这个解释中我们可以看到，多国公司只不过是将生产经营置于多个国家的领土而已，其主体（原在国总部）下辖在若干国家的子公司或分公司，发生交往关系的主体仍然是代表其总部的原在国，或者代表原在国的总部，因此，这样的公司不是复合主体。跨国公司与它不同。首先跨国公司的身份不明，跨国公司既不属于母国，又不属于驻在国，甚至不属于哪一个国家。正像许多人所说的那样：这种公司几乎感觉不到自己与原来的祖国有什么联系。他们用美元结算自己的经营业务，而不再使用本国货币。它们尽可能地向税率较低的地方纳税，如果子公司之间彼此提供预付资金，那么财会人员就会通过价格结算把利润随便转移到哪个地方。其次，跨国公司并没有在原在国而是到各个国家实行所谓"本土化"战略。正像人们说的，他们可以在提供最好基础设施的国家安家落户。跨国公司可以无视国家和区域边界的存在，渗透到世界的每个角落，它们与驻在国或其他跨国公司相互参与、相互竞争、

---

① 三好将夫：《一个无边界的世界？从殖民主义到跨国主义及民族国家的衰落》，［美］《批评探索》1993 年第 19 期。

相互合作。再次，跨国公司如果作为主体它代表谁的利益？我们知道，跨国公司只有在全球利益与公司总部所在的全国性或地区性利益之间存在着矛盾利益关系。这样一种复杂的公司如果硬要说是代表谁的利益，似乎只能说是代表跨国公司全球资本家的利益，但这样说并不准确。所以，判别跨国公司的主体性质成了难题。

看来无法从直观中断定跨国公司的属性，因为跨国公司是具有多重属性的矛盾复合体：跨国公司既与母国有千丝万缕的关系，又在大力推行本地化战略，同时还要把"满足股东的要求作为它们至高无上的目标"，这样的跨国公司恰恰是复合主体。也就是说，它与母国、驻在国以及掌握公司股票的股东复合成为一个跨国生产、交换并为了满足各个方面利益的主体，它与各个方面都既有区别又有密切的联系，这是跨国公司作为复合主体的辩证性质。把跨国公司作为交往全球化实践的复合主体，具体认识有以下几点：

第一，交往全球化实践的跨国公司为不同利益对象服务。跨国公司不是为某一个国家服务，它有自己的联盟，它在为自己的母公司服务的同时，又为不同利益对象服务。因此，对跨国公司作为交往全球化实践的主体，在认识和把握上应当首先明确它既不同于本国公司，也不同于多国公司，更不同于国家，不要轻易做阶级或政治属性判断，即使做了也没有实际意义。如果需要最好下经济属性的基本判断。

第二，跨国公司为了获取利益而走向世界各地，成为全球化的急先锋，依靠本土化战略是其基本的行为。跨国公司"从属于"一个特定国家，其总部设在某一国家的领土之上，并以此向外扩张。跨国公司并不像其表面上所显示出的那样无家可归，因为它们的权力在某些措施上依赖于国家行为。跨国公司依靠本土化战略把驻在国的政策作为有效利用的工具，因此跨国公司的行为与民族国家的公司行为有显著不同。支持跨国公司行为的文化来自于不同国家，尤其是发达资本主义国家的文化，但跨国公司使自己的行为处于各种文化的交叉点上，而且只有通过实行本土化战略它才可能站住脚，因而跨国公司普遍具有良好的经营服务意识，在资金运作和产品的品质上均须有良好的信誉，这是我们理解和把握跨国公司行为的重要方面。

第三，跨国公司将资本与驻在国置于互惠的关系之中，资本成了"世界范围的组织"者。虽然跨国公司还有总部，总部所在的国家依然存在，但造成跨国公司全球化的并不是其民族属性（如果有的话），也不是母国，而最主要的是资本自身的逻辑与跨国运算。它能够将资本与非资本成分、国际的和地方的成分统一起来，创造出保证资本再生产的条件，这个条件主要就是保证与地方互惠利益。所以，对跨国公司不能用传统的价值判断，而要以利益相互分割的依存度关系构成基本判断，与跨国公司打交道，通过利益谈判构成相互依存条件最重要。

第四，为了使资本能够继续不断地再生产，跨国公司走向整个世界。经过几十年国际化经营，跨国公司越来越呈现出生产国际化、网络化，和经营多元化、交易内部化、决策全球化的特点，并通过企业的合并、兼并促进了世界经济全球化的进程。当代跨国公司已经成为世界经济的火车头，其经济实力雄厚，生产经营决策管理科学，生产的产品一般均具有高科技含量。但跨国公司一般不会把全部经营放到一个国家，也不会把生产的全部工序和产品交给一个国家或企业，它需要的往往是分包某一部件的生产，或销售某一种产品，抑或研发适合一定地区的产品、行销方式，不要期望跨国公司会把总部或相当部分生产经营搬到一个国家领土上。

（二）民族国家

"民族"和"国家"在汉语中本来是两个完全不同的词，然而在英语里"nation"一词，本来就兼有"国家"和"民族"两个含义。英语之所以这么用不仅强调民族国家的民族政治特性，而且反映了现代意义上的国家就是带有民族主义特征的国家。但在全球化进程中使用的"民族国家"概念则是有特定含义的。例如，美国、英国就叫美国、英国，大凡发达国家都不必冠之以民族国家的称谓，相反，包括发展中国家在内的大多数国家则被称为民族国家。因此，在全球化进程中所说的民族国家，不仅是指具有领土、政权建制的单位，而且包含着在全球化进程中以民族文化、民族利益、民族国家的发展为指归的国家。当然，这样说似乎没有说明发达国家是否是不顾民族利益的国家，但事实是，在全球化进程中西方发达国家站在主导全球化立场上，把不同意见的国家已经放到民族国家的位置上了，所以民族国家有特定的含义。但广义地说连美国、英国即使不被使用"民族国家"的称谓，它们只要使用"nation"一词也同样是包含着民族主义含义的国家。

民族国家在交往全球化实践进程中是复合主体关系，这是因为：一方面，民族与国家在形式上不可以分离，分离就不是民族国家，而是民族主义者或民族主义集体，它不能算作交往全球化实践的主体；另一方面，同样是民族国家却又不能简单地把它们看作是无差别的国家。民族与国家的复合程度不同，这里既有传统的民族国家，又有外来民族占主要成分的新型民族国家，由民族认同程度不同决定了不同民族国家在发展和捍卫民族文化、民族利益的不同态度。更主要地是从民族与国家复合角度强调民族国家在交往全球化实践进程中既是一个一般的主体，又是一个特殊的主体，特殊性主要来自民族文化、民族传统。在历史上，一方面，具有民族性观念的群体力争夺取或共同掌握国家和国家政权；另一方面国家也力争夺取并垄断民族性观念。因此，民族国家意味着是民族主义和国家社会形式的结合，它不是没有特定含义的、一般的主体，而是一种得到民族形式强化的国家主体。卢梭当年曾经指出："民族为了保卫文化共同体的边界……需要成为国家，而为了建立统一的基础，国家也需要成为民族"①，这就把民族与国家为什么不能笼统地使用的原因说清楚了。

民族和国家的结合本身也是一个过程，欧洲语言中"民族"一词来源于拉丁语的"natio"，"nation"本意大致为一个有亲缘关系、定居某处的社区团体，并无更多的政治含义。苏联著名民族学家尼·切博克萨罗夫、伊·切博克萨罗娃所著《民族·种族·文化》一书中认为，民族是指"居住在同一地域，具有共同的经济基础，操同一种语言……也不可能有哪两个民族能够具有完全相同的文化特点"的共同体。历来主要根据民族特征来判定民族，它主要根据如语言、民族形成和分布的地域、内部经济联系，特别是文化特点。在人类历史上，早在各大语群向各大洲分布之际，不同民族共同体之间就发生了频繁的交往、分化和融合，有些新的民族形成了。在古人类栖居地的南部地区，开始了人类最早的民族分化和民族融合过程，在公元前 4000—公元前 2000 年间，随着农业的发展，一些早期阶级社会和古代国家在底格里斯河和幼法拉底河、尼罗河、印度河、恒河和黄河诸流域及邻近地区出现，上述地区便成为各大民族兼并弱小民族的中心。在这些民族中就有不同语系的代表，例如苏美尔人、闪族阿卡德人、古埃及人，小亚细亚的印欧

---

① ［苏］尼·切博克萨罗夫、伊·切博克萨洛娃：《民族·种族·文化》，东方出版社 1989 年版，第 23 页。

语赫梯人、中亚的大夏人和花喇子模人，创造了哈拉帕和莫亨觉达罗文明的达罗及殷商时代（公元前17—公元前11世纪）的古代中国人。

自历史进入现代以来产生了现代民族主义，现代民族主义成为一个大范围内兴起的社会运动。现代民族主义产生的一个重要特征是伴随着民族国家的兴起。在中世纪的欧洲原来是只知有教，不知有国。法国大革命把民族观念同民主、国家主权思想结合在一起，使个人的命运与国家的兴衰结为一体。法国大革命为法兰西民族展示的巨大力量感召了欧洲的其他民族，使他们开始以对国家利益的认同取代对王朝权力的认同。自此，作为民族主义载体的民族也就与国家表现出惊人的一致性，两者互为载体，具有主权地位的国家的建立，是民族主义的最高体现，捍卫国家主权是民族主义的主要目标。黑格尔在考察法国大革命时，认为正是法兰西民族的这个革命创造了人类"新纪元"，并且说道，各民族可能需要经历很长的历史行程方可抵达它们最终目的地，那就是建立它们自己的国家①，同时他断然指出没有国家的民族等于没有历史。这些民族为现代国家的脱胎创造了一个母体模式，或者称之为"经典模式"，即民族家园与国家疆界的一致，即"一族一国"。欧洲资产阶级革命最终完成了创立民族国家的任务，实现如下三个并行的社会变革过程：（1）在全国范围内建立有效的行政管理系统；（2）通过发展市场经济促进国内经济一体化，从而将市场经济从最初少数几个国家推广到整个西欧、北美，最终乃至整个世界；（3）推广包括科学和人文学术在内的世俗教育和世俗文化，以求加强社会成员对新国家的认同。

---

① 参见黑格尔：《历史哲学》，上海人民出版社1990年版。

对现代民族与民族政治共同体的产生，列宁在许多著作中对其特点都有论述。列宁认为，现代民族形成的主要特点，是各个地方民族群体之间建立的稳固的经济联系，即各个地方市场联合成统一的民族市场……随着现代民族的形成，全民族的整体民族意识也已形成。列宁在分析了不同民族时写道："发展中的资本主义在民族问题上有两种历史趋势。民族生活和民族运动的觉醒，反对一切民族压迫的斗争，民族国家的建立，这是其一。各民族彼此间各种交往的发展和日益频繁，民族隔阂的消除，资本、一般经济生活、政治、科学等等的国际统一的形成。"①

看起来任何概念的产生，都有其社会的和历史的原因，民族与国家的复合经历了一个历史过程，把"民族"概念化，在于历史上现代国家的产生，换句话说，现代国家需要"民族"这一概念，不仅用民族来确定疆域、人口和主权，而且任何社会组织都要有领属定义，说明该组织的界限以及权力运作的范围，所以现代国家要求有民族这一概念。民族国家是政治单位，通过共同的价值、历史和象征性行为表达集体的自我意识和民族文化符号。在这个意义上说，民族国家是特殊的集体身份，民族共同体被赋予国家的政治组织形式。

民族国家在早期的经济全球化中就已经作为主体，在第二次世界大战后西欧和日本的经济重建以及东亚经济起飞时期，民族主义都是不可小觑的精神动力，都是极具动员的力量。这在新的全球化进程中也不例外，正如西方研究全球化的学者琳达·韦斯所说："在全球化进程中，民族国家的作用不是小而是更大了，不是在阻滞发展而是推动进步。在这个新时代中，最成功的国家将是那些能

———————
① 《列宁专题文集 论资本主义》，人民出版社 2009 年版，第 290 页。

够把其常规的力量资源与合作的力量结合在一起的国家。"① 民族国家作为交往实践全球化的主体因其是民族与国家的复合关系，民族振兴的力量和民族意识的觉醒将是民族国家发展的强大动力，它是民族国家参与全球化进程的集体实践力量和支柱，是维护民族利益、繁荣民族文化的源泉，从而也是自立、自强于世界民族之林的宝贵资源。在全球化进程中，任何片面强调世界主义或某种国家主义的全球化理论观点以及无视民族国家存在事实的要求都是不能被民族国家接受的。在现时代，民族国家重要的是要认识自己的优势，充分发挥民族国家的资源、条件和主体实践能力。民族国家的政府要与跨国产业界建立合作关系，充分利用国际经济变化的机会，它们可以成为民族国家借用的参与交往全球化实践进程的能力，所以，民族国家本身也要显示巨大的适应力和多样性。由于民族国家能力的差别，利用国际经济变化机会的能力也完全不同，全球化发展的趋势表明，民族国家能力的强弱之分将愈加明显，一切将取决于在有效力的国家和有效率的市场之间达成平衡的能力。

（三）集团主体

在交往实践全球化进程中，民族国家要通过与其他国家和地区建立或加强伙伴关系来适应新环境，为此而组成的地区性经济、政治抑或两者性质兼有的地区同盟、经济同盟和政治同盟（又称为战略联盟）这些代表某些地区或为经济利益而结成的集团，以一个整体参与交往全球化实践可以称为区域集团主体或集团化联盟，它也是交往实践全球化的主体形态之一。

区域集团化的区域主要指地理位置毗邻、人文传统相近和历史

---

① 琳达·韦斯：《全球化与国家无能的神话》，载王列编著：《全球化与世界》，中央编译出版社 1998 年版，第 97 页。

上交往密切的国家所构成的自然地区。区域集团则往往是由政治或经济甚至军事结盟关系的国家组成，它有浓厚的区域观念。交往全球化实践的区域集团化主体主要是在加强地区经济合作中产生，它的产生对于加强区域内国家间的经济合作和联系、扩大区域力量的管理和解决地区事务争端等方面发挥了重要作用。20世纪50—70年代，不同国家组成的区域组织在西欧（如煤钢联营）及中东、非洲地区出现。80年代，越来越多的国家为了共同的利益，以不同的方式结成各种区域集团，进行广泛的经济、政治、文化的合作。世界经济区域集团化，进入90年代其发展进程明显加快，已形成为全球发展趋势。在这些区域经济集团和组织中，规模最大、实力最强、影响最深的是正在形成中的欧洲、北美和亚太三大区域集团。

1. 欧洲区域集团主体

欧洲是资本主义的故乡，是当今世界经济最发达的地区，也是区域集团化发展最早、最快的地区。1958年欧共体（后改为欧盟）组建，其后不断发展壮大，现已有15个成员国。20世纪90年代以来，欧盟采取种种措施，加快欧盟统一大市场和经济货币联盟以及欧洲经济区的建设，并取得了重大进展，1993年1月欧盟统一大市场投入运行，1994年1月由西欧17国组成的欧洲经济区正式启动。经过一番曲折，《马斯特里赫特条约》终于得到各国批准，从1998年11月1日起正式开始生效。在20世纪末建立了统一的欧洲银行，发行单一的欧洲货币（欧元），实现了经济和货币联盟，并在此基础上推进欧洲政治和经济联盟的建设和发展。为此，欧盟加紧推行"东进"中东欧和"南下"地中海的扩展战略。尽管在走向欧洲经济货币联盟和欧洲政治联盟的道路上坎坷曲折，但在实施这些目标的过程中所采取的重大措施和行动，都基本上按期实现了。

2. 北美区域集团主体

美国和加拿大于 1987 年 10 月正式签订《美加自由贸易协定》，1989 年 1 月 3 日生效和实施。紧接着 1991 年 5 月，美国、加拿大和墨西哥三国又举行关于建立北美自由贸易区的正式谈判，于 1992 年 8 月 12 日达成《北美自由贸易协定》，1994 年 1 月 1 日生效和实施。该协定规定在 15 年内逐步建成北美自由贸易区，消除彼此间的关税壁垒，实现自由贸易，到 2009 年，北美自由贸易协定的各项内容将全部得到实现。近年来，北美自由贸易协定不仅正在扩大其成员国，而且在 1994 年年底举行的美洲国家首脑会议上，西半球 34 个国家的领导人一致同意用 10 年时间将目前的北美自由贸易区扩大为美洲自由贸易区，即到 2005 年建成美洲经贸集团。

3. 亚太区域集团主体及发展前景

亚太地区是当今经济增长速度最快的地区，随着亚太地区经济的快速发展，客观上要求开展和加强亚太经济合作。1989 年 11 月，亚太地区主要发达国家——美国、加拿大、澳大利亚、新西兰、日本及韩国和东盟六国的外交、经贸部长聚会堪培拉，讨论如何加强这一地区的经济合作。以此为标志，亚太经济合作组织宣告成立。此后，亚太经合组织不断扩大，中国、中国台湾及香港（以地区经济名义）、墨西哥、巴布亚新几内亚、智利等国相继加入。亚太经济合作组织最初只是一个官方性质的论坛，但自 1993 年西雅图会议确定亚太经济共同体的理想以后，1994 年茂物会议确定了贸易和投资自由化的具体目标。1995 年大阪会议通过的《行动议程》和"大阪宣言"，则把西雅图理想和茂物目标付诸行动阶段，从而加快了亚太地区经济一体化的进程。这样，亚太经合组织不仅已经成为亚太经济发展和合作最具吸引力和生命力的核心组织，而且它也不再是一个简单的和一般的论坛，而是一个"具有实质内容的论坛"。也就是说，亚太经合组织实际上已在被悄悄地、微妙地推向某种机制化的组织，或者说是推向一个区域集团化的方向发展。

除了上述三大区域组织外，当今世界还出现了许多次区域经济合作组织，如东南亚国家联盟、环印度洋经济区、西非经济共同体、南美体共同市场等。20 世纪 90 年代以来，世界经济区域集团化具有一些新的特点：第一，发展速度加快。不仅发达国家加快集团化发展，遍布全球的亚非拉第三世界国家的区域经济合作组织发展也极为迅速。第二，南北联合，共同发展。北美自由贸易区的建立，标志着南北方国家联合组建区域经济集团，以求共同发展，共同繁荣。近年来亚太经合组织的发展，更显示了南北经济合作的广阔前景，说明社会制度不同，文化差异及经济发展水平差异，并不阻碍发展经济合作组织，这些组织既可以采取不同的集团化模式，也可以采取较低的一体化模式，而复杂多样的国家和地区之间还可采取松散的集团组织模式，无论采取何种组织模式，目的都在于优势互补，共同发展。第三，跨区域合作。近年来，世界经济集团化和三大区域集团发展出现了明显的跨区域合作势头。1995 年 9 月在新加坡举行了"东亚和欧洲经济首脑会议"，1996 年 3 月在泰国曼谷举行了首届亚欧国家首脑会议，其目的是要在亚洲和欧洲之间建立迄今未有的对话场所。此外，欧洲和北美之间既有北大西洋公约组织，又在近年来谋划建立大西洋自由贸易区，北美和亚太之间已有亚太经济合作组织这样广泛的对话场所。这些广泛的对话渠道和交错参与的合作区，可以增进相互了解和理解，推动相互进入对方市场，从而促进三大区域之间和次区域之间的跨区域经济合作。①

二、共主体

交往实践全球化结构中包含着复杂的主体间关系，在交往全球化的经济、政治结构层面，国家组织体与非国家组织体形成错综复杂的交往组织结构关系，从而形成多重性共主体形态。所谓共主体，就是指在交往实践全球化中主体被同一个平面的经济实体、政治行为组织体相互介入通过交往面向共同改造的客体，这一主体形态犹如社会学所指称的"网络缠绕"，每个主体都处于其他经济、政治行为组织体、文化科学、生产的多重社会交往关系的扭结点上。这样一种主体形态，在像网络缠绕般的关系中每一个环节或节点上包含着介入实体和行为形成主体共在结构，简言之称为共主体。这些由交往实践全球化形成的交往共主体之间在经济、政治行为中是有差异存在的统一体，其中的差异与冲突显而易见。由于主体在全球范围从事交往活动，其中主体要与经济实体的资本、管理要素等结合，与另一部分实体、要素之间存在着的相互影响、相互制约的交往关系，有时其中一部分的变化引起其他部分也发生变化。这些共同主体在参与全球范围的共同的经济、政治和文化交往活动并解决其任务时，能够发挥其在全球范围内的组织、协调的作用和能力，从而形成的国际经济、政治和文化结构都是主体的结构。它造成了全球化实践活动并表达全球活动的公共性和一致性，所达到的水平则都是主体的资质、能力和水平，所形成的都是不断扩大的交往关系。而这些往往是民族国家参与交往实践全球化和国际交往所产生的结果。

---

① 参见陈耀庭：《论世界经济区域集团化和亚太经济合作组织》，《世界经济》
1996 年第 4 期。

构成共主体形态的主要是国家组织体与非国家组织体：

（一）国家组织体

在交往全球化进程中，随着资本、技术、市场等跨越空间障碍跨国流动，出现了以国家为本位的资源配置体系向和以跨国集团、区域集团或多国籍集团为本位的配置体系相互依存发展的趋势，这种依存形式在不同国家和地区有不同表现。因而，在交往实践全球化的组织形式层面，出现了由原来只有国家间的相互交往行为，发展演变为国家与非国家组织体之间，以及非国家组织体之间相互的组织和交往行为。国际关系行为体日趋多元化，非国家行为组织体的作用显著增强且具有更深刻影响。非国家行为组织体作用的加强首先表现为数量增多，活动领域扩大。国家与非国家组织体形成的共主体形态只有通过像解剖麻雀一样分解为各个组织单元，然后才有综合的可能。在这方面首先应当研究国家组织体。

国家组织体应根据马克思主义的国家学说和社会发展的实际去看，"国家"这个概念有两个基本含义：（1）是阶级统治和专政的工具，侧重于说明国家的阶级性和政治属性。（2）历史上形成的有共同地域、语言、经济生活、民族和特殊文化的稳定的共同体。这主要从国土、人口、民族等方面说明国家概念的内容。国家概念的这两个基本含义，在英语里的区分也比较清楚。英语"state"主要指政治属性的国家，即第一种含义的国家；英语"nation"则主要是从地域、人口、民族等方面表示国家的内容，即第二种含义的国家；而英语"country"则似乎兼有两种含义。在汉语里，"国家"只有一个词汇，只是用在不同的场合，在含义上才区别开来。例如，说"中国是一个古老而文明的国家"，这里的"国家"即相当于英语"nation"的含义，而无政治内容。

民族国家的产生在一定程度上标志着全球化进程的开始，在全球化进程中它始终扮演着积极推动者的角色，从十七八世纪，资本主义的海外拓殖到现代通过对高科技为主要支柱的对后工业文明经济体系、技术创新的支持，对海外贸易的鼓励以及资本主义各种制度的确立与保障，民族国家都起到了重要的作用。它在全球化的早期阶段就奠定了国家的利益高于一切。在经济主要以"民族国家"为主的时代，英国哲学家托马斯·霍布斯就曾论述了国家的作用：在一个由相互竞争、追求各自的个人利益的公民组成的社会中只有通过国家的权力垄断才能有力保障和平的共同生活，并从而实现社会进步。国家权力机关只有坚决地实行权力垄断才能为自身的存在辩护，这种权力垄断必须仅仅为"提高人民福利"这个目标服务。在这个时期，资本主义经济全球化的主体是经济，全球化是经济要素进行横向组合的趋势，在漫长的历史发展过程中民族国家都未能组合，只有经济才可以进行这样的组合。经济学家亚当·斯密就是在这个阶段第一次出版了《国富论》（1776年），在这本书中他对国家在经济活动中的作用做了如下阐述：在由国家保障的竞争和自由的条件下，经济的自然法则就能得到应有的重视。这些法则表现为一种劳动分工体系，在分工中大家都要在具备最优惠的条件和前提的地方进行生产。依据这条途径可以产生一种优化的劳动分工，使劳动产生最大限度的效益，并因此创造最大限度的社会福利。这里就已经包含着经济体系不仅在民族国家的范围内发展，而且有着在全球框架范围内更会得到优化发展的思想。以至于到了现在，民族国家开始在互相介入和互相决定的层次上运作。

（二）非国家组织体

这些非国家组织行为体各自在全球化进程中所处的地位虽然不同，所起的作用、功能以及切入的角度也不同，但共同的特征是对当代民族国家实施相互介入的国际化层面的操作，构成了民族国家参与全球化的背景。

第一类是政府间组织行为体与非政府组织行为体。

政府间组织行为体主要是联合国。联合国组织在第二次世界大战后成立，当时的会员国有 51 个，1983 年达到了 158 个。联合国下属若干国际性世界组织，如联合国教科文组织、世界粮农组织、国际人权大会等。冷战结束后联合国在世界事务中的地位不断上升，联合国的维和行动、人道主义救援和预防性外交等活动的全球意义也得到越来越多的国家的关注。但有一种趋势表明，联合国成员国正在增加的同时，另一种平行的趋势却是对国家主权提出了质疑。换言之，国家越来越多，却意味着主权越来越少。一方面，各种超国家组织越来越多地取代国家职权、限制着国家行使主权的空间；另一方面，国际法正在向干涉权、国际监护、人权或有限主权等概念演变。

非政府组织行为体。世界非政府组织作为非国家主体行为体需要使用像网络覆盖那样多的组织结构概念，非政府组织不是政府的一部分，也不是企业的一部分，而是民间社会组织或叫市民社会组织。它们通常致力于单一事业，费用全靠捐助，而这些捐助部门常常是一些基金会。像大赦国际的预算比联合国人权观察组织的预算还多。在许许多多的环境保护组织中，像"世界自然保护基金会"接受的捐助额都相当庞大。非政府组织被认为在全球管理中成了真正的第三支力量，比如帮助制定了禁雷公约和国际法庭条约的非政府组织、医师无国界协会，后者因开创了在世界各地的人道主义救援工作而获得了 1999 年诺贝尔和平奖金。据最新出版的《国际组织年鉴》统计，在现有的 48350 个国际组织中，非政府的国际公民社会组织占 95% 以上，至少有 46000 个左右。世界非政府组织在世界范围的发展很快，比如，1972 年，参加联合国环境大会的非政府组织还不到 300 个，而到 1992 年注册参加联合国环境大会的非政府组织则多达 1400 个，同时参加非政府组织论坛的非政府组织更高达 18000 个。1968 年在德黑兰召开国际人权大会，当时只有 53 个非政府组织获得了观察员身份、4 个非政府组织参加了大会预备会议，而在 1993 年的维也纳国际人权大会上，248 个非政府组织取得了观察员身份，593 个非政府组织参加了大会。1975 年，只有 6000 人参加了墨西哥世界妇女大会的非政府论坛，114 个非政府组织参加了正式会议，而到 1995 年，则有 30 万人参加了北京世界妇女大会的非政府组织论坛，3000 个非政府组织参加了正式会议。

非政府组织在世界范围开展活动，有些规模很大，有些则很小。在 1998 年以前，联合国确认了 1500 个非政府组织，世界银行也有自己确认的一些组织。联合国和世界银行经常向这些非政府组织通报正在辩论的问题，并且常常在一些领域听取它们的意见，争取它们的帮助，诸如环境问题，非政府组织在这个问题上比较内行。非政府组织既能起建设性的作用，也能起破坏性的作用，建设性作用如帮助建立国际刑事法庭的非政府组织，还有实施人道主义救援的和平队组织，他们有时不远万里来到非洲或遭受战火劫掠的地区发挥像国际红十字会那样的作用，在非洲部族之间纠纷连年不断的情况下，深入调解和展开救援做了许多十分重要的工作。但也有非政府组织不起建设性作用，而且只起破坏作用。比如 WTO 在西雅图准备开启新一轮谈判会议时，主要就是受到来自非政府组织体的抗议而使会议未能达到预期的目标。

对非政府组织的行为的评价也褒贬不一。持批评意见的认为，它们不是经过选举产生的机构，它们不对选民承担义务，只对经济利益的支持者承担义务。赞成的认为，它们在一些领域已成为一支

227

举足轻重的力量，进入了世界经济政治的主流社会，应当发挥这些组织对全球管理的作用，并提出建立世界公民社会大会的意见。无论如何评价，在交往全球化实践进程中非政府组织已经与国家组织体形成了相互依存的关系，随着全球化进程，它们已经成为一个交往全球化实践进程中的关键参与者，标志着在世界舞台上一个新的公民社会正在形成。它们当中的大多数虽然目前主要是单一利益或集体目标组织，如集中关注海洋、劳工、妇女权利、环保或者世界卫生等问题。但这些统称为非政府组织的组织，已经是全球化进程中与世界各国形成交叉互动影响，发挥着被世界各国政府称为"第三部门"的制约作用，并正在世界范围内发挥着影响全球化进程的不可忽视的作用。

第二类是实体性的经济组织行为体。

1. 国际货币基金组织

国际货币基金组织最初成立时的目标是保证开放的世界经济的货币稳定，以替代第二次世界大战前的金本位制度。在解决国际收支平衡难题、恢复主要货币的可兑换性、逐渐降低关税等方面具有一定效率，发挥着一定作用。从20世纪80年代末起，国际货币基金组织对东方集团国家进行干预，以保证其重新加入国际货币基金体系。对此，国际货币基金组织的行为，一直是许多人批评的对象。一些批评者指出，这些组织追求的政策是资本主义扩展逻辑的一部分，同时，另一些批评者又对它支持开放和全球化的作用给予积极的肯定，认同它对开放和全球化进程所起的推动作用。其中包括来自大多数发展中国家的支持，认为依靠它有助于增加发展中国家得到资金的帮助，特别是遭遇经济危机时依靠它有助于获得经济结构调整得以生存发展。因此，发展中国家的学者阿明强调，国际货币基金组织改革的方向是"依照地区性和世界性相互依存关系来改革国际货币基金组织"。

2. 世界银行

就世界银行管理资金的总量而言，其他成员远远落于其后，从其建立到1992年，它所经手的资金达到2900亿美元，到21世纪初，其每年承诺的信贷总量达到二百多亿美元，加上地区性发展银行支付的大约110亿美元。世界银行把1/3的资源用于部门调整的方案，一方面，它是作为西方七国集团和美国控制制定世界战略的一种补充形式，作为一个代理机构，任务是支持跨国公司对发展中国家进行产业结构等调整；另一方面，它把世界银行的产生原本是为发展中国家实行"发展主义"计划的历史继续联系在一起，实行管理发展中国家的单边结构调整，为债务而设计结构调整来管理债务。但世界银行的运作成本一直高于国家机构、跨国公司或双边援助机构。

3. 世界贸易组织

世界贸易组织WTO是个超国家的组织、国际法人。它通过实现无条件最惠国待遇、削减乃至取消成员国关税和其他非关税壁垒而促进世界贸易的自由化。WTO的管辖范围不断扩大，将货物、服务、知识产权保护、环保等经济大事都囊括进来，被称为"世界经济联合国"。WTO给成员国提供一个谈判、解决国际纠纷的场所。它赖以建立的原则是开放和自由贸易：推进多边（而非双边）交换，禁止制定有利于民族产品的歧视性政策，同时也禁止出口方的攻击性行为（倾销），降低关税，禁止其他形式的数量限制（像配额这样的明确形式以及由缺乏依据的健康或行政管理所掩盖的不公平做法）。中国加入WTO，既有助于国内市场经济体制的完善，也是中国利用国际惯用条款保护自己的利益的依据，以利进一步与世界经济接轨。中国融入WTO，是中国进一步深化改革开放的标志。世界贸易组织的行为主要有：以新自由主义经济学原理为基础，坚持自由贸易原则，不断推进贸易的扩大，而贸易的扩大有利于增长。世界贸易组织虽然并不是某种形式的世界政府，但它是各国政府通过达成共识并制定了统一规章制度的机构。这个机构由于有了一个解决争端的程序而得到加强，成为一个国际贸易仲裁机构，不要把它同建立在大国和富国不受约束地主宰一切的贸易体制划等号。

4. 私人资本市场

私人资本市场始于 20 世纪 80 年代末，到 90 年代迅猛发展，1993 年，发展中国家吸收私人资本达到 1600 亿美元，1994 年为 1680 亿美元，1995 年是 1670 亿美元，其中私人资本的直接投资高达 900 亿美元。1996 年，据国际金融学会测算，流入 31 个主要新兴市场的私人资本达到破纪录的 2248 亿美元，相比之下所有官方机构提供的资本仅为 140 亿美元，这些官办银行、国际货币基金组织、地区开发银行以及一些联合国机构所能够掌握的资金有限。资金相对具有无限来源的是私人资本市场，私人资本流动已占全部资本流动的 3/4 左右，在 1990 年到 1993 年间，17 个发展中国家吸收了 90% 的私人资本流入，而中国则独占鳌头。

第三类是国际条约法网。

进入 20 世纪 90 年代以来，各国经济的相互依赖加强，彼此利益的协调和彼此意志的规范推动了国际条约建设。结束于 1993 年的乌拉圭回合谈判，达成 WTO 一揽子协议。其中的三大新协议，及《与贸易有关的投资措施协议》（TRIMs）是世界上第一个正式生效的有关投资问题的实体性全球多边协议；《服务贸易总协定》（GATT）签订，使得外资能够以"商业存在"的方式逐步进入各国服务市场，并且逐步享受国民待遇；《与贸易有关的知识产权协议》（TRIPs），对知识产权提供了有力的保护，特别是对知识与技术密集型的投资具有积极的促进作用。而全球双边投资条约和区域性国际投资法律体系，正在向国际法网方向发展。至 1996 年 6 月，全世界共有 1160 个双边投资条约，2/3 签订于 20 世纪 90 年代。这些双边投资条约涉及世界上大多数投资母国和东道国，一个全球性的双边投资条约网正在形成。区域国际投资法律体系作为其重要组成部分，有 1993 年生效的建立欧盟的《马斯特里赫特条约》，1991年取消外国投资限制的《安第斯条约组织 220 号决议》（ATO）。1990 年生效的为东盟各国相互投资提供了一个相当完善保护机制的《东盟投资协定》。

中国作为世界大国和最大的发展中国家，在全球化进程中积极参与构建国际新秩序。21 世纪初在联合国贸发会议上，秘书长里库佩罗盛赞"中国就是成功利用经济全球化的范例"。中国自 1978年开始实行改革开放政策以来，迅速扩大了国际组织的参与面。1977 年在中国实行改革前夕，中国参加了 21 个国际政府组织和 71个国际非政府组织，到 1994 年，这两个数字分别增加到 50 个和955 个。在 1977 年至 1988 年期间。中国签署了 125 个多边条约，而在这之前的 27 年中，它只签署了 23 个条约。1980 年，中国加入了世界银行和国际货币基金组织：在世界银行，中国是最大的借贷国，中国的还款记录为世人称道、无可挑剔，准备贷款使用的报告的记录也堪称楷模；在国际货币基金组织，中国发挥了建设性作用，并在 1994 年偿还了自己第一笔贷款。世界银行和国际货币基金组织中许多人认为，中国的加入加强了这些组织。1984 年，中国取得了关税及贸易总协定观察员地位，并加入国际原子能机构。1992 年，中国批准了《不扩散核武器条约》，并以书面形式同意遵守导弹技术控制制度。1996 年，中国同意遵守《全面禁止核试验

条约》，并宣布停止进行进一步的核试验。中国签署了有关人权的
8 项国际公约；1992 年，李鹏总理同意：有关人权的问题应该成为
国际正常讨论的议题。在联合国，中国发挥了积极合作的作用。自
1972 年以来，中国在安理会公开会议上只投了两次否决票。中国
向中东、纳米比亚和柬埔寨派出了维和部队。在世界环境保护问题
上，一个对气候变化进行科学评估的重要的国际小组最近相当肯定
地得出结论：中国的二氧化碳（这是产生温室效应的主要气体）
排放量大大低于美国。尽管如此，中国参与制定了减少气候变化危
害和适应气候变化影响的全球战略。①

第二节　多极主体与主体间性

　　"Intersubjectivity" 是 20 世纪哲学中凸显的一个哲学范畴，依
其上下文关系可译为或理解为主体间性、主观际性、互主体性和共
多主体性等。主体间性是在近代哲学认识论中经过探讨，又在 20
世纪频频探讨的哲学范畴，它不仅是哲学在 20 世纪转向实践论哲
学所使然，而且是伴随着交往实践全球化的脚步日益引起注意的发
展理念。因此，对人类哲学历史上主体间性的认识，可能对交往全
球化实践确立多级主体交往共同体规范能够起到积极的思考作用，
至少能够阐明未来建立交往全球化实践主体间性的理论基础。

一、西方哲学的主体间性

　　在近代哲学以前，哲学似乎对主体间性的问题未及探讨，对一

---

① 参见埃兹拉·沃格尔（傅高义）主编：《与中国共处：20 世纪的美中关系》，
　新华出版社 1998 年版，第 22 页。

个主体怎样与另一个主体相接触、相作用的，在古典中学中是常常被悬置的问题。这个哲学史发展中的怪现象被美国学者穆尼埃总结为："如果你数一下古典哲学研究的主要问题，你会看到这些问题：认识、自我、灵魂与肉体、心灵、上帝和来世。在古典哲学中，与他人的关系所产生的问题从未获得与其他问题同等的主要地位。"①　在古典哲学中与主体面对的似乎只能是客体，在主体的指向下，一切对象——不管是他人或他物都变成一样的客体，那么，一个主体如何面对另一个主体便成为近现代哲学必须面对的难题。

近代哲学从笛卡尔和康德以来，当哲学家们就主体是怎样认识客体这一问题展开思考时，康德把客观性说成为"被纳入普遍必然的东西"，他认为直觉判断仅对单个主体当时的情态有效，而经验判断则对一切主体的所有情态均有效。这种对任何主体来说的普遍有效性才是真正的客观性，这实际上就是在主体间一致的意义上定义了它，解释了主体间的普遍性对认识发展的作用。德国哲学的另一个大家黑格尔，由于存在着实践哲学发展的要求，因而他认为应当思考主体间关系而不是单纯的主体。他的精神哲学的一个重要范畴就是"相互性"。按照黑格尔，自我意识首先是从相互承认的基础上发展起来，不是相互承认的则被他称为主奴权（主人和奴隶）意识。可见，黑格尔也已经意识到互主体性关系的存在，反映了社会生活中应当建立人人平等观念的历史要求。

现代哲学的现象学运动创始人胡塞尔，继承了从笛卡尔和康德以来的传统。胡塞尔认为人是应该从没有任何成见的"先验的自我"的原初领域出发，突破主观主义的唯我论，因此，哲学认识论不仅在于揭示主体何以能够认识客体，即认识何以可能的单纯认

———————————
① 转引自陈建涛：《论主体间性》，《人文杂志》1993 年第 4 期。

识论问题，还需要解决认识的主体与客体是怎么来的问题，作出统一的本体论的解答。在胡塞尔那里，先是通过"先验的自我"体验到我自身是种"意识与身体连接"，即灵与肉的统一，然后，通过一种类比性直觉类推出他人活生生的肉体存在。他人的存在是我从他人联想到我自身，又从自身联想到他人的自身，由此完成了自我与他我"主体间的互识"，或者简单说是相互的确认。当然，对他人的肯定和认识的主体间的互识，并不意味着"交互主体性"问题的解决，但他却把握到了解决问题的切入点。最后，胡塞尔通过一种把自己放在他人地位上去理解的"移情作用"，进入包含他人的知觉领域，形成了更高层的"意向性的自我——主体的交互渗透和他人生活的意向性交互渗透"，达到一种对同一个对象之总合世界的心灵共识，使每个主体彼此能够通过"认同性的综合"、"同感"这种移情作用的方式，让完全相依的互不相同的陌生世界，随着陌生主体的被给予而在我（或他）的纯感性的、原初性的世界一同被展示、表现出来。胡塞尔通过这样一番论证，建立了一个即可以作为自然科学研究对象的客观世界，又可以与单纯的唯我论的主观世界相区别的、为多数人有效和共享的交互主体性构成的世界。

胡塞尔虽然没有走出传统认识论的唯我论哲学泥坑，不可能走进完全客观化的物质自然与人类社会的总体对象视域，但他却从客体的构造分析过渡到其他主体的构造分析中，从单个主体扩展到复数的主体，并试图为诸如"生活世界"、"社会世界"、"客观世界"和"文化世界"等这样一些与人类现实存在有关的世界提供本体论的说明。但是，胡塞尔对"交互主体性"的论证道路以及他所达到的目的，现代西方哲学家普遍认为是不成功的。如哈贝马斯指出："胡塞尔本人曾试图从自我的单子论成就中推演出主体之间的交互主体关系，这些主体在它们视线的相互交叠中得以相互认识并且构造出一个共同的世界视域，但这种尝试失败了。"①

胡塞尔开创的现象学运动到伽达默尔那里有了进一步发展。伽达默尔认为，胡塞尔等人的研究进展甚微的原因乃是由于他们持有一种本体论的偏见，即把他人首先理解为一种知觉对象，以及没有能够揭示生活概念的隐蔽根源。在伽达默尔看来，世界是我们通过语言和交往的合作而生存于其中的构架，实践则是一种"参与和分享"，一种和他人有关并依据活动共同决定着共同利益的过程。这些"对话"、"原初性理解"、"谈话集体中沟通彼此的主体间性"等支持着我们的生存也支撑和构造着实践理性。在伽达默尔看来，语言是理解得以完成的形式，参与到某种言谈中也就是接受了一种生活方式。通过富有成效的对话，人们得以形成普遍的尺度和共同的视野，而昭示的存在便以这种方式发生。海德格尔哲学的中心即是如何使个体主体转化为共同主体。他从个体主体存在出发，通过"现成在手"的方法将客体世界开化出来，"为我"地显示周围感性世界，又通过"上手"来指向一个他人，将他人的在场性显示出来。因此，此在就转化为"共同此在"——共在。共在是存在的共同体，其主体间关系是通过活动而相互关联，海德格尔的"此在"与"共在"的哲学范畴结构，影响深入到了现代世界，并具有极强的实践性特征，因而对现代实践的影响也是不可低估的。

研究主体间性最为著名的当属哈贝马斯，他发展了一门"适于表达作为一种交往过程的理解"的"交往的一般理论"。在哈贝马斯看来，"社会系统可以视作交往行为网，个体系统则可在言语

---

① 倪梁康：《现象学及其效应》，三联书店 1994 年版，第 36 页。

与行为能力这个大方位下进行考察"①。哈贝马斯要在关于交往的一般理论基础上重建关于交往主体及其资质的理论，关于社会历史理论，最终达到历史唯物主义重建的目的。什么是交往行动？在哈贝马斯看来，"交往行动首先是指，使参与者能毫无保留地在交往后意见一致的基础上，使个人行动计划合作化的一切内在活动"②。因而它包括对话、沟通、共识和行动主观际的沟通和意义理解，这些交往合理性环节，在理解基础上才能够保证行动计划的合作一致。他对各个逻辑环节做了规定，在他看来，对话就需要有语言，因此他将自己这部分交往理论又称为"普遍的语用学"。为了保证对话交往的合理性，哈贝马斯提出了言语的有效性四个基础原则：（1）可领会性（言说者必须选择一个可领会的表达，以便说者和听者能够相互理解）；（2）真实性（言说者必须有提供一个真实陈述的意向，以便听者能分享说者的知识）；（3）真诚性（言说者必须真诚地表达他的意向以便听众能相信他）；（4）正确性（言说者必须选择一种本身是正确的话语，以便听者能够接受之，从而使言说者和听者能在以公认的规范为背景的话语中达到认同）。进而，在言语交往中"沟通"和"达到共识"的基础上，进入对意义关键的"理解"和认同过程。在他看来，"理解这个术语的最低限度的意义是，至少两个有语言和行动能力的主体一致地理解一种语言表达。这样，一种基本表达的意义就体现在这种表达对一种可接受的语言行动的意义所做的成果中。"③ 由此，如果听众接受了一种语言所提供的内容，那么，在两个具有语言和行动能力的主体之间会出现某种意见一致，即产生共识。在共识的指导下，主体际的行

---

① 哈贝马斯：《交往与社会进化》，重庆出版社1989年版，第102页。
② 哈贝马斯：《交往行动的理论》，重庆出版社1994年版，第386页。
③ 哈贝马斯：《交往行动的理论》，重庆出版社1994年版，第388页。

动则会达成合理的一致。于是，交往合理性问题在"源"的环节上便解决了。

在此基础上，哈贝马斯运用交往的一般理论来建构具有自我同一性的交往资质的主体，及相应的社会化理论。他认为，交往者的交往资质和主体性是在与社会结构的共生中共同发展的。它经过了共生阶段、自我中心阶段、社会中心—客体化阶段，最后达到普遍化阶段。他虽然反对将自我同一性交往资质结构完全等同于社会文化交往结构，但仍然认为在自我同一性结构与集团同一性结构之间，也有某些相似之处。而且，自我发展或主体理论包括了一个广泛的领域，它涵盖了交往进化的一切方面：从语言、思维到行为，从内在自然到外部结构，从理性演化到道德情感。其中，他揭示了主体能够合理地建构为交往主体，即在交往理性层面上存在与发展的对话式的主体间性。

值得指出的是，在近代哲学发展过程中对主体间性问题同样不可回避的还有自然科学家。实际上，主体间性作为一种科学调节原则、规范久已存在于科学认识活动中，主体间的可交流性和可相互检验性是实现科学客观性的认识论条件。自然科学的认识作为一种科学陈述，这个陈述原则上只有可以为科学家们相互理解和检验，它才是科学上有意义的。所以，在此意义上说自然科学陈述的客观性就在于它们能够被主体间检验，或者说，主体之间的一致性就表现为知识的客观性。事实上，自然科学家采用"约定"这个概念来表征知识中来自科学家和科学共同体方面的一致性意见，并用以弥补理论与经验之间日益增大的裂隙。这方面的代表是彭加勒，他认为数学中的公理与物理学中的一些基本概念和原理既非先天综合判断亦非经验事实，而是一种由经验起源又被从理想情况出发提升的约定。约定不是任意，科学要避免任意就要解决科学的合法性，彭加勒所说的约定其实就是一种相互主体性，他看到了自然科学的客观性需要从主体间关系方面来说明。约定概念的提出反映了发展着的自然科学方法论发展的客观性趋势，但约定概念本身并不恰当，离开客观实践的最终判定的约定难以避免主观论的陷阱。

二、马克思主义主体间性

在马克思主义看来，主体间性不单纯地就是一些西方哲学家所理解的那种意识或意向关系，也不是仅仅在认识论范围内规定的主体间关系，而是社会性、社会实践中生成的实践关系和结构。认识论层面上的主体间性根源于哲学人类学层面的交往实践，主体间性是马克思主义实践论哲学的题中应有之义。

首先，"人类的社会"和"社会的人类"就是一种最基本的主体间关系。马克思在《1844 年经济学哲学手稿》中将劳动、实践视为"人类自由自觉的活动"，并说这是人的"类本质"。马克思在《关于费尔巴哈的提纲》中指出："人的本质并不是单个人所固有的抽象物。在其现实性上，它是一切社会关系的总和。"人类自由自觉的活动是在社会中产生并产生人类的社会关系。我们说人是社会的主体，社会是主体存在的根据和形式，这个主体绝不仅仅是个体，甚至从一开始就不是个体。在这里人类生活的社会形式的必要性就在于克服人类个体及其活动的有限性。人类的存在必须以空间上诸多个体的共同活动及时间上诸多个体的共同活动和时间上诸多个体的连续活动为条件，这种共同活动和连续活动只能通过人类个体之间的交往而构成，因此，人类的社会交往是人类生活的必然形式，使人类成为社会主体的劳动者一定是以主体间关系形态所构成的劳动集体。只有劳动集体才能保障物质生产活动能够顺利进行，同时能够保持社会某种相对稳定的状态，即通过主体间相互交往合作关系使社会具有稳定的秩序。主体间的交往关系产生社会的稳定结构，而社会交往的秩序和结构，则是通过社会交往的制度化、规范化过程建立的。

其次，社会关系和社会生活在本质上是实践的，实践是包含了交往关系的社会活动。实践"是以个人之间的交往为前提的"，因此，在人类的实践活动中总是展开与生成着双重关系：一是人与自然的关系，其中内含着主体与客体的关联结构，表现为人类从物质需要层面上对客体的操作与从符号层面的对客体的反思。社会历史发展过程中，人类与自然的关系主要表现为以主体—客体关系为内在结构的物质生产活动。二是人类的社会关系，从最根本上说是人与人的关系，它内含着主体—主体结构或主体间性，表现为共同在世的主体之间的相互结合、相互作用并通过交往共同中介着人类与自然关系，这也就是在社会交往实践中的主体间性存在的根源。马克思、恩格斯在《德意志意识形态》中提出了研究社会历史应该从人类生存方式或实践方式入手的观点，指出："生命的生产，无论是通过劳动而生产自己的生命，还是通过生育而生产他人生命的生产，就立即表现为双重关系：一方面是自然关系，另一方面是社会关系；社会关系的含义在这里是指许多个人的共同活动。"① 研究人类的社会历史就是要研究人类特有的实践方式及其内含着的实践关联结构。

再次，作为社会化的人类和人类学意义上的社会，其内含着交往趋势的扩大和生产组织的形成两个基本方面。一方面，它是社会个体或群体之间，以及个体、社会之间相互交换其活动、产品和交流、传递其能力、观念、情感、意志等以达到理解、协调、合作、一致的相互作用。这种相互作用是形成社会和传递一定的社会生活

---

① 《马克思恩格斯文集》第 1 卷，人民出版社 2009 年版，第 532 页。

方式，从而这种形成的社会和社会生活方式就是主体间性的基本的和直接的形成机制。而交往中形成的主体间性表现为参与共同活动并解决其任务的个人、群体在历史行动中必要的组织和统一：它造成了阶级、民族和国家，阶级、民族和国家主体也创造了能表达任何社会活动的公共性和一致，由此形成了生产力，也产生了文化——通过交往，经验的主体和主体的经验"从个体扩大到类"并在社会中积累起来和世代传递，人类创造的一切真正的价值也就具有了永久的和客观的意义。

第三节 交往全球化实践的主体际观

交往实践中的多极主体是一些具有社会差异和特质的共同操作者，交往实践及其活动的共同体是交往主体间性存在的根据，多极主体是交往实践全球化的推动者、实践者。建立交往实践的主体际观是规范主体际活动的前提，然而，全球化又是一个不可避免矛盾冲突的进程。

交往全球化实践的主体不是单一的、孤立的主体，因为实践是以多主体的存在为前提的。交往实践的主体际形态从抽象的结构层面上看是主体—主体，或者主体—客体—主体，而在动态过程中实则是多级主体相互联系、相互作用和相互制约，近似于一个相互缠绕的网络化结构形态。其分析性的主体际形态的宏观表征是多极主体，其微观表征是复合主体或互主体形态。无论何种形态的主体际关系，主体际性的相互制约、相互影响总是要有的，因而总是存在建立一定的规范的必要，没有规矩成不了方圆。

一、多极主体观

交往实践全球化就是多极主体间通过改造或变革中介客体相互联系而结成网络关系的物质活动，交往实践结构中的多级主体间关系是客观存在。正确把握多极主体实践关系首先是确立多极主体观。

首先，多极主体观中的"极"与两极中的"极"在政治内涵上已发生变化。20世纪90年代以来，世界政治格局发生剧变，由两极转向多极。多极主体中的"极"，主要不是通过政治、军事手段控制和支配其他国家，而是凭借先进的科技和雄厚的经济实力，通过投资、贷款、技术出口和转让以及在国际事物中的协调作用，对其他国家、本地区乃至全球产生影响力和作用力。其次，"极"的载体不限于民族国家，两极格局中的"极"的载体是美苏两个大国，而现在构成多极化中的"极"既有民族国家主体，也有国家集团主体，在一定意义上还包括某些影响较大的跨国公司或地区性国际组织。再次，作为交往全球化实践的多极化主体，除了包含上述的"极"外，还包含着更广泛意义上的交往实践主体或单位，在这方面它包含着"多元"、"多中心"等含义。前一种意义上的"极"主要是国际政治学使用的范畴，后两种则是交往全球化实践所使用的包含多元化、多样化、多中心意义的概念。

多极主体间性是指在交往实践全球化中共同操作者和交往者，他们是一些具有社会差异和特质、彼此处于世界交往关系中的个体和群体，彼此既相互差异，又在交往实践中通过改造共同的物质客体的中介而彼此关联。交往全球化的这一个时期的进程是和各阶级、各国家、各民族的发展相联系的，可以说是资本主义和社会主义、发达国家和不发达国家、西方民族和东方民族共同主导着这一时期的全球化实践进程。在交往活动中，人们之间的关系既有阶级与阶级的关系、民族与民族的关系和国家与国家的关系，还有民族国家和跨国公司、集团化主体的交叉重叠的关系。这些关系不是通过同化而达到一致，而是要通过对话，达到相互之间的理解和协调，才有可能形成一个彼此了解、和谐的交往实践格局。

交往全球化进程中主体际关系的实现来自于主体之间的交往，在交往全球化进程中，主体之间的交往就是个体与个体之间，个体与群体、社会之间以及社会集团间、不同地域间、不同国家间交换其活动、能力及其成果的过程。诸主体际间的关系的实现，即是"而是由共同需要，共同目的所决定的活动的交换———一开始就意味着单个人参与共同的产品界"[1]。这种由生产、交换和消费构成的物质活动体系都可以看作是在主体间实现的过程。交往主体间的主体无论是个人、集团、阶级或者国家之间发生的在表面上看来是物物交换关系或过程，实际上发生的是主体间交往关系，是"人际交往过程"，而物物交换关系只是主体际交往的中介。历史上主体间实现过程或形式更多的则是商品交换，即使从最简单的商品交换来看，它同样是"主体—主体"关系。因为在这种场合，考察的只是形式规定，马克思指出："而且这种形式规定是经济规定，是个人借以互相发生交往关系的规定。"[2] 在这种形式规定中，交换者仅仅是交换者，因此他们的关系是平等的、自由的关系。当然，只是有所不同的是栖身的居所从小共同体向较大共同体转换，是交往实践的范围在改变，或是主体际情景、"语境"在改变。所以，事情看起来竟是这样的，不是主体造就交往实践，而实际上是交往实践在不断地造就各极主体。照马克思的话来说："一切商品对它们的占有者是非使用价值，对它们的非占有者是使用价值。"[3]

---

① 《马克思恩格斯文集》第 8 卷，人民出版社 2009 年版，第 66 页。
② 《马克思恩格斯全集》第 30 卷，人民出版社 1995 年版，第 195 页。
③ 《马克思恩格斯文集》第 5 卷，人民出版社 2009 年版，第 104 页。

因此商品是天生的平等派，任何使用价值都有一种开放性：它指向多个主体，指向主体际关系者。

多极主体形态的形成及相互关系又是一定技术交往结构造成的。新的技术介入，必然在替代原有技术的同时造就原有交往关系的改变，从而造成多极主体的入场和参与，除非不去引进或利用先进的科学技术，而生产和分配、交换和消费、供给与需求，都不过是这一交往实践结构的内在环节。

主体际利益交往关系是交往全球化实践结构的核心基本向度，因而也是多极主体的基本取向。无论这一结构是以直接的"人的依赖关系"呈现，还是折射为"物与物的关系"表现出来，都不能改变多极主体趋向自己利益的实质。经济交往结构是历史地形成并历史地演化的。在共时态全球社会，各经济交往共同体的自身经济利益也各不相同，利益的差异和价值的多元化是普遍的。相同的经济利益存在着由并不相同的交往共同体造就的可能性，这就是多极主体参与交往实践全球化分割利益的所在。交往共同体间的经济交往可能会造就某些共同利益，整合出一些"利益的共构"层，虽然利益和价值对各个主体的意义绝不能完全等同，但不是"以邻为祸"而是"以邻为优"的需要对任何国家都是一样的。

交往全球化实践造就了多极主体，作为多极主体存在它是一种主体间性的存在，是一种公共关系的存在。就是说，它存在于主体之间的关系中，而不完全以相互作用着的主体意志为转移。个体层次上的主体间性的内容，包括不以个人心理特点为转移的认识活动的特征，这些特征在相互作用的个人的意识中同样地再现出来，并在新的交往活动中保存下来。而交往全球化实践的主体间性的内容所表示的正是多极主体中的主体之间相互联系的活动的形式和内容中最一般的东西。这种共性和普遍性是：（1）形成于主体的共同活动且运行于主体之间，是一种交往全球化实践结构中的合理性和主体间的普遍有效性，因为它是超越于任何主体且独立于个别主体之上的意志和意识，因而是公共的。（2）它作为交往全球化活动的产物成为前提条件，在交往全球化实践中以反馈形式达到交往实践主体本身，因而具有先在性、制约性。作为个别体主体表达思想和交流思想的纽带，使主体思想取得可理解的交往现实性，并被国际社会所接受，正如国际间交往就必须使用国际社会创造的通行语言、操作规则和共同规范一样。但它接受的东西都需要在进一步的交往活动中不断调整、修正，其有效性需要不断论证和验证。（3）它具有系统论意义上的整体性质：作为交往结构和关系，它是整体的普遍制约性和个体主体的自主性的对立统一，作为规范它具有一定的模糊性和宽泛性，特别是内部和外部有着种种互补关系，它以竞争、合作、选择、整合等作用形式调节着主体之间的活动和关系，并制约着主体参与交往全球化的可接受标准和价值取向。（4）通过与世界的普遍交往，国际化、世界文化的相互作渐渐融入个别主体的民族文化之中，在潜移默化中制约其情感、态度和价值取向。这一点在交往全球化中表现得最为突出，不能随意否认交往的合理性发展。

二、交往平等观

现实的交往全球化主体来源于民族本位、集团化本位和国家本位并为他们所根本制约，以及参与交往实践全球化本身活动的主体性、异质性。在马克思主义看来，这是由他们在"需要和生产上的差别"造成的，因为人不同于动物之处就在于人是通过生产来满足他们的需要并制造出新的需要的。需要的发展推动生产的发展，而生产的进一步发展导致社会分工，分工造成了主体特殊活动的"固定化"，所以需要和分工决定了社会主体的异质性。交往全球化的人类由交往关系而生成主体形态，交往全球化实践结构中包含着复杂的多极主体间关系，是异质交往的基础上形成的主体，也必须保持各自异质性的前提发生交往。同时，人类在从地域历史走向世界历史过程中的生产力决定了主体资质、能力和水平的差别，这些虽然在今天转化为全球质态的交往实践，但这些主要是为民族化形式赋予的东西决定了参与交往实践全球化活动的主体性、异质性。所以，我们不能把构成交往全球化的实践的主体看成是一个"原人"的复数形式，一个民族国家主权的简单的等同形式。在这里交往实践全球化的主体必然是多元的、异质的，它们既是当代交往实践全球化横向交往活动的主体，也是人类从地域历史走到今天纵向交往的主体，交往实践活动成为联结不同民族、阶级和民族国家历史和现实的基础，而平等的主体际交往观是影响他们活动水平的核心观念。

平等是交往实践全球化的主体际交往的前提，交往平等就是不仅要互相承认其主体资格，还要平等地对话交往。马克思在分析资本主义社会普遍交往形式时说：商品经济是"天生的平等派"，因为它的前提就是交换当事人都具有独立自由的主体地位，并在法律上拥有对所生产商品的所有权。马克思分析了交换行为中造成的主体际差异和交往关系，指出："每一个主体都是交换者，也就是说，每一个主体和另一个主体发生的社会关系就是后者和前者发生的社会关系。因此，作为交换的主体，他们的关系是平等的关系。在他们之间看不出任何差别，更看不出对立，甚至连丝毫的差异也没有。"① 在马克思看来，"生产力方面的演变的卓有成效的学习过程，能推动时代发展"。哈贝马斯也认为："有充分的根据可以肯

① 《马克思恩格斯全集》第30卷，人民出版社1995年版，第195页。

定，对在较成熟的社会协调形式和新的社会关系中反映出来的、并且代替了新的生产力的道德观、实践知识、交往行动和协调行动冲突的规则方面的学习过程，也能推动时代发展。"① 因此，他的交往行为理论，就成为批判当代资本主义、重建交往合理性和历史唯物主义的关键。全球化交往实践主体际的差别，只是在于他们是不同使用价值的占有者或商品的所有者。如果一方是主体，另一方是客体，那么双方就不能实施平等的交换，而是一方对另一方的支配和剥夺。因此，平等是交往实践全球化的主体际交往的前提，是达致平等交换的基础。

但是，20世纪以来，现代技术工具理性的片面性发展使人类对外部自然界的掠夺不断加剧，尤其是现代资本主义奉行的国家干预和经济强制政策，造成了人与自然、人与人相互依赖关系的颠倒，严重影响了人类交往活动的现实基础和交往活动行为水平的提高。人类看到了太多的现实交往的争吵、动辄发动战争和霸权主义行径横行的逻辑，经历了更多的交往双方为了自己的利益的需要而任意对交往规则作出符合自己需要的解释的人类的弱点，人类如何对待自己的活动行为和活动对象真正是到了反思人与世界根本观点的时候了。

当代人类的交往方式主要通过高科技进行资金、信息和物流的密集交往，无论是手段还是空间，历史上任何时期的交往都无法与之相比拟。它是一种无限的物质空间交往，是一种智能胜过本能的交往。人类利用高科技的交往工具，从事着社会变革，经历着或正在进行着社会的转型过程。它将改变已经深深侵入人类行为的现代化底盘，可以说，人类经历的是历史上最剧烈、最深远并且显然是

---

① ［德］哈贝马斯：《交往与社会进化》，重庆出版社1989年版，第133页。

无可避免的一场社会变革。在传统的社会里，"现代化"的观念首先来自民族文化与世界文化的碰撞，根源于二元对立的思维方法的限制，交往观中没有设立世界历史和全球化的坐标，后现代主义者（福柯与德里达等人）采取极端做法要求对现代技术理性片面的主体性、合法性和本源性进行全面颠覆，要求代之以人类非中心、非主体、非本质、非本源的文化观。他们这种实践解构策略着眼于确立人类文化交往的合理性，但是没有能够扭转人类交往领域的异化和理性的扭曲等当代社会危机的主要问题。20 世纪末期开始的交往全球化实践时代，依靠物质交往与精神交往的主体实践运作，在世界范围内让民族市场与国际市场广泛接轨过程中，推动历史向世界历史更进一步转变，推进现代化向全球化延伸。它造成了大量的生产者、交换者和交流者加入全球化的交往活动，同时也出现了大量通过卫星传递的传媒系统进行世界范围的信息交往活动，这是世界各国在政治、经济、文化、科技、军事、外交等方面进行全方位的交往活动的时代，需要的是主体际的平等对话而不是争辩，是交往双方为了共同的利益制定交往规则使交往中的矛盾和冲突能够平息下去。

有充分的根据和理由认为，交往全球化实践时代发生在社会系统的交往行为水平应当从调节交往关系中反映出来。交往行动首先要使参与者能平等交往和毫无保留地交换意见，在此基础上，使交往行动合作化，在这里，对话、沟通、共识和行动是合作一致所要取得的条件，是符合交往全球化实践交往合理性的目标环节。主观际的沟通和意义理解及在理解基础上的行动计划的合作一致产生确立于平等的交往主体际观。而不平等的交往，如资本疯狂的逻辑和霸权常常是破坏平等交往的障碍，因此是必须加以扬弃的交往异化的对象。发展中国家因此要理性地保持对交往平等观的否定性批判向度，在交往实践全球化中重建平等交往的理论与实践。

三、权利义务观

交往实践全球化主体间是交往活动关系，因而相互作用是其本质，参与和融入是其基本要求。交往实践全球化的主体性是以相互异质性存在为前提并相互作用的。交往全球化的主体不是抽象的、静止的，而是以活动对象化为条件和互为主体性。这就是说，如果没有参与交往实践全球化即使是民族国家我们仍然不能称之为交往实践全球化主体，这个道理很简单，实行闭关锁国政策的民族国家可以作为主权国家主体，但它不是交往实践全球化指向的主体，因为它们没能够构成对象性实践关系。交往全球化实践通过不同主体现实的交往活动结成交往关系，形成了交往活动的共时、共在结构。在这里，不论何种主体都与交往全球化活动水平是相一致的。一个国家或民族在什么层次、什么意义上介入交往关系，就会成为什么层次、什么形态的主体；在何种交往实践活动中结成一定的交往关系，便承担相应的责任、权利和义务。

多极主体在交往实践全球化进程中能动地复现自己，主体在多极化条件下能动地复现自身是其基本特性。参与交往实践全球化活动，本身就是一个首先把自身区分出来并以之为对象的过程，有计划、有目的地同其他主体进行交往实践，正是摆脱自身的局限并发挥它作为全人类的能力，即以类的理智能动地、现实地复现自身的过程。当处于交往实践全球化中的主体反观自身，即从一定距离之外和置于一定的全球体系中来审视和批判自身时，也正是其主体性高扬的时候。参与交往全球化实践才能构成现实的活动主体，因此，活动和参与是其根本，相互作用是其基本表现。在现时代，离开交往全球化实践活动便不可能在世界范围内实现民族的主体性，更不可能使民族主体性得到世界历史水平的张扬。那些长期与世隔绝把自己的活动封闭在狭小的圈子里的民族国家，肯定不会是交往实践全球化的主体。

但是，我们也要看到，从"民族历史"到"世界历史"，把世界经济联系成为一个统一体系，实现资源的全球化配置，一直是为资本主义主导并由它推动的，发展中国家处于被动参与的历史境地是一个不容否认的客观事实。发展中国家不能总是受经济发达国家推动全球化的影响，更不能接受发达国家借助全球化进行战略利益调整的企图。交往全球化实践应该是一个发展中国家自主有序性地参与过程，现在生产和交换社会化、国际化发展把发展中国家推进和卷入到全球发展的历史大潮之中，发展中国家参与的全球化实践进程必然表现为愈益要求摆脱历史上生产力的资本属性，表现为这种历史上形成的主导趋势与发展中国家参与主导趋势的世界历史的转换，表现为要求实现全球人类共同利益的过程。因此，发展中国家参与的全球化的客观进程要求国际间经济组织为他们的参与发展开辟途径和道路，要求在全球范围内必须形成日益增多的全人类共同利益或相关利益原则。只有体现出最佳的配置经济资源的优势，体现出全球化更多的健康发展状态，发展中国家才能够更加积极地、有效地参与交往全球化实践进程，从而更多地消除民族国家壁垒之间的限制和反限制的冲突和斗争，也才能形成在交往全球化实践活动中不同主体间的共同需要、共同利益和共同一致的交往战略行为水平。交往全球化实践的战略水平决定了各个国家交往实践的需要，发展中国家与发达国家走到交往实践同一个历史地平线上，它们根据共同的实践任务发生积极的交往活动、积极的相互作用，但活动的主体性是不能抹杀，活动的互动性是必须肯定的，无论发展中国家还是发达国家只有确立谁也离不开谁，失掉了一方，另一方也不能单方面实现全球化的历史任务的观念，把全球化作为不同交往实践的主体能动地选择、共同作用的过程，才能实现其全球化拓展到当代世界历史水平新的任务。

四、共担风险观

国内外的全球化研究学者普遍指出全球化具有两重性：既有正面效应，也有负面效应，既有机遇，也有风险。用世界银行首席经济学家斯蒂格利茨的话来说，全球化是一柄"双刃剑"。"双刃剑"的判断是很辩证的，就是说，机遇与风险、利与弊是同时存在的，是一个矛盾的两个方面。对于全球化进程中的机遇与风险、利与弊，不能机械割裂开来，不要简单地说哪些是机遇，哪些是风险，哪些是利又有哪些是弊，这是一种典型的形而上学。全球化的机遇与风险、利与弊，犹如剑之双刃，铜板之两面，本身同时存在于一个矛盾体之中，存在于矛盾客观进程中。

全球化使得环境恶化和资源、能源等全球性问题凸显，使人们日益认识到人类对自身赖以生存的地球生物圈所应承担的共同责任，今天全人类的根本的风险机制来自生态危机、人口爆炸、粮食危机、资源短缺，以及国际社会异常关注的全球发展的南北关系、战争与和平、国际人权与民族主义、国际恐怖主义等诸如此类的全球问题。造成这些最主要的全球问题风险因素，主要来自第二次世界大战以后，取得工业化高度发展的发达国家仅仅陶醉于经济增长的奇迹，把全球环境、资源、人口及全球贫困的压力推到了世界的另一边。接踵而至的全球问题不得不令那些发达国家的人们冷静地思索和痛苦地承认：增长存在着误区，增长绝不等同于发展，人们必须尽快摒弃增长的狂热，去实现可持续的发展。这些可以统称为全球问题，正深刻地影响和改变着人类的生存，引起全世界的关注，成为全球性必须加以解决的问题。全球问题的广泛性证明整个地球及其自然环境是普遍联系的，整个人类的活动具有普遍交往和普遍联系性质，整个人类活动的后果或者危害也具有普遍联系的性质。反映到人类实践共同的问题上，这些问题在内容上既具有鲜明的时代特征，在规模上又具有全球性；而且各种问题之间有内在的联系，问题本身超越社会制度的差异和意识形态的分歧，关系到全人类的根本利益，有些不仅直接危及当代人类的生存与发展，影响到国际社会的安全与稳定，而且影响到下一代和整个人类未来的生存和发展。

解决全球问题需要一种大智慧，需要一种可持续发展经济学、社会学，需要一种博大的实践心胸和宽广的实践眼界。首先发达国家要放弃单纯片面的经济增长观，增长绝不能忽视了对资源与人口的限制。工业文明的增长观是一种狂妄的、未加限制的增长观。它根本不考虑资源对增长的制约。而地球本身是一个体积有限的星球，地球上的资源也存在着枯竭的危险。因此，在一个有限的星球内去企求无限的增长，其矛盾显然是无法调和的。罗马俱乐部第一个报告的重要意义之一，就在于它首次明确揭示了地球的有限性与增长的无限性之间的矛盾，使狂热增长的发达国家在震惊之余不得不认真对待这一告诫。同时，发展中国家也从中汲取了片面发展的历史教训，在新兴工业化实践中不能把责任归结到别人头上袖手旁观，构成人类的风险就是我们自己的风险，谴责和批评是必要的，让他们付出一些代价也是有理由的，但必须承担起自己应尽的义务，尤其是自己的工业化、现代化不能重蹈覆辙，而要采取交往全球化实践发展方式，争取生态经济发展的机遇，选择可持续的发展道路。这些都是交往全球化实践时代展露的新的发展方式，发展中国家参与解决全球性问题是化解人类头上最大风险的基本保证，是强有力的实践力量，在这方面，发展中国家与发达国家都要确立共担风险观。

在今天市场经济的全球普及时代，市场经济是交往实践全球化竞争场所，是交往全球化的多极主体的共同指向，入场运作是一种历史趋势。但是，市场经济在把人类从现代化进程推进到全球化的今天，发达国家首先是市场经济的始作俑者，是市场经济的先得利益者，如果制定游戏规则而不顾发展中国家有无参与市场经济的主体资质和能力的话，对于发展中国家来说全球化便不啻是一种"全球化陷阱"。市场经济的风险有时是瞬息万变的，而市场经济的规则化的商品交换也需要发展中国家与国际惯例接轨的学习过程。为此，参与交往实践全球化的民族国家必须创造能够应付风险的国内环境，包括良好的宏观经济政策、符合国际规范的健全的经济法规体制，能配合经济发展进度的相应的基础设施特别是"软设施"即高效率的教育和科技事业，切实提高主体的全面素质。在此基础上推动建立公正、合理的国际政治、经济新秩序，反对弱肉强食、把经济风险转嫁给发展中国家，必要时发展中国家要以区域集团化战略，采取维护民族国家利益的措施，有效地防范和化解各种风险，这是交往全球化实践者共同承担的任务。在经济全球化的风浪中要有搏击的勇气和锻炼承受能力，因为退缩到观潮的岸边永远也学不会驾驭经济全球化实践的本领；还要发挥主体的能动性积极参与防范各种风险，因为只有参与才能知道风险之祸从哪里来，知道在哪里化解风险。实现趋利避害，参与交往全球化实践，才能确立积极有效的共担风险观。

第 六 章

交往实践全球化的新理念

　　全球化进程也引起人们社会生活的各个方面如文学、艺术、哲学、审美、政治、伦理等方面的变化，引起人们对多元文化与文明的关注，至今对文化全球化的研究仍方兴未艾。所谓文化全球化，是指与经济全球化紧密相关的世界不同的民族文化联系日益密切的发展趋势，它包括不同文化的交流日益密切，文化共存和融合的趋势日益明显，人类文化共享的物质领域和精神领域日益广泛，等等。因此，文化全球化既是人类文化价值的共同化，也是世界文化形式的多元化，两者相辅相成共同构成了文化全球化。对于文化全球化的概念，不少学者存在相当的误解。一种观点认为"文化全球化"是对"全球化"概念的泛用，本身没有存在的合法性；另一种观点认为，"文化全球化"就是"文化趋同化趋势"，本质上是文化的同质化、一体化，持这种观点的学者错误认为文化全球化是以牺牲多元的民族文化为代价的，最终形成单一的西方主流文化；还有一种观点认为，"文化全球化"意味着"文化殖民化"，担心"文化全球化"会消融"民族文化"，而由此成为西方文化帝国主义和文化霸权主义进行文化渗透和文化扩张的工具。正确理解

"文化全球化"中不同民族文化求同存异的本质特征和相互依赖、相互融合、相互作用的交互关系，可沿着如下思路：其一，文化全球化不是"文化殖民主义"，不是对"他者"文化的殖民和垄断，也不是特指某种文化主流现象，如"儒家文化"、"西方文化"，而是包括了世界上一切民族文化的综合体。其二，文化全球化不是一种纯粹地域概念的文化，"全球"是地理概念的时空关系、民族国家概念的国际交往关系、唯物史观概念的社会发展目标等交错在一起的有机综合和统一，因此"文化全球化"具有多方面的理解向度。其三，文化全球化不是静态的文化形态，而是文化的全球动态流动，是世界范围内不同文化的相互交流和融通。其四，文化全球化必然伴随着文化的多元化。

探讨全球化与文化、文明的关系实质上是不同文化观、文明观的争论，这种争论不仅构成全球化进程中一个敏感话题，反映着不同文化、文明发展进程的观念或态度，而且作为一种文化活动的话语实践，它产生自己的界限，限定它本身与其他文化不同的独特性。在这方面，"文化批判帝国主义"、"文化殖民主义"和"后现代哲学解构中心主义"对当今全球化在文化、文明关系上产生的限定意义不可低估，它们构成的文化话语实践活动不仅成为构建文化、文明多元化、多样化发展的条件，而且构成全球化的多极化发展的理论条件。

在全球化与文化、文明关系上，存在着世界多元文化与西方文化中心主义，文化的普遍性与特殊性，文化、文明的多元论与一元论，"西方文化中心论"与"反中心论"的激烈冲突。在各种争论中可以区分为两条线索之争，即文化、文明的多元论与一元论的本质争论。"多元论"认为全球化进程中世界文化实质上是民族的多元文化的共在结构；"一元论"则认为全球化把文化传播到每一个角落，世界文化同质化或者趋同化是其趋势；"中心论"认为全球化进程源于一个中心，是这个中心模式在全球的扩展，全球化的结果就是这个模式的全球普遍化。在不同的"中心论"者那里，这个"中心"是不同的，但基本可以归纳为"欧洲中心论"、"西方中心论"。这两条线索的论点又是交叉的，即主张"多元共在论"者的观点与"反中心论"者相连，而"一元论"者的观点与"中心论"者的观点一脉相承。事实上，全球化进程与文化、文明更多的是不同地域、民族、国家之间的文化互动与交流，在一种动态流动中存在着差异甚至矛盾冲突的过程，它随着全球结构关系的变动而变动，而多元文化、文明共在论不仅是现实，而且是历史趋势，人类需要的是丰富多彩、异彩纷呈的文化。英国哲学家罗素在《中西文化比较》中有这样一段经典话语："不同文化之间的交流过去已经证明是人类文明发展的里程碑，希腊学习埃及，罗马借鉴希腊，阿拉伯参照罗马帝国，中世纪的欧洲又模仿阿拉伯，而文艺复兴时欧洲则仿效拜占庭帝国。"[①]

第一节　文明共在与文化多元

从古至今，"共在"都是一种理想追求。无论是孔子的"仁者爱人"，还是墨翟的"兼相爱、交相利"、"尚同"、"大同境界"、"天下为公"，还是霍布斯、卢梭的"社会契约论"，整个近代资产

---

① 乐黛云、李比雄：《跨文化对话第 2 期》，上海文化出版社 1999 年版，第 45 页。

阶级宣扬的"自由、平等、博爱"精神，都有一个共同的前提——"共在"，即自我与他人同时在场，都生活在一个共同体中，所以应当让世界充满爱。从哲学上论证"共在"范畴的是海德格尔，海德格尔在《存在与时间》一书中论证"此在"的"在"时，指出"此在"不是唯一存在，或者说，"他者"不是先验地存在的，而是通过"此在"来逻辑地生成"他人"的过程。因此，"这个世界虽然自始也总是我的世界"①，却因而总是"共在"的世界。"它也在此，它共同在此。"② 世界向来是我和他人共同分有的世界。这样一来，"此在的世界是共同世界。在之中就是与他人共同存在。他人的在世界之内的自在存在的就是共同此在。"③ 共在就是此在，此在就是共在，个体直接就是人类。

一、文明共存

"文化、文明多元共在论"的理论主张，是在 19 世纪末 20 世纪初崛起并与"欧洲中心论"相抗衡的文化、文明进化理论。斯宾格勒和汤因比是"文化、文明多元共在论"的两个最著名的代表人物。在他们的影响下，文明和文化的研究逐渐成为一个独立的研究方向。斯宾格勒是现代西方"多元文化、文明共在论"的奠基人，他的有关思想集中地体现在《西方的没落》一书中。他否定以西欧为中心的世界历史进步发展的观念，认为：世界上存在着各种文化的有机体，它们都要经历一个起源、生长、衰落和解体的过程，西方文化、文明也不例外。④ 在斯宾格勒看来，人类历史就是由众多的文明形态在空间上的并存和时间上的继起而构成的活生

---

① ［德］海德格尔：《存在与时间》，三联书店 1987 年版，第 145 页。
② ［德］海德格尔：《存在与时间》，三联书店 1987 年版，第 146 页。
③ ［德］海德格尔：《存在与时间》，三联书店 1987 年版，第 120 页。
④ 参见 ［德］斯宾格勒：《西方的没落》，商务印书馆 1963 年版，第 39 页。

生的画面。但是，必须看到，这些文明形态之所以能够具有生命力，能够发展与延续，能够再生与重建，主要是由其内在的活生生的文化精神或文化模式支撑的。斯宾格勒在《西方的没落》中指出："人类的历史没有任何意义，深奥的意义仅寓于个别文化的生活历程中。"斯宾格勒在西方历史上首开从文化形态学研究人类文明的先河。斯宾格勒把把人类高级文明历史划分为八大文化形态，这就是埃及文化、巴比伦文化、印度文化、中国文化、古典文化、阿拉伯文化、墨西哥—玛雅文化和西方文化。作为世界八种文化之一种的西方文化在他那个时代就已处在衰亡的阶段，西方文化文化衰亡是它文化的宿命，文化形态学就是研究文化有机体所经历的生命历程。①

汤因比继承和发展了斯宾格勒的"多元文化、文明共在论"，他把自己的研究定位于文明形态学的研究，把"文明"作为历史研究的基本单位，指出：任何一种文明都有其起源、生长、衰落和解体的客观规律。与斯宾格勒"不承认古典文化和西方文化比印度文化、巴比伦文化、中国文化、阿拉伯文化、墨西哥文化等占有任何优越地位"一样，汤因比认为文明形态不止八个，而是二十余个，他也认为西方文明只是世界上众多文明中的一种，而世界上的各个文明是"价值相等的"。他的《历史研究》集中探讨了各种文明的起源、生长、衰落和解体的机制，在他看来，每一种机制的深层内涵都与人类文化精神或人类的自由的状况密切相关。因此，他不赞同斯宾格勒对西方文化的前途所持的悲观态度，而是对西方文化的前途在论述中洋溢着乐观主义精神。汤因比真切"希望看到西方对世界其他地区的统治能回复到与当今其他文明平等的相处

① 参见［德］斯宾格勒：《西方的没落》，商务印书馆1963年版，第54页。

的地位"①。

简言之，"文化多元共在论"的进步意义就在于它从一个侧面向西方人展示了世界文化的本来面貌：世界文化不是西欧文明（文化）的扩大，在西方之外，还存在着其他二十余个文化形态的文明，他们同样为人类的进步发展作出过贡献。虽然汤因比认为文明是一种以文化为基础的历史形态，但他的文明形态理论的主要根据是宗教："我也认为各种文明形态，就是此种文明所固有的宗教的反映。还有，使各种文明产生，使其延续下来的生机源泉，也在宗教。"② 虽然汤因比对于文明划分是没有什么科学根据的，但是，尽管如此，"文明多元共在论"，却为"全球历史观"最终取代"欧洲中心论"，开辟了道路。

对人类历史与多元文化关系的探讨也是东西方史学家、思想家的共同话题。法国著名历史学家费尔南·布罗代尔认为，政治、经济乃至意识形态的变革并不决定文明的生死，文明却暗中对这些变革施加有力的影响。他说："谁想认识和影响当今的世界，他就必须花点力气在世界地图上辨明现有的各种文明，确定它们的界限、中心和边缘，弄清每个文明中各地区的区划和气氛，以及那里的一般生活方式和特殊生活方式。否则那将会出现多少差错和灾难！"③ 日本历史学家《文明论概论》的作者福泽谕吉认为文明是发展的、相对的，是无止境的。他说："文明并不是死的东西，而是不断变化发展着的。"因此，他认为既然"文明的发展是无止境的，不应

① 田汝康、金重远：《现代西方史学流派文选》，上海人民出版社 1982 年版，第 138 页。
② 汤因比、池田大作：《展望 21 世纪》，国际文化出版公司 1985 年版，第 363 页。
③ 转引自中国社会科学院"世界文明"课题组编：《国际文化思潮评论》，中国社会科学出版社 1999 年版，第 6 页。

满足目前的西洋文明"。① 福泽谕吉提出从文明存在的空间来划分文明的存在形式，他认为文明可分为"世界文明"、"西洋文明"、"欧洲文明"、"东方文明" 及其作为个人的"文明人"和"国家的文明"。照此分类，他指出："现今的世界文明，还正在前进的道路上，所以政治也显然处在前进的途中，各国之间前后相差不过几步而已。"②

其后，资本主义的现代化使文化依附于结构性发展，事实上搁置了文化、文明与它们的体现者之间的关系，这个问题的重新被重视则是到了经济全球化进程中引发的全球化理论研究，越来越多的人明白要理解全球化不同文化和文明传统就不可能被忽视，因为作为全球化的实践对象从一开始就有国际化向本土化和本土化向国际化转移的两种向度和趋势。罗兰·罗伯逊"文化系统论"的观点代表着文化全球性研究模式的方向。罗伯逊很早就意识到文化全球性研究的重要性，认为全球化研究存在着很多缺陷，其中之一就是忽视了文化的视角，"我试图在少数于 20 世纪 70 年代后期 80 年代初期一直在讨论现代世界形成的社会学家的经济研究方法之外，提出一种文化选择方案"③。因此，罗伯逊十分重视文化在人类社会生活中的重要地位，甚至认为国家的经济利益在相当大程度上从属于文化的偶然性和文化密码的解译，对国际关系考虑的一个基本关键点是文化性质的差异。他批判了吉登斯将全球化视为现代性制度扩展的结果，却缺失了文化的视角，"不探讨从目前有关文化的政治、文化资本、文化差异、文化同质性和异质性、族群性、民族主

---

① 福泽谕吉：《文明论概论》，商务印书馆 1982 年版，第 11 页。
② 福泽谕吉：《文明论概论》，商务印书馆 1982 年版，第 40 页。
③ 罗兰·罗伯逊：《全球化——社会理论和全球文化》，上海人民出版社 2000 年版，第 2 页。

义、种族、性别等争论中产生的问题，人们也可以合理地说明当代世界，这整个想法就令人难以置信"①。在罗伯逊看来，全球化是一个整体系统，而文化系统是其中最核心、最稳定的部分，社会文化系统是一个由多元文化构成的全球文化系统。他这样解释"文化系统论"："作为一个整体的全球场，是一个因各种文明的文化、民族社会、国内和跨国的运动和组织、亚社会和族群集团、社会内部的半集团（intra-societa-lquasi-groups）、个人等的压缩——就这种压缩越来越对它们施加种种制约，同时又赋予它们不同权力这一点而言——而形成的社会文化'系统'。"② 罗伯逊的研究强调了文化在全球化进程中的重要作用，从整体和系统论的角度来探寻文化全球化的研究路径。

全球化进程带来的时空紧密化推动了"文明意识"的加强，文明问题在全球化进程中引人注目，推动世界文明发展也更显重要。另外，随着不同文明和文化交流影响力的增强，一些学者意识到西方文明与非西方文明之间的关系对于全球化的重要性，在全球化进程中文明的差异是根本和持久的，这是现代政治意识形态和体制不可比拟的。随着"冷战"的结束以及西方文明霸权地位的下降，西方文化解释的乏力，这种差异将更加明显。因此，进入 20 世纪 90 年代以来，随着全球化进程的加速，西方全球化理论学者在不断重新确定理论研究的基本概念和研究的基本单位，正如我国研究全球化的学者俞可平所指出："20 世纪 90 年代的全球化理论具有了两个基本特征：一是把全球化进程界定为文明发展和各种文

---

① 罗兰·罗伯逊：《全球化——社会理论和全球文化》，上海人民出版社 2000 年版，第 207—208 页。

② 罗兰·罗伯逊：《全球化——社会理论和全球文化》，上海人民出版社 2000 年版，第 88 页。

化互动的过程；二是用文化和文明的概念来修补或替代既有的概念和研究单位。"① 同时他还对文化全球化的研究进行了归纳，"其中有直接从文化和文明角度入手，研究全球化的罗伯逊、费舍斯通等人，有沃勒斯坦、弗里德曼等这样的试图把文化和文明因素融入自己既有的理论体系中的学者，也有斯克莱尔、海因兹这样的试图建立一套能够把政治、经济、文化等诸多因素结合在一起来诠释全球化的学者，还有吉登斯这样的侧重从制度角度看待全球化的学者，更有如亨廷顿、福山这样隐含意识形态色彩来看待文化和文明的极端自由派学者"②。

　　20 世纪 90 年代，围绕文化、文明与全球化关系的理论研究中既有沃勒斯坦等人主张抛弃"西方文明中心论"，亦有亨廷顿的否认"西方文明中心论"的"文明冲突论"。沃勒斯坦的"世界体系理论"是对全球化研究最有成就的理论之一，之后的很多全球化研究都是对该理论的回应，它阐述了现代资本主义世界体系的基本发展规律和整体逻辑，提出了核心—边陲—半边陲的世界体系结构。批评者认为沃勒斯坦的"世界体系理论"主要从经济和政治角度出发，仅把文化视为附带现象而不是关键变量，沃勒斯坦本人也同意这种批评，因此开始了对世界体系理论的"文化转向"研究。他首先从概念上清算了文明问题上的"西方中心论"，在 1991 年剑桥大学出版社结集出版的《地理政治和地理文化》一书中，他对文明的两种用法（单数和复数）进行了考证。沃勒斯坦认为单数的文明具有"欧洲中心主义"的色彩，实际上指的是西方文

---

① 俞可平主编：《全球化时代的"社会主义"》，中央编译出版社 1998 年版，第 42 页。

② 俞可平主编：《全球化时代的"社会主义"》，中央编译出版社 1998 年版，第 43 页。

明。这种观念起源于启蒙时代,以后随着现代世界体系的扩张,成为了体系辩护的工具。这种文明观长期压抑甚至贬低着其他非西方文明。而复数的文明则体现了各种文明之间的平等关系。面对(单数的)文明,处于被统治地位的(复数的)文明处于两难境地:既不能拒绝,也不能吸收。拒绝意味着冒在传统中毁灭的危险;被吸收则是承认以前的落后,而且充其量只能得到二等公民的地位。接着沃勒斯坦阐述了文化在不平等的现代性世界体系中处于不可或缺的重要地位,它对于世界体系的纠偏意义重大。现代世界体系正处于第三个关键时期,这个时期的特征是体系和反体系、全球化和反全球化同时存在,反体系和反全球化的力量不断侵蚀着作为世界体系最稳定和最核心地位的文化系统,因此世界体系的"文化转变"非常必要,它对于维持世界体系的根基力量和抵抗反体系的冲击至关重要。至于说到文明的前景,沃勒斯坦认为资本主义文明不是唯一的人类文明,也并没有消灭其他文明,而只是世界文明的一种。在文化全球化过程中,资本主义文明同样遭到了其他文明的挑战,未来的全球化应是全球多元文明的共存。应该看到的是,不管沃勒斯坦的"世界体系理论"如何向文化转向,其理论抛弃"西方中心主义"的主张依旧令人怀疑,多种文明和平共存的理想依然遥不可及。

萨缪尔·亨廷顿是哈佛大学教授,领导着一个战略问题研究所,他还是国家安全委员会成员。他创办了《外交政策》季刊,并担任该刊主编。他于1993年发表文章,讲述"后冷战"时期的暴力冲突。之后将有关理论辑录成影响深远的《文明的冲突与世界秩序的重建》(1996年),该书被翻译成39种语言,在全世界激起的反响一浪高过一浪。亨廷顿的《文明的冲突与世界秩序的重建》的理论前提是,历史的发动机已不再是阶级斗争,甚至不再是国家之间的竞争和争夺，而是各种文明之间的竞争。属于不同文化范围的各个民族之间发生冲突正是为了扩大自己的支配权。现在在世界上有八种文明：西方文明、（西欧、东欧和北美的文明）、儒家文明、日本文明、伊斯兰教文明、印度教文明、斯拉夫东正教文明、拉美文明和非洲文明。这八种文明之间的冲突正在取代各种意识形态之间的冲突，取代"冷战"时期两大集团的对抗，他用冲突论来描述"冷战"后的全球状态。他的理论的主要依据是，西方首先脱离传统时代，进入了现代。虽然其他文明也开始了现代化进程，但并不意味着它们将遵循西方文明的前进道路，因为西方的现代化导致出现了一系列挫折、失望和同一性危机，而宗教则被认为可以解决这些问题，西方文明连同其唯物的和世俗的价值观却成了陪衬。他的结论是文明集合体之间的战争已经开始。亨廷顿后来在美国《外交》杂志 1996 年 11—12 月号刊登了一篇新著的节选，题为《西方文化是特有的但不是普遍适用的》。在这篇文章中，他批评了西方世界的两种说法：（1）认为西方文化应当是全世界的文化，这是文化上的自负。现在这种自负有两种表现形式：一是认为西方通俗文化正在席卷全世界；二是认为西方引导全世界走向现代化。（2）认为其他文明社会在实行现代化的同时也实行西方化。亨廷顿认为第一种说法不过是认为"单一文明的胜利"将导致世界伟大文明中的多数文化终结的幼稚想法。而第二种说法则无视现代化促进了本国文化的复兴，并且带来努力发展本国文化的新决心。亨廷顿的这些观点与他的《文明的冲突与世界秩序的重建》中表达的观点相比多少趋向于一些现实，更少了些意识形态的意义，观点显得更温和一点。当然，我们应当看到亨廷顿"文明冲突论"绝不是系统论证各种文明之间的平等关系，他只是在提醒西方，特别是美国政府应放弃关于西方文化普遍性的幻想。

尽管如此，米勒还是毫不客气地指出了亨廷顿"文明冲突论"的严重不足："虽然亨廷顿没有明确提出这样的概念，但是这里显然有一个传统的霸权国家联盟的设想，其中的核心国家——比如美国在北约中的地位——扮演着政治领袖的角色，而同文化的其他国家则或多或少地自愿成为其追随者。随着这种轴心和周边的布局形成，文化终于能够获得自己的领土主体和参与国家政治的能力。"① 意思是说，亨廷顿没有真正分析社会冲突的根源在于利益的不平等和权力的不均衡，从而把其理论推向绝境。亨廷顿看到了当今世界文化多元化的现实，但却错误地把当代世界冲突的主要原因归结为宗教信仰、文化传统、种族归属感、价值观念、意识形态等文化因素的均势失衡。亨廷顿还不愿意提及的是，广大非西方民族文化对西方中心文化表现出来的抵抗态度，实质是对西方文化霸权的积极应对。

一言以蔽之，所谓"文明的冲突"，不是不同文明之间的冲突，而是一种文明对"他者"文明的蔑视，也是自诩为世界文明中心的头脑塞满优越感的人群对"他者"的文明侵略和文化霸权，更是"他者"文明对号称"普世文明"的西方文化的奋起反击。从文化认同的意义上说，"文明冲突论"充斥着违背平等、公平、自由意愿的世界文化认同，殊不知世界文化认同的未来趋势理应是反强权和充分考虑各个民族国家合法利益的多元文化认同，在文化交往实践的全球化大视野中，任何强权文化和霸权主义的企图都不可能得逞。

亨廷顿的文明冲突论成为全球化理论研究的热点问题是并不奇怪的。别的不说，马克思主义把世界的本源分为精神和物质，一般

---

① ［德］哈拉尔德·米勒：《文明的共存——对塞缪尔·亨廷顿"文明冲突论"的批判》，新华出版社 2002 年版，第 45 页。

论者所称的"文明"，偏向于精神世界的范畴（当然也必须有其物质基础），大概是没有疑问的。唯物史观认为，物质是第一性的，精神是第二性的，经济是政治的基础，政治是经济的集中表现。人类的战争和冲突起源于私有制，是对财富和领土的争夺。亨廷顿竟然把文明之间的矛盾说成是未来世界冲突的主要根源，这是唯心论的观点。对于唯物论者来说，亨廷顿理论的错误是带有根本性的。

马克思主义认为，"文明"（civilization）一词有两种基本含义：第一，文明是野蛮、未开化、原始、兽性的对立面，指人类社会发展程度较高的形态、阶段或组织。文明的这一含义，往往与文化、教育、科学、艺术、道德、礼仪的发达和精妙相联系。在"文明社会"、"精神文明"、"物质文明"、"文明经商"等用法中，文明可以有高低优劣之分。第二，文明是一个民族、国家、地域或具有共同精神信仰的群体的文化遗产、精神财富和物质财富的总和，也可以指其中的某一历史阶段或断层。在"古希腊文明"、"两河流域文明"、"中华文明"、"伊斯兰文明"、"西方文明"等用法中，文明既可以指特定历史阶段的某一社会，也可以指该社会的整个历史延续，既可以是地域概念，也可以是跨越地域、民族、国家的宗教概念。

在经济日趋全球化的世界上，信息技术和大众媒介高度发达，文化与文明的世界交往发展到空前规模，世界文明与民族文明、世界文化与民族文化的交往在全球已成为一个带有普遍性的现象。同时，在交往促进各民族各类文化相互交流和融合的过程中，不可避免地引发或激化全球化与民族文明、民族文化的矛盾。这些矛盾既对立又统一，既相互依存又相互排斥。多元文化、文明共在必然成为当代全球文明、文化情景具备的典型特征，而争议也是不可避免的象征反应或解释体系，对这些问题的深入探讨有助于世界文化、文明与民族文化、文明的互动，有助于通过了解这些重要因素把握全球化发展的轨迹。因为在交往全球化实践中,关于文化、文明发展理论以及对文化和社会关系中认同建构和表象方式感到敏感是十分正常的。

从文化、文明的角度看,全球化主要表现为人类各种文化、文明的发展是一个由异质构成的多样性统一体,这是未来文明存在和全球化发展的方式。因为,文化、文明的各民族特质是任何时候也抹杀不了的。在全球化与文明关系问题上,世界主义的文明观是错误的,它否认文明观的民族差异,它试图通过使某一具体的文明模式普遍化,从而使文明化的模式形成一个单独的实体,在这种情况下,西方文明无疑被世界主义误认为是文明发展的最完善的阶段,因而推行西方文明化的东西就成为标准。为此,我们应当站在世界文明与民族文明互动交流、共同发展的原点正确把握以下关系:

第一,民族文明构成世界文明发展的源泉,世界文明与民族文明是一种多元共在结构关系。用历史的眼光来看,不仅东方与西方分属两个自成体系的文明模式,而且在东方抑或西方自身文明也是多样性共在结构关系。因为人类文明发展的本质在于历时态的丰富多彩的歧异性和共时态整体的辩证互渗性。因为世界文明并不是从来就有的,它是在各民族文明互动中发展而来的,世界文明作为各民族文明的共性也只是在包含着诸多的民族文明特质的形态中存在。在世界上,各民族的社会发展起步先后不一,进步快慢有别,但都必然经历一个由低级到高级、由蒙昧到文明的进步过程。历史上落后民族在与先进民族接触的过程中,无可避免地被卷入世界文明发展的主流之中。现代生命科学研究表明,人类有着共同的起源与共同的生理心理基础,所以才有共同的本质属性与相似的发展规律。全人类均起源于非洲的同一族群,因而有着共同的生活方式及原生文化,即群聚而居,搜集为生,打石为器,平等共享。这是人类的"群落史时代",部落族群是该时代的主角,居住地就是他们的舞台。然而,"同"的起点也是"异"的开始。随着猿人散居到世界各地,在漫长的进化过程中逐渐出现了人种的分化。到旧石器时代晚期,民族开始形成;至新石器时代晚期,民族国家陆续出现,世界历史从此进入了"多元化"发展的阶段。"多元"在这里指的是多民族的形成与文化的多样化。在这一阶段,人类社会的发展呈现出全球性趋异与区域性趋同之特征:一方面,新的民族在异化过程中不断形成,新的国家以民族为依托不断产生,新的民族文化也在不断发展,真可谓"异彩纷呈";另一方面,由于民族国家发展的不平衡,地区性的强势民族及优势文化逐渐脱颖而出,并在战争兼并、民族融合、文化征服过程中推进本地区的"趋同化",形成一个个相对独立、各具特色的地区"单元",汤因比把它们称为"文明",他认为历史上先后存在过 26 个这样的"文明"。由此可见,众多"文明"的形成既是全球"多元化"的反映,又是各地区局部"一元化"的结果。于是,继"群落史"时代之后,人类又进入了以大地区为舞台,以诸多"文明"为主角的"地区史"时代。在这个时代,由于全球性的优势经济与全球性的主流文化尚未出现,因此,"多元文明"处在相对平衡的状态之中。在全球化进程中,民族文明认同危机就是发端于全球化,但解决民族认同危机也离不开交往全球化实践这个途径。交往全球化实践为民族文明与世界文明的共在结构开辟了道路。民族文明在与世界文明的交流互动中架起了联系的桥梁,加速民族文明向世界文明的转化和世界文明向民族文明的推移。在这个意义上,世界文明折射着各民族文明的灿烂,各民族文明映现着世界文明的辉煌。

第二,全球化包含着推进世界文明的民族化与民族文明的世界化这同一过程的两个侧面。马克思和恩格斯在《德意志意识形态》

中用到"世界历史性"、"世界历史意义"、"普遍"与"氏族"、"地方性"等概念时，他们往往特意标明，以示强调。这样，他们就把人类的交往活动划分为两个层次：一个是民族的、地方性的历史；另一个是世界性的普遍交往的历史。在第一个层次上，马克思说，德国人的事情"仅仅是德国人本民族的事情，而且对德国来说也只有地域性的意义"①。在第二个层次上，历史就由民族历史向世界历史转变。"如果在英国发明了一种机器，它夺走了印度和中国的无数劳动者的饭碗，并引起这些国家的整个生存形式的改变，那么，这个发明便成为一个世界历史性的事实；同样，砂糖和咖啡是这样来表明自己在19世纪具有的世界历史意义的：拿破仑的大陆体系所引起的这两种产品的匮乏推动了德国人起来反抗拿破仑，从而就成为光荣的1813年解放战争的现实基础。"② 所以，马克思和恩格斯认为历史向世界历史转变必然还包含着这一进程的两个侧面：前一个侧面是由民族国家作为交往实践的主体自己的发展变化决定的，地方性是不可否认或消除的特性；后一个侧面的转变起决定性影响作用的不是人们的意识、精神或某个形而上学怪影的某种抽象行为，而是随着历史进程物质生产力的变革，这些具有可以通过经验确定的发明发现事实，能够把世界的影响渗透到每一个过着实际生活需要的人中间。对于各个民族的历史发展来说都必然是两个侧面同时互动影响，任何民族的发展都不能接受强制同化的现象，而非被动地渗透到民族生活内部的文化又是必要的。因此，马克思和恩格斯强调的文明、文化本身所具有的互渗发展的机制及其充分尊重各民族文明、文化发展自主性的思想观点，应当是以马

① 《马克思恩格斯文集》第1卷，人民出版社2009年版，第546页。
② 《马克思恩格斯文集》第1卷，人民出版社2009年版，第541页。

克思主义为指导的国家必须坚持的思想理论，这种思想也应当是一切发展中国家坚持正确的传统文明、民族文化与现代文明与外来文化交往互动的文化政策基础。

第三，民族文明走向世界文明，以多种文明共同发展全球文明。

民族文明，包括其物质文明、制度文明和文化观念文明，只有在交往中与全球化进程相对接，在时间、空间上与全球化进程相关联，才能焕发出生生不息的活力和勃勃生机，返优秀传统之本，开世界文明之新。世界文明，从来也不是抽象的孤立的存在，它体现在多元多样的民族文明形态中，是一个随着"世界历史"形成和演进的不断发展更新的过程，一个将各民族文明无声地联系在一起并不断扩大普遍性成分的过程。交往实践全球化进程中将文明的民族化和世界化更加紧密地联系在一起，为各民族的文明创新，走向全球文明开辟了广阔的前景。

全球化把各民族文明都卷进了文明互动、融合的浪潮，世界文明在流动，借助于各种大众消费文化向民族国家的各个角落渗透。随着跨国公司到处建立、新科技和新生产方式的引进，新的组织制度文明也悄然而至，因而必然引发民族文明认同的危机，激发民族意识的觉醒。民族文明意识在今天具有突出的活力和地位，在交往全球化实践进程中，强调民族文明的进步和发展是每一个民族的历史责任，又是自主选择发展的过程，倡导发扬民族优秀传统和弘扬爱国主义都是各民族推动自己文明发展的积极的实践，发展特色文明就是对全球文明的最好的贡献。相反的是，人类文明与全球化的历史证明，并不是所有民族、国家和地区的文明都处于不断地发展中，确有不少民族、国家和地区的文明长时期地处于停滞状态，有的甚至衰败、退化乃至灭绝。历史的经验证明，只有在各民族、国家和地区的各个文明之间积极互动、吸收不同文明优秀精华，才能不断向前发展，不断形成更新更高的全球文明。同时，我们也要看到，各个民族、国家和地区的文明也并总不是在任何历史时期都能不停止地前进，有的民族历史早发便文明先至，有的国家固步自封、洋洋自大的时候也正是文明停止乃至倒退之际。所以无论何种文明，只有当它不断与社会生活时代大潮接轨，富有文明发展的生机和活力时才能获得社会的发展和文明的进步，没有任何理由害怕，因为任何时候民族文明被同化都实不如振兴民族文明来得更及时。民族文明认同危机是相对的，而民族文明中民族意识觉醒成为一个个古老的民族文明大步走向全球文明的动力，才是民族文明与世界文明交往互动结出的硕果。

二、文化多样化

文化与全球化关系是在人们全神贯注于经济全球化及其后果这一问题时，出现的一个热门话题。文化全球化是一个正在进行中而远未完成的全球文化形态，其中蕴涵着大量的新旧矛盾和冲突，经济全球化的趋势是否带来了文化的全球化，各个民族国家之间的文化的相互影响和相互激荡究竟意味着文化的一体化还是文化的多样化？全球化是否必然产生文化的霸权和文化上的不平等的存在？以及多元文化主义、文化认同等，构成了当前知识界的一个重要话题。这些话题虽然各自的方法和侧重点不同，但无一不与全球化的背景相关。首先应区别清楚，虽然经济全球化进程总是和文化联系在一起的，但经济全球化并不等同文化也要全球化。阿兰·伯努瓦指出："必须把文化全球化与经济全球化区分开来。这两个现象相互交织，但并不完全重合。"① 在并不等同的基点上确认文化与经

---

① 转引自王列、杨雪冬编译：《全球化与世界》，中央编译出版社 1998 年版。

济全球化是有一定联系。我国研究文化问题的学者王逢振指出："随着跨国资本的发展，文化也将进入跨国化的过程，形成所谓的全球文化；也可以说跨国资本主义将使各种文化更加接近，通过传媒互相交流、渗透乃至融合，改变各种文化的原点。"① 张颐武也指出："人们也忽视了在文化方面的全球化进程的深刻性。所谓东亚文化早已不是凝固不变的传统，文化上的混杂性已是在传统的东方—西方的概念中加入了更为复杂的因素，文化上的你中有我我中有你已十分明显，无论从衣食住行等物质文化层面来看，还是从文艺、传媒等精神文化层面来看，全球化的冲击早已打破了区域的界限，在一系列差异显示得最为清晰之处，又是相互联系最为密切之处。"② 全球信息传播的网络化使国际文化交流、思想文化及社会意识形态的国际渗透与利用更加广泛、多样而便捷，对民族国家社会精神生活发生巨大的影响，在有的民族国家甚至外来文化占据了主导地位。

近年来，由于文化产业在世界贸易中的比重激增，促使西方文化的渗透和扩张与经济利益紧密地结合起来，大力开拓和占领了世界文化市场，获取了实际经济利益。与之相对应，民族国家在经济全球化条件下所面临的文化冲击，民族国家在引进西方先进的生产技术设备的同时也引进了大批的文化产品。一个不容忽视的问题是，在文化全球化的过程中，以美国为首的西方国家往往凭借经济强势并通过政治和商业手段，对他国进行文化渗透和强势文化输入，从而达到寻求"文化霸权"以实现"文化殖民化"的目的。

① 王逢振：《全球化、文化认同和民族主义》，载王宁、薛晓源主编：《全球化与后殖民批评》，中央编译出版社1998年版，第93页。
② 张颐武：《全球化：亚洲危机中的反思》，载王宁、薛晓源主编：《全球化与后殖民批评》，中央编译出版社1998年版，第85页。

可口可乐、麦当劳、好莱坞电影、迪斯尼等具有象征意义的美国文化，一方面改变着我们的生活方式，改变着我们的生活观念，另一方面极大地冲击着民族国家的文化工业。目前，美国最大的出口产品不再在是地里的农作物，也不再是工厂里的产品，而是批量生产的流行文化产品，包括电影、电视节目、音乐、书籍和电脑软件，等等。1996 年美国的软件和娱乐产品已名列该国各行业之首，在国际上的销售额高达 602 亿美元。法国作家克洛德·卡雷尔为此指责美国文化"追求商业性"，甚至"不择手段"地追求"征服世界的目标"。法国也不甘示弱，与美国针锋相对地展开了争夺文化制高权的斗争，最明显的一次就是在 1993 年举行的乌拉圭回合贸易谈判中，法国联合加拿大等国提出了"文化例外"的主张。以上论据表现出了对文化单质化发展的忧虑，并延伸到对其根源文化商业化和文化经济化的反思和重新考量之中。

所谓文化商业化或经济化，是文化趋向于经济的行为和潮流，兼有文化和经济的双重性质。马克思和恩格斯对资本主义文化商业化和市场化的现象早有预料，他们认为："一切所谓最高尚的劳动——脑力劳动、艺术劳动等都变成了交易的对象，并因此失去了从前的荣膺。全体牧师、医生、律师等，从而宗教、法学等，都只是根据他们的商业价值来估价了。"① 这里，马克思、恩格斯深刻分析了资本主义文化的商业本质，体现了唯物主义眼光和视角。文化全球化不等于文化同质化，但文化商品化和经济化发展到一定阶段后，产生了基于科技发展的文化标准化生产模式和现代文化工业及"同化"的意识形态，这时文化单质化就成为可能。对此学者刘康认为："全球化过程最重要的特点之一，是文化生产与商品生

---

① 《马克思恩格斯全集》第 6 卷，人民出版社 1961 年版，第 659 页。

产的关系日益密切。在大众文化和日常生活、意识形态与学术思潮的各个领域中，文化与商品的密切结合，渐渐形成了充满内在矛盾与悖论的'全球化文化想象'。"① 法兰克福学派把文化工业批判为"有目的的无目的性"，并责备其导致了人的物化和社会的畸形发展。国内学者对此也有一些有见地的见解，"面对文化工业这种新的文化现象，与其把它当作一种'反文化'加以否定，不如把它当作一种'新文化'加以研究，并制定出相应的文化策略来得更审慎也更有益些"②。提到文化工业化的实质时，有学者这样认为："既为文化全球化提供手段和载体，也反映着文化全球化的发展水平。可以说，在当代的社会经济条件下，没有文化产业的全球化，也就没有文化的全球化。"③ 由此可见，文化工业化的实质就是经济全球化的产物，经济是文化发展的决定性因素。当然，文化与文化工业化是两个不同的概念，文化的本质属性是其个性和独立性，文化以其自身的发展逻辑来维护其文化认同和文化本性。我们越是全球化并在经济上相互依存，我们就越是做着符合人性的事情；我们越是承认我们的特性，我们就想紧紧依靠我们的语言，越想抓住我们的根和文化。这段话很好阐释了文化的本质和特性。因此，民族国家在融入经济全球化过程中如何坚持和完善民族文化，坚持主流指导思想是需要认真对待的课题。

文化，从广义上来说，是指人类社会历史实践过程中所创造的物质财富与精神财富的总和，其中精神财富又专指人类的科学、教育、新闻、文艺、卫生、体育事业的发展规模与发展水平，同时包括社会政治思想和伦理的发展方向和水平。从狭义上来说，是指社

---

① 刘康：《全球化/民族化》，天津人民出版社2002年版，第4页。
② 周平远：《文化工业与文化策略》，《文艺报》1998年4月14日。
③ 谢名家等：《文化产业的时代审视》，人民出版社2002年版，第252页。

会的意识形态以及与之相适应的制度与组织结构，包括政治、法律、道德、艺术、宗教、习俗、语言、科学和哲学等形式的观点和思想，以及根据这些观点思想所构建的政治法律制度，其实质是指人类社会生活的精神方面和精神过程。在人类文化交往过程中形成了世界文化与民族文化相互作用、共同推动文化进步发展的历史。世界文化不同于世界主义，世界主义源于古代社会的"欧洲中心论"。与"世界主义"相关联的称谓是"世界主义者"。这一词最初来源于希腊文"kocmofiofiht"，是昔尼克学派的第奥根首先使用的，其意是世界公民。而"世界主义"就是所谓关于世界公民的思想。从人类认识史的角度上看，古代社会"世界主义"的历史作用是双重的：一方面，它促使人们用整体的观点来看待世界历史和各个民族或国家的发展变化；另一方面，它本身又带有明显的狭隘民族主义的色彩，故而很容易转变成为扩张主义的方法论基础。例如，塞涅卡等人就把"世界主义"直接用来为奴隶主阶级的民族压迫行径做论证。当然，在现代不能把"世界主义"简单地等同于"欧洲中心论"，但"世界主义"却易于诱发"欧洲中心论"。

在 20 世纪 80 年代晚期世界文化作为一个批评概念而出现。世界文化学者认为，全球化是指在世界范围内起作用的文化的生长与加速发展的复杂的整体过程，特别是世界整体意识的形成过程，世界各国文化在"世界文化市场"的基础上正在经历巨大的转型，这种转型既表现在各国文化的交流和合作上，也表现在媒介技术上。全球文化不是世界各国文化的大杂烩，而是正在趋向并逐渐形成世界统一化的"世界文化"或"地球文化"。世界各国的民族文化不断地受到全球交流技术和媒介网络的冲击，并在这种冲击中进行跨国综合或全球综合。"地球文化"理论的杰出代表、文化人类学家 M.米顿于 1978 年出版了《地球时代的文化理论——文化与承诺》。米顿把人类文化的历史分成三种形态：过去取向型、现代取向型和未来取向型。地球文化是未来取向型的文化，它是以年轻人为主导的文化，通过文化方面的国际交流，全球青年的观念与意识也将不断国际化和地球化。到了 20 世纪 90 年代，美国社会学家、匹兹堡大学教授罗兰·罗伯逊进一步复杂了世界文化中全球化概念。世界各国文化既保留自己独有的特性，又是全球意识支配的世界文化单元。换句话说，全球化社会首先是一个多元社会化构成的全球文化系统。

可是，近几十年来，西方发达国家与发展中国家在文化方面的矛盾和冲突不断增长。一些人认为，世界各民族必然逐步进入与今天西方相同的"现代文化"，还企图把西方文化全盘推行到没有现实基础的东方国家。在这方面，顽固坚持西方文化中心论的最有代表性的是福山。福山的《历史终结论》认为，"冷战"结束后，西方民主制已彻底战胜了共产主义与法西斯主义这两个旧的敌手，而新的敌手，原教旨主义与民族主义现在由于自身的缺陷又不足以对自由民主构成威胁，因此，历史已终结于西方自由主义的价值观与意识形态，西方的自由民主已是人类政治的最佳选择与最后形式，消费文化必将造成一个全球同质的、西方化的社会。[①] 与亨廷顿的文明冲突理论相比，福山的历史终结论强调的是文化全球化的统一性和同质性，基于意识形态的考量，他推断了资本主义西方文化价值观念将会取得全球性胜利，西方文明和文化的强势地位牢不可破。而亨廷顿的文明冲突理论则立足于从现代文明的视角来考量全球性的冲突和矛盾，认为全球性的冲突和矛盾始于文明冲突，强调的是文化全球化的异质性和排他性，表现了对非西方文明崛起的

---

① 参见［美］弗朗西斯·福山：《历史的终结》，远方出版社 1998 年版，第 388 页。

担忧。

在 20 世纪 90 年代以来，经济全球化随着其迅猛发展与文化概念的联系，更加引起人们的关注。如何看待世界上具有不同民族传统的文化之间的关系，如何估量文化交汇和冲突的态势，以及这种态势对全球化蔓延的影响，西方学者费舍斯通、海纳兹和弗里德曼都有大致相同的看法。例如，费舍斯通认为随着人类交往全球化进程的发展，将会出现两个突出现象：一是文化的同质和文化的混乱；二是跨国文化的出现，这种文化由跨国组织和机构体现，可以理解为是真正的"第三种文化"。在他看来，目前的全球文化交往更应该是文化的多元化，至于全球化的未来出现的应该是多数意义上的全球文化。海纳兹认为，在目前随着社会关系网络内部的复杂化、多样化，全球化也会呈现多元化特征。弗里德曼则从霸权主义衰落的角度指出了现在全球体系内部多种文化并呈的景观：在中心国家出现后现代主义倾向；有的地区由于远离全球体系仍保持着传统主义，随着世界进一步地解除霸权和消除同质。一个文化多元化和族性化的世界再也不会强制推行一种吸纳政治或文化等级政治。①

弗雷德里克·詹姆逊是西方著名的马克思主义批评家和理论家，引用德里达的话说，詹姆逊始终坚持一种马克思主义的精神。詹姆逊特别关注全球化进程中传媒和大众文化的发展。他认为，整个文化现在正经历一次革命性的变化：从以语言为中心转向以视觉为中心。电影、电视，以及电脑的发展，成为具有"后现代社会"生产方式所产生的一种特殊的时间性，现在开始感觉到的东西——

---

① 参见俞可平主编：《全球化时代的"社会主义"》，中央编译出版社 1998 年版，第 53 页。

作为后现代性的某种更深刻、更基本的构成而开始出现的东西，或至少在其时间维度上出现的东西——是现在一切都服从于时尚和传媒形象的不断变化。詹姆逊断言，以视觉为中心的文化将改变人们的感受和经验方式，从而改变人们的思维方式。他批评说"今天，文化基本上变成了商业，这一事实的后果是，过去习惯上被看作是经济或商业的东西现在变成了文化，必须根据这一特征来分析各种理想社会或理想的消费行为。"①

詹姆逊认为，马克思主义的基本点是生产方式决定意识形态的关系，因此生产方式影响一切意识形态的产品，包括文学作品和思想理论；但以前马克思主义批评多从某个阶级出发来分析客体，不注意从资本和价值或资本主义制度本身来进行分析，因而具有简单的对应性。而在后现代时期，必须从资本主义制度本身出发，从资本和价值的运作来分析，所谓后期资本主义的文化逻辑，实际上就是资本运作和文化间的关系。

可以看到，一方面，西方全球化文化理论都在强调全球化的多元文化主义，承认和肯定文化差异性存在，指出目前文化的分裂状态是其基本表现；另一方面，在强调文化交往的重要性，强调全球化进程是一个文化交往繁荣的时代。在交往实践全球化中，我们认为文化交往全球化应包括以下几个方面：

文化的民族性与文化的世界性是辩证统一的关系，二者互相依存，互为体用，共同发展。首先，文化的世界性必须以文化的民族性为前提和基础。任何文化都是在一定民族的土壤中生成、发展的，在世界多民族、多元文化发展进程中，一个民族要生存和发

---

① 参见俞可平主编：《全球化与马克思主义》，中央编译出版社 1998 年版，第 83 页。

展，必须要有自己的文化根基、文化形象，所以，我们说"没有自己文化的民族，就不是一个民族"。不同的民族文化形式，汇合成世界文化的整体，彰显出文化的世界性，因此，"越是民族的，就越是世界的"。这句话所揭示的，就是文化的世界性必须立足于文化的民族性这样一个基本事实。其次，文化的世界性与文化的民族性是内在的统一关系。应该看到，世界上确实存在着"超越了民族文化"的文化形式，那是指在一定层面形成的、为不同民族所共同享有的文化，比如科学、技术、某些艺术、体育运动等，它们早已经成为世界性的语言。但是，"超越"民族文化并不是说可以"取代"或者"消灭"民族文化。实际上，那些"超越"民族文化的文化，首先是在不同民族文化内部不约而同地生成并为全人类所接受的共同文化，或者说是在某一个民族文化内部生成而后又因为其普遍性而为全人类所接受的共同文化。这说明，文化的民族性与文化的世界性存在着内在的统一关系。最后，文化的民族性与文化的世界性是共向发展的。从历史上看，民族文化在一定的民族范围内生成后，会随着实践和历史的发展而不断成熟，民族文化发展中不合时宜的内容会被时代所淘汰，而其优秀内核则会积累下来形成为文化传统，并成为人类文化的共同财富。而人类共同的文化成果最初都来自特定民族的文化创造，都基于人类对普遍知识的文化共识而形成的。因此，民族文化和人类文化的发展是同向运行而不是逆向运行的，无论是单个民族的文化，还是人类共同的文化的发展，都会在其自身的发展中为对方的发展提供宝贵的思想资源和文化活力。

第一，文化交往中形成世界文化与民族文化共同发展的格局。

世界文化是由世界各个国家、各个民族所创造的不同文化所构成的物质和精神体系。世界文化产生于人类劳动生产实践，特别是世界的自然科学技术的扩散和不同民族文化的沟通与交流，成为世界文化形成的重要原因；同时，由文化的本质和规律所决定，人类文化又有彼此相通和一致认同的共性。民族文化是指每个国家与民族都有自己的文化与价值观念，这是由文化的性质与差异所赋予和形成的。新的全球化以来，世界文化也发生了深刻的变化，对当代世界乃至每一个国家和民族都产生了多方面的影响。世界文化的变化产生于世界经济政治的发展及科学技术的进步。世界文化包含着物质文化、精神文化和民族心理三个层次。物质文化指人类在物质生产实践中创造的物化的自然科学技术和改造社会的社会科学，是为了满足人类生存和发展需要所创造的物质产品及其所体现的文化；精神文化是指代表一定民族的特点并反映其理论思维水平的思维方式、价值取向、伦理观念、心理状态、理想人格、审美情趣等精神成果的总和。民族心理指构筑在一个民族的经济地域基础上并渗透着该民族共同文化传统，决定着该民族人们性格和行为模式的共同的心理倾向和精神结构，即通常所说的民族性格或国民性。

人类文化自产生以来，各种不同形式和内涵的文化之间就一直存在着不同形式的相互交流。这是因为，首先，任何民族文化的发展都离不开与其他民族文化的交流，没有各种不同文化的互相交流、融合、创新，文化的进步和发展就无从谈起。新的全球化的发展，人类文化的重要交流工具——传媒获得巨大发展。例如，某些视觉形象，在群众中传播得非常广泛，并且深深扎根于成百万人的思想中。其次，世界经济的全球化，推动世界文化的交流与沟通。世界经济的全球化表现为各国和各地区间的经济联系日益紧密，相互依赖不断加强，随着它们之间科技成果、商品、资金、人员的交流急剧扩大，必然促进各国的社会体制、文化、政治、商业和法律等领域国际联系的扩大，这些联系发生在社会各层，各种文化将相互渗透。再次，世界多极化趋势的加强，也促进了世界文化的交流。在冷战时期，两种意识形态尖锐冲突，壁垒分明，制约了其他文化意识的交流。随着冷战的结束，一度被掩盖在两大意识形态下的文化意识与文化差异以及文化问题的各种交流、联系便以空前的广度、深度、全方位、多层面地萌发和体现出来。而国际关系行为主体的多元化又加强了这种文化交流与联系。世界各国家、各民族的文化以及在文化基础上诞生的各个领域、各个方面展开的全方位、多层面的广泛交流、沟通与联系，大大促进了社会的进步、国家的发展和人类整体文明水平的提高。

时至今日，民族文化的发展已离不开世界文化，民族文化的个性与世界文化的共性已难分难舍，它们相互依存和相互促进，使文化全球化呈现出异彩纷呈的局面，民族文化和世界文化的交互关系表现为：其一，民族文化的特殊性和独立性只有在与世界各民族文化的全球性交往中才能得以生存和发展。因此，各国的民族文化要想保持自己的鲜明个性，必须融入全球化大潮中，在与世界文化的交往中不断提升自身的竞争力，显示强有力的话语权，唯有这样，才能在世界性的时代背景中得以维系和传承，才能以独特的个性立于世界民族之林。其二，文化民族性的发展必然是一个世界性的过程。在文化的世界性互动过程中，文化世界性赋予了文化民族性新的时代内涵，文化民族性在相互联系和交往中求同存异，共同构成了世界文化的多样性。应当看到，在文化全球化的进程与结构中，不同民族文化的充分存在与地位肯定，是文化全球多样性的重要保证。当代全球化格局中，任何民族不论其力量强弱和地位高低，都各有其文化精华和文化糟粕，都对人类社会作出了自己应有的贡献，正因为这样，世界文化才显得丰富多彩。由此可见，要推进文化全球化，必须将世界各民族的优秀文化，都纳入全球性的文化整体系统之中，由此一同构成世界多元文化的组成部分。其三，民族文化和世界文化的发展实质是世界文化民族性、民族文化世界性的双向并进过程。由此推动了文化的公共性和共享性，使人类文明和文化成果得以在世界范围内和最大程度上交流和共享。但是，认为世界各民族必然逐步进入与今天西方相同的"现代文化"是根本错误的；企图把西方文化全盘推行到没有现实基础的东方国家，也是根本不可能的。经济国际化不能消除文化的多样性。独特的区域和民族文化的发展将对各国经济社会发展产生积极的作用。文化霸权主义妄图操纵世界文化必然产生与民族文化的尖锐矛盾，这是我们应该加以注意的。此外，应正确看待"外来文化"与"本土文化"的关系。在世界文化交流中，客观存在着文化传播技术上的先进与落后等差异，这势必会导致民族文化在世界交往中事实上的不平等，甚至出现文化入侵和文化殖民现象。同时，固守本土文化，采取文化锁国政策，对外来文化敌对和排斥，将会加剧本土文化与外来文化之间的矛盾和冲突。正确的态度是，摒弃以自我为中心的妄自尊大的心态，一方面吸纳多元文化中的优秀成果，另一方面强化民族本土文化的作用，使民族本土文化在与外来文化的交流融合中产生最大效益。

第二，不同文化相互尊重，互相理解，进行平等对话和交流。

在西方的全球化论者中，确有人认为全球化有可能会让某种主导文化——西方文化或美国文化征服地球的每一个角落，按照这些人的文化逻辑，文化的交流和联系只能加剧文化的冲突、纠纷和斗争。但值得欣慰的是，文化多元化的理念和发展趋势已成为了大多数学者的共识。他们普遍认为在经济全球化的影响下，各种文化之间的接触越频繁，文化就越趋于多样性。不论是从文化的发展还是从人类社会的发展来说，文化多样性和文化多元性都远胜于文化单一性和文化一元性，单一性的文化不仅因窒息文化的生命力而难以生存，更欠缺存在和发展的合理合法性。因此，全球化对文化提出的现实诉求应是不同文化都具有平等对话、平等交流的资格和权力，一花独放不是春，百花齐放春满园。应该注意的是，文化全球化绝不是无序失控化，也不是无主放任化，规则、道义、精神家园等核心理念的维持和发展在经济全球化大潮中显得更为紧迫和重要。概括地说，文化多元性之所以在现代社会中获得了广泛的认同，是因为文化多元性主张多种文化相互尊重、平等共存，每一种文化都有其存在的合法性，多种文化共存的前提是尊重不同文化的差异性和独特性，反对文化中心主义的一元化标准和霸权主义实质。

每一种文化类型，都有自己产生的历史根据和存在的合理性，都有自己的优点和缺陷。文化或文明冲突论片面突出不同文化类型，特别是东西方文化之间的差异、矛盾、冲突和对抗，把它们看作似乎是水火不相容的，这在逻辑和事实上都十分荒谬。应当说，在人类文化史上，不同文化类型之间，矛盾、冲突与交流、融合并存，当今的世界文化格局正是这两方面共同作用的结果。只要有人与人、群体与群体、民族与民族的联系就必然产生学习模仿、比较鉴别、取长补短的行为，从而促进双边或多边的良性互动和文化传播。传播学派认为，全部人类文明史归根到底是文化传播、借用的历史，而联系则是传播的媒介。人类历史就是在"联系—传播"的过程中发展的：从原始群团发展成氏族部落，由部落联盟演变为民族国家，直到形成文明圈势力范围或地区文的过程。华夏民族的形成、疆土的扩大及中华文化的传播也是一个这样的过程：从夏、商、周到清代，无论在民族同化，或者在疆土拓展、文化传播方面，均呈现出扩大化、地区化的明显趋势，中华文化的辐射甚至超出中国的疆界，扩展到朝鲜、日本及东南亚地区。在南亚的印度，西亚的阿拉伯，地中海的古罗马、奥斯曼，同样因联系、兼并、传播、同化而出现地区化的现象。尽管不能把这种古代的地区化看作全球化的先声，但它也预示着人类联系的扩大化与深化是一种历史的必然。因此，只要社会还在进步，只要联系还在加强，它必将在广度和深度上不断拓展，古代的地区联系也必将被现代的全球联系所取代。由此可见，全球化是社会发展逻辑演进的必然结果，是不以人的意志为转移的。

在人类进入 21 世纪的今天，不同文化类型之间的对话和交流更为重要，因为，任何局部发生的对抗与冲突都将影响整个世界，危害全人类的生存。在国际交往中，必须倡导这样一条准则，即在没有任何前提的情况下，承认每一个民族或人的群体都拥有选择和保留自己的信仰、社会模式和生活方式的权利和自由。不同文化传统、生活设计、政治和宗教信仰应该相互尊重，互相理解，在不放弃自我的前提下进行平等对话和交流，相互学习对方的长处。这对于保持人类文化的多元性，增进各民族和信仰集团之间的相互信任、友好相处是非常必要的。而要做到这一点，首先必须表现出理解异质文化的真诚愿望，克服一切误解和偏见，尤其要克服"西方文化优越论"，彻底放弃同化别人的企图。文化全球化，绝不可能是消解或消灭非西方文化的"一边倒"，而是东西方文化的平等交流和互补，并朝着更大目标的世界文化迈进，因此无论是西方还是非西方，都应本着平等开放、兼容并蓄的思想，共享人类先进文化的成果，在文化全球化的实践中找到自身的位置，开拓创新，复兴民族文化，共筑世界文化的未来大厦。

如果要在不同文化类型之间实现符合交往理性的"话语权利的平等"，就必须谴责任何用军事的、政治的、经济的、暴力甚至恐怖的手段干涉别人、强行贯彻自己意图的做法。把不同的文化类型作为平等的对话伙伴相互尊重，并在一种和谐友好的气氛中消除误解，摒弃成见，这才能共同探讨有关人类和世界的未来等重大问题，寻找解决问题的途径。

日本学者平野健一郎提出的文化涵化理论，意在探讨经济全球化形势下的文化走向，他的理论主旨有两点：一是各种文化之间的接触越频繁，文化就越趋于多样化；二是全球化绝不是脱离民族文化而存在的超民族文化的文化，为了推动文化全球化，并不需要在民族文化创造中削弱和消解文化的民族性，恰恰相反，还应该扎根于民族生活的土壤，创造有本土鲜明特色的民族文化。毫无疑问，世界文化的基本要素仍然是民族文化，无数的民族文化构成了世界性的全球文化。因此，文化全球化并不是文化一体化和文化同质化，更不是文化美国化和文化西方化甚至文化殖民化，而是世界各个国家的民族文化的交流与对话、影响与接近，是对人类文化共同产品的接受和欣赏，也是对人类共同文化价值的理解和认同。文化的民族性、时代性和多样性、世界性息息相关，不同民族文化只有在与"他者"文化不断的交往、交流过程中，才能扬长避短，发展自我，最终走向世界。这就是民族文化的历史发展逻辑，也是文化全球化交往的实践路径。

第三，以民族文化为本位，顺应文化交往的趋势。

1918 年斯宾格勒出版了轰动一时的《西方的没落》一书。他在此书中提出，每一种文化都是一个自我封闭的体系，它有完全不同于其他文化的内在本质与外在象征。他完全排除了各个文化之间相互影响、相互融合的可能性。在斯宾格勒看来，每一种文化都是一个莱布尼茨式的密闭的单子，即使有外来文化的冲击和干扰，也不能改变这一文化的历史进程。他否定文化交流是文化发展的一种推动力。因此，斯宾格勒的这种观点被称为文化相对主义。

按照一般理解，"文化"的概念则同民族相联系，即如康德所说："它的内核最终系于每个民族的历史传统和哲学观念。"① 现代文化的发展离不开民族文化的沃土，每一种文化类型都有自己的特殊性和某些方面的优越性。毫无疑问，任何文化表现，首先嵌陷于表现者所处的民族、文化、制度与政治环境之中，它更是文化产生的现实的可靠的基础。企图不分民族、历史和文化，去探求超历史和文化差异的文化策略，将是一种严重的错误。但是，不同民族、国度之间文化的相互影响、交流、对话，文化话语产生、发展依赖于交流、转移、接受，这也是不争的事实。所以，不能因为自己文化类型的特殊性或没有本民族的文化参加的文化方面的交流，就贬低或排斥异己的文化类型，将它们之间的差异绝对化，这样就会制造出一种假象，似乎各文化类型之间只存在矛盾和对抗，而没有互补和交流的另一面，并进而宣扬它们之间的对立和冲突不可调和、不可避免。这类论调在有意无意地煽动民族对立情绪，挑起不同信仰和价值观之间的矛盾与对抗，人为地加剧紧张气氛，因而对于当今的世界十分有害。就文化的层面而言，全球化最终会影响到不同地域、不同民族文化的交往，影响到各个民族文化的发展。生产、销售、金融和科技的全球化，以信息革命为中心的科技革命，对于不同民族文化的价值系统、思维方式、伦理观念、国民品性以至审美风格，都会产生难以估量的影响。我们的认识要建立在客观看待这个文化互动的历史过程基础上，顺应全球文化交流发展的历史潮流，要坚持以民族文化为本位的同时，要确立民族文化与时俱进、

---

① 转引自陈乐民：《中西文化交流中之不平衡与前瞻》，《中国社会科学季刊》总第 6 期。

继往开来的发展意识。

与时俱进就是要不断跟上时代发展潮流，在当前尤其需要认真对待科技全球化。以科技革命为强大动力的科技全球化，正在大幅度提高新一轮生产力，推动世界社会进步，我们建设有中国特色社会主义，始终要及时研究和吸收世界科学技术的最新成果，需要向外国学习先进的"管理制度"和经营方式。列宁当年强调学习当时资本主义在经营管理方面的最新成就——泰罗制。泰罗制就是早期资本主义生产全球化的初始形式，今天跨国公司的生产组织方式包含着全球化发展和现代化发展的内容，我们应当树立在不同历史时期有不同的学习内容，要与时俱进地吸收外国一切有利于建设有中国特色社会主义的先进文化因素。列宁当年指出："无产阶级文化并不是从天上掉下来的，也不是那些自命为无产阶级专家的人杜撰出来的"；它"应当是人类在资本主义社会、地主社会和官僚社会压迫下创造出来的全部知识合乎规律的发展"。[①] 在参与全球文化交往互动过程中，丰富自己，强大自身民族文化，就必须参与文化交流互动，只有积极吸收世界文化才能进一步推动民族文化的发展。坚持民族文化为本位不是狭隘的民族主义、排外主义意识，历史上"非我族类、其心必异"的狭隘的民族主义、排外主义意识是必须要加以改正的。立足于当代中国的实际，必须要强调为我所用，要通过开阔民族文化的视野，丰富民族文化的内容，提升民族文化的品质，达到民族文化与世界文化的与时俱进，达到民族性与世界性的有机统一。在一定意义上，要强调民族文化更好地走向世界，更好地学习别的民族文化的长处，通过民族性来吸纳、扩展世界性是十分必要的。

---

① 《列宁专题文集　论社会主义》，人民出版社 2009 年版，第 394 页。

　　文化全球化和民族文化的关系是双向互动的，文化全球化给民族文化的发展带来各种矛盾和困境，同时不同的民族文化也在融入文化全球化的进程中，通过更新自己的文化样式，提升"民族性"，体现"世界性"，确保了世界文化多样化。民族文化融入文化全球化，形成双向互动的交往机制的基本路径主要有：第一，在文化全球化的进程中，民族文化要贡献自身的民族精华和民族特色，推进全球文化新体系的建设。任何民族文化要提升自己的世界性，就要在文化全球化的进程中，把自己的优秀文化呈现出来，并汇入世界文化宝库，以便更好地展现和保护本国文化的本土性和民族性，同时也可为世界文化的繁荣作出自己应有的贡献。第二，在文化全球化的进程中，民族文化应积极反思并自觉扬弃，取其精华，去其糟粕，以实现民族文化的现代转换。从社会发展的进程来说，发展中国家正处于前现代、现代、后现代三个历史阶段的交汇处。由于自身的错综复杂性，发展中国家的民族文化既受到前现代旧文化的桎梏和影响，也受到后现代全球化思潮的有力冲击。因此，发展中国家应自觉清理民族文化中那些不合时宜的内容，主动积极应对由传统向现代的转换，以更好地融入世界文化之中。推动文化全球化，保持世界文化多样化是全世界和发展中国家的共同责任，这种文化多样化是建立在文化的交流和交融的基础上的多样化，而不是简单的同质化或一体化。中华民族崇尚"和谐"，因而中华文化是一种和合文化，表征为"和"的民族思维方式和"和"的民族心态。从历史上看，中华文化的形成过程就是许多不同的民族文化融合而成的"和"的文化，这其中有游牧民族、农耕民族、狩猎民族、高山民族等，他们与汉民族一起共同书写了中华文化绚丽多彩的历史画卷，文化全球化何尝不是这样。文化全球化是建立在各国民族文化的基础之上的，文化多样性因此也构成了人类社会的基本特征之一。只有尊重各个民族国家的历史文化、社会制度和发展模式，承认世界文化多样性的现实，才能使世界的和平与发展得到有力保证。在多样性的世界文化格局中，不同的民族文化只有在与他者文化的碰撞、交流和交融中，才能显示出其独特魅力，凸显民族性。第三，应正确处理全人类共同利益和单个民族国家发展利益的关系。文化价值观对民族国家发展的引导作用是显而易见的，重视人与自然、人与人和谐共处的价值观理应成为全人类的共同价值观。无论是发达国家还是发展中国家，在本国自身的发展过程中，或多或少会出现破坏生态环境、过度开采资源、人口不合理增长、经济和社会矛盾和危机凸显等问题，如果解决不好，则会严重威胁到全人类的根本利益，最终也会侵害到各个民族国家和公民的自身利益。因此处于价值观核心内层的文化，理应创造出有利于全人类根本利益和单个民族国家发展利益协调统一的文化价值观，以根本利益统率发展利益，局部利益服从整体利益，在实践上从减少地区冲突、降低贸易成本、扩大各民族间的合作与交流以及涵养资源、保护环境、控制人口等着手，共同维护和实现各民族自身利益和全球根本利益。

第四，从当代文化发展的趋势中确立交互作用辩证法观念。

世界上存在着一种能够同时创造出同一的世界和特殊的民族文化的辩证法。在一些民族国家能够同时创造出同一的民族文化和少数民族的辩证法。人类运用自己的力量去创造文化的多样性，并且努力去创造文化的统一性。这使得一些国家成为现代世界里最强有力的文化力量。它反映了一种交互作用的辩证法。交往全球化实践进程中出现的有说服力的文化发展趋势就是交互作用辩证法。交往全球化实践进程中出现的有说服力的文化发展趋势就是交互作用辩证法。例如，西方研究全球化文化的学者珍妮特·阿布—卢戈德在对音乐发展的分析时，指出："以种族中心主义的观点，我们看到的往往是东方音乐的西化，——我们现在看到了西方音乐的东方化……这是一条双行道。"这里强调的不是相互排斥的实体和实体化，而是不同文化内容的相互作用。这里的辩证法不是序列的，而是多方面交互式发展，是多元化发展的趋势。

交互作用已经成为一个时代文化行为的方式。例如，电子计算机程序设计员所做并行处理，使用者在进行多重任务处理时交互作用和同步作用的观念超过了联系过程的观念，这已经在数据分析领域里变得广为人知了。再如，我们从文学中援引一个"交互作用辩证法"的例子，作为举世公认的莎士比亚对于上演其戏剧的国家作出了巨大的文化贡献。但很少有人认识到，由于作品被翻译成各种文字并被引进的各种文化加以创造，它使莎士比亚戏剧的价值不是降低了而是提高了。正是莎士比亚在中国化、日本化和印度化，显示了文化艺术作品具有这种相互作用的动力。它们不是在互相撞击过程中自身要毫无改变；相反，它们是可塑的、有机的建构，其形状和意义来自于它们与其他文化艺术作品的相互作用。这种相互影响的例子也证明了交互作用辩证法。在当代，文学影响不能被仅仅看作是一种历时传递的东西，而是一种联系和交往的东西。当我们面临全球化和信息化问题时，当新的世界网络伴随着世界文化与民族文化交互作用的辩证法的发展时，任何国家或地区割断与世界文化的联系，难以克服的困境便会出现。我们需要形成一种交互作用的辩证思维取向，既不漫不经心地把西方的偏见当作放之四海皆准的东西来接受，也不仅仅通过攻击来漠不关心地加深这种偏见。

第五，立足于"文化自觉"，开创新时期民族文化综合创新的新路径。

　　"文化自觉"是费孝通先生在 1997 年首创的观点，作为民族学、社会学和人类学的国内领军学者，他始终关注着中华文化的命运，关注着国家的前途和命运。他意味深长地说道："人贵有自知之明，一个文化也不能没有实事求是的自觉意识。"① 意思是说，文化自觉就是生活在既定文化中的人们对其文化有"自知之明"，明白其来历、形成的过程、特色和发展趋势，从而表现出应对文化全球化的强烈文化自觉意识，积极能动的文化民族自信心，提升文化全球化中的自主文化能力，并获得符合新时代文化选择的自主地位。"文化自觉论"中民族文化意识从认知——能力——觉悟的发展渐进过程，对于民族文化的当下和未来发展意义重大：首先，有利于民族文化看清自我。文化全球化在现当代西方化、同质化的片面发展中无法正确认识自己，造成了民族文化的诸多困境。因此民族文化唯有自觉主动地确认自身角色、文化身份和在世界文化中所处的地位，才能准确获得自身发展的认识起点。其次，有利于民族文化发展壮大。民族文化作为民族的精神家园和精神支柱，是维系民族共同的生活秩序和思想情感的坚不可摧的堡垒，文化自觉是民族文化形成的标志，它能反映民族的个性发展、心理状态、思维特点、行为方式等。再次，有利于民族文化认同自身。文化自觉强调的是民族文化对自身的积极认同，在全球化汹涌袭来时，文化是否自觉是民族文化自信与否、命运前景明朗与否的重要分水岭。张岱年先生对此有精辟阐释："未达于自觉的文化，其价值取向是未经哲学批判和宗教——境界高度的宗教——定位的，它的非自然方式的拓展可能是最终为生、住、异、灭的自然行程所框限；达于自觉的文化则是另一种情形，只要这文化的主体不断从境界形态的宗教

① 费孝通：《中华文化在新世纪面临的挑战》，《炎黄春秋》1999 年第 1 期。

中汲取超越经验存在的信念，并总能够借助哲学的反思清醒地查知自己的人生处境，适时地调整文化的价值神经，文化便可能会如人所期冀的那样有好得多的命运。"①

　　在文化全球化的交往实践日益向纵深发展时，中国学者以文化自觉为基点，以高度关注民族文化的前途和命运为己任，融合众多中外思想流派，不断在民族文化的全球视野中开拓进取，这其中尤以张岱年的"文化综合创新论"为代表。张岱年作为一个集大成的中国哲学家，如海绵般地吸收了古今中外优秀文化思想，博采众长，形成了一个社会主义新文化体系，并命名为"文化综合创新论"。他自己如此概括马克思主义文化综合创新理论："所谓综合，有二层含义：一是中西文化之综合，即在马克思主义基本原理的指导下综合中国传统文化的优秀内容与近代西方的文化成果，其中最主要的是吸收、学习西方的科学成就及其与科学发展有密切联系的哲学思想；二是中国固有的文化中不同学派的综合，包括儒、墨、道、法各家的精粹思想的综合以及宋元明清以来理学与反理学思想的综合……文化的综合创新有一个理论基础，这就是马克思主义的唯物辩证法。文化综合创新的核心是马克思主义理论与中国文化的优秀传统的综合。"② 可见，"文化综合创新论"是在文化全球化交往实践中，具有浓厚本土化民族化的"古为今用，洋为中用"的"文化自觉"，用毛泽东一贯特有的饱含中国本土气息的话就是"向古人学习是为了现在的活人，向外国人学习是为了今天的中国人"③。任何民族文化都首先是某一民族的本土文化，因此在进行民族文化创新时，传统文化和本土文化无疑是我们的优先考量。同

---

① 转引自《黄克剑自选集》，广西师范大学出版社 1998 年版，第 400 页。
② 张岱年：《张岱年文集》第 6 卷，清华大学出版社 1995 年版，第 490—491 页。
③ 《毛泽东文集》第七卷，人民出版社 1999 年版，第 82 页。

时，还要排除夜郎自大的华夏中心论和西方中心论的干扰，破除中西对立、体用二元的僵化思维方式，以海纳百川的胸襟、兼容并蓄的态度和实事求是的精神对待古今中外一切文化优秀成果。在理论诉求上，"文化综合创新论"要"接着讲"和"自己讲"，即继续传承和创新，走有本国民族文化特色的创新之路；在实践指向上，以马克思主义为指导，积极参与文化全球化交往的对话与交流，建设有中国特色的社会主义新文化。诚如费孝通先生所言，文化自觉的完美境界是"各美其美，美人之美，美美与共，天下大同"①，不容置疑的是，这也是文化全球交往中民族文化与世界文化水乳交融的理性目标。

第二节　消解"西方文化中心论"

在西方全球化理论的发展过程中，各种文化理论一直徘徊在"中心论"与"反中心论"之间，"中心论"和"反中心论"基本上可以把全球化文化理论分成两个阵营。而这两个阵营基本上与右派学者群和左派学者群吻合。右派学者更多的是"中心论"者，左派学者则是鲜明的"反中心论"者。正如德里克所指出："全球化对于一直致力于国际主义、强调各民族的平等和密切交流的政治左翼显然有着吸引力，因而对全球化的最明显的反应倒是来自政治右翼。"② 所

①　费孝通：《百年学术：反思·对话·文化自觉》，《北京大学学报》（哲社版）1997年第3期。

②　转引自王宁、薛晓源主编：《全球化与后殖民批评》，中央编译出版社1998年版，第2页。

谓的"中心论"、"反中心论"实际上是一种看待全球化发展进程的观念或态度。"中心论"认为全球化进程源于一个中心，是这个中心模式在全球的扩展，全球化的结果就是这个模式的全球普遍化。在不同的"中心论"者那里，这个"中心"是不同的，但基本可以归纳为"欧洲中心论"、"西方中心论"。各种"反中心论"是一个包含着不同文化理论和策略的集体。正是在全球化大潮推动下各种文化思潮开始呈现，文化帝国主义、后殖民主义与后现代主义都是发生在西方语境下的文化思潮，它们从不同文化理论角度共同操用着西方的解构策略向西方霸权文化进行挑战，这种挑战主要通过话语实践策略成为与发展中国家学人共同抵御西方文化侵蚀的理论批判武器。①

　　我们通过文化帝国主义批判、后殖民主义文化批评和后现代解构文化批评，具体看一下在全球化进程中汇合的"反中心文化论"的强大话语实践，这更能使我们认识到在交往全球化实践进程中文化发展的多元化、多极化是一个历史趋势。

一、文化帝国主义批判

　　文化帝国主义批判理论始于法兰克福学派激进批判开始的20世纪60年代，在70—80年代得到发展，其中以萨伊德的《东方学》最为突出。90年代对文化帝国主义的批判达到高潮，1991年美国学者汤林森写出专著《文化帝国主义》，1993年萨伊德发表了《文化与帝国主义》。此后，有关这方面的著作不断问世，人们对文化帝国主义的研究与认识日益深入。如果说从20世纪60年代直到冷战结束前，帝国主义反映了资本主义时代的特征的

---

① 参见杨乃乔：《后殖民主义话语的悖论》，载王宁、薛晓源主编：《全球化与后殖民批评》，中央编译出版社1998年版，第166—168页。

话，那么现在，全球化则取代了这个概念。这样，"文化帝国主义"批判最近的话语就是全球化条件下的资本主义或者西方文化中心论。

"文化帝国主义"没有一个统一的定义，因为不仅分开来看，"文化"与"帝国主义"本身就是复杂而争议颇大的词，再加上"文化"与"帝国主义"的连用，就进一步扩张了"文化"与"帝国主义"原来就难以界定的意义。在一定借用的意义上，"文化帝国主义"这个概念与列宁的《帝国主义是资本主义的最高阶段》有一定联系。"文化帝国主义"最常见的用法，就是指在帝国主义原来政治、经济、军事的殖民统治意味以外，再加上文化的殖民、侵略与霸权。

"文化帝国主义"被不同的学者界定为经济先行、文化是目的倾向的"文化帝国主义"，或者是文化先行、文化是辅助经济与政治进行支配的工具倾向的"文化帝国主义"。前者这样来界定文化帝国主义，"运用政治与经济权力，宣扬并普及外来文化的种种价值与习惯，牺牲的却是本土文化"[①]。后者认为文化帝国主义是指：西方统治阶级对人民进行文化上的渗透和控制，以达到重塑被压迫人民的价值观、行为方式、社会制度和身份，使之服从于帝国主义统治阶级的利益和目标。有论者认为，文化帝国主义的文化渗透有三种方式：一是在理论层次上推行以西方中心主义为基础的人文、哲学、社会科学理论，宣扬西方社会制度和价值观。二是在大众文化层次上通过各种文化媒体传播它们的文化，例如通过电视、国际互联网络、书籍、刊物、广告，使广大民众耳闻目睹。三是在文化性的物质产品以及人们的衣食住行等日用品方面大做文章，使人们

---

① ［英］汤林森：《文化帝国主义》，上海人民出版社 1999 年版，第 5 页。

的环境和生活方式西方化。① 有关文化帝国主义的理论比较复杂，有些表面上看似是反对文化帝国主义的，但实际上暗中支持了西方文化霸权的观点，有些以话语分析的方式，好像是在解构文化帝国主义，其实又确实是在建构文化帝国主义的话语。就所接触到有关文化帝国主义的理论而言，萨伊德的东方学理论与后殖民文化批判理论对文化帝国主义是持批判与否定态度的，而汤林森的文化帝国主义理论、亨廷顿的文明冲突论以及福山的历史终结论都暗中支持文化帝国主义理论。

　　萨伊德的《东方学》是对西方文化霸权的一种批判性研究，它被认为是开创了后殖民主义批判的先河。在《东方学》中，萨伊德认为，西方人制造出的东方学是被当作一种西方认识东方的框架与视角，它是在以西方对东方的支配、霸权为基础上、让西方处在有利地位而替东方讲话的东方学，东方学本身是西方创造的一个理论与实践体系，东方学是欧洲人的东方学。

　　萨伊德通过对东方学文学文本的分析，提出了东方学总体要分析的问题：（1）上层建筑的总体层面和文本研究、历史研究存在着怎样的微妙与精心策划的关系？西方政治帝国主义在政治的、体制的、意识形态的限制方面如何影响了东方学的研究？（2）东方学话语的政治情境有哪些？萨伊德认为东方学是一种文化和政治的现实反映，其话语本身当然和粗俗的政治权力没有直接的对应关系，也就是说，它直接表达的并不是西方帝国主义阴谋颠覆东方话语，而是说它是在西方霸权意识形态的框架中、通过与不同形式的权力关系的互动（如政治权力、学术权力、文化权力与道德权力）

_____

① 参见［美］爱德华·萨伊德、谢少波：《文化与帝国主义》，《马克思主义与现实》1999 年第 4 期。

创造出来的（并存在于这一互动过程之中）的话语体系。东方学虽然在表面与直接的形式上并非是西方文化霸权伎俩的表达，但它确实是在西方的霸权观念中、在单个文本的背后意蕴中隐藏着其操纵、控制甚至吞并的愿望与意图。

《东方学》出版后，不同民族、不同国家、不同文化与政治背景的人对它作出了不同的解释与反映，也存在着对《东方学》的许许多多的误读。在这里，萨伊德表达了自己的文化观点，他指出他的《东方学》并不是要制造东西方文化之间的对立，确实有人对它误读了。萨伊德不承认书中体现了反西方论的倾向，而是反对被西方殖民所支配的东方的敌人。实际上，萨伊德真正要反对的是作为一种思想体系的东方学的本质主义立场，因为这种立场暗示了一个不变的东方本质，也同时暗示了一个同样经久不变的西方实质，并造成两方的割裂与对立。萨伊德认为东方与西方在现实中都是多元的、动态的与复杂的，他的《东方学》也不是想去强化或永久化东西方政治与文化的对立。萨伊德真正希望的是人们把他的《东方学》解读成为一种持有多元文化主义的倾向，而不是认为他坚持排外、孤立的种族中心主义的观点。所以萨伊德说："人文研究是以理想的方式寻求对强加的思想限制的超越以实现一种非霸权性的、非本质主义的学术类型。"① 当前人们特别重视萨伊德的《东方学》，他也确实指出了民族文化的差异与对立，但他不是想强化差异与对立，而是强调不管是东方还是西方文化重要的在于交流与理解，认为民族和文化差异在人类交往过程中起着重要作用。

文化帝国主义理论分析的另一代表是汤林森，他出版了《文化帝国主义》一书。但汤林森认为文化帝国主义是一个模糊、散

---

① ［美］萨伊德：《东方学》，三联书店 1999 年版，第 432 页。

漫的概念，他提出有四种话语：作为媒介帝国主义的话语；作为
"民族国家"的话语；作为批判全球资本主义的话语以及作为一种对
现代性的批判的话语。应当指出的是，汤林森虽然借用了福柯的
"话语分析"理论以及解释学的方法，力求给人客观公正的外表，但
实质上他还是消解与否定了谈论文化帝国主义的四种话语体系。他
认为用媒介帝国主义表达文化帝国主义是不成立的，汤林森实际上
是主张媒介是中性的，其在传播过程中并不含有意识形态性。他说
文化媒介面前是"主动观众"，他们不是被动地被媒介所支配，他们
在接受媒介的同时，既批判了西方的文化价值观，也强化了本族、
本人的价值观。这样，汤林森就消解了媒介帝国主义这种文化帝国
主义的表达。再者，汤林森认为作为文化帝国主义的民族性的话语
也是不能成立的。一些对文化帝国主义持批判态度论者感觉西方文
化霸权的控制使民族文化的生存受到了威胁，但汤林森却试图以消
解民族国家与文化的方式反对这种观点。如此一来，西方文化的传
播与渗透，就不会对民族国家的文化认同构成威胁了，因为他认为
文化认同的内涵本身已是处于个人的想象中。事实上汤林森在四种
文化帝国主义话语分析中对文化霸权、文化殖民主义的辩护，以消
解文化帝国主义话语谈论的方式维护了文化帝国主义的理论与实践。

二、后殖民主义文化批评

后殖民主义文化批评理论是继法兰克福学派对第二次世界大战
后的西方文化进行全面的批判之后，针对国际上西方大国与不发达
国家的文化关系而引发的对后殖民文化的研究。全球化与后殖民主
义不无关系，在实践上，殖民主义、后殖民主义和全球化是被强力
抽象地而且是经常内在地分割开的术语，它实际上是彼此相互作用，
现在是这样，过去长时间地也是这样。当代的全球化在其自身的想
象里共时地改造了过去并保留旧的殖民主义。从概念上说，殖民主

义文化批判主要是把批判的锋芒指向欧洲及其殖民统治者，维护本土文化的尊严。而后殖民文化批判理论则专指"对欧洲帝国主义列强在文化上、政治上以及历史上不同于其旧有的殖民地的差别（也包括种族之间的差别）的十分复杂的一种理论研究"①。按照某些西方学者的看法，后殖民文化批判理论实际上是"理论批评策略的一个集合体，人们以此来考察欧洲帝国的前殖民地的文化、文学、政治和历史以及其与欧洲即世界上其他国家之间的关系"②。而近几年来，全球化对文化研究的波及，更是使得后殖民主义文化研究正逐步演变为一种全球化时代的文化政治。英国学者 B.M.吉尔伯特在《后殖民批评》一书导论中对后殖民主义思潮评述道："在当下学术研究中，后殖民主义是最为成功且迅速扩展其领域的学术思潮之一。由于它在文学与文化研究中秉有极为深厚的底蕴，后殖民主义在跨学科的视野中走向了科际整合。"③ 我国学者王宁还指出："它实际上在试图从帝国内部来削弱其霸权，同时在一个多元文化的社会喊出不同于主流的声音。"④

后殖民批判理论的原创者是爱德华·萨伊德，因为萨伊德又被归类为"东方学"或"文化帝国主义"批判理论，所以这里把萨伊德除外。佳亚特里·斯皮瓦克、霍米·巴巴和阿莱君·阿帕杜莱、斯塔夫里亚诺思和佩查斯。前三人有着东方或第三世界的文化知识背景，斯皮瓦克、巴巴、阿莱君·阿帕杜莱与萨伊德都是来自

---

① 熊先志：《新闻采写术》，新华出版社 2000 年版。
② ［加拿大］乔纳森·哈特：《踪迹、抵制和矛盾：后殖民理论的加拿大以及国际性视角》，转引自王宁：《全球化语境下的后现代和后殖民研究》，载《全球化与后殖民批评》，中央编译出版社 1998 年版，第 118 页。
③ 杨乃乔：《后殖民主义话语的悖论》，载《全球化与后殖民批评》，中央编译出版社 1998 年版，第 164 页。
④ 王宁：《全球化语境下的后现代和后殖民研究》，载《全球化与后殖民批评》，中央编译出版社 1998 年版，第 119 页。

中东的巴勒斯坦地区和印度的学者，与那里的人们有着千丝万缕的联系。他们以自己的后殖民地"他者"的身份步入西方学术界，以此代表东方或第三世界向西方挑战。斯塔夫里亚诺思（美国加州大学圣地亚哥分校教授），著有《全球通史》、《全球分裂——第三世界的历史进程》，提出当今世界存在着"思想意识上的帝国主义，或者说思想殖民化"问题。另一位学者佩查斯（美国纽约州立大学宾汉顿大学教授）著有《二十世纪末的文化帝国主义》，在书中他对文化帝国主义下了一个定义："西方统治阶级对人民的文化生活的系统的渗透和控制，以达到重塑被压迫人民的价值观、行为方式、社会制度和身份，使之服从帝国主义阶级的利益的目的。"他还对后殖民文化批判中对西方文化在表现形式和运行机制方面的特点做了分析。他指出，以前的殖民者往往采用官方的形式，利用在当地掌握的行政权力，强行用殖民者的语言替代当地的母语，开始于500年前的殖民主义把几种占优势的语言传播到世界各地。在北美和澳大利亚，英语取代了许多土著语言。在南美，西班牙和葡萄牙语成为主要语言。在亚洲北部，占统治地位的语言是俄语。阿拉伯语也使北非的许多语言无法发展而终于消亡。语言当被一种更具优势的文化同化时，这种文化也开始失掉原有的个性。早期殖民主义还培育了一个当地的"比照集团"如印度的"受英国教育的阶级"。现在则主要采取非官方的形式，通过各种形式的文化交流大力推销文化工业产品——品种繁多的文化消费产品，并通过经济和技术的交往，将它们所负载的价值密码和生活情趣推向世界，使"美国制造"的所谓"世界文化"在全球泛滥。他认为现代形式的首要特点是主要借助于大众媒介捕获大众。大众媒介——广播、电影、广告、流行音乐、通俗文化等，它们形成全球规模对第三世界的影响巨大。受后结构主义影响，后殖民文化批判对西方文化中心主义都持有一种反本质主义的态度，致力于解构西方中心主义、普遍主体以及文化同一性的神话。

后殖民文化批判理论在批判大国的文化霸权对本民族文化传统的威胁的基础上，提出要保护本民族的文化传统。在这方面，阿莱君·阿帕杜莱作出了理论分析。他认为全球化应被看作为是新传播技术的后果，并以流动的"景观"来标识，想象中的世界被建构为多样化的、分离的、不断游离的和改变着的景观，它构成对殖民地特点的分离。"为了考察这些断裂与脱节，我提出一个初步的框架，用以观察全球文化流动的五个维度之间的关系。这五个维度是：（1）人种图景（ethnoscapes）；（2）媒体图景（mediascapes）；（3）科技图景（technoscapes）；（4）金融图景（finanscapes）；（5）意识形态图景（ideoscapes）。我使用图景（scape）这个后缀旨在表示这些景观流动的和不规律的形态，它们深刻地体现了国际资本的特征……上述语词全都加上图景这个后缀还有助于表明，它们不是客观给定的关系，不论从哪一个角度来看它们都不是一成不变的；相反，它们是深受不同视角制约的建构，随着不同角色的历史、语言和政治境遇的不同而发生扭曲和变形，这些角色包括：民族国家、多国公司、移民社区，以及亚国家群体和运动（不论是宗教的、政治的还是经济的），甚至还包括村落、邻居和家庭这类关系密切的群体；的确，个体行动者在上述景观的各种视野中是最微不足道的角色，因为这些景观归根结底是由那些既体验着也构成着规模更大的结构的那些势力操纵着的，在一定程度上是由他们对这些景观的感知方式制约着的。"①

① 阿莱君·阿帕杜莱：《全球文化经济的断裂与差异》，载汪晖、陈燕谷主编：《文化与公共性》，三联书店1998年版，第529页。

后殖民文化批判理论认为民族国家紧迫的是文化认同的问题，经济和交融全球化带来的一个不良后果就是抹杀了各民族文化自身的本质特征或文化身份，后殖民文化批判理论家试图消解帝国中心话语，通过对民族国家的语言、伦理、习俗、精神价值的认同，促进国家的发展和维护国家的统一。为此，他们提出为了保持涉及民族国家文化自主权和主权的完整，需要行使文化认同策略，主张文化传统的维系并认为这是文化认同的一个不可或缺的环节。其次，后殖民文化批判理论还提出鲜明的对抗性策略，这就是包括提出第三世界文化、本土主义文化和后殖民文化概念。这些概念在发展中国家包括中国大陆和香港、台湾、海外华文文化圈内颇为盛行。正如西蒙·杜林在《后殖民主义和全球化》一文中指出："它们的本土主义是它自身的世界化，反之一样，它们的世界化依赖于它们的本土主义。后殖民主义和全球化这两个术语的关系要积极而辩证地思考，全球化所代表的不是殖民主义者斗争的终止，而是这样一种力量，通过它，这些斗争持续地重新组合和配置；通过它，殖民者与被殖民者、中心与本土的关系的变迁能不断地被证明。"[1] 总之，后殖民文化批判理论是与主流文化相对抗的一种强有力的文化策略和理论话语，它有助于西方人改变长期以来对东方所抱的偏见，给长期以来从事反对殖民主义霸权、为实现本国和本民族的非殖民化目标而奋斗的第三世界人民以有力的精神支持，并对西方的东方研究和东西方之间的交流和对话具有一定的作用。

三、后现代主义和后现代性文化批评

丹尼尔·贝尔曾经说 20 世纪上半叶是一个"超越的时代"，

---

[1]　西蒙·杜林：《后殖民主义和全球化》，载王宁、薛晓源主编：《全球化与后殖民批评》，中央编译出版社 1998 年版，第 160 页。

许多理论都被冠以"超越……的";后半叶则转向了"后的时代",冠之以"后……"的理论铺天盖地,争相出笼,如"后工业社会"、"后形而上学"、"后结构主义"、"后人类学"、"后现代",等等。其实,后现代思潮早就萌发于现代主义母腹之中,从一开始就形成了分化和对峙的发展格局。作为正式命名的"后现代思潮"于 20 世纪 50—60 年代出现,70—80 年代流行并在思想界、知识界处于前卫状态。进入 90 年代以后,后现代主义思潮借助于大众传媒(国际交互网、卫星通信、影视广播、书刊、多媒体等)进入消费社会,对公众心理产生了巨大的影响。后现代哲学的排名榜本身就体现出差异和多元化:早期的尼采,后期的维特根斯坦、库恩、费耶阿本德、阿多诺、丹尼尔·贝尔、福柯、德里达、哈桑、巴尔特、利奥·塔德、罗蒂、阿佩尔和格里芬,等等。

关于后现代主义作为一种文化思潮的作用,我国学者杨乃乔指出,后现代主义与后殖民主义都是发生在西方语境下的文化思潮,所不同的是,两种文化思潮的肇始者的血缘文化身份则决然不同,前者是西方学者,而后者是东方学者。另外不同的一点是,后殖民主义是东方学者操用着西方的解构策略向西方挑战,这种挑战把西方文化视为一种释放话语权力的中心。而后现代主义以解构策略所挑战的中心则是指向西方文化内部。再有一点就是,如果说后现代主义把西方形形色色的后现代文化意识带入东方大陆,在东方大陆呈现为解构西方文化权力及话语的批判武器,而后殖民文化批判理论则成为东方的文化保守主义,成为第三世界学人抵御西方文化侵蚀的理论批判武器。①

---

① 参见杨乃乔:《后殖民主义话语的悖论》,载王宁、薛晓源主编:《全球化与后殖民批评》,中央编译出版社 1998 年版,第 166—168 页。

后现代主义作为一种文化思潮，不管它具有什么样的"个性"，它的形成都和它所处的时代相联系，从根本上说，都是时代的产物。进入 20 世纪 90 年代以后，后现代主义文化思潮与全球化进程有关：一是资本主义进入"晚期"之后处于破碎分裂状态，即晚期资本主义文化逻辑状态；二是全球化造成世界领域的生产过程的全球化、无中心化、分散化和经济活动中心的转移，在"后现代"问题上，当代西方的思想家们又一次聚集起来"向同一性开战"。因此，杰姆逊指出："最稳妥地把握后现代文化这一概念的办法，就是把它看作是在一个已经忘记如何进行历史性思考的时代里去历史地思考现实的一种努力。"①

后现代主义的出现首先是高度发达的资本主义国家或西方后工业社会的一种文化现象，它既是对现代化的反动，也为多种文明参与全球化提供了机会。后现代主义反对欧洲启蒙时代形成的价值理念和它维护的西方中心式的制度倡导非中心化和多元化。在信奉后现代主义的人们看来，世界早已不再是一个整体，而是呈现出了多元价取向，并显示出断片和非中心的特色，因而生活在后现代社会的人们的思维观念就不可能是统一的，其价值观念也无法与现代时期的整体性同日而语。在文学艺术领域，后现代主义曾是现代主义思潮和运动衰落后西方文学艺术的主流，但它在很多方面与现代主义既有某种相对的连续性，又有着绝对的断裂性。尽管后现代主义反对大写的哲学，但是，后现代哲学依然是其整个后现代文化的核心。在这方面后现代主义首先是一种危机和批判意识，是现代主义理性的解构与断裂。后现代哲学在思维方式上充满否定、怀疑和批

---

①　Fredric Jameson：*Postmodernism，or the Cwltural Logic of late Capitalism*，Duke University Press，1991，p.9.

判精神，它专注于颠覆的策略，消解中心性、等级次序和权威独尊性，取消价值向度，反对独断论，反对大写的哲学、大写的科学与人，否定"逻辑中心主义"和"声音中心主义"，掏空能指，强调平面化、多元、多维、多变：这一切原本属于后现代社会肯定的积极特征，在后现代哲学中却变成了反叛现代性思维和文明的否定性手段。例如，德里达的专用概念——延异（difference）表征着一种历史的延异观——与现代主义的差异，及其在深层次的思维方式上的断裂。在《写作与差异》一书中，德里达赋予差异的意义不仅有"差别"、"多元"等含义，而且还有与"在场"相对的"延搁出场"之意。它既不是"在场"，也不是"不在场"，而是一种"延异"——与在场性相异的延迟出场。借助于该概念，德里达表达了一种对现代主义彻底消解的态度，一种完全否定的精神，一种解构的策略和方法。后现代主义带来的并非全是消极的东西，它打破了我们固有的单一思维模式，使我们在这样一个时空观念大大缩小了的时代对问题的思考也变得复杂起来，对价值标准的追求也突破了简单的非此即彼模式的局限。正如新马克思主义者詹姆逊所言："在最有意义的后现代主义著述中，人们可以探测到一种更为积极的关系概念，这一概念恢复了针对差异本身的观念的适当张力。这一新的关系模式通过差异有时也许是一种已获得新的和具有独创性的思维和感觉形式；而更为经常的情况则是，它以一种不可能达到的规则通过某种再也无法称作意识的东西来得到那种新的变体。"① 在詹姆逊看来，后现代主义是一种多元思维模式，是一种永无止境的探索精神。

---

① 转引自王岳川：《全球化语境中的后现代殖民问题》，载王宁、薛晓源主编：《全球化与后殖民批评》，中央编译出版社 1998 年版，第 131 页。

后现代哲学反对一元，强调多元话语共生，分析批判历史上话语霸权的形成模式。利奥塔德"要向整体性宣战"，要成为差异和多元的见证人。由此，利奥塔德抓住一切称为宏大叙事和逻辑中心主义进行解构。利奥塔德认为它一旦产生，就会以整体的话语权来规约各个差异的主体的话语和行为，使之整体化（共同体化），即要求成员遵循共同体的游戏规则来进行游戏。当然，由于各成员的地位和力量的事实上的不平等，强权主体往往具有更多的甚至主导的话语权威，宏大叙事体系由此而来。但是，宏大叙事并不能完全排斥各自多元的话语权。相反，它正是以这一多元话语权为存在的前提的。因此，整体性的宏大话语或者多元话语，都是多元主体话语实践的表现；它们的建构与解构，都是由话语实践不断运行而产生的结果，多元话语与整体话语间的关系和互动机制，是它们之间争夺主导话语权的关系。

后现代哲学家们把理性当作先验话语，认为无论是柏拉图式的客体基础主义还是笛卡尔式的主体基础主义，或是康德式的——都是将理性视为一种超越于能指话语的先验的意义霸权。利奥塔德等人批评其为"整体性的梦幻"。先验理性作为启蒙话语的梦幻，虽然曾经具有反神学的批判性解放功能，但本质上是不存在的。因此，所有理性是历史流动性的话谱结构，它不断解构和建构。在空间上，理性的有效性和在场性属于交往共同体，理性规定的内涵、意义向度及其存在范围都与所属的交往共同体相对应；不同的交往共同体完全可能存在不同的甚至相反的理性话语。理性的多元化是一种可能的世界。从时间上看，在历史上，理性话语具有替代性和差异性；在当代，用多元话语消解理性。

理性话语是否在场，这是德里达所批判的关注的焦点问题。确实，如果将理性视为绝对的、先验的在场，并进而成为控制话语能指的意义霸权，让话语成为理性在场的显现，这是难以保留的形而上学承诺，因为它必然导向逻各斯中心主义。在德里达看来，在场之所以在场是因为符号间的互间性，即不在场所致。其实，每一种理性话语的在场性都是因为它存在于一个相对稳定的交往共同体之中，这每一个交往共同体具有的游戏规则和规范结构就是理性。只要交往结构没有解构，这一理性就具有在场性，技术、经济、政治乃至社会和文化的理性无不如此。当然，变化的绝对性，不变的相对性，不变只是变化的一种特殊存在方式，这是马克思主义哲学的基本观点。因此，指认理性的在场必然以不在为前提，每一在场同时具有不在的属性，并最终趋向于不在，那些大叙事体系曾经是传统理性话语的基本特征，也是形而上学的特征。

毫无疑问，经过后现代主义大潮的冲击，一切假想的中心消失了，等级制度被拉平了，文化的甚至民族的界限也被模糊了，有着强烈西方中心色彩的后现代主义概念也随之演化为有着更广泛的全球意义的后现代性概念，这不仅取决于西方学术界内部的结构和消解中心等尝试，在更大的程度上也取决于广大东方和第三世界知识分子在弘扬本民族文化方面作出的不懈努力。多元并存是这一时代的主旋律，文化的历时性与共时性是人类文化的两个基本性格，二者的统一才是合理的文化观。

第 七 章

走进交往实践全球化

　　时至今日，我们正处在一个全球性交往的时代。通信卫星、互联网、发达的交通、波动的指数、世界贸易组织、相互传播的文化、联合国政治、无处不在的科技等无时无刻不在提醒我们：我们生活在一个巨大的全球交往实践网络之中。在科技这个重要推手的作用和推动下，世界历史需要面对的不仅是地球村生活方式的变化问题、全球性环境和发展问题，还要面对全球化与本土化、一体化与多极化等问题。要分析全球化交往的机理与未来走向，构建"世界历史"，所需要的正是运用交往实践辩证法去看待全球化与全人类、全球化与中国的深刻关联和互动关系，这是我们正确了解世界的前提，也是我们融入全球化潮流进行有中国特色社会主义建设的重要出发点。

第一节 全球化与全人类

全球化向人类汹涌袭来，不管人们对全球化是欢呼雀跃还是深恶痛绝，不容置否的一个事实是：全球化就在这里，就在全人类的知识语境和现实存在里，就在每一个人的生活世界里。安东尼·吉登斯写道，全球化并不是我们今天生活的附属物，它是我们生活环境的转变，它是我们现在的生活方式。① 他认为全球化的特点就是时空压缩，它使人类社会成为了一个快捷即时互动的社会。吉登斯对全球化的理解是相当精辟的，全球化就是这样一种现实的存在，无法选择和逃避，唯有真实面对。全球化对整个人类的生存和发展来说，正面和负面价值是显而易见的。正面价值表现在，全球化为全球范围内人们的社会活动及其创造能力的发挥提供了无限广阔的范围和空间，为人的解放和全面发展创造了前所未有的有利条件；负面价值表现在，随着全球化的推进，人与自然、人与社会、人与自身等各方面出现了一系列尖锐和复杂的矛盾和冲突，并日益加剧进而成为不可忽视的全球性问题，它们对全人类的生存和发展构成了严重的威胁。

一、人类走进地球村时代

在人类尚处于对大自然的初期探索和认识阶段，人类根本不知道自己生活的地球是什么样子，也不知道周围的世界的具体情况。人类被大自然封闭在一块块相互隔绝的地域或海岛，风云变幻的天

---

① 参见安东尼·吉登斯：《失控的世界》，周红云译，江西人民出版社 2001 年版。

空、浩瀚无边的大海、不可逾越的高山、波涛汹涌的河流以及沙漠、原始森林等，这是大自然给人类社会生活设置的种种制约和障碍。因此，在人类历史上几乎每个民族都经历过"以我为中心"、"我即世界"这样封闭意识的阶段，直到人类社会进入"世界历史"之前，这种观念才有所改变。持久的交往和互动主要有两个动力，一个是战争，另一个是宗教皈依。虽然地球是圆的，但民族国家的边界把地球划出无数的界限。交往受到社会的距离和有限技术等一系列因素的限制，彼此隔离的群体之间的交往通常是代价高昂的，只有付出极大的努力才能使民族和国家之间的交往维系下去，且民族和国家之间这种极其不易的交往又极易被一些偶然的事件所中断。如在公元13世纪，中国元世祖忽必烈给意大利国王的信件，托付给马可·波罗传递需要3年时间。因途中事变，古代中国始终未能与西方建立起正式关系。这种受诸种条件限制的民族和国家之间的交往直到近代才发生了根本性的变化。

自从人类历史的发展实现了从地域性向世界性的转变以来，人类社会的面貌便发生了根本性的改变。人类通过实践活动创造自己的生存环境，这样的生存环境，已经不再是原本的自然世界了。由人的实践活动所创造的物质世界，马克思、恩格斯将其称为"感性世界"。这样的"感性世界"是费尔巴哈所不理解的，"他没有看到，他周围的感性世界决不是某种开天辟地以来就直接存在的、始终如一的东西，而是工业和社会状况的产物，是历史的产物，是世世代代活动的结果，其中每一代都立足于前一代所奠定的基础上，继续发展前一代的工业和交往，并随着需要的改变而改变他们的社会制度"①。马克思以实践为基石和突破点，历史地预言：人

①　《马克思恩格斯文集》第1卷，人民出版社2009年版，第528页。

类实践的诉求、目标和发展逻辑将极大地改变人类实践和人类交往，也将极大地改变人类社会和人自身。正如托夫勒在《未来的冲击》一书中计算的那样，人类已经有 50000 年历史，把人按照一生为一个世代，每个世代为 62 年左右计算，人类现在已经有大约 800 个世代了。在这约 800 个世代中，整整有 650 个世代是在山洞里度过的。只是到最近的 70 个世代，由于文字的出现，世代与世代之间才得以沟通；只是到 6 个世代之前，人们才开始看到印刷的文字；只是到 4 个世代前，人们才开始能比较准确地计算时间；只是在两个世代前，人们才开始使用电动马达。而我们今天日常使用的绝大部分物资，还只是在最近这第 800 个世代里发展起来的。换言之，这第 800 代人世，即最近六十多年以来，才标志着人类与过去所有的经历决裂，因为这时人和物的关系已经颠倒了。① 追抚感性世界的历史，人类一直是自然界的征服者和改造者，而从这第 800 代人世及未来人类生存的环境来看，人类应当是社会领域"类"的文明的制造者和施惠者，未来人与前 800 代人相比，其生存和发展环境已经发生了彻底的变化。

显然，全球化和地球村的出现，科学技术是重要推手和催化剂，其威力不容置疑。与此同时，不同语言之间的相互了解和彼此沟通也是必要前提。我们看到，在 20 世纪初，美国电报电话公司的总工程师在国际电话刚刚出现时，曾预言道："有朝一日，我们将建立一个世界性的电话系统，使所有的人必须使用一种共同的语言，或者共同懂得数种语言，这样就可以使世上所有的人都成为兄弟……一旦人类借助于科学、哲学和宗教能够接收信息时，我们可以相信，在全世界的各个角落都将听到一个来自太空的伟大声音宣

---

① 参见托夫勒：《未来的冲击》，中国社会科学出版社 1985 年版，第 13—14 页。

告：愿世界和平，愿人类幸福。"① 今天，这个世界性的电话系统通过多种途径已经建成。奈斯比特指出："使地球变成地球村的重大发明是通讯卫星。通过通讯卫星，我们缩短了信息的流动时间。再一个是一整套全球网状形的电话系统，是地球村的神经；布满和覆盖全球的电话和卫星使人类历史上第一次出现了瞬间可分享的信息。"② 世界上出现全球性的广播和电视，始于 1936 年法国和美国开始的定时播送电视节目，到 1950 年，已有 5 个国家有了定时的电视节目。现在，播送电视节目的国家几乎达到了全世界。在一个地方所发生的事情和场景能够被及时地记录下来，并被传送到另外的遥远的地方，这种全球视听现象使地球村成为一个充满强烈的色彩对比和音响混合交织的场所。在地球村里，过去人们操着 3500 多种语言说话，彼此语言不通，难以进行广泛的交流，大量语言和方言的存在有着自身历史、民族、宗教和社会等诸多原因。但自人类社会进入资本主义时代之后，随着交往的发展，某些语言的使用范围确实在不断扩大，其中有几种语言在情报资料、交流节目和材料流通方面占据着主要地位。据联合国教科文组织统计，2/3 以上的各种书面印刷品是用英文、中文、西班牙文、德文和法文出版的。一些语言正在成为全球广泛交流的媒介，同时，这些语言扩散到全世界的进程也在加快，正在全球各地找到越来越多的"知音"。

随着蒸汽机、汽车、飞机、照相机、计算机、通信卫星、网络和信息高速公路等现代科学技术的问世，使地球村的技术交往条件发生了巨大的变化，现在即使是那些距离我们最为遥远的人亦可谓

---

① 联合国教科文组织国际交流问题委员会报告：《多种声音，一个世界》（1980），中国对外翻译出版公司 1981 年版，第 184 页。
② 约翰·奈斯比特：《大趋势》，中国社会科学出版社 1984 年版，第 57 页。

之"天涯若比邻"了，频繁穿梭往来于各个国家和民族之间处理全球事务的"空中飞人"已屡见不鲜，巨大而无处不在的全球网络也使人们足不出户就能轻而易举地实现全球范围内的各种交流、交往和交易活动。麦克卢汉率先尝试着从理论上把这个世界描述为地球村，他用比拟手法指出，地球的半径正在缩小，世界越来越成为一个相互依赖的整体，我们生活的地球就像一个村落（village）一样。他在1960年提出的这个"地球村"的概念很快就得到了人们的广泛认可，意在说明地球已经变成了一个相互依存的整体，无论地球的哪一部分出现了问题，都会产生连锁反应，影响到地球的所有其他方面，真可谓牵一发而动全身。他的理论还凸显了互联网对人类交往实践的贡献，在他看来，一种新型的虚拟网络交往已经被投放到世界上来，一种共时化的现代性生活也已越来越多地进入到现代人类社会。许多人通过使用电子邮件和因特网，自然而然地进行跨国交往，人们早已联结成全球范围内息息相关的亲密伙伴和行动者。在这里，微电子技术对于实践方式具有革命性意义，它是对交往实践方式与结构的变革——从传统媒介系统转型为微电子技术化系统，人们从此进入了一个崭新的世界——微电子化的交往空间。微电子交往空间对于人类生存和实践方式的巨大变革意义在于，通过一代又一代交互式网络技术的迅速发展，真正把世界上的人们联结在一起，人们只要通过自己的电脑和本地的商业、教育或其他网络的入口处，就能进入全球交互网络。借助于网络，人们就可以进行全球性的信息交往，进而完成各种交往实践活动，这极大地改变了人类交往实践的方式、时效、价值、内容和意义。

众所周知，互联网无疑是人类有史以来最大的科技成果，它以前所未有和极其惊人的信息传播和资源共享的特征改变着地球和整个人类的生活，以至于"当今时代不懂电脑的人就是文盲"成为了人们的共识，电脑和互联网几乎成为了人们工作、学习和生活的第一需要，它简直就是人们的"另一个大脑"和"另一只手"，离开了互联网，人们将寸步难行，甚至无法生存。在科技成就上，给予它多高的评价都是不为过的，尽管互联网的使用对于人类来说仍是一把双刃剑。它使地球上任何一个角落的人瞬间就可以与其他任何地方的人进行交流和沟通，鼠标一点，瞬间就可以获取地球上任意一个地方的信息：资金可以以"光速"从地球一方流入另一方；企业或个人可以向遥远的市场提供商品和服务；跨国公司的老总可以遥控遍布全球的子公司的生产和管理；智能家电为人类实现了"轻轻一按，一切搞定"的生活梦想；百度和谷歌等搜索引擎可以借助云计算瞬间使你获得想要的一切信息；数以亿计的人每天都在使用 E-mail、QQ、视频、网购、论坛、博客、微博……互联网不仅给人们的工作和生活提供了极大的便利，而且开辟了情感和思想交流的重要场地，似乎成为了无所不能的天才，这正印证了一句耳熟能详的话："没有你想不到的，只有你做不到的"。这就是互联网和它创造的奇迹。在全球交互式网络中，每一个参与者绝不是单纯的主体或客体，即信息的发送者和接受者，而是互主体性的交往者，因而是 Intersubjective（主体间、主体际）。其次，微电子交往空间开拓了广泛的可能性世界，使人们能够体认各种虚拟生活，把握世界的各种可能机遇。因此，人类对于未来生存与发展的预测和前瞻的能力大大增强。如果说，初始的电脑还被人们一台一台孤立地使用，在使用中人们还处于各自的"主体—电脑工具（客体）"的实践结构中，这时，交往实践还处于非网络化实践水平。那么，进入全球交互网之后，人们看到了任何主体所使用的电脑面对的都是处于另一极的主体，处于主体间关系之中，客体被网络中介化了，成为多极主体交往实践的中介。任何主体在实施"主—客"

电脑化实践活动时，就将自己同时拴系在全球交互网之中了。这一网络就是人类的生存和实践空间，是微电子社会的存在方式。可见，微电子革命同样正处于"交往实践的转向"中，这正是微电子技术革命的一个关键。

从 Web1.0 到 Web3.0，从 IPv4 到 IPv6，互联网技术仅用很短的时间就实现了快速升级。微软创始人比尔·盖茨称，未来的技术将会带来全新的屏幕，"手机和 PC 电脑之间的差别就是屏幕的大小和输入技术。下一代屏幕，要么是一种像卷轴一样能够折叠成任何大小的屏幕，要么是直接将内容投影到你的视网膜上。最终，人们将会嘲笑现在这种叫作'屏幕'的奇怪发明。你所要做的事情就是将内容投影到你的视网膜上"。日新月异的互联网技术加快全球化的发展。截至 2011 年年底，中国网民规模突破 5 亿，达到5.13 亿，全年新增网民 5580 万。互联网普及率较 2010 年年底提升4 个百分点，达到 38.3%。

在全球化时代，一种"一人多地制"的生活已经出现，这是一种后传统的个人生活，既在汽车、火车和飞机上，也在电话和互联网里，拥有电话答录机和电子信箱的生活。人们既在那里又不在那里，没有回答却又自动回答，在不同的时间和地点，发送并接收人们用技术手段在世界其他地方发送和储存的消息。人们可以游离式地共存，但同时又是不受地域局限的网络成员。在全球化进程中，生活在某地的人们之间的关系，可以极为恰当地称之为互不依赖式的共存。从传统的理论角度看，这种状况想必要被解释为紊乱或反常，或者被解释成为历史上的跨越大陆的贸易往来、跨文化的交流，等等。然而这些概念并不恰当，因为它们更多的是从地点而不是从空间着眼。这种进程的现实逻辑在于，全球化的跨国网络化现象更多地表明一个事件，当它作为大众传媒的经验同时波及全球时，全球性网络事件现象就产生了，例如切尔诺贝利核电站事故或戴安娜王妃悲剧，前者代表了文明所造成的灾难的全球性，后者象征着大众传媒策划的"公众人物的全球性"。正如研究全球化的学者所指出的："在过去20年里，正是人与人、观念和思想失去空间边界的过程。在整个世界上，越来越多的人透过可能的、由大众传媒以各种可以想象的形式展现的生活方式的镜头观察自己的生活，它以无数的不同形式成为许多人塑造社会生活的动力。想象力在塑造社会生活时所获得的能力，必然同来自其他来源的思想、观念和机会联系在一起。没有人可以成功地与世界其他地区隔绝，杜绝全球虚拟的影响。"① 而在从前，在依然地区化的任何文化的统治下，这都是不可能的，因此之前的任何交往形式都被深深地打上了地域和时代的烙印和限制。但这并不能被解释成一个文化同质化的过程。文化同质化和文化差异化是一对相互依存的反冲力，同质化的过程必然伴随着差异化的过程，同质化越趋同，差异化就越明显。因此在全球化时代，差异和个性不仅不被抹杀，甚至更为凸显，比如瑞典人更瑞典化，中国人也更中国化。这里，我们可以看到，随着全球化时代的来临和人类交往实践的根本性变革，人们的观念也随之发生了一定程度的改变，人们深刻认识到，人类共同生活在一个仅有的地球上，有着共同的根本利益，人类社会已凝结成一个超越国家和民族的互为联系的全球地域，全球共同体意识应运而生。共同体意识是基于全人类的根本利益和共同命运，倡导突破狭隘的个人、民族和国家的界限，高瞻远瞩地树立全球大局观，以全球视野和"全球整体关联"为出发点来思考和行动，其核心为"人类

---

①　乌·贝克、哈贝马斯等：《全球化与政治》，王学东、柴方国等译，中央编译出版社2000年版，第57页。

共同利益"。它包括涉及全人类的生命健康、生存安全、可持续发展等与人类的生存和发展息息相关的根本利益。

走进地球村，我们时代最重要的议题就是把整个世界视为相互联系的共同体，在这个全球共同体中，平等、正义、和睦相处是题中应有之义，民族和国家彼此之间的共同命运和全人类的根本利益把他们紧紧地联系在一起，以富欺贫、以强凌弱、以大欺小等霸权思想和行为必将不得人心，最终损害的是全人类的共同利益。正如周恩来总理曾经指出的那样："世界上有黑种人、黄种人、白种人和棕种人。不管是哪种人，相互间都应该是平等的……地不分南北，人不分肤色，四海之内皆兄弟。到那时帝国主义不存在了，世界大同了，不过这大概要到二十一世纪以后才可以看到。"① 这分明是一种具有全球视域的平等和谐共处的观念，在此基础上，他提出了"和平共处五项基本原则"，为正确处理世界范围内国家与国家之间的关系树立了典范，表明新中国的政治和外交实践已在一定意义上超越了国家和民族的地域局限，彰显了全球共同体意识。而从中华民族的悠久历史和文化来看，早在两千多年以前，儒家创始人孔子就已在民族交往中主张"和为贵"、"远人不服，则修文德以来之"的思想。"以和为贵"意即倡导民族之间和谐、和睦的相处之道和交往理念；"远人不服，则修文德以来之"，就是如果来自远方的民族不归服华夏，并不以武力，而是内修文德，以仁、义、礼、乐等怀柔之道招徕他们，最终使异族对华夏心悦诚服。可见，中国古代的儒家思想重视以"仁"和"内修文德"而不是以"力"来看待民族之间的交往，用现在的术语来说，这是一种文化软实力的思想，实质体现了全球共同体意识的最初萌芽。直至近

———————

① 《周恩来选集》下卷，人民出版社 1984 年版，第 316 页。

代，康有为更是以"天下大同为己任"，他在《大同书》中明确提出了"去种界同人类"的思想，他还认为，"夫大同太平之世，人类平等，人类大同，此固公理也"①。意即天下大同的思想还可追溯到孔子以前的周公。在继承这些思想的基础上，康有为勾画了全球共同体的前景和未来："夫以半球众国之联合，其规模体制，与大地大同几无异矣，但尚有两半球对待之体耳。夫既能半球相合，亦何难于全球相合乎！"② 不难看出，作为一个唯一能够从古代文明延续至今的东方大国和优秀民族，从古至今，天下大同、共为一家、平等交往的思想就已深入中华民族的思想骨髓，它拓宽了中华民族的视野和胸襟，是古代中国博大精深、源远流长的民族文化的思想精华，是现代中国和平崛起的思想基石。由此可见，民族与民族之间、国家与国家之间的相处之道贵在建立全球共同体意识，互相尊重彼此的领土和主权完整，互不干涉，和平共处，共同发展，绝不倚强凌弱、以大欺小。

全球化理论出现了两个截然相反的思维向度，其一是承认全球一体化，在此基础上寻求某种抽象的同一性的规范，力求建立满足于全球普遍诉求的理论框架；其二是承认多极化或差异化，正视国际间的对立和冲突，以民族国家之间的差异与多元来看待全球发展。表面看来，这两种观点未免南辕北辙，但实质上是全球化进程中相辅相成的两个不可分割的方面，科学理解和把握全球性这种既多元差异又整合统一的关系，需要运用交往实践辩证法。全球交往实践辩证法的基本观点是，全球交往实践使参与交往的多元主体、共在结构与交往实践活动同处于一个历史的地平线，它一方面创建

---

①　康有为：《大同书》，辽宁人民出版社 1994 年版，第 138 页。
②　康有为：《大同书》，辽宁人民出版社 1994 年版，第 92 页。

多元化主体的差异存在，同时在另一方面建构全球性共在结构，即全球一体化。多元与一元、差异与同一因交往实践而凝聚成为一个交往实践共同体。全球一体化、秩序规范、差异和同一的形成绝不是任何先在的抽象性的必然产物，而是交往实践的结果。因此全球共同体意识的基本实践，将是全球交往实践的多元主体、共在结构及其转换的一系列动态活动。

在当今世界，全球实践绝不是建立超国家组织的"全球社区"，也不是抽象的"全球责任"的雄辩，更不是掩盖另一种手段的西方资本主义扩张政策的延续。少数西方发达国家和跨国组织打着保护人权和自由贸易的旗号，公开地、理直气壮地对其他国家的"内部事务"进行干预。这样一种伴随着经济全球化而诞生的"世界主义"新话语，似乎意味着在现代社会民族国家的主权权力从此失去内涵，且必须服从于"全球责任"，似乎表明只有西方社会才有能力和资格担负起"世界主义"的普遍价值诉求和人们对新自由主义的渴盼，迷信这种假象势必会助长西方中心主义思想的泛滥。对此，全球共同体意识需要在思想上谨防西方社会经济强国从"世界共同体利益"中获取新的权力资源，同时在实践上认清某些西方国家假借"民主"旗号对他国进行经济和军事干预的卑劣行径。

二、人类面向全球化的理论和现实

作为当今最重要的话题聚焦和核心话语，全球化带来的无论在理论上还是在现实中的直接或间接的关联和影响，是任何其他词语都无法比拟的，正如一位外国学者所言："全球化是一个能够涵盖一切的极为广泛的概念。"① 尽管对于全球化的理解，直到今天仍

---

① Johannes Dragsbaek Schmidt and Jacques Hersh ed.: *Globalization and Social Change*, 2000, p. 228.

然是众说纷纭，但作为一个事实全球化无疑已经深入到当今所有民族和国家社会生活的方方面面，成为一种既定的现实、探讨的理论、思考问题的方式、利弊博弈的棋子，甚至一种后现代社会的生活方式。因此有必要简要梳理全球化的主要理论和现实演进。

（一）全球化的理论

毋庸置疑，马克思的世界历史理论直到今天仍然是关于全球化本质的最有说服力和最具穿透力的理论源头，其世界观和方法论意义依然不可低估。马克思、恩格斯认为，全球化的进程就是"民族历史向世界历史转变"的过程，世界历史作为一个经验事实形成于资本主义时代，并开创了人类历史的崭新阶段，此时，民族与民族之间、国家与国家之间都无一例外地进入到全面相互依赖、相互渗透、相互影响和相互制约的阶段。这是因为，资本主义及其大工业和世界交往的普遍发展，使"地域性的个人"越来越被"世界历史性的、经验上普遍的个人所代替"，使"过去那种地方的和民族的自给自足和闭关自守状态，被各民族的各方面的互相往来和各方面的互相依赖所代替了"。① 它使"一切国家的生产和消费都成为世界性的了"，因此得出"民族历史向世界历史转变"的命题，② 意即人类历史从此进入全球化时代，世界各国已成为一个有机的统一整体。马克思、恩格斯同时认为，世界普遍交往造成了各种文明之间的碰撞和冲突，全球化必然导致资本主义的灭亡和社会主义、共产主义的胜利，这是世界历史和全球化的客观发展趋势。马克思、恩格斯虽未使用"全球化"的概念，但其世界历史理论对全球化的根源、本质、基本特征、未来走向都给予了极具洞察力

---

① 《马克思恩格斯文集》第 2 卷，人民出版社 2009 年版，第 35 页。
② 《马克思恩格斯文集》第 2 卷，人民出版社 2009 年版，第 35 页。

和说服力的解释，以至于约翰·卡西迪发出由衷感慨："'全球化'是20世纪末每一个人都在谈论的时髦词语，但150年前马克思就预见到它的许多后果。"①

回溯西方全球化理论出现的时代背景和发展历程，最初是以经济全球化为主线和脉络而展开的，始于16世纪的西方工业文明开启了人类现代性的历史逻辑，也开启了资本从西方资本主义国家向全球范围扩张的血与火的历史，现代性的全球扩张在很大程度上改变了世界近代史的经济格局、政治版图、文化传统和社会生态，也使世界整体意识成为政治家、军事家、理论思想家所首要考虑的核心理念，其中经济领域的自由主义经济学和政治领域的国际关系理论的研究成果尤其彰显了全球化的特征。西方自由主义经济学说理论地位的确立得益于以英国为首的殖民体系的形成以及由此获得的资产阶级国家意识形态的支持，该学说侧重于把资本主义作为一个世界体系的整体研究对象来探讨市场经济的运作规律，从世界资本主义统一市场的视域来研究经济发展状况，表征着经济全球化的初始探讨。而国际关系理论则是探讨以民族国家为单元的国际政治关系，其理论假设和主张均建立在视全球为一个有机统一整体的世界主义的理论基础之上，主张世界和平与发展，倡导国际间的政治合作，发挥联合国等国际性组织的作用来抑制和消解国家间的纷争，总体上反映了全球政治的发展状况。应该注意的是，这两种理论的西方中心主义基调是显而易见的，把西方的发展道路视为其他非西方国家的必经阶段，这既是全球化作为一个经验和事实开端的现实表现，同时也是全球化理论初始阶段的重要特征。在随后的短短几

---

① 约翰·卡西迪：《马克思的回归》，载俞可平主编：《全球化时代的马克思主义》，中央编译局出版社1998年版，第1页。

个世纪的时间里，尤其是在两次世界大战结束后，自 20 世纪 50 年代起，世界经济和政治格局发生了一系列重大变化，通信、计算机、信息科技等迅猛发展，世界经济中心从西欧移至美国，经济全球化进程发展迅速，并带来了人类经济史的深刻变革，世界范围内的生产和消费已连成一体，"从最广泛的意义上可以这样理解，商品、服务、资本的交易变得越来越全球化"[①]，跨国公司从中牟利巨大。与此同时，社会主义和资本主义两大阵营形成对峙，美苏从争霸到冷战，再到 80 年代末 90 年代初苏联和东欧一系列社会主义国家的剧变，国际政治力量发生改变，和平和发展成为世界主流。在这样的时代背景之下，着眼于阐述、分析、解释全球范围内的经济、政治、文化、社会等全球化现象的全球化理论研究乘势兴起。虽然"全球化"一词作为概念的出现时间较晚，据罗兰·罗伯逊回忆，直到 20 世纪 80 年代初，"学术界还不承认它（全球化）是一个重要概念"[②]，但早在 1683 年意大利经济学家蒙塔纳里就使用了"全球城"一词，到了 1960 年加拿大通信专家马歇尔·麦克卢汉在其《传播的探索》（*Explorations in communication*）一书中就提出了"地球村"这一概念，用于形容传媒技术的发展极大地改变了人们的空间观念而使世界整体意识增强。"全球化"概念真正第一次登场，是在 1985 年美国经济学家奥多尔·莱维特在其发表的论文《市场全球化》中首次使用的，旨在概括第二次世界大战后的二三十年间国际经济领域的深刻变革。之后"全球化"作为一个时髦和重要的词语迅速在世界经济、政治、学术等各个领域传播

---

① 博克斯贝塔、克里门塔：《全球化的十大谎言》，新华出版社 2000 年版，第 90 页。

② 罗兰·罗伯逊：《全球化：社会理论和全球文化》，梁光严译，上海人民出版社 2000 年版，第 11 页。

开来，以至于 1992 年前联合国秘书长加利宣布，"一个真正的全球化时代已经到来"，至此"全球化"真正成为一个贯穿于各个领域、各个民族国家的重大理论和实践话题。国内有学者认为："'全球化'实质是对人类近现代交往的形式、范围及方式、结果方面变迁的指称；即人类在工业化、现代化的推动下，不断跨越空间障碍和制度、文化等方面的社会障碍，在全球范围内逐渐实现充分沟通和达成更多共识与共同行动的历史过程。说得更明白一些，作为认识论范畴的'全球化'，也是就指原本分处于不同国家、不同区域和本属于不同民族的人们之间相互联系、相互影响和相互依赖、相互需要的增强，以及建立在此基础上共同意识、共同行动的日益增多。"① 这个分析是对马克思、恩格斯"世界历史理论"中"世界普遍交往"的进一步展开，是对当代全球化交往实践发生深刻变革的理论诠释。

虽然直到今天，对于全球化理论仍然众说纷纭，但总体来说，呈现出以下九个层面的研究方向和发展趋势。

一是经济层面。众所周知，全球化始于经济领域，经济全球化铸就了全球化的动力系统。经济全球化的本质是经济由一国走向全球的过程，表现为经济活动在世界范围内的相互依赖，资源在全球范围内自由配置及资本、生产、市场、人员、技术、消费等超越了一国的界限而在全球的自由流动，其形成标志是世界市场和国际劳动分工的全面形成及跨国公司的出现。在经济全球化中又包含着资本全球化、金融全球化、市场全球化、消费全球化等分支领域。对经济全球化较为权威的解释见于 1997 年国际货币基金组织对其下

---

① 韦定广：《"世界历史"语境中的人类解放主题》，人民出版社 2004 年版，第 13—14 页。

的定义："全球化是指跨国商品与服务交易及国际资本流动规模和形式的增加，以及技术的广泛迅速传播使世界各国经济的相互依赖性增强。"① 法国学者雅克·阿达指出，经济全球化就是资本主义经济体系支配和控制世界的过程。20 世纪 90 年代，詹姆斯·罗斯诺提出了全球化动力学说，认为全球化之所以超越本土化和地域化，其动力来自于经济利益和市场的扩张本性，由此导致了全球化在六个方面的扩散，即人类活动、商品与服务、观念与信息、资本与金融、机构的运作、行为的模式与实践。在经济全球化领域，新自由主义经济学影响较大。时至今日，经济全球化依然是全球化的主战场和理论探讨的重镇，它必将使全球化在政治、文化、社会等方面也随之发生巨大的变化。

二是综合层面。全球化是从经济扩散到政治、文化等各个领域的经验事实，因此全球化的影响和表现也是全方位的。英国学者 J. 米特尔曼就认为："全球化概念是相互渗透的，包括经济、政治、文化、意识形态等。"② 姆利纳尔和麦克格鲁也强调，全球化表现为全球各领域不断增强的相互依存和趋于同质化和一体化的过程，世界体系中各国相互联系和沟通的多样化，及任何一个事件所产生的全球性马太效应。美国学者詹姆斯·米特尔曼是全球化综合观的代表，其核心观点是，在时空压缩的前提下，全球化表现为政治、经济、文化、社会等各方面的互动过程及全方位的动态综合化，总体趋势为各领域相互联系、相互依存的不断加强，全球化是在全球政治、经济框架结构内人类活动的最高模式，"综合观"一词指多

---

① 国际货币基金组织：《世界经济展望》，中国金融出版社 1997 年版，第 45 页。
② J.米特尔曼：《全球化挑战：在边际上生存》，转引自蔡拓：《全球化与当代世界》，《南开大学学报》（哲社版）1999 年第 6 期。

层面的综合分析。① 此外，罗伯特·基欧汉和约瑟夫·奈还提出了全球化比较观，他们试图比较和区分全球主义和全球化的不同界限，认为全球范围内经济、政治、文化、社会生活等彼此相互依存的全球主义意识并不等同于全球化，只有那些趋于增强并互为依赖的相互依存关系才能逐步发展到全球化，因此全球化和全球主义并不能画等号，从全球共同意识和世界主义发展到全球化需要一个过程。这个理论把全球化看作是一个遍及各领域的渐进发展的世界一体化结果。

三是世界体系层面。即把全球化当作资本主义世界体系的全球扩张，主要代表思想有伊曼纽尔·沃勒斯坦的世界体系理论，莱斯利·斯克莱尔的"全球体系"和"跨国实践"，托马斯·弗里德曼的全球化体系论。沃勒斯坦的世界体系理论颇有市场，他认为世界体系本质上属于资本主义经济体系，由于资本主义生产方式的不同作用，全世界形成了以西方国家和社会为原点的"中心—半边缘—边缘"结构的资本主义世界体系，他虽然开创了全球化独辟蹊径的世界体系分析路径，但意在为西方中心主义辩解。英国社会学家莱斯利·斯克莱尔在《资本主义全球化及其替代方案》一书中提出了"全球体系"和"跨国实践"的全球化理论主张，认为全球体系的形成有赖于资本主义国家在经济、政治、文化—意识形态等诸方面的"跨国实践"，并最终以消费主义和文化—意识形态的跨国实践为全球化得以实现的根本标志，尽管斯克莱尔激烈反对资本主义主导的全球化过程，但其资本主义体系全球扩张的用意昭然若之。相比之下，美国外交事务专栏作家托马斯·弗里德曼的全球化体系论则更进一步，他把全球化视为冷战结束后的一种新的国

---

① 参见倪世雄等：《当代西方国际关系理论》，复旦大学出版社 2001 年版，第 483 页。

际体系，但其实质是美国化的延伸和扩张，是自由化、市场化和资本主义化，是西方发达资本主义国家将其生产方式、价值观和生活方式向非西方国家和社会输出的全球性过程。

四是制度层面。这种观点视全球化为现代性各项制度向全球的扩展和变革，英国思想家安东尼·吉登斯是制度变革论的代表，他把全球化看作是现代性的后果，认为全球化是流动的现代性，且"现代性正内在地经历着全球化的过程"[①]。他从时空分隔和重组的样式来分析全球化，"全球化指涉的是在场与缺席的交叉，即把相距遥远的社会事件和社会关系与本土的具体环境交织起来"[②]，也就是说全球化打破了传统的时空观，导致了社会系统不在场的"脱域"和跨越时空的重新组合；这样一来，现代性的四维基本制度在"脱域"的过程中便形成了全球化的四种基本制度——全球资本主义经济、国际劳动分工、全球军事秩序、民族国家体系，由此构成了全球化的动力和制度支撑，因此吉登斯的全球化理论通常被称为制度转变论。在全球化政治制度主张上，吉登斯还提出了"第三条道路"的思想，旨在超越传统民族国家体系中的左与右，建构适应公平与效率理念的新型全球化政治体系。

五是政治层面。一些学者从国家主权和社会治理方面来展开对全球化的分析框架，比较有代表性的是哈贝马斯的欧盟政治方案、赛约姆·布朗的世界政体论和肯尼思·华尔兹的全球治理论。哈贝马斯从现代性的逻辑出发来分析全球化，他认为现代性始终是一项未完成的方案，在现代和后现代社会，民族国家的作用已经减弱，结构已经发生改变，由此提出"主权终结论"；实践层面，他根据

[①]　吉登斯：《现代性的后果》，译林出版社 2000 年版，第 56 页。
[②]　吉登斯：《现代性的后果》，译林出版社 2000 年版，第 56—57 页。

欧洲的传统和现实，提出建立欧盟的主张，期望欧盟成为欧洲经济一体化的大市场、政治统一化的典范，但随着欧元债务问题日益严重和欧盟经济一体化的溃败，哈贝马斯的欧盟政治方案最终以失败而告终。赛约姆·布朗的世界政体论试图从政治层面找寻全球性问题的解决方案，他指出全球性问题的根源和解决途径都与各国政府和人民息息相关，因此各国政府不应各自为政，应自觉参与到世界政体当中，在涉及和平与战争、财富与贫困、生态与人权等方面加强国际交流和合作。在全球治理方面，各国政府对此也形成了基本共识，肯尼思·华尔兹的全球治理理论是这一共识的基本体现，虽然全球治理的可信度和实施方案令人质疑，但平等对话、坦诚交流、国际合作、朝着全人类根本利益而努力的宗旨依然令人鼓舞。在全球化政治研究层面，戴维·赫尔德、吉尔平、罗西瑙等人的研究也较有特色。

六是文化层面。分析和诠释全球化的现象和本质，绝不能缺失文化这一重要层面，对此，一些全球化理论研究者采取了始于经济和制度、落脚于文化的研究路径。如美国学者罗兰·罗伯逊的全球化文化观，他首先指出全球化是穿越时空的压缩和社会关系的重建，强调应把全球化看作是一个统一的整体而不是分散的民族国家单元来对待，由此提出了"全球场"（global field）的概念。"全球场"由自我、民族国家、世界体系、全人类这四种要素共同构成"全球化模型"，这四种要素互相呼应和彼此影响，使全球化进程呈现出不平衡和复杂性，而其中文化和主观问题不容忽视。罗伯逊把全球化视为一个由多元社会构成的全球文化系统，强调应给予全球化更多的文化层面的关注，文化的多元性和异质性伴随着全球化的始终。罗伯逊全球化理论的基本立场是全球意识、多维和跨学科视角、世界场域、文化关注、多元共存，并概括了全球化文明发展的总体特征——特殊主义的普遍性与普遍主义的特殊化，两者相辅相成于全球化的历史逻辑之中。① 埃利亚斯和费舍斯通等人把全球化看作是人类不同文化和文明的交融和整合，是文化多元化、异质化的相互碰触、交流和矛盾动态发展过程，并由此走向文化间性的持续互动和交融。国内著名学者费孝通以"文化自觉"的十六字字方针——"各美其美，美人之美，美美与共，天下大同"作为人类大同社会的奋斗目标，这十六字方针寓意深刻，堪为全球化文化观的典范。国内学者彭树智在其《文明交往论》一书中，指出"全球化的根本内涵是人类各种不同文明的交往"，是"与'世界历史的转变'共生、共存和共同发展而来的人类文明交往的历史趋势"。② 对于全球化过程中出现的文化冲突现象，亨廷顿的"文明冲突论"和福山的"历史终结论"的研究具有较大影响，它们从另一个侧面凸显了文化在全球化进程中的根基性。

七是社会学层面。从社会学层面分析全球化的学者，前面提到的著名社会学家吉登斯、罗伯逊当然属于此列，此外，渥特斯、泽梅和贝克等学者也从社会过程的维度来定性和诠释全球化。在渥特斯看来，"（全球化）是一个社会过程，在这个过程中地理对社会和文化安排的约束减弱了，身处其中的人们越来越清楚地意识到这一点"③。泽梅批判渥特斯对社会实践和社会相互关系的忽视，主张跳出两点论——普遍性和特殊性对立统一的思维局限，把全球化理论放在一个宏大视野和促进社会发展的基本立场上来加以探讨。乌尔里希·贝克认为全球化把人类带入一个前所未有的新的社会时

---

① 罗兰·罗伯逊：《全球化：社会理论与全球文化》，上海人民出版社 2000 年版，第 186—187 页。

② 彭树智：《文明交往论》，陕西人民出版社 2002 年版，第 370、139 页。

③ M. Waters, *Globalization*, London, Routledge, 1995, p. 3.

代——风险社会，其解决之道涉及世界社会政治、经济、文化等各方面的跨国行为的共同努力。

八是生态层面。全球化对人类来说无疑是个爱恨交加的主题，人类在享受现代化全球化带来的科技和社会进步、生产力提高、生活改善的同时，也面临着日益增多的危及全人类共同命运的全球性问题，如生态环境恶化、人口剧增、资源耗竭、气候变迁、核威胁等。这些问题涵盖人与自然、社会、人自身等几乎所有方面，难以解决且不断恶化，既预示着人类的未来，又呈现了全球化、现代化消极和负面的一面。在全球化理论中，生态层面的研究尤其令人警醒和反思，最著名的当属罗马俱乐部的研究成果及其可持续发展战略的提出。1962 年，美国作家蕾切尔·卡逊的生态文学作品《寂静的春天》一经问世，就在美国乃至全世界引起了强烈反响，人类滥用杀虫剂会导致灾难性后果，以此为题拉开了保护全球生态环境的序幕，并成为 1968 年成立的罗马俱乐部的宗旨。该俱乐部于 1972 年发表了第一个研究报告《增长的极限》，它预言经济增长因资源的耗竭不可能无限持续下去，以此假设"零增长"的对策，并首次采用自然科学的定量方法和数理模型对全球化问题展开系统研究。罗马俱乐部的研究成果最终促成了全球可持续发展战略的出台，1987 年联合国世界环境与发展委员会的报告《我们共同的未来》中，第一次提出了"可持续发展"的新理念并把它定义为"既满足当代人的需要，又不对后代人满足其需要的能力构成危害的发展"。此后全世界各国人们对这一战略思维迅速达成了共识，罗马俱乐部开创的人与自然和谐发展理念已经深入人心，成为关乎全人类根本利益的重大战略思维。

九是反全球化层面。自从全球化成为一股不可抗拒的历史潮流向前推进之时，反全球化的理论和运动也风起云涌。反全球化并不是反对全球化这个客观事实本身，而是抗拒和反对由全球化带来的南北贫富分化的日益加剧、生态环境的恶化、经济风险的增强、不公平的国际经济政治秩序和西方制定的全球化规则等事实。随着全球化的日益深入，全球化也被贴上各式各样的标签，如"资本主义的全球化"、"另一种帝国主义"、"美国式的全球化"，等等。在实践层面，反全球化运动具有广泛的参与度，参与者有形形色色的社会组织、政治家、学者、普通民众等，方式从非暴力的抗议示威、组织论坛、经济政治活动到具有暴力色彩的对抗冲突、恐怖袭击等，遍及西方国家和非西方国家。在理论层面，主要有反新自由主义的观点、反边缘化的依附理论和东方学、反资本主义理论的西方马克思主义，等等。被称为"华盛顿共识"的新自由主义是全球化理论的主体，其主要思想包括凯恩斯主义，格林、霍布豪斯、哈耶克和弗里德曼等学者的自由主义思想，罗斯福新政，福利国家论，罗尔斯正义论等，其市场化、自由化和私有化的主张遭致了不少批判，如推行经济殖民主义，"市场就是一切"，自由放任主义，及导致拉美、俄罗斯、东南亚、欧美等区域相继发生的金融危机。反边缘化的依附理论和东方学的出现有其深刻的时代背景，第二次世界大战后发达国家的现代化理论并没有使广大发展中国家受益，甚至陷入更加悲惨的境地，因此，第三世界学者萨米尔·阿明和阿根廷的劳尔·普雷维什等人提出了"依附理论"，即世界被分为"中心"发达国家和"外围"发展中国家，后者依附于前者。萨义德的东方学理论凸显了东方遭遇西方现代化的无奈、困境和被曲解的处境，呼吁公平正义的全球化。在西方社会内部，西方马克思主义也成为反全球化理论的重要力量，如德里达、法兰克福学派等西方左翼学者，甚至一些激进学者认为全球化是陷阱和谎言，吉登斯也认为全球化导致了世界的失控和风险社会。

概括来说，全球化大体是跨越了时空界限，以经济全球化为主导，涵盖经济、政治、文化、意识形态、交往等多领域并表现为世界各国相互联系日益紧密并呈现出一体化、跨国化、国际化等现象，实质是现代性的全球扩张，并在其中蕴涵着同一性和差异性、统一性和多元性、全球性和本土性等深刻矛盾的一个复杂过程。全球化现象在现代社会已成为人们的普遍共识，均认为它是一个不容否认的客观事实，一种不可抗拒的发展趋势。

（二）全球化的现实

全球化是一个不以人的意志为转移的客观历史过程，全球化的现实和影响是全方位的，在经济、政治、文化、社会生活等诸多方面都有着深刻的表现。21世纪以来，学者们普遍认为全球化进入到了"第三波全球化"，即区别于"第一波全球化"（19世纪70年代开始）和"第二波全球化"（第二次世界大战后开始），呈现出愈加国际性、现代性和深刻关联性等特点，具体表现为以下几方面。

一是经济全球化深入推进。第一波和第二波的传统全球化主要指经济领域的全球化，其主要表现是生产资料、资本、商品、服务、技术、劳动、信息以及人才等要素超越国界，在全球范围内进行自由流动，各要素之间不断实现优化组合，增强了各国在经济上的相互联系和依赖性，导致了世界市场和国际劳动分工的出现，跨国公司的出现就是经济全球化的主要标志。例如最大的跨国公司之一可口可乐公司，它遍布全球155个国家，操纵着全世界44%的饮料市场和份额，其势力甚至超过许多民族国家。随着交往工具的极大变革，计算机、网络技术的更新换代使人类全面进入到信息时代，"地球村"更加名副其实。据统计，全球互联网用户逐年递增，从2000年到2011年，用户增长率高达480.4%，广大亚非拉国家和地区更是高达500%。截至2011年3月13日，全球互联网总用户突破了 20 亿，这意味着世界每 3 个人中就有 1 个网民。信息化时代的全面到来对全世界人民来说不亚于一场深刻的变革，借助互联网的世界平台，人们可以从事在传统社会中所能进行的一切活动，从经济到政治，从社会到文化，互联网无所不能，并因此大大改变了人们的生产和生活方式，人们足不出户，就能轻而易举地利用互联网经商、购物、交友、学习、工作，等等。传统经济全球化的标志是三化——信息化、市场化、国际化，而第三波全球化的标志则为四化——市场化、城市化、工业化、信息化。显而易见，世界市场的全球化日益明显，一国发生的事情很快就传遍全世界，并且在世界各地引起不同程度的"蝴蝶效应"，如石油的生产和供应就如同全球经济的晴雨表，其价格的涨跌深受全球政治、经济等因素的共同影响，同时也造成了全球经济在一定程度上的捆绑依赖性和脆弱性。伴随着生产和消费日益向城市集中和人口大规模迁移而带来的城市化进程使城市无论在规模上还是在发展程度上都今非昔比，西方发达国家的城市化进程主要完成于 20 世纪，而广大亚非拉发展中国家的城市化进程则始于 20 世纪后半叶且主要发生于 21 世纪。当前，全世界超大城市、特大城市不断涌现，世界正处于高速的"最大城市化"中，城市正日益发挥着其强大的辐射力和影响力，成为了世界经济、政治、文化、全球交往等领域的重要中枢。"第三波全球化"的突出特点是新型工业化，即深刻表明了科技是第一生产力的思想，谁先领跑于高科技，谁先抢得先机，谁就掌握主动和占有优势，因此高科技的争夺日益激烈，除了发达国家以外，发展中国家也参与其中，邓小平就曾指出，"高科技领域，中国也要在世界占有一席之地"①。但总体来说，发展中国家

---

① 《邓小平文选》第三卷，人民出版社 1993 年版，第 378 页。

的工业化水平仍很落后，仍主要处于世界市场和全球分工体系的低端链条，如凭借低廉劳动力市场形成的制造业市场等。第三波经济全球化还充分体现了"马太效应"——富者愈富，贫者愈穷，横亘于东西半球之间的经济鸿沟愈拉愈大，虽然不同于殖民时代赤裸裸和血腥的掠夺手段，但基于自身利益的经济侵略和保卫战却愈演愈烈，一方是主导型、先占者的西方发达国家，另一方是被动型、依附性和后发型的亚非拉发展中国家。无论如何，全球化时代经济博弈战最终的赢家和输家都只能是全世界，全世界人民的根本利益必将超越狭隘的民族国家的本位意识，一荣俱荣，一损俱损，因此旨在追求人与自然、人与社会和谐发展的科学发展观得到了更多国家的认同，经济的发展不能以破坏环境、耗竭资源和损害全世界根本利益为代价，这样的认识是对经济全球化迅速推进的有益检讨和深刻反省。同时还要看到，各国之间的经济联系日益紧密，互为贸易伙伴，生产、消费和投资市场，合作与竞争的态势明显，既是合作伙伴又是竞争对手，互相离不开。

二是政治领域的新变化。政治由经济决定并深刻反映经济，新一轮全球化在政治领域的新变化主要表现为以下三点：

第一，世界多级政治力量的快速崛起，在一定程度上改变了西方化、美国化和美国霸权主义的世界政治旧格局。经济全球化的深入推进使非西方国家的民族意识迅速觉醒，经济地位大为提高，以中国、俄罗斯、巴西、印度、韩国、新加坡等为代表的非西方国家在国际政治舞台上发挥着越来越重要的作用，成为抗衡西方中心主义和霸权主义的强大政治力量。新一轮全球化背景下，多极化代替了一元化，协商、沟通、对话、多元共识成为了世界政治发展的主流趋势。与此同时，中国适时地提出了"和谐世界"的主张和"中国梦"的构想，意在表明中国和平崛起的自信和世界各国和谐共处的良好愿望。随着第三世界和发展中国家的力量壮大和国际地位的提升，和平与发展、和谐相处之道得到了他们的支持和赞赏，彰显了世界正义和和平的力量。当然，这种世界政治格局的新气象并未从根本上改变不合理的世界旧政治格局和秩序，东西问题源于南北问题，只要南北问题还存在，东西问题就不可能得到真正解决。

第二，资本主义制度在全球扩张的同时也面临着严峻的政治危机和制度挑战。西方发达国家一直以来都是全球化的最大受益者，但自 2008 年全球金融风波以来，西方国家也受到了全球化"双刃剑"的负面影响，不仅经济低迷并陷入沉重的债务危机，而且在一定程度上动摇了其民主政治制度的合法性基石，甚至爆发了一些政治抵抗运动，如占领华尔街、欧洲各国爆发的示威游行等，可见西方制度并没有给人们带来期望中的财富、和平以及民主，反而是包括中国在内的非西方国家的快速发展，使西方人对自己的制度产生了更大的怀疑，因此新千年的第一个十年被西方学者称为"失落的十年"。①

第三，全球性政治问题凸显，世界和各国之间的政治互动日益深化。新全球化时代，全球性政治问题凸显，如：领土纠纷日益增多，核威胁、恐怖主义、民族冲突、政治不稳定等因素加剧，西方新干涉主义抬头，等等。近期在南海南沙群岛和钓鱼岛等领土问题上，中国和菲律宾、越南、马来西亚、日本等东南亚邻国产生了一些摩擦和冲突，"中国威胁论"的呼声高涨，从世界范围来看，如何妥善解决领土争端问题仍旧棘手。全球化给政治领域带来的另一

---

① 转引自杨雪冬：《新世纪以来全球化的特点及中国的应对》，《毛泽东邓小平理论研究》2012 年第 10 期。

个新变化是政治问题的国内国际紧密相关性，即国内政治转化为全球政治，全球政治转化为国内政治，任何涉及国内政治的问题都和全球政治有关，而任何一个全球政治问题也终究会波及各国，如中东茉莉花革命、阿拉伯之春、利比亚政变等，在这些政治问题的背后，透露出欧美新干涉主义的阴谋和渗透，实质是另一种殖民主义。从远景来看，全球化政治的发展趋势和基本原则应当是符合各国根本利益的"互信、互利、互惠、平等、协作"。唯此，世界才会朝着和平、公正的人类社会理想目标前行。

三是文化领域的表现。经济全球化势必会引起文化领域的变化，文化作为一种久远而来的凝结在民族的历史传统之中的民族心理、民族性格、民族生活方式和民族价值观，有着自身独特的发展规律，对一个民族国家的经济、政治和社会的发展起着举足轻重的作用。文化领域的变化主要有：

第一，文化同质化的趋势明显。需要强调的是，各个民族文化各有其存在的理由和价值，不存在优劣之分。在全球化进程中，文化的传播路径不可避免地表现为强势高位文化向低位文化发散，文化的软实力作用彰显，尤其是以美国为首的娱乐型、消费型和资产阶级意识形态型的大众文化占据着全球文化的主角地位，从而对其他各国民族文化的发展产生了较大的范式影响，使全球文化充斥着好莱坞大片、麦当劳快餐及各种吸引观众眼球的大众文化特点，文化呈现出一定范围同质化的特点。后全球化时代，微博、QQ、微信等网络新鲜事物的出笼造就了网民文化，其平等参与性强化了民主、法治、公平、正义等现代社会理念，同时也不能忽视虚拟网络的消极作用。

第二，文化异质化得到激活和增强。文化具有自身的独特性，各个民族基于各自不同的民族实践和历史传统而造就的民族文化各具特色，而且这种差异个性在文化同质化的洪流中愈加得到激活和增强，中国的愈加中国，韩国的愈加韩国。由此看来，文化的多元、异质、个性既是各民族文化得以维持和传承而不致被消灭的护身符，也是文化本身的稳定性和深厚实践土壤的使然。文化是活的传统，不会轻易改变，即使要改变，也会是一个循序渐进的发展过程。

第三，文化世界交往频繁，交流、交融、多元互补成为主流。全球化是一个客观发展过程，无论赞成还是反对，都会被卷入其中。当不同的民族文化置身其中时，全球交往实践也在文化领域得以体现，文化间的交流、交往、交融频繁且互补，此时，吸取其他优秀民族文化的精髓，自觉抵制有害和庸俗的他者文化，不断发展和壮大本土文化是非常必要的。

三、人类面对共同的全球性问题

20世纪70年代末兴起的"全球问题"研究，构成了研究危及全人类利益的全球化理论研究内容。全球问题有广义和狭义之分，狭义的全球问题特指危及人类生存而一国又无法单独解决的重大问题，如战争。广义的全球问题指决定人类的共同命运，关涉全人类的根本利益，必须靠全人类的共同努力才能解决的当今世界的一些重大问题，一般可分为三类：第一类是社会与社会之间的全球问题，包括战争与和平问题，涉及的是国际政治中和平关系问题，如南北关系与东西关系问题等；第二类是人与社会之间的全球问题，包括文化教育、科技革命、健康卫生等；第三类是社会与自然之间的全球问题，包括自然资源的合理利用、环境污染的防治等。第二类和第三类涉及的主要是各个国家的发展问题。对全球问题，人们虽然还缺乏统一的看法，但目前一致公认的是指那些触及全人类利益的问题。这些问题在内容上具有鲜明的时代特征，在规模上具有全球性，各种问题之间有内在联系，相互缠绕，形成一个不可分割的系统。由于问题本身超越社会制度的差异和意识形态的分歧，关系到全人类的根本利益，因而这些问题无论在影响力还是在性质上都极富挑战性与威胁性，直接涉及人类的生存与发展。全球性问题既对人类的现实生存和未来发展造成巨大的威胁，又隐含着宝贵的发展机遇和机会。自我异化和异化的扬弃走的是同一条道路，这是马克思的经典预言。如何正确看待和有效解决全球性问题关系重大，俄国学者丘马科夫对此发表自己的看法："人类对于所出现的各种矛盾的理解几乎要赶不上这些矛盾增加和尖锐化的速度。在理解过程中，人们逐渐地但也是越来越明确地形成了这样的认识，即这些全球性问题在其表现规模和危险程度上对人而言是史无前例的，而且可以用于克服它们的时间正在越来越少。"① 对于全球性问题的担心是很有必要的，因为如解决不好，它将把人类引向毁灭。有学者这样概括全球性问题的特点："第一，全球性问题具有普遍性和全人类性。第二，全球性问题的后果十分严重。第三，全球性问题迫切要求全人类的合作。"② 这些问题涉及范围非常广泛，如环境问题、资源问题、人口问题、粮食问题、能源问题、生态问题、南北差距问题、信仰和价值观念问题、战争威胁和平问题等。

马克思、恩格斯对于全球性问题早已深表忧虑，他们从两个方面论述了全球性问题的严重后果。第一是人与外部自然界的关系上，人们对自然界的无限制的开发，已经造成了在他们时代就已相当严重的"决定大部分原料数量的季节的影响，森林、煤矿、铁矿的枯竭"③。人类长期以主人地位自居，不断对自然界进行索取，

① 阿·恩·丘马科夫：《全球性问题哲学》，中国人民大学出版社1996年版，第1页。
② 樊锐：《地球村——全球化与人类共同利益》，人民出版社2005年版，第145页。
③ 《马克思恩格斯文集》第7卷，人民出版社2009年版，第289页。

不仅给自然带来了灾难，也给人类自身带来了灾难，表现出人与自然关系的反自然性和盲目性。恩格斯从自然的价值取向反思了人类行为的破坏性和自然所给予的惩罚："我们不要过分陶醉于我们人类对自然界的胜利。对于每一次这样的胜利，自然界都对我们进行报复……因此我们每走一步都要记住：我们统治自然界，决不像征服者统治异族人那样，决不是像站在自然界之外的人似的，——相反地，我们连同我们的肉、血和头脑都是属于自然界和存在于自然之中的；我们对自然界的全部统治力量，就在于我们比其他一切生物强，能够认识和正确运用自然规律。"① 这一段经典论述从反面告诫我们：人与自然不是主仆或敌人的关系，不是主体和客体的关系，而是亲密的朋友关系；人的活动不能违背自然规律，亦不能超越自然所能容忍的限度而为所欲为、强取豪夺，否则将使自然环境恶化，人类最终将自食其果，招致自然的惩罚和严厉报复。

第二是在人与人自身的关系上，马克思、恩格斯首先认为自然是人的无机身体，人本身是自然界的产物，是自然界的一部分，"人靠自然界生活。这就是说，自然界是人为了不致死亡而必须与之处于持续不断地交互作用过程的、人的身体。所谓人的肉体生活和精神生活同自然界相联系，不外是说自然界同自身相联系，因为人是自然界的一部分"②。而且"人作为自然的、肉体的、感性的、对象性的存在物，同动植物一样，是受动的、受制约的和受限制的存在物"③。其次他们论述了人和人自身的关系的恶化。资本主义生产方式以前所未有的奇迹创造了惊人的巨大财富，同时又造成了

---

① 《马克思恩格斯文集》第 9 卷，人民出版社 2009 年版，第 559 页。
② 《马克思恩格斯文集》第 1 卷，人民出版社 2009 年版，第 161 页。
③ 《马克思恩格斯文集》第 1 卷，人民出版社 2009 年版，第 209 页。

对人的巨大浪费，"不仅浪费人的血和肉，而且浪费人的智慧和神经"①。并对工人的生存异化给予揭露，"肮脏，人的这种腐化堕落，文明的阴沟（就这个词的本意而言），成了工人的生活要素。完全违反自然的荒芜，日益腐败的自然界，成了他的生活要素"②。马克思、恩格斯意在说明，随着人类"征服"自然和改造自然能力的增强，人类引导人类自身走向了反面，导致了劳动的异化和对人类本性的背离，"人本身的活动对人来说就成为一种异己的、同他对立的力量，这种力量压迫着人，而不是人驾驭着这种力量"③。之后法兰克福学派对资本主义时代马克思所言人的"异化"和卢卡奇所言人的"物化"进行了深刻反思和批判，指出工业社会日趋走向"技术统治的极权社会"，主张通过对"工具理性的批判"来消除各种形式的异化。霍尔海默和阿多诺揭示了启蒙精神由于自身的内在逻辑而转向了它的反面，本雅明针对大工业机器生产的弊端，用"机械复制主义"来形容日益普遍的技术主义倾向，马尔库塞认为技术时代制造了"单向度的人"，提出对现代资本主义文明应"大拒绝"，哈贝马斯则认为系统的侵入导致了"生活世界的殖民化"，必须借助语言和交往理性来构建交往合理化的人类社会。由此可见，在资本主义时代人与自然、人与人的关系都发生了全面的异化，科学技术承担了控制和征服自然的任务，其结局是把人和社会变成了抽象的异化力量，这是一种盲目的在资本主义时代无法解决的破坏性力量。人与自然、人与人自身关系的异化本质上都反映了人与人（社会）之间的异化，要想解决人与人（社会）的异化问题，在马克思、恩格斯看来，只有在"自由人的联合体"

---

① 《马克思恩格斯文集》第 7 卷，人民出版社 2009 年版，第 103 页。
② 《马克思恩格斯文集》第 1 卷，人民出版社 2009 年版，第 225 页。
③ 《马克思恩格斯文集》第 1 卷，人民出版社 2009 年版，第 537 页。

中才能实现。在"自由人的联合体"的社会中，"社会化的人，联合起来的生产者，将合理地调节他们和自然之间的物质变换，把它置于他们的共同控制之下，而不让它作为盲目的力量来统治自己；靠消耗最小的力量，在最无愧于和最适合于他们的人类本性的条件下来进行这种物质变换"①。因此马克思、恩格斯的结论是，唯有在"自由人的联合体"的社会里，人才能彻底摆脱资本主义社会中的种种异化现象，真正实现人自身和社会的解放，真正释放人与自然全面对抗的异化力量，这是"存在和本质、对象化和自我确证、自由和必然、个体和类之间的斗争的真正解决"②。

　　对全球问题研究已经呈现全球化了。从理论上说，由于全球问题呈全球开放性结构，全球问题影响每一个国家，并且各种新问题不断进入，但要想获得根本的解决却并不容易。全球性问题同样也具有本土化特点，各个国家旨在从各自受其影响的角度探讨全球性问题的发生、发展以及解决的规律，虽然也进行国际间的合作，但地域性和本土化策略构成了思考和解决全球性问题的基本立场。对全球问题的反思产生了三种不同意见：第一种是认为社会上长久占统治地位的"人类中心主义"观念，将人类的利益作为生态系统中唯一的、绝对的尺度，从而导致了对自然生态的破坏；第二种意见则认为解决全球问题的关键在于处理好人与人之间的关系，提升人类的"类主体意识"才是解决问题的关键；第三种意见认为全球问题归根到底是人类生存方式发生转变及由此而来的旧的价值框架"失范"的结果。归纳起来，这三种意见就是人与自然关系的不和谐、人与人之间不共处、人的价值观念落后于现实。

---

① 《马克思恩格斯文集》第 7 卷，人民出版社 2009 年版，第 928 页。
② 《马克思恩格斯文集》第 1 卷，人民出版社 2009 年版，第 185 页。

　　工业文明是以"主—客"二分式实践观为其内在精神和主旨的，这体现了人类以往片面追求工业文明实践活动的悖论，认识到人类和大自然应该和谐相处而不是以主人自居，这是人类自我反思的重要成果。工业文明的代价是人与自然关系的全面紧张。人以主人自居命令、支配自然的结果是自然以恶抗恶。人"作为自然之子"和"作为自然主人"两命题之间的矛盾和悖论突出地摆在全球居民面前。于是，在与自然日益加剧的冲突中，人期望通过改变对客体的态度使之具有合法的主人地位来使客体同样获得理应得到的尊重，以摆脱人和物的异化。但是，解决工业文明自然异化不能单靠"主体与客体"关系的调整，倡导自然中心主义的生态伦理学本意是把被人类颠倒的关系正过来，但却采取把人类驱逐出去的"非人类中心主义"的极端做法，没有了人类哪里有伦理学。因此，还是要靠人类"主体与主体"关系的调整，而这个关系的调整全赖于我们当代人价值观念的与时俱进。人之所以"类"聚，除了进化的先天的自然原因（体质人类学表明：这也先由生殖交往所导致的种族融合造成的）之外，还由于社会交往中先民的不断分工及其合作所致，其前提是存在一个多元化异质主体的结构。而"自我中心论"由于其封闭、单一的视界，已经与多元化时代相冲突，"西方中心论"的发展观在新兴工业化国家面前显得没有炫耀的余地，特别是冷战结束后两极对垒向多极化国际格局转变，各文明间的关系由对抗逐渐转变为对话，使多级主体携手改变落后和不合理的人类实践的理念和行动成为了人们的共识。由此可见，全球性问题的解决归根到底应从人与人的关系出发，重在调整人类的局部利益与整体利益、眼前利益与长远利益的相互关系。

　　实际上，人与人的关系问题是当今全球问题的核心，因为人与人社会关系的不共处是人与自然关系不和谐的原因。西方工业文明以来，在处理人与人之间关系问题上，始终与人类"征服者"的心态纠缠、共谋在一起，表现在人类既要在生产力方面征服自然以主人自居，同时又要在生产关系方面通过竞争征服和统治他人，由此形成个人主义思想和视民如蚁的专制主义相互混合，以此为思想主导，西方国家在世界各地建立起了强权政治，并极力推行"西方中心论"的霸权主义思想，最终导致了人与人关系的全面异化，同时也加剧全球问题的尖锐化。马克思主义认为，人的本质是一种类的存在、社会的存在，人与动物的根本差异就在于人要比动物更有意识地认识到"主体间"的存在意义。拉丁文表示人与人、人与社会关系的词汇是"ipertio"，它的意思是人在其活动、制作、运营中结成合作关系。因此，合作体现了人的本质，合作意识是关于人与人之间关系的最基本的价值观念，只有真正确立合作意识的价值观念，人类社会才能由个人主义主体阶段发展到类主体阶段，才能摈弃人类社会异化造成的"主体际"关系的扭曲和异化。因此，走出自我中心主义的封闭之所，追求"类"的共在的主体间性是人类解决全球性问题的关键所在，并已成为时代的潮流。

全球性问题的根本解决有赖于对其性质的科学认识和正确分析，归纳起来主要有以下三方面：第一，当代全球问题首先是一个社会问题，是当代各种社会矛盾相互作用的产物。否认或忽视全球问题的这种性质，回避造成当代全球问题的社会经济根源，是不可能找到解决它们的正确途径的。第二，当代全球性问题也是一种科学技术问题，科学技术在解决当代全球问题中发挥着日益重大的作用。忽视全球问题的这方面特点，把全球问题仅仅归结为社会制度问题的观点也是片面的，同样不可能全面地解决全球问题。第三，当代全球问题同时也是国际关系问题，全球问题的解决过程要涉及各国之间的经济、政治、军事、外交、科学、文化等各种关系。历史已经表明，发展水平不同、社会制度不同的各类国家只有在科技、经济、生产等诸多领域开展全面的对话和合作，逐步建立和发展各种形式的国际合作，才有利于全球问题的合理和根本解决。

值得注意的是，进入 20 世纪 90 年代，全球化理论提出了合作治理的新观念。一些国际组织也纷纷发表正式报告，专门阐述合作治理问题，例如，世界银行 1992 年年度报告就是"治理与发展"，经济合作与发展组织在 1996 年发布"促进参与式发展和善治的项目评估"，联合国开发署 1996 年的一份年度报告的题目是"人类可持续发展的治理、管理的发展和治理的分工"，联合国教科文组织在 1997 年也提出了一份名为"治理与联合国教科文组织"的文件。联合国有关机构还成立了一个"全球治理委员会"，并出版了一份名为《全球治理》的杂志。全球治理理论的主要代表人物有詹姆斯·罗西瑙、罗茨、格里·斯托克，在众多的关于治理的定义中，联合国全球治理委员会的定义具有代表性。该委员会于 1995 年发表了一份题为《我们的全球之家》的研究报告，该报告对治理作出了如下界定："治理是各种公共的或私人的个人和机构管理其共同事务的诸多方式的总和。它是使相互冲突的或不同利益得以调和并且采取联合行动的持续的过程。它既包括有权迫使人们服从的正式制度和规则，也包括各种人们同意或认为符合其利益的非正式的制度安排。它有四个特征：治理不是一整套规则，也不是一种活动，而是一个过程；治理过程的基础不是控制，而是协调；治理既涉及公共部门，也包括私人部门；治理不是一种正式的制度，而是持续的互动。"① 俞可平是国内研究全球合作治理的权威，他对

---

① 参见全球治理委员会：《我们的全球之家》，牛津大学出版社 1995 年版，第 2—3 页。

治理的基本看法是，"'治理'概念之所以引起学者的广泛关注，主要是因为在许多学者看来，随着全球化时代的来临，人类的政治生活正在发生重大的变革，其中最引人注目的变化之一，便是人类政治过程的重心正在从统治（government）走向治理（governance），从善政（good government）走向善治（good governance），从政府的统治走向没有政府的治理（governance without government），从民族国家的政府统治走向全球治理（global governance）。因而，治理、善治和全球治理不仅引起了学者的关注，也为政治家和政治组织所关注"①。他认为全球治理的要素主要有五个："全球治理的价值、全球治理的规制、全球治理的主体或基本单元、全球治理的对象或客体，以及全球治理的结果。一些学者把这些要素分解成5个问题：为什么治理？依靠什么治理或如何治理？谁治理？治理什么？治理得怎样？"② 这样看来，"治理从头起便须区别于传统的政府统治概念"。在全球治理的实践行动上，曾担任过美、英、德三国领导人的克林顿、布莱尔、施罗德力推吉登斯的"第三条道路"理论和"新中派"思想，提出了"少一些统治，多一些治理"（less government，more governance），并以此作为他们努力的政治目标。

国际合作和全球治理完全不同于传统的统治概念，凸显了交往全球化实践的新理念，对于解决全球问题提供了新路径。传统统治的主体一般来说是政府或公共机构，而治理的主体既可以是公共机构，也可以是私人机构；既可以是公共机构与私人机构的合作，还可以是民族国家与市民社会的合作、政府与非政府组织合作。合作

① 俞可平：《全球治理引论》，载李惠斌主编：《全球化与公民社会》，广西师范大学出版社2003年版，第66页。
② 俞可平：《全球化与政治发展》，社会科学文献出版社2005年版，第7页。

方式也发生了变化：是强制与自愿的合作，不是行政部门的管理；是根据市场原则的管理，不是权力集中而是权力分散。它主要通过合作、协商、伙伴关系，确立认同的全球问题和共同的目标实施对全球公共事务的管理过程。全球治理理念的提出和实施过程的实质，是在全球问题的解决机制上寻求广泛的全球性合作。譬如，在20世纪70年代罗马俱乐部首次召集全球30位不同领域的专家起草的第一份《罗马俱乐部报告》及其行动中，就已经体现了全球治理的理念。令人感到欣慰的是，当今全球治理的合作方式、合作组织和合作机制日益增多，甚至一个国家内部经济发展方式也因此受到来自国际各个层面的关注，不再是单边行动，这表明人类社会已经进入到一个各个民族国家之间彼此相互影响、相互依赖的多边行动时代了。

从理论上说，全球合作的认同源自"我们生活在一个相互依赖的时代"①，意即"一种利益关系，其中一国的地位发生变化，其他国家就要受到这些变化的影响"②，而这个相互依赖的时代造就了全球合作的可行性条件：共同利益、彼此信任、互惠机制、交往理性。在这里，共同利益是全球合作的客观基础，彼此信任是全球合作的主观意愿，同时，互惠机制给予了制度保障，交往理性充当了合作中介。人类历史上自国家诞生之日起，围绕着利益展开的竞争和博弈就异常激烈，处于常态的是冲突而不是合作，正所谓"只有永恒的利益，没有永恒的朋友"，但是到了"这是一个彼此增进联系的世界"的全球化时代，随着"世界的压缩和世界作为

---

① 罗伯特·基欧汉、约瑟夫·奈：《权力与相互依赖——转变中的世界政治》，中国人民公安大学出版社1992年版，第1页。

② 多尔蒂、普法尔茨格拉夫：《争论中的国际关系理论》（第五版），阎学通、陈寒溪等译，世界知识出版社2003年版，第118页。

一个整体意识的增强"①，形成了"谁也离不开谁"的紧密关系，全人类问题的凸显又迫使全世界国家和人民认识到全人类根本利益的极端重要性。全球化并不排除冲突和对抗，而是整合了冲突和合作，减少了摩擦和对抗，增加了相互协调和彼此信任，使全球合作成为主流。

对于国际合作的理论研究，不同流派持有不同的观点。现实主义的悲观基调遭到了普遍质疑，他们认为无政府状态是国际事务的常态，冲突普遍存在，国家通过自助实现相对获益，把持权力和拥有自身安全，这种基于自身利益和权力考量的国际合作虽然可能但却难以实现。自由主义则认为无政府状态也能推导出国际合作，他们认为国际合作是国家之间的政策互动和国际制度的协调过程，无政府状态下利益冲突和利益趋同并存，国际制度增强了互惠和利己的可能，欺骗和搭便车不利于国际合作，这种基于制度考量的国际合作的关键在于制度的可控制性、稳定性和弹性，即使在后霸权时代亦有相当解释力。建构主义则独辟蹊径，从合作的认知心理和政治文化入手，探讨国际合作的主观条件，他们认为合作需要国家对此具备认同和信任心理，并以洛克政治文化的竞争性为依托，对自我约束的合作竞争机制进行了诠释。此外，博弈论的解释亦有特色，认为行为体彼此合作的动机基于自身利益最优化的权衡和考量。

第二次世界大战后，相互依赖的全球生产体系和国际分工的迅速发展，使建立在双赢基础上的全球合作的诉求成为各国发展的共识。在国际贸易中尽管依然难以从根本上改变南北强弱对峙和贫富

---

① 罗兰·罗伯逊：《全球化：社会理论与全球文化》，梁光严译，上海人民出版社2000年版，第11页。

悬殊的世界格局，但朝向互惠互利和建立公正合理的世界经济政治新秩序的呼声和步伐成为时代的主流。此时一系列国际合作组织应运而生，像联合国、世界银行、国际货币基金组织、关税及世界贸易总协定等，这些国际组织在一定程度上充当了国际合作和制度约束机制的代言人，有利于国际通行规则的制定。但是也应该清醒地看到，西方强国凭借其经济实力想方设法转嫁工业文明的发展恶果，甚至依然贪婪地试图维持零和博弈的格局，由此引起了风起云涌的反全球化运动，从阿拉伯之春、占领华尔街运动到发展中国家的抵抗，反全球化运动已波及世界任何一个角落，全球合作的发展态势令人担忧。因此，共享发展成果、共担全球责任、共当发展风险的倡导全球共享的更高全球化阶段已经悄然而至，所有民族国家和人们都清楚地意识到，地球只有一个，无论是过去、当下还是未来，地球村都已把所有民族国家紧紧联系在一起，休戚与共，福祸相依，全人类的共同利益应当成为后工业化时代人们所追求的共同目标和价值取向。

由治理人与自然关系的全球生态环境问题，到治理人与人社会关系的全球东西问题、南北问题，广泛采取交往全球合作治理的方式无疑是一个历史趋势。在未来的国际经济政治格局中，激烈的国际竞争将和广泛而多领域的国际合作共存。随着全球化进程的日益深入，国际合作呈现出合作主体多元、合作形式多样、合作范围拓宽、合作层次丰富等特征。合作主体除了传统意义上的民族国家层面的政府组织外，大量非政府组织亦积极参与，对全球性问题如生态恶化、能源耗竭、人道灾难、核威胁、恐怖主义、毒品泛滥等给予了足够的关注和重视。合作形式在传统的双边合作的基础上，开展了灵活多样的多边合作和跨领域合作，多边合作组织遍及全球，如1975年成立的地跨欧、亚、美的欧洲安全与合作组织迄今已有成员国 56 个，对欧、亚、美三大洲的安全事务起到了积极推动作用。1989 年成立的亚太经合组织现有成员国 21 个，旨在促进成员国之间的经贸合作。合作范围从区域性合作向国际性合作拓宽，合作层次向纵深发展，一些国际合作组织成为该组织内各国经济、政治、文化、安全等的沟通和合作平台，如非洲合作与统一组织、拉丁美洲合作组织、东南亚国家合作联盟、南太平洋合作委员会等，大多是以世界地理中的大洲或地区为认同或共识纽带，以此为基础结成各种类型的国际合作组织。此外，还有以海湾、山麓、河流为认同纽带的国际合作组织，如海湾（波斯湾）有阿拉伯国家合作委员会，山麓有安第斯集团，河流有亚马逊合作条约组织，拉普拉塔河流域组织等。这些基于地缘政治的国际合作，以经济和科技发展为主要内容和动力，不同于传统的军事同盟组织，对促进全球和平与发展起了积极和重要的作用。

文化交流与合作是一种日益普遍和重要的国际合作形式。传统的文化交流和合作大多依托语言、艺术、宗教等文化媒介和形式，以此为基础建立文化认同和共识，彼此开展文化间的交流、合作和交融。语言作为世界文化交往的工具和媒介，是维系不同文化交往和合作的必要前提，当今世界除了英语作为世界主要通用语言之外，法语、西班牙语、阿拉伯语、汉语等语言的重要性也与日俱增。宗教作为一种特殊的文化现象，对各种文明的塑造和延续具有特殊的影响力，不可低估，现存有世界基督教协进会、世界穆斯林大会、世界佛教徒联谊会等世界宗教合作和交流组织。全球化时代，世界文化的发展表现为相反相成的两大趋势，一是文化的趋同性、世界性增强，如大众文化朝向消费、娱乐性方向发展；二是文化的多元性、民族性、本土性也反向增强，愈是民族性的东西愈具有世界性。文化间的国际交流和合作，因其强烈而悠久的文化亲和力、持久力和渗透力而具有广泛的影响力，在对外国际教育、影视动漫传媒、网络文化、音乐艺术等方面的交流和合作前景巨大。

今天我们生活的世界，正在把人类带入一个为了实现全球共同利益、解决全球问题而相互合作的时代——在这个时代，后工业文明、信息社会正悄然降临，一个与信息化、市场化、工业化、城市化同时裹挟而来的全球化时代正在跨越时空阻隔和民族国家的狭隘局限，进行着广泛的经贸、科技、文化、政治等诸多领域的交流与合作。此时，全球交往实践成为了人类活动的重要特征和内容。显然，能源、资源、环境、人口、恐怖主义等全球非传统议程，已与传统的外交、军事、意识形态、领土纷争等问题平分秋色，同样重要了。随着第二次世界大战后冷战体系的日趋崩溃，非西方国家的快速崛起，去西方中心主义的呼声高涨，推动了国际社会向多极化方向发展，和平和发展成为当今世界的主题。今天的人类应该拥有博大的胸怀，担负起对全人类和子孙后代生存和发展的高度责任，以团结合作和积极务实的精神切实解决全球问题，因为地球只有一个——它不是我们从父辈那里继承过来的，而是我们借用了子孙后代的，为了这个全人类共有的地球家园，各民族国家和人们都应当携手团结和精诚合作，除此之外，人类别无其他选择。

四、人类面对全球化的价值冲突与普遍价值条件

要深入了解以"全人类共同利益"为基础和核心的全球价值观及全球化时代的价值冲突，首先需要了解价值的内涵及其本质。一般来说，价值是在人与对象事物的联系中产生的，是事物对人所具有的效用、效果或意义。这种事物对于人的效用（正负、好坏及其量的等级）的评判标准，并不在于对象自身的属性，而在于客体是否满足主体的需要。而且，价值并不是事物自动显现给人的，而是根据人的具体需要通过一定的实践效用活动而达到的某种客观效果。价值的这种"因人（主体）而易"的主体性特征，反映了价值现象特有的本质或本性，它意味着任何事物的价值都将根据满足具体主体的不同需要及其实现程度的不同情况而不同，认识这一点有助于深入理解价值的多元化现象。在全球化进程中，交往实践主体的形态并不是抽象和单一的，而是具体、多层次和多样化的。无数个人、民族国家，直到全人类，都可成为独立的主体。这些主体同时并存，且在生存发展的条件、方式、需要、能力等方面都具有各自的特征，从而构成了主体多元化的现实。这样，不仅主体本身的多元化意味着价值标准、价值观念必然是多元的，而且主体根据自身的需要参与交往全球化实践实现的具体价值也必然是多元化的，既可以因主体之间的共同点而具有相同的价值，也可以因主体之间的不同点而具有不同的价值。因此，对价值的思考，应置于对主体的交往实践的具体的历史的分析基础上。以下静态地分析具体价值产生的逻辑规定性，可以看到有三个不同层次的含义。

第一，不同主体间价值对象相同，表示某物是主体各方均需要的共同对象。比如，良好的生态环境对我来说是好的，对他来说也是好的，不好的生态环境对我和他都是不好的。这一含义说明主体间共享价值对象，尽管这并不意味着主体间具有共同价值，因为对象不等于价值，但表明主体间的利益需求相同或相近。在全球交往实践中，在承认交往主体具有平等权利的基础上，当通过交往实践获取主体间共享的对象、机会和规则时，便为实现主体间相同或相近的利益需求准备了必要的条件，把握这一点对于权衡交往主体间的利益得失至关重要。

第二，不同主体间的价值标准具有差异性和多元互补性，表明即使主体间价值取向不同，但同一客体可以满足不同主体的相同或不同需要，有可能形成有利于价值和谐的价值。比如，一个国家的

资源能够满足我的需要，也能满足他的需要，或者一个国家的有关
各方注重和追求的价值不同，有的注重它的资源价值，有的注重它
的生态环境价值，还有的注重它的战略地位价值，像邻国的繁荣和
稳定会给我国发展提供更多的机会，等等。可见，不能把不同主体
间的价值标准单一化和简单化，因为并不总能保证价值取向和结果
的共同性，相反有时可能成为主体间争夺和冲突的焦点。但是，依
然存在一种现实可能性，即通过交往实践根据不同主体的各自需
要，寻求价值的共同点而不是共同价值，则有可能达成一致协议以
实现各自的价值，最终有利于形成价值和谐的价值。也就是说，需
要弄清楚这几个问题：哪些事物对谁有价值，对谁在什么意义上有
何价值，有没有价值的共同点，等等。这在本质上是一种价值多元
互补方法，并且在现实中具有重要的方法论意义。毋庸置疑，全球
化进程中处处存在着不同主体之间的价值冲突，然而常态化的矛盾
和冲突之下往往也潜伏着某些共同点。往往越是在有冲突的各方之
间，才越需要寻求"共同点"来缓和或化解冲突，才不至于把冲
突引向严重境地，导致共同受损。一般来说，这里所说的"共同
点"就是在特定情况下主体间的共同价值，它们反映了人类生存
和发展的最基本的、前提性的利益、需要和能力状况。事实证明，
在有冲突的各方之间，只要去努力，总是能够找到一定的共同点
（哪怕这个共同点仅仅表述为"我们可以下次再谈判"）。在当今
的世界经济政治格局中，"寻找共同点"仍不失为解决主体间价值
冲突的最佳方式。并且主体之间通过多元互补动态延续实现的价值
逐渐多起来，达成在更多范围、领域价值结果一致（不互相激烈
冲突）的可能性也日益增多，这是符合各方主体价值诉求的，具
有积极的进步意义。

　　第三，不同主体间具有相同的主体需要，表明同一价值对于不

同主体而言，具有可共享性，需要共同实现和维护。比如，全球性问题的产生既能危害共同的人类，而解决也能有利于共同的人类。在交往实践中提倡和把握这样的共同价值，能有效促进理解、宽容、交流和合作等现代价值理念。

通过以上分析可知，作为一种关系范畴，价值表明客体对主体的效用性和意义。这种效用性和意义并不是抽象的，而是具体和历史地形成和存在于不同主体的不同交往实践中，因主体和客体的不同情况而产生价值的多元差异。在这里，无论是理论分析还是实践诉求，求同存异、差异互补都是值得提倡和努力的方向和目标。在马克思主义看来，不同主体的实践活动是创造不同价值的实现形式和途径，在不同的历史时代具有不同的历史轨迹和交往实践特征。在农业经济时代，农业和手工业是主要产业，自给自足的经济是主要的生存方式与交往关系，个体的农民和手工业者作为创造价值的主体，其实践创造能力是在相对独立和狭隘的生产活动中得以显示的，个人创造的价值及其自身价值通过劳动产品得以体现。在工业经济时代，机器大工业建立起了以日趋完善的分工与合作为基础的劳动组织，消灭了劳动产品的任何个人性质，此时，企业组织和群体取代了个体成为新的创造价值的主体，也因此从根本上改变了个体的价值实现形式，使个体融合于群体的实践创造活动及其能力之中，个体的价值要通过群体实践活动所产生的产品及其价值间接呈现。马克思曾经分析了在资本主义生产关系中的异化现象，那是被资本所剥夺了创造价值的人越没有价值的现象。令人遗憾的是，这种异化现象在资本主义大生产时代变成了常态，人日益成为实现自身价值的手段而不是目的。到了交往全球化时代，生产和交换形式的变化表明主体创造价值的形式也相应发生变化，由于来自交往实践的主体是社会系统中的各个层次主体，交往价值产生于主体间的交往关系结构和特定活动方式之中，其价值当然随着主体在空间和时间中的转移而发生具体、历史的改变，正如马克思所言："所以人类始终只提出自己能够解决的任务，因为只要仔细考察就可以发现，任务本身，只有在解决它的物质条件已经存在或者至少是在生成过程中的时候，才会产生。"① 在交往全球化实践时代，主体往往为了满足自身的需要通过交换而创造价值，而在满足自身需要为自己创造价值的同时，也为别的主体提供各种价值对象，而这正是交往实践主体创造价值的与众不同之处。因此，一个主体的自我价值应该以不伤害别的主体价值为前提，这应该成为全球化时代基本通行的国际关系规则和伦理准则。在竞争和合作、对抗和共赢凸显的现当代，主体以何种手段实现自己的价值追求，不只是主体单方面的事情，还关乎其他主体甚至是全人类的价值实现，因此和而不同、公正、合理、互惠、共赢理应成为所有主体的共同理念和发展目标。

应该看到的是，随着全球化进程向深度和广度发展，对人类共同利益的认识和探讨日益迫切，这标志着价值目标的根本性转换，任何忽视和与它背道而驰的行为都将导致灾难性的后果。托夫勒早在 30 年前就预言道："可以毫不夸张地讲，从来没有任何一个文明，能够创造出这种手段，能够不仅摧毁一个城市，而且可以毁灭整个地球。从来没有整个海洋面临中毒的问题。由于人类贪婪或疏忽，整个空间可突然一夜之间从地球上消失。从未有开采矿山如此凶猛，挖地满目疮痍。从未有过人头发喷雾剂使臭氧层消耗殆尽，还有热污染造成对全球气候的威胁。"② 人口、贫穷、战争、环境

---

① 《马克思恩格斯文集》第 2 卷，人民出版社 2009 年版，第 592 页。
② 托夫勒：《第三次浪潮》，三联书店 1984 年版，第 187 页。

恶化、气候变化、食物和能源短缺等一系列全球性问题，造成了"全球紧张性综合征"，除非采取果断及时的行动，否则对全球化的社会—自然系统形成的压力将持续增加，最后将地球和人类社会毁于一旦。因此，为了避免全球性灾难的全面爆发，全人类应该携手团结起来，切实维护和树立以"人类共同利益"为核心的"全球意识"价值观。所谓利益，是指在社会生活中，一定的客体对主体需要的满足；所谓人类共同利益，是指对整个人类的生存和发展需要的满足，是全人类相互依存、相互影响、相互制约关系的整体表达。马克思、恩格斯指出："随着分工的发展也产生了单个人的利益或单个家庭的利益与所有互相交往的个人的共同利益之间的矛盾"①，在全球化时代实现这种基于相互交往的共同利益，需要在全球范围内"建立保护共同利益和防止相互抵触的利益的机构"②。毋庸置疑，作为一种客观趋势的全球化发展进程，既促进了全人类共同利益的形成，又使利益冲突日益复杂和尖锐。当今世界人类共同利益的凸显，意味着对功利主义、利己主义、本位主义和狭隘民族主义的超越，意味着以"全球责任"、"全球伦理"、"全球意识"、"全球合作"为理念的全球价值观的觉醒。毋庸置疑，民族利益和国家利益在当今国际关系中仍然起着支配性和决定性的作用，但任何国家和民族在追求自身发展时，若一直忽视甚至无视全人类共同利益的存在，则不仅损害自身，更要殃及全人类。因此，不断严峻的全球化形势呼唤人类重视全人类共同价值观，在尊重差异、取长补短、求同存异的前提下，努力形成在"全球性的多元关联和互动状态"中"人类是一个整体"的全球意识，最

---

① 《马克思恩格斯文集》第 1 卷，人民出版社 2009 年版，第 536 页。
② 《马克思恩格斯文集》第 9 卷，人民出版社 2009 年版，第 186 页。

大公约化全人类共同利益，力图建立公正、合理的世界经济、政治秩序，促使发达国家尊重发展中国家的发展权和生存权，承担应有的发展责任，以可持续发展观引领全球化时代的各个民族国家的发展，以全人类共同利益为价值取向来处理人与世界的关系，积极达成全人类的发展共识，并付诸共同的行动。

全球化进程中的价值冲突是一个不容回避的问题。这是因为，迄今为止的全球化仍是在世界存在着不同经济、政治利益和文化传统的不同民族国家的框架和体系中发展的，西方发达资本主义国家的优势和霸权地位，资本主义经济的各种内在矛盾，以及被卷入经济全球化的主体具有各自的民族特性、阶级特性和利益差异，是产生全球化价值冲突的根本原因。全球化进程中的价值冲突主要表现在经济、政治和文化等方面。

首先，经济价值的冲突。经济全球化进程存在着一个悖论：世界经济一体化进程愈推进，民族的经济利益问题愈突出。一方面，发展中国家通过吸收外资，引进先进技术，更新产业结构，促进了本国的经济发展；另一方面，发达国家通过在发展中国家拓展新的市场，利用廉价的人力资源和丰富的自然资源来降低生产成本，缓解了发达国家面临的生产相对过剩和国内需求相对不足的矛盾。在发达国家与发展中国家之间，虽然存在着这种互补互利的一面，但也存在着经济利益尖锐冲突的一面，最典型的表现就是马太效应，即富者愈富，穷者愈穷，全球化时代南北差距不是缩小而是拉大了，因此，当今世界经济价值的最大冲突仍然来自于零和博弈和共赢如何选择的老问题，西方发达国家为了自身利益而不顾广大亚非拉落后国家的发展诉求，继续维护由他们主导和制定的不合理的"游戏规则"，严重剥夺和压制了发展中国家的经济发展。同时，世界性和民族性的深刻矛盾也反映在经济价值的全球冲突之中，那种一味追求本国经济的快速发展而不惜严重破坏生态环境的"杀鸡取卵"式的短视做法，依然时有发生，最终损害的是全人类和所有民族国家的根本利益。对于以上这两种情况都处于劣势的发展中国家来说，如何趋利避害，利用后发优势，缩短和发达国家的差距，最大限度地减少因价值冲突造成的损害，是摆在他们面前迫切需要深思和解决的紧要问题。而对于发达国家来说，正如邓小平同志一针见血的在理之言："南方得不到适当的发展，北方的资本和商品出路就有限得很，如果南方继续贫困下去，北方就可能没有出路。"①

其次，政治价值的冲突。显然，这是由经济价值的冲突造成的，主要表现在两个方面。其一，在经济全球化进程中，少数经济发达国家为了实现资本在全球范围内的自由流动和最大限度地拓展世界市场，利用别国的自然资源和人力资源实现本国的资源最优配置，就要不顾别国实际推行西方主导的自由主义贸易原则，在国际政治舞台上对他国采取高压战略和政策。一直以来，由西方少数经济和政治大国挑起的名为捍卫"人权"或"道义"的国际争端和侵略战争，实则捍卫的是他们自身的经济政治利益，存有不可告人的企图。其二，经济全球化对国家主权原则产生了冲击。高科技手段、市场经济和资本扩张超越了民族国家相互隔离的疆界，随着跨国活动和跨国主体的急剧增加，在世界的统一性和整体性得到增强的同时，民族国家原有的稳固地位和传统意义上的国家主权也受到了质疑和严峻挑战：一些西方学者以资本无祖国为前提，推导出国家无主权的结论，鼓吹"国家主权过时论"、"国家主权消失论"。这种观点为少数发达国家干涉别国内政、肆意践踏别国主权提供了

① 《邓小平文选》第三卷，人民出版社1992年版，第52页。

辩护。显而易见，这种观点完全站不住脚，因为各个民族国家都不容置疑地拥有自己的主权，对外开放和与世界经济接轨，绝不意味着国家主权的弱化，更不意味着放弃国家主权。恰恰相反，越是彼此尊重各个国家的主权，就越有利于国际争端的解决。同理，如果不尊重别国的主权，或者不注意维护自己国家主权的安全，就会对别国或者本国利益带来危害。

最后，文化价值的冲突。在经济全球化进程中，科学技术的发展和资本的全球性流动为文化的广泛而迅速的传播提供了载体、工具和渠道，促进了各民族之间的文化交流与学习。但是，经济全球化没有也不可能造成西方文化主导的全球文化"同质化"。西方国家企图凭借他们雄厚的经济政治实力，向其他国家输出自己的价值观、社会制度、发展理念和生活方式，通过文化殖民主义的渗透方式来达到继续操纵世界经济政治的野心和目的。这种想法通常事与愿违，难以得逞。事实上，各种文化都有自身价值和存在的理由，在一些生活方式、文化观念越来越被人们所普遍接受的同时，文化上的民族差异性乃至隔阂不仅没有被消除，反而比以往更加明显或突出，往往是强化而不是削弱了觉醒的民族文化意识。应当看到，文化的发展具有自身特殊的规律，民族文化传统一经形成就很难轻易被改变，甚至抹杀。越是具有民族特色的文化，往往越具有民族文化价值和生命力，因而也就越能走向世界。民族不会消除，文化的民族性也不会削弱，反而会大大地加强全人类文化的"差异性"，使世界的不同文明多元化且更加丰富多彩。

无疑，全球化进程是价值利益和价值冲突错综交织在一起的复杂动态过程。全球化是一把双刃剑，各个民族和国家在现代化、全球化的征途中，要充分利用经济全球化提供的机遇和有利条件，积极引进外资、先进的科学技术和管理经验，发展本国经济，增强自身综合国力和参与国际竞争的能力。同时，还要敢于不畏强权和困难，坦然面对各种严峻挑战，把不利因素最小化。当然，各国因各自不同的社会制度、经济政治实力、文化传统和民族特点，决定了它们在向现代化迈进过程中的起点、道路、模式不同，争取在世界范围内实现价值最大化的方法、内容、路径也不同。对于发展中国家来说，正确认识全球化进程中自身的角色定位和利弊得失尤为重要。在世界舞台上，发展中国家不应扮演配角，它们不是少数发达国家推行贸易自由化的工具，也不是被发达国家同化或就范于其走过的资本主义发展模式的效仿对象，而是在世界普遍交往实践中争取自身利益最大化的独立价值主体。广大发展中国家还应当清醒地看到，内因是依据，外因是条件，独立自主、科学发展、壮大实力、合作共赢，走出一条有自身特色的现代化发展之路，由被动变为主动，由配角变为主角，这是发展中国家的理论之思和当务之急。

我们要看到，造就交往全球化实践的新的、公正的价值分配关系，并不仅仅是人道主义的、普遍伦理的要求，事实上它是经济的、政治的要求。1993 年世界宗教会议发布的由孔汉思起草的《走向全球伦理宣言》是全球化声音的一种表达，它试图"从伦理角度"对 1948 年的《世界人权宣言》加以"肯定和深化"，并且试图解决比人权范围更广的问题。① 从伦理学角度说，人类总是倾向于认为，新出现的伦理观念比旧的伦理观念更具有普适性特点，因为新出现的伦理观念似乎产生于人类对普遍有效的伦理的实践要求。其实从伦理学角度说，所谓全球伦理这个概念并没有特别的新

---

① 参见孔汉思、库舍尔编：《全球伦理——世界宗教议会宣言》，四川人民出版社 1997 年版，第 48 页。

意，如果说全球伦理这个概念有什么新意的话，就在于它不再仅仅是一种理论态度，而是政治态度。全球化意味着民族和国家之间关系的复杂化，每个国家都担负着政治分量的时代出现了，改变了传统的政治力量的平衡，于是把全球化作为经济、文化和政治的背景，就想提出一些"共同承认"的伦理新观念。其"全球伦理"的基本观点主要有：第一，没有道德就没有人权。第二，每一个人都应受到符合人性的对待：己所不欲，勿施于人。第三，四条不可取消的指令———一种非暴力和敬重生命的文化，一种团结的文化和公正的经济秩序，一种宽容的文化和诚实的生活，一种男女之间权利平等与伙伴关系的文化。① 可见，《全球伦理宣言》体现的是人类伦理的最低限度，那些最低要求的规则只能处理全球化中的一小部分问题，还有许多重要的全球化问题没有规则可利用，况且那些仅有的规则也都需要在特定语境中使用，实质上，不可能有一个普适性的全球伦理。

至于交往全球化实践的普遍共同价值的伦理，不能只在头脑的意向中去寻求答案，而应该首先到现实的交往全球化实践中去寻找实践本身提供的条件和要求，其中当然包括人们切实的利益结构和权责状况等。交往实践本身在什么样的范围和条件下进行，它建立在怎样的全球化交往结构关系上，它要求怎样的秩序和规则，就必然产生什么样的共同价值。如果我们用这样的眼光来看，那么可以说有些共同价值事实上离我们并不遥远，它们产生于全球化并通过全球化日益传播和扩大其影响力。比如商业贸易，如今全球化的经济交流，使一定的基本商业伦理具有了全球语言的性质，繁荣的商

---

① 参见孔汉思、库舍尔编：《全球伦理——世界宗教议会宣言》，四川人民出版社1997年版，第168—169页。

品经济孕育了发达的契约意识，全球化为发展中国家带来与国际经济接轨、实行国际条约规范的机会，发展中国家又运用它来规范国际交往、争取自己的权益。同时，发展中国家对权益的需求不仅仅在此，随着内部经济体制的嬗变，无论经济层面活动还是社会其他层面的行为、关系都需引入新型的、内在逻辑一致的指导性原则。契约精神源自商品交换，源自市场经济，它必然随着后者的成熟、壮大而渗透到社会的各个领域。发展中国家及早预示到这一点，主动顺应这一趋势，将有利于结构性转型，有利于理顺各方面的关系。再如科学、体育和艺术等领域，也已经有了相当多共同语言和规则；目前正在兴起的关于生态、资源、环境、核控制等方面的道义和规则，如前所说也属于正在扩大着的普遍性共同价值现象；而瞻望未来时，我们还能看到，日益显示其规模的全球信息网络化，更是以不可估量的速度扩大着人类内部交往实践联系的空间，甚至有可能改变某些生活方式，使个人更加成为"世界公民"；这一切都从不同的方向和层面上创造着未来的人类共主体，构成真实的人类普遍价值领域。总之，抛开一切不切实际的幻想，着眼于当下发展着的交往全球化实践，我们能够看到，"人类共主体"从抽象到现实的生成，全人类普遍价值领域从潜到显、从小到大、从一元到多元的不断扩展，都是真实的、不可逆转的历史趋势。有史以来这一进程均是在不自觉中发生的，而目前已经到了它的自觉化的开端，更重要的是找到了实现它的正确途径。针对现阶段仍以多元化为主流的世界状况，本节的结论是：在具体地维护全球共同利益的前提下，尊重多元文化和生活方式的自主发展，保持彼此间的合作，争取在实现自我价值的同时，也为别的主体的发展提供价值对象。和而不同、和睦相处、和谐发展已成为全球化时代人们的基本共识。全球化的价值创造在于相应的激励机制和国际交往关系的普遍扩大，当各个社会、地区的人力、物力资源都被引导到创造价值的活动中，各个社会、地区能为实践的主体进行创造性开发提供足够的、广阔的空间，使人尽其能，物尽其用，那么，实现大同的全球化就有了可以瞻望的条件和机制了。

第二节　全球化与中国

"中国特色社会主义"既是一个扎根于中国国情的世纪性课题，又是一个站在时代制高点上的"世界历史性"课题，既是具有特定民族意义的社会主义事业，又是具有广泛世界历史意义的社会主义事业。有中国特色的社会主义事业的蓬勃发展，将对世界社会主义事业和人类进步事业作出重大贡献。在全球化背景下建设有中国特色社会主义的时代课题，是一个具有特定民族意义与世界历史意义的重大课题。在全球化背景下建设有中国特色社会主义的途径是积极参与交往全球化实践，其中认识在全球化背景中如何建设有中国特色社会主义是前提和基础。对于中国这个发展中国家而言，全球化带来的机遇和挑战是并存的。全球化为中国改革开放提供了有利的外部环境条件，中国经济迅速崛起，以令人瞩目的发展奇迹立于世界民族之林中与此是分不开的。同时，全球化也给中国带来了巨大的挑战，在激烈的挑战和竞争中，中国正逐渐走入现代化国家的行列，正以自己本国的独特发展道路诠释着对全球化的中国理解，书写着全球化的中国历史和中国记忆。

一、全球化与中国的互动认识

如何正确认识和看待全球化和中国，并不容易，也不简单。学术界对于全球化的认识和评述，一般来说，思想还是比较统一的，最常见的有双刃剑、利弊或机遇挑战二分法、硬币两面、两难法、客观必然性、由现代性和资本主义生产方式生发和相伴而来的必然趋势、三种态度等看法。而对于中国的认识和看法，政治家、中外学术界则各抒己见、莫衷一是，主要有中国奇迹论、中国威胁论、中国崩溃论、中国责任论、中国形象论等。再从全球化与中国的互动认识来看，全球化给予了中国悲喜交加的近现代命运，从曾经久居古老东方文明的"天朝大国"到近代不堪回首的"东亚病夫"，直至现当代中国的和平崛起，全球化给中国绘制了一条布满荆棘、道路曲折但前途光明的路线图。而中国作为一个重磅砝码，给予全球化的则是极具历史厚度、世界份额和发展潜力的东方大国，中国离不开世界，世界也离不开中国，"中国的发展是 21 世纪第一个10 年中最受瞩目的全球现象"①，两者存在着重要而深刻的互动关系。

（一）世界眼光与中国定位

从全球化和中国的互动关系可知，应基于全球的战略高度、全球意识和世界眼光来认识新一轮全球化时代中国的发展，要充分认识到全球化给予中国的世界机会、世界市场、世界地位，从全球化重要战略期来看待中国过去、现在和未来所处的时代背景，既不妄自菲薄，也不骄傲自大，而是眼睛高看一程，手脚先快一步，认识到中国作为全球化进程的主角，理应具有与此相匹配的责权利，以全球水准和全球高度来审视中国的发展，找差距、找机会、找准自己的位置，看世界、看未来、看大局。只有具备如此开阔的全球视

---

① 杨雪冬：《新世纪以来全球化的特点及中国的应对》，《毛泽东邓小平理论研究》2012 年第 10 期。

野和全局眼光，才能立足于本国，充分发挥自身优势和民族智慧，对内强调科学发展，对外倡导和谐世界，走出一条有中国特色的社会主义道路。只有站得高才能看得远，只有具备世界高度才能认清前行之路，才能提升全球化、现代化进程中的主动性、预见性和持久性。

在新一轮全球化时代找准中国的定位至关重要，党的十八大明确指出："我们必须清醒认识到，我国仍处于并将长期处于社会主义初级阶段的基本国情没有变，人民日益增长的物质文化需要同落后的社会生产之间的矛盾这一社会主要矛盾没有变，我国是世界最大发展中国家的国际地位没有变。在任何情况下都要牢牢把握社会主义初级阶段这个最大国情，推进任何方面的改革发展都要牢牢立足社会主义初级阶段这个最大实际。"① 十八大这段话准确、完整地分析了当今中国的基本定位，即"三个没有变"——基本国情没有变，社会主要矛盾没有变，国际地位没有变。中国作为全球化的追赶者，刚刚从被动型和依附性的发展模式向主动型和后发型转变，是发展中国家的领头羊。尽管这几年中国的经济总量跃居世界第一，但人均数却排在世界后列，甚至低于不少非洲国家，形势依然不容乐观，尚有1.28亿人口生活在贫困线以下；且经济发展极不平衡，东部沿海地区发展很快，而西部内陆仍然较落后；"中国制造"和"世界工厂"名震世界，但技术水准不高，绝大多数是附加值较低的劳动密集型产品，缺乏竞争实力。因此不应好高骛远，躺在成绩簿上睡大觉，而应继续艰苦奋斗、独立自主、脚踏实地、埋头苦干，练好本领，做足内功。这个定位要求我们在对外交

---

① 胡锦涛：《坚定不移沿着中国特色社会主义道路前进　为全面建成小康社会而奋斗——在中国共产党第十八次全国代表大会上的报告》，人民出版社 2012 年版，第 16 页。

往中不骄不躁，继续长期奉行"韬光养晦、有所作为"的战略方针，走"和平、发展、合作、共赢"的和平崛起之路，努力构建和谐中国和和谐世界。

（二）战略机遇与风险挑战

全球化最重要和最鲜明的特征就是"机遇和挑战共存论"，因为全球化既是鲜花又是陷阱，既有优点又有缺点，且在一定条件下可以向对立面转化，如此鲜明的特征使其获得了最美妙的赞赏，同时也遭致了最严厉的批评，因此如何正确客观地看待全球化给予本国的战略机遇和风险挑战，这是各国选择发展道路和搞好本国现代化建设的重要前提。党的十八大对此深刻阐述道："当今世界正在发生深刻复杂变化，和平与发展仍然是时代主题。世界多极化、经济全球化深入发展，文化多样化、社会信息化持续推进，科技革命孕育新突破，全球合作向多层次全方位拓展，新兴市场国家和发展中国家整体实力增强，国际力量对比朝着有利于维护世界和平方向发展，保持国际形势总体稳定具备更多有利条件。"[①] 这段话深入分析了当代全球化的特征、时代主题和发展趋势。可以看出，全球化对世界各国的发展提供了一个良好的外部环境，赢得了较长的和平发展时期，有利于各国长期保持经济快速发展、政治稳定、社会和谐的局面，符合各国的发展和人民的期望。对于中国这个最大的发展中国家和后发国家而言，如何抓住前所未有的全球化发展机遇，应对挑战，掌握主动，抢占科技先机和优势，化危机、风险和挑战为机遇，化弊为利，这是值得深入研究的一个重要课题。事实上，中国从全球化中受益多于受挫，改革开放和社会主义市场经济

---

① 胡锦涛：《坚定不移沿着中国特色社会主义道路前进　为全面建成小康社会而奋斗——在中国共产党第十八次全国代表大会上的报告》，人民出版社 2012 年版，第 46 页。

的建立使中国迅速与世界接轨，由此拉开了中国全面参与全球交往实践的序幕，有中国特色社会主义的实践表明中国积极应对全球化"大有可为"，并形成了"三自信"——道路自信、理论自信、制度自信，实现了"三赢"——赢得主动，赢得优势，赢得未来。无疑，中国是积极应对全球化的成功范例。

　　同时应该看到，新全球化时代风险、危机、挑战无处不在。除了东西、南北问题带来的传统风险和危机以外，各种非传统风险问题也接踵而来，如气候变迁、环境污染、粮食短缺、能源紧张、金融危险、恐怖活动、民族分裂、人权干涉、非法移民、食品安全、卫生疾病、生物技术安全及各类突发事件等，这些问题给世界增添了不安定因素和动荡局面，甚至可能引发严重的全球效应，对世界的和平与发展造成严重影响。对于中国而言，风险和危机主要来自于政治、经济、社会、文化等多个领域，可以看到，无论是传统意识形态危机，还是新型的世界金融危机和生态危机，抑或是不确定的社会群体性事件和民族分裂分子制造的社会骚乱，全球化带来了不可避免的矛盾、冲突、竞争，制造了潜在的和公开的危机和风险。面对危机、风险和挑战，理性的态度是：第一，不畏惧；第二，贵在预防；第三，化解危机和风险。并且，中国具备强大的抗危机、抗风险的能力和防御系统，这是因为：在制度设计上，中国特色的社会主义制度能够适应中国国情和未来发展，其良好的政治动员、国家执行力和民主集中制能够最大限度地规避风险和集体行动，有学者称之为"政治驱动型的后发现代化模式"；在发展道路上，中国不盲从，不迷信，从改革开放的总设计师邓小平"摸着石头过河"的大胆实践论到如今改革"深水区"的"顶层设计"，及至十八大提出的"中国梦"，无不体现了中国特色的发展道路，在这条道路上，中国之梦已起飞，中国之梦必将实现。值得注意的是，中国威胁论的叫嚣不绝于耳，近几个月来，关于南海和钓鱼岛的领土主权纠纷引发了中国与东南亚一些国家之间的矛盾和冲突。中国强大了，同样带来了烦恼，但这是发展中的困惑和烦恼，中国已经做好了应对全球化各种挑战的准备，一定意义上说，这种挑战本身就蕴涵着对未来的自信和期盼。改革开放以来，我国经济实力明显提升，但经济结构性矛盾突出，城乡差距过大，加上境内外敌对势力从未停止过对我国意识形态的渗透和政治干扰活动，国内恐怖主义、极端宗教势力、民族分裂势力等破坏活动也时有发生，因此维护国家安全、政治稳定和团结的任务十分艰巨，任何时候都松懈不得。

（三）社会主义与中国模式

全球化造成的最大影响之一是为我们提供了一种认识当代社会主义的全球视野。我们要深入认识社会主义在当代的命运，应该把社会主义放在全球化进程中加以认真思考。应当说，社会主义从其出现之日起就是推动全球化进程的力量和重要组成部分，它所倡导的消除阶级剥削和各种各样的差别、歧视、压迫，实现不同层次、领域中不同主体间平等的思想，是对长期由西方主导的全球化进程的纠正，以及对"西方中心主义"思想影响的肃清，曾经一度为全球化进程中的弱者提供了思想斗争的武器，并且曾推动一些国家在第二次世界大战后完成了从思想、价值理念向制度实现的转变。社会主义制度在许多国家的实现在很大程度上限制了资本力量的过度膨胀，遏制了西方力量在全球范围内的扩张，并且推动了长期被忽视的非西方力量的成长壮大，改变了由西方主导全球化进程的一元化格局。可以肯定地说，社会主义与资本主义的对抗是全球化进程在 20 世纪的基本主题之一，而且正是由于这种对抗的存在，才给更多力量、声音的出现在全球化进程中提供了机会、条件与空间，这有助于全球化进程的多元化、多维度局面的形成。

尽管 20 世纪 80 年代末到 90 年代初，社会主义事业在苏联和东欧一系列社会主义国家遭遇了重大挫折，但这并不能证明社会主义的历史终结。因为导致资本主义危机的经济和社会条件仍然存在，虽然与马克思的时代相比，当代资本主义社会的阶级属性已经发生了很大的变化，马克思主义者对这一问题应该重新加以认识。但是，由于资本主义的固有矛盾依然存在，我们没有理由认为资本主义代表着历史的最后阶段，没有理由放弃社会主义是我们的理想和信念，因为这不是一个盲目的信念，也不是基于道德的理想或愿望。相反，这一信念是基于对马克思主义关于人类社会历史发展规律的正确理解和认识——实现社会主义和共产主义是人类社会自身历史发展的必然产物，也是全人类为之奋斗和追求的社会理想，在实现社会主义和共产主义社会理想的过程中，难免会遇到不少困难和挫折，尤其是在由资本主义开辟和主导的全球化进程中，作为客观的不以人的意志为转移的历史潮流，全球化把所有民族国家和人民都卷入其中，同样也对人类社会带来了重大影响，但它终究不能够改变人类社会最终迈向社会主义和共产主义的必然性和社会理想，对此要有清醒的认识。全球化对所有民族和国家都提供了一个极其广阔和前所未有的全球交往实践平台，对于中国这个最大的发展中国家而言，世界离不开中国，中国也离不开世界，中国在建构现代化国家的征途中，以中国特色社会主义道路的理论思考和实践做着对全球化和现代性的独特理解和中国式解读。

首先，在全球化实践背景下，中国纠偏和深化了对社会主义发展道路的认识。自社会主义制度诞生以来，在关于"什么是社会主义和怎样建设社会主义"的认识和实践等问题上走过了一段曲折的道路，一些社会主义国家在本国经济文化落后的情况下，曾经把许多不是社会主义的东西当作社会主义来僵化固守，结果阻碍了生产力的发展，影响了社会主义事业的进程，促使世界社会主义运动开始重新反思社会主义的发展道路问题。自苏东剧变后，中国的社会主义模式日渐成熟，使得世界社会主义都把目光投向了中国，认识到中国与苏东各国坚持发展社会主义的方向是一致的，但选择的发展道路和发展方式又有很大不同。以邓小平为核心的第二代领导人在总结世界社会主义运动的经验教训基础上，解放思想，实事求是，提出大力发展生产力，摒弃不符合当代世界社会主义发展潮流的东西，通过改革开放的伟大历史实践，把对社会主义运动的本质认识提高到了一个新水平，为世界上坚持社会主义运动的国家提供了经验。这不仅使我国彻底搞清了长期困扰我们建设社会主义的历史阶段认识问题，而且找到了如何实现社会主义运动的发展道路，它对于世界社会主义运动产生的历史作用是不可低估的。

其次，坚持以社会主义价值目标设计我国各项政策，消除全球化市场所带来的负面影响。我们要清醒地意识到全球化与本民族利益的矛盾，坚持自主参与经济全球化实践，通过制定政策引导国际市场的开放，积极促进与国际市场接轨，历史地理解现阶段中国实行社会主义市场经济实践的过程性，把社会主义的理论和实践与全球化实践的普遍发展联系起来，从而把中国特色社会主义实践与世界社会主义的前途命运联系起来。邓小平指出，我们的路走对了，就可能对人类有比较大的贡献。并且他一再告诫我们：必须确立"只要中国社会主义不倒，社会主义在世界将始终站得住"① 的信念。当代中国建设有中国特色社会主义事业具有地区性和世界性意

---

① 《邓小平文选》第三卷，人民出版社 1993 年版，第 346 页。

义，它既是具有鲜明个性和中国特色的社会主义实践，同时又禀赋有世界社会主义的共同性质，它为世界社会主义的发展注入了新的活力和新的希望，中国在全球化背景中把建设有中国特色社会主义事业搞好了，就是为世界社会主义运动乃至未来的社会主义发展提供了范例。

最后，中国模式务实、深刻地诠释了对中国特色社会主义的理论研究和实践探索成果。它的突出贡献表现为两方面：一是在生产力方面。它认为生产力是国家和社会发展的根本动力，贫穷不是社会主义，社会主义也应该发展市场经济，市场经济本身不是所有制问题，而是生产力的内容和手段，因此生产力落后的社会主义国家非要发展市场经济不可，这是客观必然趋势，是生产力发展的使然，也是社会主义的历史命运。无疑，这个认识是相当科学和精辟的，以此为前提，生发出了"发展是硬道理"、"三个有利于"标准和"黑猫白猫论"。二是在生产关系方面，中国模式解决了落后的生产关系如何通过改革重新适应生产力的问题，继而提出了改革开放的战略思想，使改革开放成了不亚于新中国成立的具有里程碑式意义的第二次革命。从理论上来说，生产关系和生产力这两者之间的关系非同一般，存在着决定和反作用的互动关系，一方面生产力决定生产关系，任何违背生产力发展的制度设计和生产关系都终究要被历史潮流所抛弃，这方面我们经历了太多的挫折和教训，历史不应被重演；另一方面生产关系对生产力起着反作用，这种反作用表现为适应和不适应两方面，生产关系适应生产力发展时起着促进作用，不适应时则起着阻碍作用。在本质上看，中国模式是基于中国落后的生产力水平和新中国成立以来历史经验教训的基础上，对社会主义生产关系的再认识，这种再认识是理性和科学的，是全球化时代的中国智慧和中国历程，是纠正极"左"和极右思想的发展道路，是社会主义的中国特色理论和实践探索。在国际层面，中国模式还被越南、古巴、老挝、柬埔寨、朝鲜、东盟国家、非洲国家等借鉴和学习，其影响力与日俱增。

二、全球化交往时代的中国特色社会主义实践

马克思认为，全球化是民族历史向世界历史的转变；吉登斯说，全球化是流动的现代性；贝克强调全球化是风险时代。可见，对于全球化的理解，是仁者见仁，智者见智。从最本真的意义上说，全球化就是一种交往实践，是一种置身于全球时空背景之下的主体间的交往活动，这种全球性的交往实践，兼具民族性、世界性和开放性，同时深刻塑造着各国的现代化发展历程。全球化交往新时代，中国面临着前所未有的机遇和挑战，党的十八大报告满怀豪情地作了总结："回首近代以来中国波澜壮阔的历史，展望中华民族充满希望的未来，我们得出一个坚定的结论：全面建成小康社会，加快推进社会主义现代化，实现中华民族伟大复兴，必须坚定不移走中国特色社会主义道路。"[1] 这里，中国特色社会主义道路和实践就是全球化时代中国社会主义的基本经验、成功之道和历史总结。具体可从以下三方面展开分析。

（一）建立健全社会主义市场经济体制，全面实施改革开放，增强经济实力和综合国力

我们要树立世界眼光和抓住战略机遇，根本目的是要把国内的事情办好，继续保持社会经济又好又快发展。21世纪前50年全党全国工作的大局是在全面建成小康社会的基础上，中国基本实现现代化。中华民族要想实现"中国梦"的伟大民族复兴，任

---

[1]　胡锦涛：《坚定不移沿着中国特色社会主义道路前进　为全面建成小康社会而奋斗——在中国共产党第十八次全国代表大会上的报告》，人民出版社2012年版，第10页。

何时候都必须"咬定青山不放松",紧紧围绕这个大局想问题、做事情。党的十八大报告指出:"以经济建设为中心是兴国之要,发展仍是解决我国所有问题的关键。只有推动经济持续健康发展,才能筑牢国家繁荣富强、人民幸福安康、社会和谐稳定的物质基础。必须坚持发展是硬道理的战略思想,决不能有丝毫动摇。"① 要坚定不移落实科学发展观,加快转变经济发展方式,促进经济长期平稳较快发展,不断增强我国的综合国力、国际竞争力和抵御风险的能力。

当今时代步入了以科技和经济实力为核心的综合国力较量,在各国经济相互作用显著增强的同时,经济竞争也空前激烈。应该看到,经济全球化为世界各国在国际市场与国际组织机构中消除了许多不同制度交往的障碍,扩展出一定经济交往的空间。特别是在以新一轮科技革命为先声的世界知识经济的影响下,不同制度的经济相互依赖、相互渗透因素日益加深,全球化进程中不同社会制度间的经济交流与合作将具有长期性。因此,在社会主义市场经济建设过程中,面对全球化环境,我国的市场经济建设面临新的战略转换,面临着进一步依靠市场经济发展生产力的任务,通过进入世界市场来加快实现社会主义的先进生产力,它深刻地回到了马克思主义历史辩证法的立场上,最终利用全球化所提供的市场力量来实现自己的民族利益和社会主义目标。

中国从 20 世纪 70 年代末开始实行改革开放的政策,"开放"就是应对汹涌澎湃的全球化大潮所作出的积极反应。中国全方位开放引起了全球注目,它推动经济和社会等各方面的勃兴,中国从开

---

① 胡锦涛:《坚定不移沿着中国特色社会主义道路前进 为全面建成小康社会而奋斗——在中国共产党第十八次全国代表大会上的报告》,人民出版社 2012 年版,第 19 页。

放中受益几何难以计算。而此前，我国曾长期经历闭关自守和与世隔绝的年代，其结果是停滞与贫困。闭锁与开放所形成的差别应在云泥之间。坚持对外开放实质上是坚持交往实践观，从封闭到开放是向交往实践观的转向。改革开放三十多年来，我们大力加强国际交往，引进发达国家的先进科学技术、资金、人才和管理经验，大胆借鉴、吸收人类社会包括资本主义社会创造出来的全部文明成果，不断结合新的实践进行新的创造，从而加快了发展步伐，创造了为世界所瞩目的"中国奇迹"。

中国的对外开放从沿海地区到创办经济特区，再到全方位、多层次、宽口径的开放，构成了中国全球化交往实践时代的政策支撑和重要前提。显然，开放地区越多，开放主体越多，对外开放的主体数目也相应增多，反之亦然。如果对外开放的国别失衡，必然导致对外开放主体结构失衡。因此，开放结构包括开放的国别结构、地区结构、主体结构、产品结构和流向结构五个方面，其中，前三者属于交往实践的空间结构，后两者属于交往实践的内容结构。由于交往实践的空间结构和内容结构之间存在相互影响和相互促进的关系，再加之开放对象国家的局限性，人为地限制了某些生产要素的开放，或者产生生产要素开放不完全性的现象，亦只进不出，或者多进少出，势必影响对外开放的深度和广度。同时，在对外开放的对象国中，既有发达国家又有发展中国家，一方面可以从经济发展水平比自己高的国家输入资金、技术、智力，另一方面又可以向经济发展水平比自己低的发展中国家输出资金、技术和劳务，这样，对外经济开放客体将会由单向流动变为双向流动。我们长期坚持对外开放，各种开放客体之间就形成一个固定的比例关系，如果开放的国别结构进行调整，开放的客体结构就会发生相应的变化。开放的地区结构对开放的客体结构影响更为直接、深远。地区是商品、资金、技术、劳务、土地的"载体",不同地区具有上述因素的不同组合特征。这样,开放某一地区,其中的某一类优势因素,可以更大程度地参与国际分工和国际交换。一国内部,不同类型地区开放得越多,各种开放客体就越全面。马克思和恩格斯在论述到这个问题时曾经指出:"如果一个国家的工资和土地价格低廉,资本的利息却很高……而另一个国家的工资和土地价格名义上很高,资本的利息却很低,那么,资本家在一个国家就会使用较多的劳动和土地,在另一个国家就会相对地使用较多的资本。在计算两个国家之间这里可能在多大程度上进行竞争时,这些因素是起决定作用的要素。"① 马克思这里讲的产生比较利益具有普遍意义,经济发展利用比较优势是任何国家都应作出的发展选择,我们也不例外。

在全球化进程中,只要我们继续在独立自主与吸取全人类优秀成果尤其是资本主义成果之间保持必要的张力,使之相互促进,相得益彰,我们就在实践中能够进一步赢得同资本主义相比较的优势,一定能够充分发挥社会主义的优越性和后发优势。为此,要进一步实施市场多元化和科技兴贸战略,努力扩大货物和服务出口,积极开拓新的出口市场,优化出口商品结构和市场结构,继续扩大大宗传统产品和劳动密集型工业制成品出口,不断提高其技术含量和附加值,增加高新技术产品和高附加值产品出口。加强加工贸易管理,提高其增值率和扩大其出口,继续规范发展边境贸易。大力发展承包工程、设计咨询、技术转让、国际旅游、国际运输、航天发射、教育文化和金融保险等领域的服务贸易出口,积极引进先进技术、关键设备。与此同时,在参与国际经济贸易中,还要努力实现大宗产品和重要资源进口来源多元化。积极合理有效地利用外

---

① 《马克思恩格斯文集》第 7 卷,人民出版社 2009 年版,第 990 页。

资，把吸收外商直接投资作为利用外资的重点，完善投资环境，扩大利用外资规模，提高利用外资质量。鼓励外商特别是跨国公司参与我国国有企业的改组改造，投资高新技术产业和出口型产业，促进我国产业结构调整和技术水平的提高。鼓励有条件的企业对外发行股票，积极探索采用收购、兼并、风险投资、投资基金等各种方式，促进利用外资和国有企业产权制度改革。鼓励和促进中外中小企业之间的合作，不断提高服务业利用外资的比重。继续发挥经济特区的优势，提高利用外资水平。采取鼓励政策，引导外资更多地投向中西部地区，特别是中西部地区的老工业基地改造、基础设施建设、生态建设和环境保护、矿产和旅游资源开发。继续合理利用国际金融组织和外国政府贷款、融资租赁、出口信贷等国际商业贷款。鼓励和支持企业进入国际市场，介入多向的物质交往实践，参与竞争并受其制约，在市场竞争性交往关系及其价值规律的压力下，各企业主体必须不断地采取新技术、新设备、新管理，提高自身素质。在积极进取中，释放能量，搞活自身，从而才能使整个国民经济充满活力。参与全球化可以加速我国从过去的单一投融资主体向投融资主体多元化转变，随着与国际经济接轨，国际资本与跨国公司进一步看好中国市场。据有关资料介绍，世界贸易额在过去50年中增长了18倍，全球每个人的平均所得因此增加了2.5倍，国际资本、技术、劳务等生产要素大流动速度高于国际贸易大增长速度，规模不断扩大。实践证明我国利用国际资本获取了国家经济建设的巨大利益，它带来了国际分工的发展、产业的转移和资本、技术等生产要素的流动，这为发展中国家弥补本国资本、技术等生产要素缺口，利用后发优势提供了可能，发展中国家应该抓住这个机会实现产业升级，推动技术进步创新。德国世界经济研究所埃里希·贡特拉赫和彼得·努能坎普指出："全球化使许多发展中国家增加了从经济上把本国发展成工业化国家的机会。"①

从一定程度上说，全球化是一个博弈的结果，充满着机会和风险。对于中国这个最大的发展中国家而言，如何充分利用经济全球化给予的后发优势来发展自己，显得尤为重要。一方面，当今世界科技争夺战愈演愈烈，新能源、新材料、微型技术、生物技术、海洋技术等迅猛发展，因此党的十八大报告强调科技创新是提高生产力和综合国力的战略支撑，是国家经济发展的核心动力，必须加快实施创新驱动发展战略，抢占科技制高点和发展先机，增强科技自主创新能力以缩小同发达国家的差距，实施科教兴国和人才强国战略，实现产业结构优化升级和跨越式发展，争取最有利的战略机遇来壮大自身的经济实力。另一方面，我国面临着更为严峻的世界外部经济环境，表现在国际金融危机深度蔓延，世界经济复苏乏力，世界经济下行风险增大，西方发达国家也面临着严重的债务危机，各种形式的保护主义抬头，在人民币汇率、贸易顺差、知识产权保护等方面干涉和打压中国及其他发展中国家，妄图对外转嫁危机。与此同时，随着我国参与经济全球化程度日益加深，我国外贸传统优势逐渐减弱，如何重新看待我国参与国际经济合作和竞争的新优势，有效规避外部经济风险，进一步拓展经济发展的新空间，不断提高对外开放水平，是我国需要在理论研究和实践探索上解决的重大课题。

（二）深入推进政治建设和社会管理，扩大政治影响力，形成道路自信、理论自信、制度自信

随着经济全球化的日益深入，我国在思想观念、利益格局、社

——————
① 转引自胡元梓、薛晓源主编：《全球化与中国》，中央编译出版社1998年版，第138页。

会结构等方面都发生了深刻的变化和调整，经济体制改革的深入迫切需要推进政治建设和社会管理。有学者认为："在中国，有效的国家治理必须以历史传统、现实国情与时代特征为基础，通过以价值引导、制度维系与组织支撑三个维度为核心内容的政治建设，实现大国治理与政治建设的和谐互动，最终达成有效而民主的国家治理。"① 在全球化时代资本主义重围之下，作为发展中大国的社会主义中国应该选择什么样的政治制度和社会管理模式，既确保社会主义制度和共产党的领导地位，又顺利引导中国实现现代社会转型使之迈向民主和法制化的轨道，这是摆在中国面前的一个重大而棘手的问题。从新中国成立 60 年以来正反两方面的经验教训得出一个基本结论，中国正处于社会主义初级阶段，必须坚持走中国特色社会主义道路。党的十八大报告对此给予了深刻总结："在改革开放三十多年一以贯之的接力探索中，我们坚定不移高举中国特色社会主义伟大旗帜，既不走封闭僵化的老路、也不走改旗易帜的邪路。中国特色社会主义道路，中国特色社会主义理论体系，中国特色社会主义制度，是党和人民九十多年奋斗、创造、积累的根本成就，必须倍加珍惜、始终坚持、不断发展。"②

从政治建设和政治发展的层面来看，中国特色社会主义的道路体系、理论体系、制度体系表现为：第一，道路体系："一个中心，两个基本点"和"五位一体"格局。"两个基本点"即坚持四项基本原则和坚持改革开放为"以经济建设为中心"提供强有力的政治方向和政治保障；"五位一体"格局中，社会主义民主政治

---

① 唐皇凤：《大国治理与政治建设——当代中国国家治理的战略选择》，《天津社会科学》2005 年第 3 期。

② 胡锦涛：《坚定不移沿着中国特色社会主义道路前进　为全面建成小康社会而奋斗——在中国共产党第十八次全国代表大会上的报告》，人民出版社 2012 年版，第 12 页。

为其他四位——社会主义市场经济、社会主义先进文化、社会主义和谐社会、社会主义生态文明提供稳定的政治环境和良好有序的社会基本秩序。第二，理论体系：包括邓小平理论、"三个代表"重要思想、科学发展观等科学理论体系，这是对马克思列宁主义、毛泽东思想的坚持和发展。第三，制度体系：主要指人民代表大会制度、中国共产党领导的多党合作和政治协商制度、民族区域自治制度等基本政治制度。从横向和纵向的时空坐标轴来看，世界局势风云变幻，全球化这把双刃剑甚至指向其主导者——资本主义制度，西方资本主义制度当前所面临的困境表明制度建设和政治发展始终是动态变化的，马克思主义揭示的人类社会发展的一般规律和社会主义必然取代资本主义的社会理想并没有过时。中国特色社会主义伟大而充满曲折的实践给予了当代中国道路自信、理论自信和制度自信，在现代国家建构和民族复兴的征途中，中国已日趋强大，在国际地位上的政治影响力不容小视，并正在成为可与西方发达国家相抗衡的代表着社会主义和发展中国家的重要砝码，中国特色日趋彰显，正如党的十八大报告所言："实践充分证明，中国特色社会主义是当代中国发展进步的根本方向，只有中国特色社会主义才能发展中国。"并且，"中国特色社会主义道路是实现途径，中国特色社会主义理论体系是行动指南，中国特色社会主义制度是根本保障，三者统一于中国特色社会主义伟大实践，这是党领导人民在建设社会主义长期实践中形成的最鲜明特色"。①

从历史发展的逻辑来看，中国特色社会主义具有充分的合法性和合理性，它既坚持了科学社会主义基本原则，又根据时代条件赋

---

① 胡锦涛：《坚定不移沿着中国特色社会主义道路前进 为全面建成小康社会而奋斗——在中国共产党第十八次全国代表大会上的报告》，人民出版社 2012 年版，第 12 页。

予其鲜明的中国特色，以全新的视野深化了对共产党执政规律、社会主义建设规律、人类社会发展规律的认识，从理论和实践结合上系统回答了在中国这样一个人口多、底子薄的东方大国建设什么样的社会主义、怎样建设社会主义这个根本问题，使中国摆脱了贫穷落后的面貌，创造了中国奇迹，实现了中国崛起，凸显了自身的合法性和比较优势。中国特色社会主义制度在汶川地震、北京奥运会、非典、亚洲金融危机等重大事件和灾难面前，有利于集中力量办大事，凝聚社会共识，进行有效的社会动员及应对前进道路上的各种风险挑战，充分显示了其制度优势。并在制度建设和政治建设各方面均有了长足进步：在民主法治建设方面，民主意识深入人心，基层民主不断扩大，人民各项民主权利得以实现；法治建设成效显著，中国特色社会主义法律体系基本形成。在国家治理方面，政治体制改革渐进深入，人民代表大会制度日益完善，协商民主制度得以健全，权力监督和约束体系正在形成并发挥作用，行政体制改革全面实行，爱国统一战线不断巩固。在社会管理方面，在服务型政府的现代理念倡导下，一个廉洁高效、以人为本、民主规范的社会正在成长，社会管理取得长足发展，表现在教育、卫生医疗、住房、养老保险、社会救助等城乡社会保障体系各方面。总体来说，基本公共服务水平和均等化程度明显提高，一个重民生、倡和谐、讲民主、多元色彩的现代中国及其社会正在不断建构，经济建设是其地基，政治建设是其框架，文化建设是其土壤，以公平正义、追求幸福、最大限度改善民生、全面实现小康社会的社会目标为其价值理想。

但也应看到，当前改革已进入到深水区和攻坚阶段，政治体制改革的推进明显滞后于经济体制改革，各种社会矛盾、社会问题凸显，腐败问题严重，贫富差距进一步拉大，群体性事件增多，极端民族主义和宗教势力抬头，各种利益集团"必须以更大的政治勇气和智慧，不失时机深化重要领域改革，坚决破除一切妨碍科学发展的思想观念和体制机制弊端，构建系统完备、科学规范、运行有效的制度体系，使各方面制度更加成熟更加定型"①。很显然，对深化政治体制改革和社会管理的呼声日趋高涨，我们需要对此给予理论思考和实践探索。

（三）全方位提升文化软实力

文化是一个国家和民族赖以生存和发展的血脉和根基，文化成为关乎国家发展的重要软实力的提法最早是由美国学者约瑟夫·奈在20世纪90年代提出来的，他认为软实力（soft power）是相对于由经济、科技、军事等构成的硬实力而言的，主要由文化感染力、价值观感召力、政治制度吸引力、外交事务影响力等构成，并在综合国力的较量中扮演着日益重要的角色。党的十七大报告指出要"形成与我国经济社会发展要求相适应的文化软实力"②，将视为一项长远的战略任务并将其提升到前所未有的高度。党的十八大报告指出："要深化文化体制改革，解放和发展文化生产力，发扬学术民主、艺术民主，为人民提供广阔文化舞台，让一切文化创造源泉充分涌流，开创全民族文化创造活力持续迸发、社会文化生活更加丰富多彩、人民基本文化权益得到更好保障、人民思想道德素质和科学文化素质全面提高、中华文化国际影响力不断增强的新局面。"③ 毋庸置疑，全

---

① 胡锦涛：《坚定不移沿着中国特色社会主义道路前进　为全面建成小康社会而奋斗——在中国共产党第十八次全国代表大会上的报告》，人民出版社2012年版，第18页。

② 《十七大以来重要文献选编》（上），中央文献出版社2009年版，第751页。

③ 胡锦涛：《坚定不移沿着中国特色社会主义道路前进　为全面建成小康社会而奋斗——在中国共产党第十八次全国代表大会上的报告》，人民出版社2012年版，第31页。

方位提升文化软实力，已成为各国发展的共识。而建设有中国特色的社会主义文化，提升中华文化的感染力和国际影响力、社会主义核心价值观的感召力、中国国家形象的亲和力和中国文化产业的国际竞争力，也已成为中国发展的战略性任务。

文化软实力的概念虽然为今人所造，但古代中国是一个真正意义上的"文化大国"。独具东方魅力、开放包容、教化向善、儒释道并存的中原文化源远流长，不仅使四方臣民、蛮夷戎狄和慕名而来的远方各国臣服，甚至在遭受外族入侵时，其先进包容的文化亦同化和教化着外族，而不是被外族文化所征服。由此可见，中华文明之所以历经数千年而精神犹存，风貌仍在，最关键的一点在于中华民族具有强大的文化软实力。当今中国如何传承和发扬这种文化软实力，值得深思。党的十八大提出，要从文化大国发展到文化强国，构建当代中国社会的新价值体系，在传承中形成有中国特色的社会主义文化，提升文化软实力，塑造中华民族生生不息、根深叶茂的民族文化之根。具体实施路径主要有：第一，构建当代中国社会主义核心价值观，凝聚共识，形成认同；第二，弘扬传统文化，打造当代有中国特色社会主义文化，提升中华文化的国际影响力；第三，树立责任大国、文化强国、友善和谐的国家形象；第四，推动文化创新，通过"走出去"和"引进来"的文化战略，促进文化的国际交流，提高文化产业的国际竞争力。

当然，我们一方面欣喜地看到，社会主义核心价值体系建设深入开展，文化体制改革全面推进，公共文化服务体系建设取得长足发展，文化产业快速发展，文化创作生产更加繁荣，人民精神文化生活更加丰富多彩，全民健身和竞技体育取得新成绩，文化软实力显著增强。另一方面，当今世界发达国家均有其各自强大的哲学和文化，与他们相比，我国在文化建设方面尚存在着不少差距，文化软实力亟待提升，文化的世界性和民族性的交融交汇有待进一步挖掘，因此新时期文化建设大有可为，必须在思想上给予高度重视，在行动上加快步伐，以构建当代社会主义文化强国。

三、中国全球化交往实践观

全球化时代，中国对交往实践观有着自己的独特理解和深刻诠释，可从战略机遇、政策支撑、路径、目标、对外关系等五方面进行深入分析。

（一）交往实践战略机遇：和平与发展的国际环境

当我们把有中国特色社会主义建设置于交往实践全球化背景中时，对交往问题作出马克思主义解释的哈贝马斯分离交往行为水平的方法对我们是一个启发，他认为："我们必须从工具行为和战略行为水平中分离出交往行为的水平来（在社会的共同活动中二者是结合在一起的）。"[①] 我们在建设有中国特色社会主义过程中不仅需要而且能够分离出交往行为水平，这就是中国当代改革开放总设计师邓小平同志在中国改革开放进程中提出的，要区分和系统把握国内与国际两个战略水平。邓小平同志讲的国内战略水平是指系统进行社会主义改革和现代化建设，在国际上维护世界和平；国际水平是指反对霸权主义和强权政治，而把二者结合起来就是要把"从经济角度"观察与"从政治角度"观察问题相结合。邓小平同志指出："现在世界上真正大的问题，带全球性的战略问题，一个是和平问题，一个是经济问题或者说发展问题。""从政治角度"看问题，"总起来说，世界和平的力量在发展，战争的危险还存在"。[②] 因而提出了"反对霸权主义，维护世界和平"。而"从经

---

① 哈贝马斯：《交往与社会进化》，重庆出版社 1989 年版，第 146 页。
② 《邓小平文选》第三卷，人民出版社 1993 年版，第 105 页。

济角度"就是邓小平提出的发展问题。他认为："和平问题是东西问题，发展问题是南北问题。概括起来，就是东西南北四个字。南北问题是核心问题。"[①] 这里虽然没有用"经济全球化"这样的字眼，但确实是从全球经济紧密联系的角度来分析的，并肯定它是"核心问题"的。这实际上把从经济分析作为基础，同时又将这种分析与从政治角度所作的分析紧密结合起来，二者的结合正是交往实践行为水平。正如邓小平同志所提出的："应当把发展问题提到全人类的高度来认识，要从这个高度来观察问题和解决问题。只有这样，才会明了发展问题既是发展中国家自己的责任，也是发达国家的责任。"[②] 只有发展中国家与发达国家都看到自己的责任，全球的经济问题或发展问题才能真正得到解决。

国际体系变革趋势不可逆转，新兴国家活跃于世界舞台，我国能够继续赢得参与国际关系重组的战略机遇。随着国际格局的深刻变化和大国关系的重大调整，改革国际体系的呼声日益高涨。目前，国际货币金融体系和世界经济治理机制改革逐步推进，全球性问题谈判全面展开，特别是二十国集团作为促进国际经济合作的重要平台，增加了新兴国家的发言权和规则制定权，为推动建立国际政治经济新秩序创造了有利条件。我国作为最大的发展中国家，是国际政治经济新秩序的参与者和推动者，未来将继续抓住机遇，通过积极参与国际体系变革增加世界话语权和国际规则制定权。

在建设有中国特色社会主义过程中，要系统地、深入地把握国内与国际交往实践行为水平。邓小平指出："南方得不到适当的发展，北方的资本和商品出路就有限得很，如果南方继续贫困下去，

---

① 《邓小平文选》第三卷，人民出版社 1993 年版，第 105 页。
② 《邓小平文选》第三卷，人民出版社 1993 年版，第 282 页。

北方就可能没有出路。"① 只有真正建立国际政治新秩序和国际经济新秩序，才能最终解决和平与发展问题。一方面"我们要靠自己来摆脱贫困，靠自己发展起来。主要靠自己，同时不要闭关自守，可以多方面找朋友"②。实行全方位开放政策，加强国际经济合作，将本国经济融入国际经济大潮，在合作与竞争中谋求发展。在同资本主义的联系和竞争中赢得自己的比较优势和最后胜利。我们既要大胆借鉴、吸收资本主义社会所创造的全部文明成果，又要坚决抵制资本主义的一切腐朽因素。总之，这是邓小平面对全球化和多极化趋势，提出的有中国特色社会主义的交往全球化实践思想，是我们建设有中国特色社会主义必须把握的交往实践水平。邓小平理论为和平与发展两大问题的解决指明了方向，为交往实践全球化指明了切实可行的道路。以之为指导，就应该在世界历史的制高点上建设有中国特色社会主义，要在交往实践全球化进程中建设中国特色社会主义。

全球化既不是"陷阱"，也不是"神话"，更不能轻信全球化会炮制现代化的"经济巨轮"。全球化是一种实践，是一种"非做不可"的历史发展趋势，所以反对全球化的并不只是发展中国家，还包括发达国家的一些阶层。实事求是地看，全球化在为发达国家创造经济高速增长的同时，也为发展中国家后来居上，赶超发达国家提供了一定机遇。发展中国家参与全球化进程的有利条件是：以往资本主义经济大国是全球的塑造者，而如今它们同样受到全球化的压力，甚至资本主义也同样造成自己始料不及的后果，比如，金融危机之后的经济下行、债台高筑、产业结构乏力等。资本主义国

---

① 《邓小平文选》第三卷，人民出版社1993年版，第106页。
② 《邓小平文选》第三卷，人民出版社1993年版，第282页。

家对全球化市场经济的影响正在日益缩小，过去垄断、"通吃"的一统局面被打破了。其次，促进地球资源的合理配置。地球资源分布很不均匀，总的说是南贫北富。发展中国家往往具有土地、劳动力等方面的优势，发达国家占有技术与无形资产等方面的优势。即按照经济规律，将这些资源统筹配置才可以取得最大的经济效益。一个国家或地区的单项资源优势可以与其他国家或地区的优势有机地结合起来，形成最佳组合。再次，新技术的推广既需要市场需求作为后盾，但更需要形成激烈竞争的客观环境。只有充分竞争，才能刺激人的创造性与潜能，在世界全球范围竞争，会不断地刺激人们去开发新技术、新产品，从而拓宽人们的需求。从本质上说，全球化把世界市场"蛋糕"做大了，也便大大地刺激了需求的总量增长与需求者来源的多元化，有利于生产、消费、分配等市场的全球分工和调控，有利于形成良性发展的国际分工。但应该看到的是，以往不合理不公正的国际经济旧秩序随着发展中国家经济实力的日益强大，必将被国际经济新秩序所取代。

（二）交往实践政策支撑：对外开放和入世

中国敞开国门，积极参与全球化交往实践，是从 1978 年党的十一届三中全会之后实施对外开放政策开始的。"对外开放"作为我国经济工作的一项重要政策是邓小平在 1980 年 6 月首次提出来的，目的是吸收发达国家的先进经验、技术和资金来帮助中国发展经济。1982 年 12 月，对外开放政策正式写入我国宪法，标志着对外开放作为我国一项长期的基本国策确定下来。这在中国现代化建设中具有里程碑的意义。中国只有向世界开放自我，才能获得全球化给予的战略机遇，全球化进程中任何一个国家如果不想被时代和世界所淘汰，就只有积极参与其中，中国是迟到者，但终归不晚。

对外开放政策使中国经济快速融入全球化之中，其主要内容有：大力发展对外贸易，特别是扩大出口贸易；积极引进先进技术和设备，特别是有助于企业技术改造的实用先进技术；积极有效地利用外资；积极开展对外工程承包和劳务合作；发展对外技术援助和多种形式的互利合作；设立经济特区和开放沿海城市，带动内地开放。三十多年来，中国对外开放成绩斐然，由点到线、由线到面，由边缘向纵深，从南到北，从东到西，形成了全方位、多渠道、多层次的开放格局，有助于我国发展社会主义市场经济，利用国际分工和进行社会主义现代化建设。作为经济全球化的迟到者和赶超者、世界上人口最多的发展中国家、刚刚纠正新中国成立以来"左"倾错误并被全球资本主义虎视眈眈的社会主义国家，中国的对外开放政策无论是对国内经济还是对国际政治都具有极其重要的意义，成了中国崛起和改变世界格局的开端。

中国积极参与全球交往实践的第二个重大事件是在 2001 年 12 月 11 日加入世界贸易组织（WTO），正式成为 WTO 第 143 个成员国。中国入世具有积极意义，从此由被动接受转为主动参与全球经济事务，通过自己的决策权、发言权、否决权来抑制一些贸易大国，这不仅关系到中国自身的发展，还关系到整个世界的和平与发展。中国加入 WTO 表明中国经济全面与世界经济接轨，全面融入世界经济一体化。入世十年间，中国上升为世界第二大经济体、第一大出口国和第二大进口国，"中国制造"遍布全世界，外贸年均增长 21.6%，显示了中国经济强劲的发展态势。回想入世之初，权衡入世的利弊，恐慌派、乐观派、客观中立派各执己见，焦点集中在入世对中国企业的冲击是利大还是弊大上，其中客观中立派的观点是值得肯定的，他们认为入世对我国经济可能带来的冲击，既不能过分夸大，也不能盲目乐观，而是要在客观分析的基础上，沉着应对，抓住机遇，迎接挑战。诚如前外经贸部副部长龙永图所言：

"中国加入世界贸易组织那天将是非常平静的一天，它意味着中国经济主动融入全球经济并被注入一支强有力的催化剂——它的作用要在较长一段时间后才能显示出来，而对目前来说，关键是把我们自己的事情做好。"利用入世的契机，引入市场竞争机制，改变资源耗竭型工业增长模式，加速转变经济增长方式，从粗放型向集约型转变，中国经济面对全球化市场，机遇远大于挑战。

十年后，外国企业"狼来了"和全球化"洪水"并没有冲垮中国的民族企业，相反，通过入世，增强了中国企业在国际上的竞争实力，成功地培育了一批国际知名的中国民族企业。十年来，中国在世贸组织中的成长有目共睹，从规则的参与者到制定者，从获得稳定透明、可预见的国际规则保障到维护自身的合法权益，中国已成为多边贸易体制和经济全球化的重要受益者，从而更加有效地利用国际、国内两个市场、两种资源，促进了国内经济社会的全面发展。同时，中国认真履行承诺，积极承担与权利和义务相匹配的国际责任，积极开展对外援助，致力于扩大与各方利益的汇合点，在国际金融危机、气候变化等全球性问题中发挥重要作用，倡导构建公正合理、互利共赢、可持续增长的国际经济新秩序，成为世界经济的重要一极。对于中国入世十年的表现，WTO 总干事拉米曾经说："尽管我不能打出 100 分，但我愿意给予 A+的评价。"入世给中国带来巨大成就的同时，也对未来中国的发展提出了更严峻的挑战，中国必须适时改变单纯以出口创汇为主的开放战略，不能只满足于在"世界工厂"里的"中国制造"，而应转变经济增长方式和产业结构调整，增强核心科技创新力，在未来经济全球化舞台中，从配角成长为主角，为实现民族复兴的"中国梦"集聚能量，奠定坚实基础。

（三）交往实践路径："走出去"和"引进来"

"引进来"作为交往实践路径和对外开放战略思想，早在邓小平时期的对外开放政策中就已经提出，但从"引进来"到"走出去"的提法则是在江泽民时期。2000 年 3 月 8 日，江泽民在九届全国人大三次会议上参加上海代表团审议政府工作报告时指出：不失时机地实施"走出去"战略，把"引进来"和"走出去"紧密结合起来，这是我们扩大对外开放，积极参与国际合作与竞争并掌握主动权的必由之路。在这里江泽民总书记提出的"走出去"和"引进来"，就是交往实践的实现路径，从国内到国际的交往实践，绝不能关起门来搞建设。这是中国在改革开放中摸索出来的成功之路，有了这种开阔思路，才能有改革开放的大实践、大发展。"'引进来'和'走出去'，是我们对外开放基本国策两个紧密联系、相互促进的方面，缺一不可。这个指导思想一定要明确。"①在全球化进程中，积极探索"引进来"和"走出去"的互动模式和内外联动、均衡发展的交互局面，统筹"引进来"和"走出去"，促进内外协调发展。

多方并举"引进来"。引进来不是盲目引进，而是有选择、有目的、有比较地引进。改革开放三十多年来，我国吸收和利用外资的规模增速明显，从 2001 年的 469 亿美元增长到 2010 年的 1147 亿美元，全方面引进外国的先进技术、资金、人才，对待外商一视同仁，并给予一定程度的优惠政策和待遇，因而较好地弥补了国内资金、技术、人才短缺的情况。同时，着力提高国内的基础设施水平、投资环境和劳动者素质，吸引外商来到中国投资办厂。当前，随着我国综合国力的整体提升，在引进内容、方式、区域、项目、

---

① 江泽民：《江泽民文选》第二卷，人民出版社 2006 年版，第 92 页。

资格审核等方面均有了较大提升，尽管西方国家受到金融危机和欧债危机的影响，对外投资锐减，但中国依然是世界上最好的投资地之一。在科技主导的全球化进程中，我国应对"引进来"做结构调整，从初期的以引进资金和项目为主到现在以引进先进技术和高端人才为主，在新形势下还可以引进对经济产生革命性作用的新商业模式或组织形式等，不断提升"引进来"的档次和水平，为我国现代化建设服务。

积极主动"走出去"。果断地"走出去"，勇敢坚定地汇入全球化浪潮之中。鼓励有竞争优势的企业开展境外加工贸易，支持到境外合作开发国内短缺资源，促进国内产业结构调整和资源置换。鼓励企业利用国外智力资源，在境外设立研究开发机构和设计中心，通过外向发展有效推动国内产业结构调整和升级。不断完善企业"走出去"政策促进体系、服务保障体系和风险控制体系，支持有实力的企业跨国经营，实现国际化发展。"走出去"增速显著，我国对外直接投资规模由 2002 年的 27 亿美元增至 2011 年的 746.5 亿美元，年均增长 26.9%，对外直接投资存量达到 4247.8 亿美元。我国对外投资的流量和存量分别居全球第 6 位和第 13 位，覆盖全球 178 个国家和地区。同时，跨国并购等新型投资方式渐成主流。2003 年至 2011 年，跨国并购占同期对外直接投资总额的 51.6%。2011 年，我国有 69 家内地企业入选《财富》世界 500 强，华为、联想、海尔等企业初具跨国公司规模。联想于 2005 年完成对世界"PC 产业缔造者"IBM 的收购业务，2011 年成为全球第二大个人电脑制造商。我国坚定不移的"走出去"战略，为民族企业快速向国际化发展创造了发展机遇。

全球化交往实践是一个立体动态交互的系统，"引进来"和"走出去"虽然方向相反，但本质相同，双向并举，构成经济全球化和对外开放的实践路径。江泽民对此形象比喻："'引进来'和'走出去'是对外开放的两个轮子，必须同时转动起来。"① 扩大对外开放，重点是坚持"引进来"和"走出去"相结合，在更大范围、更广领域、更高层次上参与国际经济技术合作与竞争，充分利用"引进来"积累的物质技术基础、对外交流渠道和有益经验，鼓励和支持有比较优势的各种所有制企业大胆"走出去"，进行对外投资，带动商品和劳务出口，拓展经济发展空间。不可否认，长期以来，我国在"引进来"和"走出去"战略上仍存在着不均衡发展的局面，表现在"引进来"超过"走出去"的比重，且"引进来"档次不高，"走出去"不够胆大，因此如何统筹两者，使其拓宽规模，提升档次，是需要在现代化建设过程中认真思索和大胆尝试的。

（四）交往实践目标：主张和平崛起，构建和谐世界

诚如马克思所言，资本的本性是攫取最大限度的利润，因此它必然要对外侵略和扩张，由资产阶级发动和主导的全球化因此充满了侵略、征服、奴役，贪得无厌成为了它的基调，这种基调铸就了全球东西南北问题，也主导了国际政治经济旧秩序。西方发达资本主义国家首先完成了现代化，作为现代化和全球化的先到者，他们想方设法把发展的恶果转嫁到发展中国家身上，全然不顾广大发展中国家的根本利益，人为地制造了许多不平等、不合理的国际规则，因此他们的发展之路是狭隘的利己主义和殖民主义之路，是弱肉强食的狼文化之路。

中国是个例外，从古至今，和平、和谐、和睦就早已成为中华民族处理内外关系的先导思想，从不搞侵略和对外扩张，而以德行

---

① 《江泽民文选》第三卷，人民出版社 2006 年版，第 457 页。

昭示天下，以君子文化礼遇和教化天下，这样的文化基因赋予了中华民族强大的生命力和绵延几千年的悠久历史，同时也决定了现代中国的崛起必将是和平崛起之路。党的十八大报告指出："中国将始终不渝走和平发展道路，坚定奉行独立自主的和平外交政策。我们坚决维护国家主权、安全、发展利益，决不会屈服于任何外来压力。我们根据事情本身的是非曲直决定自己的立场和政策，秉持公道，伸张正义。中国主张和平解决国际争端和热点问题，反对动辄诉诸武力或以武力相威胁，反对颠覆别国合法政权，反对一切形式的恐怖主义。中国反对各种形式的霸权主义和强权政治，不干涉别国内政，永远不称霸，永远不搞扩张。中国将坚持把中国人民利益同各国人民共同利益结合起来，以更加积极的姿态参与国际事务，发挥负责任大国作用，共同应对全球性挑战。"① 这里，和平崛起的内涵已经表述得十分清楚：一是从崛起的外部环境来看，中国充分抓住世界和平的环境和经济全球化的后发优势发展自己，同时中国的崛起也是对世界和平与发展的最大贡献；二是从崛起的根本原因来看，中国始终依靠自己，从内因找依据和原因，独立自主、自力更生，不断壮大自己的实力，而从不依赖于他国；三是从崛起的后果来看，中国强大后承诺永远不称霸，不搞扩张，这是中国对世界的庄严宣誓，中国必将以责任大国的形象昭示于天下；四是从崛起的手段来看，中国始终反对使用武力，主张运用和平的力量，来解决国际争端和各方面存在的问题。

　　中国倡导的和平崛起之路是一种符合道义和正义，朝向人类社会终极理想，兼具大胆识、大智慧和大气量的新思想和新战略。可以看

---

① 胡锦涛：《坚定不移沿着中国特色社会主义道路前进　为全面建成小康社会而奋斗——在中国共产党第十八次全国代表大会上的报告》，人民出版社 2012 年版，第 47 页。

出，在理论上，这是一种国家战略新思维，有别于其他国家的"线性增长观"或"不平衡增长观"，其核心要义是科学发展观、可持续发展观、以人为本发展观。同时，在实践上，这种战略思想具有足够的合法性和认可度，从邓小平实行改革开放以来，中国的崛起令世人瞩目，发展总体良好，在世界上赢得了声誉。在外交关系上，中国始终不渝地主张和平、发展、合作，强调互利共赢，互信发展。

无疑，这样一条和平崛起之路，也是和谐发展之路，其目的在于构建和谐世界。和谐世界的理念，要义是倡导"和而不同"、"和谐发展"的新世界观，这种新世界观的核心理念是"各美其美、美人之美、美美与共、天下大同"。古代中国哲学和文化的精髓是"天人合一"和"和合"，即人与自然界和谐共处。现代意义上的和谐，是人与自然、人与人、人与社会的和谐、和睦，是指人类社会时、空、量、构、序等的有机组合和统筹，是以科学发展观统领的人力、物力、财力的协调和统一，是一种"和而不同"的国际政治伦理观。和谐世界的基本理念是：第一，倡导和平、公正、民主的多边主义；第二，尊重世界文化和制度的多元性，认为不同文化和制度各有其生存理由和存在价值；第三，处理国际关系的准则是"和而不同"。党的十八大报告也如此诠释和谐世界观："人类只有一个地球，各国共处一个世界。历史昭示我们，弱肉强食不是人类共存之道，穷兵黩武无法带来美好世界。要和平不要战争，要发展不要贫穷，要合作不要对抗，推动建设持久和平、共同繁荣的和谐世界，是各国人民共同愿望。"[①]

---

① 胡锦涛：《坚定不移沿着中国特色社会主义道路前进 为全面建成小康社会而奋斗——在中国共产党第十八次全国代表大会上的报告》，人民出版社 2012 年版，第 46 页。

（五）交往实践对外关系：平等互信、包容互鉴、合作共赢

党的十八大指出："我们主张，在国际关系中弘扬平等互信、包容互鉴、合作共赢的精神，共同维护国际公平正义。平等互信，就是要遵循联合国宪章宗旨和原则，坚持国家不分大小、强弱、贫富一律平等，推动国际关系民主化，尊重主权，共享安全，维护世界和平稳定。包容互鉴，就是要尊重世界文明多样性、发展道路多样化，尊重和维护各国人民自主选择社会制度和发展道路的权利，相互借鉴，取长补短，推动人类文明进步。合作共赢，就是要倡导人类命运共同体意识，在追求本国利益时兼顾他国合理关切，在谋求本国发展中促进各国共同发展，建立更加平等均衡的新型全球发展伙伴关系，同舟共济，权责共担，增进人类共同利益。"[①] 可见，在全球化交往实践中，中国主张弘扬平等互信、包容互鉴、合作共赢的对外关系。

新中国对外关系实行和平外交政策，20 世纪 50 年代中国和印度共同倡导的"和平共处五项原则"，其宗旨就是要建立这样一种平等互利型的主体际价值关系。在和平共处五项原则的指导下，中国与其他国家相互尊重，求同存异，平等相待，友好相处，增强合作，互惠互利，共同发展。这样一种主体际价值关系判断，在某些地区性经济合作组织中也得到了某种程度的体现。例如，亚太经合组织坚持经济论坛性质，集中精力开展区域经济合作，并逐步形成了自己独特的合作方式，即大家公认的"APEC 方式"。这一合作方式承认多样性，强调自主自愿、协商一致、灵活渐进等原则，从而保证各成员的经济技术合作沿着正确的方向发展，使经济技术合

---

① 胡锦涛：《坚定不移沿着中国特色社会主义道路前进　为全面建成小康社会而奋斗——在中国共产党第十八次全国代表大会上的报告》，人民出版社 2012 年版，第 47 页。

作与贸易投资自由化两个轮子一起转，以实现各个价值主体各自的价值目标，即相关的价值主体之间保持相互独立和平等的关系，以实现相互经济合作、平等互利、共同繁荣为宗旨，发展生产、信息、技术、贸易、金融等方面的价值联系和交往。

中国坚持在和平共处五项原则基础上全面发展同各国的友好合作。在与发达国家关系方面，拓宽合作领域，妥善处理分歧，推动建立长期稳定健康发展的新型大国关系，坚持与邻为善，巩固睦邻友好，深化互利合作，努力使自身发展更好惠及周边国家。在与发展中国家关系方面，共同维护正当权益，支持扩大发展中国家在国际事务中的代表性和发言权，永作发展中国家的可靠朋友和真诚伙伴。同时，积极参与多边事务，支持联合国、二十国集团、上海合作组织、金砖国家等合作组织发挥积极作用，推动建立国际经济政治新秩序。推进公共外交和人文交流，维护我国海外合法权益。开展同各国政党和政治组织的友好往来，夯实国家关系发展社会基础。打造我国责任大国的国家形象，坚持权利和义务相平衡，广交朋友，既要谋求国家利益，又不以牺牲别国利益为代价，既要追求自身发展，也要设身处地替对方着想。在对外交往中做到合作有诚意、竞争讲规则、结果求共赢，形成和平发展、包容共存、合作共赢的对外关系观、世界发展观和国际责任观，从而有力地打击"中国威胁论"、"中国崩溃论"等错误言论。

随着经济全球化深入发展，国家间"利益共同体"凸显，我国能够继续赢得互利合作共赢的战略机遇，并形成你中有我、我中有你的"利益攸关方"，或者叫一荣俱荣、一损俱损的"利益共同体"。我国目前是世界最大的货物出口国和第二大货物进口国，对世界经济的推动作用和影响力越来越大，也积累了积极参与经济全球化进程的宝贵经验。西方国家为加快经济复苏步伐，始终不会放弃庞大的中国市场，日益紧密的经贸联系必然提升彼此依存度，进而为加强双方务实合作提供广阔空间和巨大潜力。

全球化进程中同时存在着不平等的主体际价值关系。这主要是发生在资本主义发达国家与发展中国家之间。资本主义发达国家利用其在经济、科技及军事方面的强大实力，利用发展中国家的弱势地位，制定明显有利于发达国家、不利于发展中国家的"游戏规则"，把实现自己的价值目标建立在剥夺发展中国家实现自身价值目标的权利的基础上。因此，在全球化进程中，发展中国家与西方发达国家的价值关系，在有些方面是比过去更加不平等的价值关系，它们之间的贫富差距正在进一步扩大。我们也应看到在这种类型的主体际价值关系中，既有各个价值主体之间不可克服的矛盾和冲突的一面，同样也有着利益与价值观的共同性和一般性的一面。中国作为发展中国家不能因与发达国家在交往实践全球化进程中发展互利合作而忽略其政治图谋放弃必要的政治斗争，更不能放松维护我国的安全、利益，我们应当警惕和挫败西方敌对势力政治图谋和遏制战略。所以，全球化不是没有价值主体的纯粹自然的过程，全球化的最大价值关系始终具有两重性，既有正面效应，也有负面效应，既有机遇，也有风险。用世界银行首席经济学家斯蒂格利茨的话来说，全球化是一柄双刃剑。"双刃剑"的价值判断是很辩证的，就是说，机遇与风险、利与弊是同时存在的，是一个矛盾的两个方面。我们所应当作的，是进行辩证的分析，并采取正确的对策、措施，以趋利避害，兴利除弊，把机遇和利弊变成矛盾的主要方面，从而使矛盾在总体上朝对我们有利的方面发展。有效地防范和化解各种风险，把中国这艘现代发展的巨轮驶向胜利的彼岸。与此同时，我们也应看到西方资本主义发达国家发展经济，也离不开广大发展中国家，尤其是像中国这样发展势头良好、市场潜力极大的国家。中国同一些发达国家的经济具有很强的互补性，各个领域的交流与合作有着巨大的潜力。所以，也不能因反对其政治图谋而减少与它们在经贸和其他互利领域的交流合作。应同这些国家本着相互尊重、平等相待、求同存异的原则，积极寻求相互之间共同利益的汇合点，"变对抗为对话"，扩大合作，缩小分歧，为中国的现代化建设创造一个良好的国际环境，争取尽可能广阔的发展空间，更好地实现我国建设富强、民主、文明的社会主义宏伟目标。

主要参考文献

一、经典著作

1.《马克思恩格斯文集》第 1—10 卷，人民出版社 2009 年版。

2.《马克思恩格斯全集》第 3 卷，人民出版社 2002 年版。

3.《马克思恩格斯全集》第 25 卷，人民出版社 2006 年版。

4.《马克思恩格斯全集》第 26 卷，人民出版社 1974 年版。

5.《马克思恩格斯全集》第 30 卷，人民出版社 1995 年版。

6.《马克思恩格斯全集》第 45 卷，人民出版社 2003 年版。

7. 马克思：《资本论》第 1 卷，人民出版社 2004 年版。

8. 马克思：《资本论》第 3 卷，人民出版社 1975 年版。

9.《列宁专题文集 论社会主义》，人民出版社 2009 年版。

10.《列宁专题文集 论资本主义》，人民出版社 2009 年版。

11.《列宁全集》第 34 卷，人民出版社 1985 年版。

12.《列宁全集》第 55 卷，人民出版社 1990 年版。

13.《毛泽东著作选读》，人民出版社 1986 年版。

14.《邓小平文选》第三卷，人民出版社 1993 年版。

二、西方著作中译本

1. ［德］黑格尔：《历史哲学》，上海书店 1999 年版。

2. ［德］海德格尔：《存在与时间》，三联书店 1987 年版。

3. ［德］斯宾格勒：《西方的没落》，商务印书馆 1963 年版。

4.〔德〕乌·贝克、哈贝马斯等:《全球化与政治》,中央编译出版社 2000 年版。

5.〔法〕佛朗索瓦·佩鲁:《新发展观》,华夏出版社 1987 年版。

6.〔美〕埃兹拉·沃格尔(傅高义)主编:《与中国共处:21 世纪的美中关系》,新华出版社 1998 年版。

7.〔美〕戴安娜·克兰:《无形学院——知识在科学共同体的扩散》,华夏出版社 1988 年版。

8.〔美〕弗朗西斯·福山:《历史的终结》,远方出版社 1998 年版。

9.〔美〕汉斯·摩根索:《国家间政治》,中央人民公安大学出版社 1990 年版。

10.〔美〕萨伊德:《东方学》,三联书店 1999 年版。

11.〔美〕伊曼纽尔·沃勒斯坦:《现代世界体系》第 1 卷,高等教育出版社 1998 年版。

12.〔日〕福泽谕吉:《文明论概论》,商务印书馆 1982 年版。

13.〔苏〕尼·切博克萨罗夫、伊·切博克萨洛娃:《民族·种族·文化》,东方出版社 1989 年版。

14.〔苏〕阿·恩·丘马科夫:《全球性问题哲学》,中国人民大学出版社 1996 年版。

15.〔新西兰〕西蒙·杜林:《后殖民主义和全球化》,载王宁、薛晓源主编:《全球化与后殖民批评》,中央编译出版社 1998 年版。

16.〔美〕阿莱君·阿帕杜莱:《全球文化经济的断裂与差异》,载陈燕谷主编:《文化与公共性》,三联书店 1998 年版。

17.〔英〕安东尼·史密斯:《全球化时代的民族与民族主义》,中央编译出版社 2002 年版。

18.〔英〕安东尼·吉登斯:《第三条道路及其批评》,中共中央党校出版社 2002 年版。

19.〔英〕安东尼·吉登斯:《第三条道路——社会民主主义的复兴》,三联书店 2000 年版。

20.〔英〕安东尼·吉登斯:《失控的世界》,江西人民出版社 2001 年版。

21.〔意〕奥·佩奇:《世界的未来——关于未来问题一百页》,中国对外翻译出版公司 1985 年版。

22. ［法］布罗代尔：《资本主义论丛》，中央编译出版社 1997 年版。

23. ［丹麦］查尔斯·洛克：《全球化是帝国主义的变种》，载王宁、薛晓源主编：《全球化与后殖民批判》，中央编译出版社 1998 年版。

24. ［德］格拉德·博克斯贝格、哈拉德·克里门塔：《全球化的十大谎言》，新华出版社 2000 年版。

25. 国际货币基金组织编：《世界经济展望》，中国金融出版社 1997 年版。

26. ［德］于尔根·哈贝马斯：《交往与社会进化》，重庆出版社 1989 年版。

27. ［德］于尔根·哈贝马斯：《交往行动的理论》，重庆出版社 1994 年版。

28. ［德］哈拉尔德·米勒：《文明的共存——对塞缪尔·亨廷顿"文明冲突论"的批判》，新华出版社 2002 年版。

29. 汉斯-彼得·马丁：《全球化陷阱》，中央编译出版社 1998 年版。

30. ［英］卡尔·瑞莱格·波普：《开放社会及其敌人》，山西高校联合出版社 1992 年版。

31. ［德］孔汉思、库舍尔编：《全球伦理》，人民出版社 1997 年版。

32. 联合国教科文组织国际交流问题委员会报告：《多种声音，一个世界》（1980 年），中国对外翻译出版公司 1981 年版。

33. ［澳］琳达·韦斯：《全球化与国家无能的神话》，载王列编著：《全球化与世界》，中央编译出版社 1998 年版。

34. ［英］罗兰·罗伯逊：《全球化——社会理论和全球文化》，上海人民出版社 2000 年版。

35. ［美］约翰·奈斯比特：《大趋势——改变我们生活的十个新方向》，中国社会科学出版社 1984 年版。

36. ［美］帕尔默、［美］科尔顿：《近现代世界史》下册，商务印书馆 1988 年版。

37. ［埃及］萨米尔·阿明：《五十年足矣》，载王列编著：《全球化与世界》，中央编译出版社 1998 年版。

38. ［英］约翰·汤林森：《文化帝国主义》，上海人民出版社 1999 年版。

39. ［英］汤因比、［日］池田大作：《展望 21 世纪》，国际文化出版公司 1985 年版。

40.［英］特瑞·伊格尔顿：《文化的观念》，南京大学出版社 2000 年版。

41.［美］阿尔文·托夫勒：《第三次浪潮》，三联书店 1984 年版。

42.［美］阿尔文·托夫勒：《未来的冲击》，中国社会科学出版社 1985 年版。

43.［美］托马斯·弗里德曼：《直面全球化》，国际文化出版公司 2003 年版。

44.［美］伊曼努尔·沃勒斯坦：《现代世界体系》第 1 卷，高等教育出版社 1998 年版。

45.［美］约翰·卡西迪：《马克思的回归》，中央编译出版社 1998 年版。

46.［法］佛朗索瓦·佩鲁：《新发展观》，华夏出版社 1987 年版。

47. 张世鹏、殷叙彝编译：《全球化的资本主义》，中央编译出版社 1998 年版。

48. 王宁、薛晓源主编：《全球化与后殖民批评》，中央编译出版社 1998 年版。

49. 胡元梓、薛晓源主编：《全球化与中国》，中央编译出版社 1998 年版。

50. 全球治理委员会：《我们的全球之家》，牛津大学出版社 1995 年版。

三、中文著作

1. 樊锐：《地球村——全球化与人类共同利益》，人民出版社 2005 年版。

2. 丰子义、杨学功：《马克思"世界历史"理论与全球化》，人民出版社 2002 年版。

3. 黄克剑：《黄克剑自选集》，广西师范大学出版社 1998 年版。

4. 黄皖毅：《马克思世界史观：文本、前沿与反思》，知识产权出版社 2008 年版。

5. 黄卫平：《全球化与中国政治体制改革》，俞可平、黄卫平主编：《全球化的悖论》，中央编译出版社 1998 年版。

6. 康有为：《大同书》，辽宁人民出版社 1994 年版。

7. 乐黛云、李比雄：《跨文化对话（2）》，上海文化出版社 1999 年版。

8. 李越：《经济全球化企业如何应付》，中国社会出版社 1998 年版。

9. 刘康：《全球化/民族化》，天津人民出版社 2002 年版。

10. 刘小军：《关于经济全球化对中国影响的再思考》，载俞可平主编：《全球化：西方化还是中国化》，社会科学文献出版社 2002 年版。

11. 倪梁康：《现象学及其效应》，三联书店 1994 年版。

12. 任平：《交往实践与主体际》，苏州大学出版社 1999 年版。

13. 王逢振：《全球化、文化认同和民族主义》，载王宁、薛晓源主编：《全球化与后殖民批评》，中央编译出版社 1998 年版。

14. 吴剑平、吴群刚：《全球化与中国新的发展模式》，载俞可平主编：《全球化：西方化还是中国化》，社会科学文献出版社 2002 年版。

15. 谢名家等：《文化产业的时代审视》，人民出版社 2002 年版。

16. 俞可平：《全球化与政治发展》，社会科学文献出版社 2005 年版。

17. 俞可平：《全球治理引论》，载李惠斌主编：《全球化与公民社会》，广西师范大学出版社 2003 年版。

18. 俞可平主编：《全球化时代的"社会主义"》，中央编译出版社 1998 年版。

19.《张岱年文集》第 6 卷，清华大学出版社 1995 年版。

20. 张颐武：《全球化：亚洲危机中的反思》，载王宁、薛晓源主编：《全球化与后殖民批评》，中央编译出版社 1998 年版。

21. 中国社会科学院"世界文明"课题组编：《国际文化思潮评论》，中国社会科学出版社 1999 年版。

22. 资中筠主编：《冷眼向洋——百年风云启示录》下卷，三联书店 2000 年版。

四、期刊报纸

1. 张文成编：《德国学者迈尔谈西欧社会民主主义的新变化与"公民社会模式"》，《国外理论动态》2000 年第 7 期。

2.《中国的和平发展道路》白皮书，《人民日报》2005 年 12 月 23 日。

3. 陈建涛：《论主体间性》，《人文杂志》1993 年第 4 期。

4. 陈乐民：《中西文化交流中之不平衡与前瞻》，《中国社会科学季刊》1994 年总第 6 期。

5. 陈耀庭：《论世界经济区域集团化和亚太经济合作组织》，《世界经济》1996 年第 4 期。

6. 费孝通：《百年学术：反思·对话·文化自觉》，《北京大学学报》（哲社版）1997 年第 3 期。

7. 费孝通：《中华文化在新世纪面临的挑战》，《炎黄春秋》1999 年第 1 期。

8. 冯昭奎：《中国如何打赢全球人才争夺战》，《瞭望》2000 年第 32 期。

9. 高璐：《现代通信技术发展与展望》，《石家庄理工技术学院学术研究》2011 年第 3 期。

10. 何玉屏：《交往与中西奴隶制文明的起源》，《湖南师范大学学报》1995 年第 5 期。

11. 李永刚：《全球化进程中的经济民族主义》，《马克思主义与现实》1999 年第 2 期。

12. 李肇星：《和平、发展、合作——新时期中国外交的旗帜》，《人民日报》2005 年 8 月 23 日。

13. 刘建飞：《解读中国外交政策宗旨》，《国际政治研究》2006 年第 1 期。

14. 庞中英：《全球性与民族性世界和平与发展面临挑战》，《当代世界与社会主义》1999 年第 3 期。

15. 俞可平：《全球化是一个合理的悖论》，《人民日报》2000 年 4 月 27 日。

16. 张鹏：《什么是全球化》，《欧洲》2002 年第 1 期。

17. 周平远：《文化工业与文化策略》，《文艺报》1998 年 4 月 14 日。

18. ［美］三好将夫：《一个无边界的世界》，［美］《批评探索》1993 年第 19 期。

19. ［英］吉登斯：《全球化进程及其后果》，《中国时报》2002 年 4 月 17 日。

20. ［日］平野健一郎：《国际文化理论》，《国外社会科学》1997 年第 2 期。

21.〔德〕于尔根·哈贝马斯:《超越民族国家》,《马克思主义与现实》1999 年第 5 期。

22.〔埃及〕布特罗斯·加利:《加强联合国》,〔美〕《外交》1992 年第 1 期。

索　引

人　名

关键词

后　记

　　1993 年，中共中央编译局当代研究所邀请美国杜克大学教授阿里夫·德里克来华系统介绍西方的全球化理论。德里克在演讲中指出，人类已经进入一个全球经济的时代。20 世纪 90 年代中期，西方政经界、学术界以及社会舆论界开始关于全球化问题的热烈讨论，同时期全球化也很快成为中国学者的热议话题。全球化已经成为一个不可逆转的客观事实和发展趋势，它迅猛地影响着世界历史的进程，也无疑影响着中国的改革开放和现代化建设。在坚持我们选择的改革开放的过程中最大限度地减少没必要的冲击和震荡，找准自己的历史定位，这是特定时代给予正在作为世界一员积极参与其中的中国的一个重要研究课题，用当时的套话说就是研究全球化的挑战。当时面对这个问题还未来得及研究就产生两种态度和观点：一种是全球化是资本主义的全球化，简称"狼来了"。有位持这种观点的中国学者后来写作出版了一部《全球化的陷阱》，这部书很受当时某杂志主编的认同，认为它是全球化是资本主义化观点的有力证据。笔者看到类似观点感觉到悲哀，就和我们当年说现代化是资本主义的一样，你说全球化也是资本主义的，有意义吗？另一种观点，认为全球化是人类客观的历史进程，当这个人类继现代化之后的历史大潮汹涌袭来的时候，对全球化这个新情况、新问题中国学者不能够视而不见，或者主张采取回避态度，而需要实事求是的客观研究，采取对世界历史进程负责任的态度面对全球化。

最早预言全球化历史发展的当属马克思。160 年前他在《德意志意识形态》和《共产党宣言》中就提出了资本主义的发展必然形成世界市场等思想。全球化涉及当代资本主义发展总体趋势的判断，涉及对中国特色社会主义现代化建设和改革开放事业的影响，这是一个无法回避的研究课题。20 世纪 90 年代中后期，中国正在加紧进行现代化建设，面临着要不要加入世界贸易组织、能不能进一步扩大改革开放，这些根本性问题。比这个问题更突出的问题是我国需要以马克思主义为指导把握世界历史的发展规律，通过认真梳理马克思主义的全球化思想，正确地认识在当代世界范围内人类实践伴随着生产社会化、国际化的发展和资本的国际扩张，已经使各国经济、资源在全球范围内配置的事实，同时人类走进了世界各国的社会发展与外部世界联系日益密切的历史时代。当时，笔者正在中国人民大学哲学院攻读马克思主义哲学博士学位，意识到在全球化问题上首先必须着眼于提升运用马克思主义的指导思想的自觉性，只有思想和理论上自觉才有可能推动我国在全球化大浪潮之中积极参与进程，扬长避短，早日实现中华民族的伟大复兴。

这次再版保持了当年的全部框架和基本概念，仅在第七章增加了有关今天中国怎样与世界进一步合作、在全球化进程中实现中华民族伟大复兴等新内容，其他章节仅作一些文字修改。本书当时出版时国内研究全球化的尤其是从哲学理论研究全球化的绝无仅有，可谓仅此一本，后来又有不少学者研究写作全球化著作，包括哲学理论工作者也写出了更好的研究全球化的著作。本著作虽然有一些材料不免过时，这次也不便置换，想尽可能保留原著，体现我们在改变过去一种似是而非观念时，曾经付出的巨大努力。我们今天的思想、观念环境又是多么来之不易！本著作修改之后有不当之处，敬请批评指正。

2013 年 7 月笔者于魏公村